日治時期臺灣的語言政策、近代化與認同

「同化」的同床異夢

The Different Intentions Behind
The Semblance of

"DOUKA"

The Language Policy Modernization And Identity
In Taiwan During The Japan Ruling Period

Pei-feng Chen

陳培豐

王興安、鳳氣至純平——編譯

「文史台灣」編輯前言

陳芳明（國立政治大學台灣文學研究所講座教授）

　　臺灣文學與臺灣歷史的研究，在二十世紀八〇年代下半葉開始展現前所未有的磅礴氣象。這一方面是由於戒嚴體制的宣告終結，使長期受到壓抑的思想能量獲得釋放；另一方面則是由於臺灣資本主義的高度發達，使許多潛藏於社會內部的人文智慧獲得開發。見證到這種趨勢的日益提升，坊間逐漸以「顯學」一詞來定義臺灣文學研究的盛況。

　　在現階段，臺灣研究是否臻於顯學層次仍有待檢驗。不過可以確定的是，以中國為價值取向的研究途徑，已逐漸被以臺灣為主體取向的思維方式所替代。這種學術轉向在於印證一個事實，所有知識的追求與探索，都不可能偏離其所賴以維持生存的社會。戰後臺灣知識分子的前輩大多致力於言論自由與思想自由的爭取。在強勢的中國論述支配下，臺灣學界往往充滿感時憂國的焦慮情緒，以及承受歷史包袱的危機意識。這種沉重而濃厚的政治風氣，自然不利於臺灣研究的開展。

　　解嚴後的十餘年來，幾乎每一門學術領域都次第掙脫政治權力干涉，使知識建構開始與社會改造產生密切互動。「臺灣政治學」、「臺灣社會學」、「臺灣經濟學」等等社會科學的研究，都先後回歸到自己的土地上。因此，臺灣文學與臺灣歷史的研究也在同

樣的軌跡上，順勢崛起，蔚為風氣。一個「臺灣學」的時代已經來臨，並且也預告這個名詞將可概括日後臺灣學術研究的總趨勢。

在面對全球化思潮的挑戰之際，臺灣文化研究風氣的高漲，誠然具有深遠的文化意義。在二十世紀，當臺灣還停留於殖民地社會的階段，知識分子所負的使命，便是如何對現代化做出恰當的回應。現代化運動轟轟烈烈到來時，他們既要站在本土化的立場進行抗拒，又要站在思想啟蒙的角度採取批判性的接受。在抗拒與接受之間，臺灣知識分子創造了極為可貴而又可觀的批判文化傳統。這份豐碩的文化遺產，為臺灣本土運動奠下厚實的基礎。

進入二十一世紀以後，全球化（globalization）的趨勢，則又漸漸凌駕於現代化運動的格局之上。做為第三世界成員的臺灣知識分子，承擔的使命更為艱鉅。在龐大全球化論述籠罩之下，本土化運動顯然必須提高層次，全面檢討與人文相關的各種議題。本土論述所要接受的挑戰，已經不再只是特定帝國主義的霸權文化，而是更為深刻而周延的晚期資本主義文化。臺灣文化的自我定位，有必要置放在全球格局的脈絡中來考察，在這樣的形式要求下，抵抗策略固然還是維護文化主體的主要利器；不過，如何以小搏大，如何翻轉收編與被收編的位置，如何採取更為主動的姿態來回應全球化趨勢，正是二十一世紀臺灣知識分子的全新課題。尤其是參加世界貿易組織（WTO）之後，臺灣社會開始被提到發展知識經濟的日程表上。在全球知識生產力的競爭場域，臺灣的學術研究確實已經達到需要與國際接軌的階段。

「文史台灣」叢書的設計，除了豐富臺灣文史研究本土論述的內容之外，更進一步肯定勇於突破、勇於超越的治學精神。文學本土論與臺灣主體論誠然有其生動活潑的傳統，但停留於僵化的、教條的思維，必然為學術研究帶來傷害。本叢書系列強調開放的、差異的主體性思考，尤其特別重視具有開展性、擴張性的歷史解釋與

文學詮釋。文化差異絕對不可能構成文化優劣，因此本叢書的目標在於尊重由各種不同性別、族群、階級所形成的知識論。所有在地的知識都是臺灣文化主體的重要一環，也是形成全球文化生產不可或缺的一環。在迎接「臺灣學」的時代到來之際，本叢書系列編輯主要有三個方向：

一、有關臺灣議題的探討研究，以文學與歷史為重心，同時也不偏廢哲學、藝術、政治、社會等專書論述。

二、有關臺灣文史的外文著述之漢譯。

三、結合當代國際思潮的臺灣文史研究。

代序

探究殖民統治下臺灣人 「主體性」的方法

若林正丈

日本到底曾經在臺灣做了什麼樣的殖民統治？而臺灣這塊土地曾經被殖民的歷史，在當今瞬息萬變的東亞中又有什麼樣的意義？當我們在尋索這些問題的答案之際，便需要多種的學術研究文獻作為我們思考的基礎。

但是，如果思考這個問題時僅只於思索日本這個國家以及日本人曾經在臺灣做了什麼，那是不足夠的。雖然針對日本與日本人進行更深一層且更具體的挖掘和檢討乃理所當然，但日本到底在臺灣做了什麼這個問題，卻必須透過殖民地統治下的臺灣人來檢討。當時的臺灣人到底在想什麼？針對殖民統治他們做了什麼？甚至是沒有做什麼？臺灣近代史所應對焦之處即在於此，因為日本的臺灣統治史並不等同於臺灣近代史。如果借用當今臺灣流行的一句話來說，就是必須要有探究臺灣人以及臺灣社會「主體性」的研究方法。

眾所皆知，漢人社會並非是一個沒有文字的社會。因此，在殖民統治期間，也曾經留下相當程度的史料，這些史料觸及了臺灣人的思考、情感和行動。而近年來隨著一些史料的「出土」，臺灣近代史研究的環境也有所改變。不過即使如此，為了提供一個臺灣近

代史研究應該有的歷史研究焦點，我們還是有必要去爬梳、消化統治者所留下的大量史料和文獻。

作者陳培豐先生或許另有解釋，但是依我之見，本書的意義便在於：作者在他著作當中實踐了此一歷史研究的焦點。因此為達成這個目的，作者將「同化」這個以往經常被描繪成單一存在的概念，二分為「同化於民族」和「同化於文明」。應用了這兩個釐清思路的工具，讓我們得以重新來檢視整個「國語教育」的歷史。而宛如在揭穿魔術的機關和原理似的，作者在一連串的檢討過程中，不僅讓投映在「國語教育」問題上，臺灣人錯綜複雜的「主體性」樣態浮現出來；並針對以往日本殖民統治的思考定位提出一個反證──「同化的同床異夢」。

對於我上述的感觸得宜與否，讀者唯有親自體察。不過作為一個讀者的我，可以確定的是，在從「同化於民族」／「同化於文明」這兩個概念出發，以至凝結出「同化的同床異夢」這個反證的過程中，每一個環節均是作者閱讀並消化大量相關資料後，所獲得的成果。在整個執筆過程中，作者拒絕以線型、單向或簡化的方式來作為歷史詮釋基礎的態度，具有相當的一貫性。而這種態度對於作者而言，或許就是解明臺灣人在殖民壓迫下「主體性」的方法。

本書是以陳培豐先生在東京大學提出的學位論文為主要內容。作者在取得學位後不久，這本論文便以日文在日本出版。誠如序論開頭所言，這本論文出版後便經常成為被引用的學術性文本。陳培豐先生學成歸國後，歷經數年的鑽研、潤飾、整理，再以中文版的面貌付梓。我期待本書在華語書市中，也能以前述的學術研究文獻般的方式繼續被閱讀。

2006 年 9 月　於日本神奈川縣相模原市寓居

目 次

「同化」的同床異夢

日治時期臺灣的語言政策、近代化與認同

第一章

序論
——「同化」、國語和國體論

　　本書是修改自 1999 年 11 月，筆者向日本東京大學總合文化研究科提出的博士學位論文。就內容而言，這也是一本有關臺灣研究的翻譯書。

　　在此書當中，筆者試圖以大歷史的角度去闡述：日本在第二次世界大戰前在臺灣實施的所謂「同化」教育政策是什麼？有什麼具體內涵？其生成背景、原理構造，以及特異性是什麼？再者，臺灣人對於「同化」又如何去應對？這樣的應對方式又帶給臺灣社會什麼樣的影響等等課題。

一、有關「同化」研究近況之探討

　　1895 至 1945 年，臺灣經歷了日本的殖民地統治。對於這半世紀中日本統治的方針及內容，一般學界幾乎都把它定位成「同化政策」。然而，把臺灣統治定位成「同化主義政策」，其學術上的基礎與根據其實並不很充分。

　　「同化」一詞源自於十九世紀歐美殖民地政策中的 "assimilation"，其基本精神是把殖民地統治當作本國施政的延長。一方面盡

量排除暴力、殺戮之統治手段，將被統治者的文化、社會組織的特殊性壓抑到最低的程度；一方面則對殖民地當地居民進行血緣、精神、思想上的同質化措施，讓他們融入統治者的社會價值體系中。同時，施政者也賦予和本國人民類似的參政權力予這些被統治者[1]。從排除暴力統治、注重精神上的服從和征服，以及統治者與當地居民之間的融合政策方針等來看，臺灣的「同化」政策和"assimilation"的確有某種程度的共通性[2]。然而"assimilation"與臺灣統治的實際內容、特徵，其實還是有若干距離，並非完全契合。

舉個例子來說，"assimilation"雖有鼓勵統治者與當地居民通婚、達到民族融合之政策意圖，但是並無透過學校教育試圖「將臺灣兒童變造日本兒童」，或「變成日本人種」的精神傾向[3]。在"assimilation"典範的阿爾及利亞，初等教育也不像臺灣一樣，完全以統治者的語言來進行[4]。再者，在臺灣以通婚的方式達成民族融合的政策並沒有被積極推行過，臺灣人的參政權也受到日本政府強力的壓制，僅只於聊勝於無的狀況。雖說如此，日本的臺灣統治卻擁有全世界殖民地史上前所未見、積極而強烈的國語「同化」教育政策。因此，精確地來說，臺灣人在日治時期所接受的只能算是日本帝國主義式的「同化」政策，並非完全西歐式的"assimilation"。戰後學界在敘述日本的臺灣統治時，普遍使用「同化政策」一詞，與其說是嚴密的學術分類用語，不如說是習慣上延續了日本統治下歷

---

[1]　天澤不二郎，《植民政策入門》（東京：巖翠堂書店，1939），頁115-18。

[2]　本文將日本統治下臺灣的所謂殖民地同化主義政策加上引號，係為方便與"assimilation"區別。

[3]　唯漢，〈駁臺日社說的謬論〉，《臺灣日日新報》（1927年4月24日）。

[4]　根據ベッゲル（Herbert Theodor Becker）著，鈴木福一、西原茂正譯，《列國の植民地教育政策》（東京：第一出版會，1943）的說法，因為宗教信仰方面之理由，法國統治阿爾及利亞時准許大部分回教學校以阿拉伯語作為教學工具。

史現場上的稱呼而產生的現象。

　　然而，或許由於長期受到這種承襲著歷史現場上習慣稱呼之影響，「同化政策」一詞於是開始有被轉為一種史實認知的傾向。在「同化」逐漸「質變」的狀況下，大家好像遺忘了在學術研究上「同化政策」其實是一個頗有研究必要和價值的題材。其實，第二次世界大戰後臺灣、日本等地有關「同化」的研究顯然都遇到一個瓶頸。更具體地說，這些研究普遍缺乏下列五個問題意識：

　　（一）所謂的「同化」到底有什麼具體內容和意識形態？

　　（二）「同化」的內容和意識形態是否隨著時間的變化而有所改變？

　　（三）與同時期歐美殖民地統治和日本近代歷史中所謂的國內殖民地北海道、沖繩比較起來，臺灣的「同化」到底具有什麼特徵？其存在的意義為何？

　　（四）統治者實施「同化」的必要性何在？

　　（五）對於「同化」，臺灣人是以什麼態度去對應？是抵抗、接受、妥協還是催化？

　　近年，日本學者駒込武打破了這種「同化」的研究瓶頸。他在1996年的著作《植民地帝國日本の文化統合》（《日本殖民地帝國的文化統合》）中，打破了一般學者這種把「同化」當成分析概念的習慣，將「同化」轉換成分析對象；並且透過「國語教育」之解析[5]，對整個日本帝國實施「同化」主義政策的背後原因及「同化」本身的意義、架構進行了詳細的探討。該書發表後，並在日本掀起了一股研究「同化」的風潮[6]。

5　「國語」一詞對臺灣人而言是「日語」。為考慮本論文趣旨及便於閱讀，以下正文中省略引號，直接援用這個歷史現場上的說法。

6　駒込武論著問世前後，以「同化」作為分析對象之論文包括：李妍淑，《「國語」という思想》（東京：岩波書店，1996）；小熊英二，《「日本人」の境界：支配地

在《日本殖民地帝國的文化統合》中，駒込武將臺灣的「同化」政策放在近代國民國家的「國民統合」之架構中來討論。經過概念整理與再定義後，他將國民國家的統合原理，簡化區分為法政制度方面的「國家統合」，以及文教思想方面的「文化統合」兩種面向，再運用這樣的概念，深入分析殖民地的「同化政策」。駒込武認為日本帝國統治臺灣時主要面臨的，係將臺灣置於天皇制國家之「內」部或「外」部的問題；經過爭論後，日本所建立的殖民體制是一個在「國家統合」的層次上排除臺灣人，而在「文化統合」的層次上卻標榜容納臺灣人的矛盾架構[7]。

筆者基本上贊成駒込武的結論。不過從臺灣史的觀點來看，駒込武的論文呈現了幾個問題，例如他把「同化」的定義和內涵局限在精神、情緒或情感上的日本人化，認為實施國語「同化」政策的過程中，日本政府掠奪、破壞了臺灣人的傳統與文化，因而臺灣人對於這樣的「同化」政策是拒絕、抵抗的。然而以第二次世界大戰結束前臺灣初等教育的高普及率，以及臺灣社會顯著的近代化建設成果來看，這種全面否定「同化」的觀點，似乎只能反映出臺灣統治中的某一個歷史層面，難免令人有偏頗的感覺。其實，駒込武主要的研究意圖，是想透過殖民地「同化」政策的解析，觀察或批判近代日本的國家意識形態。因此他在解析「同化」的過程中似乎過於強調「同化」所造成的負面影響，而忽視了其曾經也為臺灣留下一些正面的遺產。換言之，本來歷史過程中應該並存著「光明面」和「黑暗面」，駒込武的觀點過於偏向後者；因此他所描述的「同

域との關係》（東京：新曜社，1998）；石田雄，〈「同化」政策と創られた：觀念としての「日本」〉，《思想》（1998年10月、11月）。這些論文基本上都承襲了駒込武的問題意識和精神，也都有其發現和主張，均受到日本學界相當注目。

7　關於駒込武，《植民地帝國日本の文化統合》內容的介紹及評論，請參考何義麟發表於《新史學》11卷4期（2001年2月）的書評。

化」也就難免讓人有刻板、教條的印象，無法精確地反映出歷史的全貌。

二、研究方法

筆者認為，包括駒込武的論文在內，戰後有關臺灣「同化」研究的傾向，似乎過分強調日本殖民地統治政策的普遍性，而忽視甚至無視其特殊性[8]。因此，這些研究成果在說明臺灣的「同化」統治政策為何造成顯著近代化結果，或戰後臺灣社會為何出現肯定日本統治聲音等現象，多少都有一些限制、困難和缺乏解釋力之處。雖然，日本學者們研究「同化」的重點都在於實行者日本；但是被統治者對於「同化」統治的評價與反應，卻足以質疑並挑戰他們的研究成果。

眾所周知，殖民地統治雖然起源於歐洲，不過同樣基於歐洲文化背景下建構出來的殖民地統治形態卻不盡相同。例如標榜同化政策的法國，其統治內容和精神受到法國大革命時民主、平等和啟蒙思潮的影響，同化政策因此有異於英國，比較容易接受異民族間的通婚。曾經是日本殖民地政策學最重要的學者矢內原忠雄就指出，殖民地統治是宗主國政治、傳統和文化的投影。通常以該國的社會形態、政治思想和文化特徵為基礎而架構成形[9]。因此，殖民地統治

8　例如在《植民地帝國日本の文化統合》一書中，駒込武以國家統合與文化統合的概念作為分析臺灣「同化」政策的主軸。然而，他似乎忽略了在整個歐美的殖民地統治歷史中，國家統合與文化統合並非統治常態，而是一個特例。殖民地統治最重要的是經濟上、領土上、資源上的掠奪與占有。上述兩種統合是達成這些目標的眾多手段之一，並非唯一的選擇。換言之，執著於國家統合與文化統合的日本統治現象，應該作為分析對象，不適合直接拿來作為分析概念。

9　矢內原忠雄，〈軍事的と同化的・日佛植民地政策比較の一論〉，《國家學會雜誌》（51卷2期），頁178-81。

不但具有普遍性和類似性，與此同時也有個別性和特殊性。更何況日本是亞洲唯一的殖民地宗主國，其殖民地統治方針形成的經過、結構的原理和特色，皆異於歐美各國。僅只承襲曖昧模糊的「同化」用語和觀念，或選擇性地漠視其統治上帶來的「光明」成果，甚至忽視其特殊性，恐怕無法正確掌握日本統治下臺灣社會的歷史脈絡。

為了克服上述問題，在本章序論裏筆者先以歐美統治下的同化政策和日本的近代史為座標，相互比較，描繪臺灣「同化」政策的特殊性和「光明面」；接著探討其特殊性，以及與近代日本政治思想和語言觀的關係，以解析「同化」的原理和結構。亦即筆者試圖在此探討前舉臺灣「同化」政策相關研究瓶頸（一）至（四）項部分。至於「同化」具體落實於臺灣的經過，或臺灣人對於「同化」抱著什麼態度進行抵抗或接受，這種接受方式對於統治者政策調整和臺灣人本身，又產生了什麼影響？這部分，也就是第（五）項部分，則是本書第二章至第七章的主要研究課題。

研究方法方面，筆者則與駒込武一樣，將以國語教育作為探討「同化」政策的主軸。在臺灣統治中，實施「同化」政策的手段是多樣的。例如，度量衡、經濟和法律面的統一，通婚、穿著和服及改姓名等生活習慣上的同一化，都是「同化」政策或運動中的一環。然而正如前文所述，以施行時間的長短、持續性、積極性、普及層面的規模、投入經費的多寡，還有政策的一貫性來看，無疑國語教育是實踐「同化」最主要的手段，成果最為顯著；「同化」與國語教育之淵源、關聯和互動也最為密切。要探討橫跨半世紀之久的「同化」政策之原理與架構，分析國語教育應該是一個適當的切入點。

三、橫座標上的「同化」
——臺灣「同化」政策的特異性

　　明治二十八（1895）年甲午戰爭結束後，臺灣被割讓給日本。當時，日本占領臺灣至少代表了兩個重要的意義。對日本而言，其象徵意義是除北海道外，歷史上第一次成功地擴張海外領土，並奠定了日後「併合」朝鮮等一連串海外領土擴張的基礎。另外，對於世界而言，日本這個新興殖民地統治國的出現打破了當時西歐支配亞洲的既有殖民地政治結構。因為日本是東洋唯一的殖民地支配國，其存在和施政都引起世界各國的注目。然而與當時殖民地統治比較起來，臺灣「同化」教育政策呈現了非常特異的現象。其詳情如下：

（一）教育機會的均等主義

　　為了增加溝通上的方便，以便更有效率地達成教化或榨取殖民地住民等目的，殖民地統治基本上都有實施教育的必要性。然而在十九世紀，有鑑於殖民地教育容易激起當地住民的近代化思想及民族意識的自覺而危害治安，除非迫不得已，西歐列強對殖民地教育均採取謹慎的態度；即使不得已而實施教育時，其對象通常由統治者來選擇決定，而隨著地區、人種、階級之不同，教育內容也相異。例如荷蘭領地東印度為了因應不同階層住民，所謂的學校實際上區分為一等學校和二等學校，教育內容也有明顯的難易之分。就連舉著同化主義旗幟的法國，在其統治下之中南半島實施教育時，主要對象也只是當地居民中的領導階層，與一般民眾無緣[10]。

10　長尾一三二，〈帝國主義政策と植民地・從屬國の教育〉，《近代教育史》（東京：誠文堂新光社，1956），頁47。

　　然而，明治二十九（1896）年臺灣總督府公布臺灣個別的教育規則——「國語傳習所規則」以後，便同時在漢民族主要居住地域的平地和多數所謂「高砂族」群居的山地，展開教授國語的課程。翌年，更正式推行女子教育。明治三十三（1900）年，針對身體殘障者設立盲聾學校[11]。在標榜所謂「一視同仁」的施政方針之下，除部分日本人兒童外，臺灣總督府對於「新附民」實施者，係以教育機會均等主義為中心的政策。也就是說，臺灣「同化」教育不分男女、階級、人種，不論山間僻地、都市或離島，全面性地實施。

　　對此教育體制，當時明治政府聘僱的英國人顧問科克伍德（W. M. H. Kirkwood）感到驚嘆不已，做了一連串修正建議。科克伍德警告日本政府：無差別式的教育體制對統治者而言非常不經濟，而且禍患無窮。如果只為了統治溝通上之方便，與其讓大多數臺灣人學習日本語，不如叫一小部分日本人官員去學習臺灣話，更來得經濟而合理。總之，科克伍德認為臺灣總督府應該模仿英國採用自主主義式（autonomy）的教育方針，對教育應該採取不干涉、不鼓勵的放任態度[12]。雖然，科克伍德的建言在法律制定上對日本政府相當具有影響力，不過在教育方面他的意見並沒有被採納的跡象。

（二）以初等教育為中心的「同化」方針

　　既然以類似教育機會均等主義的方式實施「同化」教育，普及初等教育必然成為其首要之務。根據昭和二十（1945）年臺灣總督府發行的《臺灣統治概要》之統計，占領臺灣約五十年後，這個小島擁有官立、公立國民學校共1,099所，高等普通學校46所，

---

[11]　山根勇藏，〈國語普及に關する施設調查〉，《臺灣教育會》213號（1920年2月），頁5。

[12]　カークード，〈臺灣ニ關スル覺書說明筆記（第一回）〉，《後藤新平文書》7-33-3，頁41-45。

實業學校117所，師範學校5所，專門學校5所，大學1所，特殊學校（盲啞學校）1所。甲午戰爭以後致力於「同化」教育的結果，昭和十九（1944）年全島合計有一千餘所初等教育機構，人數達到872,507人。相對來說，大學卻僅有一所，其中臺灣學生人數也只有111名[13]。

　　很明顯地，臺灣殖民地教育的實施重點在於初等教育。然而與英國統治下的印度、法國統治下的阿爾及利亞相比，這種以初等教育為中心的教育方針有其特異之處。英國在1854年占領印度，然而同樣經過半世紀，迨至二十世紀初，印度學院（college）的數量為文科161所，醫科4所，法科、工科、教育科各3所，農科、東洋科各1所，合計176所[14]。1921年，印度中等學校學生人數甚至凌駕英國本土，學院的學生數量則達到數十萬人之多。可是另一方面，為了顧慮民族運動日漸萌芽壯大，英國當局對於初等教育並不熱心。占領印度八十年後的1921年，印度住民中男子識字率只有13.9%，女子更只有2.1%[15]。根據派翠西亞・鶴見（E. Patricia Tsurumi）表示，十九世紀英國統治下的印度所以偏重高等教育，原因是要將本來敵視英國的印度人薰陶成大英帝國熱烈的支持者[16]。然而眾所周知，日本實施教育的主要目的也為培養忠於日本帝國的臣民。對於相同目標，日本採取的手段正好卻與英國相反。

　　就在這樣的統治體制下，第二次世界大戰終結前，世界上前所未有的殖民地義務教育實施體制正式確立了，臺灣兒童平均就學率

13　臺灣總督府，《臺灣統治概要》，頁51-52。

14　幣原坦，《植民地教育》（東京：同文館，1912）。

15　ベッゲル（Herbert Theodor Becker），《列國の植民地教育政策》，頁237。

16　E. Patricia Tsurumi, "Colonial Education in Korea and Taiwan,"in Ramon H. Myers and Mark R. Peattie ed., *The Japanese Colonial Empire*, 1895-1945 (Princeton, N. J.: Princeton University Press, 1984).

高達71.3%[17]。這是日本占領臺灣後僅僅半世紀的成果。這個數字不要說是殖民地，與同時代歐美先進國家比較起來都不遜色[18]。

（三）特立獨行的同化政策

領臺後不久的1900年，在巴黎萬國博覽會所召開的國際殖民地社會學會議中，荷蘭及阿爾及利亞的代表等紛紛發表了意味著宣告同化主義破產的宣言。與會各國代表強調與「原住民社會做調和」的主張[19]，否定同化政策實施的適當性。經由這次會議，全世界殖民地統治潮流逐漸轉向自主主義。伴隨著這種轉向，同化教育不但被認為統治成本高昂，也違反世界道德觀與文化觀，容易造成社會的動亂，因而陸續被統治者所放棄。取而代之的，便是以實施農務勞動、手工業生產為主流的實務性教育[20]。儘管世界潮流如此，日本的臺灣統治還是依然故我，特立獨行。因此，矢內原忠雄認為臺灣的國語教育是「時代錯誤」的決策，是世界殖民地歷史中稀有的例子。

除了教育之外，臺灣「同化」政策的本質也相當特異。根據矢內原忠雄所說，通常同化政策的主要定義是把殖民地統治當作本國施政的延長，在實施與母國同一法律、經濟、社會制度之同時，也賦予當地居民平等的待遇。於是母國議會中殖民地所選出的議員之有無、數量的多寡，成為檢視「同化」主義的主要條件之一。然而事實上，臺灣「當地居民參政權幾乎等於零，並且總督的專制到

---

[17] 臺灣總督府，《臺灣統治概要》，頁52。順帶一提，被認為是殖民地同化主義統治之代表而經常被提起的阿爾及利亞，從法國占領當初的1830年算起100年後，也就是1930年前後，公立學校的兒童就學率僅止於男子11.5%，女子1.5%。

[18] ベッゲル（Herbert Theodor Becker），《列國の植民地教育政策》，頁311-12。

[19] 小熊英二，〈差別即平等〉，《歷史學研究》662號（1994年9月），頁20。

[20] 長尾一三二，〈帝國主義政策と植民地‧從屬國の教育〉，頁129。

達了極端」[21]。日本在臺實施「同化」政策，對於臺灣人在政治上、社會上權利平等的改善欲望和跡象不似法國積極，卻有比法國更為熾烈的「同化」國語教育政策。從法律體制上「六三法」[22]問題的存在，或是參政權的程度來看，日本在臺灣推行的政策是否能稱為同化主義，其實還有商榷的餘地。如果以長期存在著以憲兵、警察為主的事實來觀察，臺灣統治甚至還有相當濃厚的從屬主義（subjection）政策性質[23]。

四、縱座標上的「同化」
──日本近代史中臺灣的「同化」政策

相較於歐美殖民地統治，日本統治下的臺灣明顯地具有特異性。不但如此，從日本近代歷史的脈絡來看臺灣的「同化」教育，同樣也有一些值得注意之處。首先，令人感到意外的是，日本近代史上臺灣竟然還是國語「同化」教育的先驅。

（一）國語「同化」教育的先驅

「（臺灣總督府）對本島人的教育幾乎是全數投入在國語教育中，其他科目只是副次元的存在」[24]。就如戰前殖民地國語教育者國

21　矢內原忠雄，〈軍事的と同化的・日佛植民地政策比較の 論〉，頁22-35。

22　明治二十九（1896）年三月，帝國議會通過了「臺灣ニ施行スヘキ法令ニ關スル法律案」（「應施行於臺灣之法令的有關法律案」），並於三月三十日以法律第六三號公布之。亦即所謂的「六三法」。因為「六三法」的施行，臺灣總督府被賦予立法權，總督所制定的法律特別稱為「律令」，以和日本的國內法做區別，其法域也只限定於臺灣。由於「六三法」的實施使臺灣成為日本憲法的「異域」。

23　矢內原忠雄，〈軍事的と同化的・日佛植民地政策比較の一論〉。

24　國府種武，《臺灣に於ける國語教育の展開》（臺北：第一教育社，1931），頁17。

府種武指出的，事實上從領臺初期至第二次世界大戰，臺灣初等學校中的國語教授時數經常維持在全科目50%至75%之間。這樣的教育方針在西歐統治下的一些殖民地是看不到的。考慮到殖民地原住民人種構成、宗教和歷史等與母國不同，連積極實施「同化」教育的法國在制定初等教育語言政策之時，不但沒有拘泥於法語的跡象；即使在使用法語為教育工具地區，也看不到授業時數比例如臺灣這麼高的現象。一般人依統治時間的先後，或許會認為以國語為「同化」核心的臺灣教育方式是模仿日本統治蝦夷、沖繩等國內異民族的結果。然而，這種想法並不完全正確。

日本歷史上最初的異民族統治並非臺灣，而是對北海道蝦夷民族的支配。將海外殖民地臺灣與當時已是日本「國內殖民地」的北海道相提並論，可能有人會認為不太適當；但以兩者對於日本而言都是異民族、且均被定位為實施「同化」政策這兩點來看，日本統治下的臺灣和蝦夷、沖繩的語言政策是有比較意義的。

幕府時期松前藩政對於蝦夷所實施的「同化」政策，重點在於鼓勵這些異民族放棄傳統狩獵生活方式，從事農耕作業[25]。不過在此過程中，卻禁止他們使用「高貴」的和語。到了幕府後期，松前藩政開始進行和語普及政策，但其動機和目的是為加強國防，亦即為了防止俄羅斯南下勢力擴大而行使的一種政治和經濟策略，並非為了「同化」。至少在明治二十年代前後，蝦夷的語言政策經常是一種附帶的性質，明顯缺乏一貫性[26]。同樣的現象也見於古琉球。迨至明治十七、八（1884-85）年前後，毋論企圖以「國語」來達成琉

---

[25] 海保洋子，〈近代天皇制と「異族」の「臣民」化研究ノート〉，《歷史評論》1975年9月號。

[26] 豐田國夫，〈日本の言語政策〉，《言語政策の研究》（東京：錦正社，1968），頁89-94。

球人的「臣民化」，即使古琉球平民要使用或學習日本的假名文字都被禁止，違反者甚至可能受罰[27]。雖然同樣被定位為「同化」，至少在明治中期，日本並沒有對其支配下的異民族實施過積極的語言教育政策。

在此必須注意，日本近代史上首次在制度上將「國語」列為學校正式科目、並規定其內容為東京中流人士使用的發音聲調者，不是統治蝦夷時代的幕府政府，也不是後來日本政府，而是甲午戰爭後不久臺灣總督府轄下相關教育機構[28]。關於臺灣統治與近代日本國語形成及其過程中具有什麼時代意義和意識形態，本章稍後會有概略的說明。在此先要說明，有關國語制定等問題，身為殖民地臺灣反而經常扮演著領導內地母國的角色。因此稱臺灣是國語「同化」教育之先驅，並不為過。

（二）非經濟性的教育政策

在《帝國主義下の臺灣》（《帝國主義下的臺灣》）一書中，矢內原忠雄把近代日本帝國主義定位為「早熟的帝國主義」。理由在於日本雖在甲午戰爭中獲得勝利，但以資本主義發展的狀況來看，

---

[27] 根據前引豐田國夫之論述，至明治十七、十八（1884, 1885）年左右，不要說是企圖以「國語」來達成琉球人的「臣民化」，就連古琉球的平民要使用或學習日本的假名文字都是被禁止的，違反者甚至還可能受處罰。教導八重山平民學習或讓他們使用假名、漢文，均在禁止之列；違者可能還得受到處罰。從紀錄來看，明治二十六（1893）年首里、那霸的尋常科一年生的教學課程，主要以沖繩語來進行授課。參見豐田國夫，〈日本の言語政策〉，頁116。

[28] 駒込武，《植民地帝國日本の文化統合》；陳培豐，〈近代日本の國體イデオロギーと臺灣の植民地統治──上田萬年の國語觀を中心に〉，《中國研究月報》（1995年9月），頁16-37。另外，長志珠繪，〈教化と文化の間──「國語」問題と領臺初期〉，《文化交流史研究》創刊號（1997年5月），頁75-102，也有詳細的說明。

日本還不具備作為一個殖民地宗主國需要的萬全準備和經濟條件[29]。例如，明治二十九（1896）年度臺灣經營預算為1,800萬圓，占當時日本總歲出額152,270,000圓一成以上[30]。占領臺灣之初，大部分預算花在維持治安和建立產業經濟基礎結構上。加上當時駐臺日本官吏道德品行低落、地方行政機構制度未能確立，以及臺灣稅收之根源——地租改正也無法逐一實施，導致統治費用徵收無著落，只好仰賴國庫補助。由於臺灣經營不善，當時松方正義內閣只好在日本內地進行增稅，卻因政策失敗而總辭。也因此，占領臺灣對於當時的日本而言，被認為是一種浪費，日本國會裏甚至盛行著希望以一億圓將臺灣賣給法國，或賣還中國的論調。

在財政緊迫的狀況下，占領臺灣初期國語教育的創始者——臺灣總督府學務部長伊澤修二（1851-1917）不但實施了無償式入學制，甚至為了獎勵新附人民入學，還給付就學者津貼。明治三十一（1898）年以後，公學校營運經費來源中增加了臺灣居民的地方稅和捐獻金。然而由於「土匪」武裝抵抗盛行，頗多地區無法如期徵收地方稅，所以國庫補助臺灣的金額年年提高[31]。明治三十六至四十三（1903-1910）年間，公學校相關經費竟然增至四倍之多[32]。

領臺初期，這個新領地的統治費用經常維持在英國統治下各殖民地的二至四倍[33]。統治經費居高不下的原因之一，無非就是日本擁有比英國更為積極的教育欲望和體制[34]。

---

[29]　矢內原忠雄，《帝國主義下の臺灣》（東京：岩波書店，1988），頁10。

[30]　吳宏明，〈植民地教育をめぐって〉，《帝國議會と教育政策》（東京：思文閣，1981），頁550。

[31]　同前註。

[32]　持地六三郎，〈犧牲の精神〉，《臺灣教育》103號（1910年10月），頁30-31。

[33]　カークード，〈臺灣ニ關スル覺書說明筆記（第一回）〉。

[34]　蔡培火，〈臺灣に於ける國字問題〉，《教育》4卷8期（1936年8月），頁70。

（三）舉國意見一致的國語教育

臺灣國語教育政策具有上述非經濟、不合理的特異性。然而這種統治方針卻受到日本國內各界人士的大力支持。

甲午戰爭後，帝國憲法究竟適不適用於這片新領土，日本國內有相當大的爭議；領臺初期的統治方針，也因此經常充斥著矛盾和未確定性。不過在這種政策傾向中，推行國語教育卻以既定不動的態勢被許多人遵守著。甲午戰爭後國語教育迅速地在臺灣各地展開；不同政治立場的人，不論其實意如何，都在公開場合表現出贊成的態度。以日本語教育作為媒介、將臺灣人「同化」成日本人的意見，在日本官場中被視為理所當然之認識，反對「同化」幾乎成為一種禁忌，一旦提起就會遭到旁人群起圍攻[35]。

推行國語教育的熱忱不止於政府官僚，在民間也同樣為多數人所贊同。例如，日本發行的雜誌《教育時論》（1885-1934，開發社）在明治二十八年五月（361號）至三十年三月（430號）間，幾乎每期都刊載有關臺灣教育的消息和事項。其中除了為數較多的報導記事外，還包括兩次社論、兩篇「學說政務」欄中的論文，以及數篇小論文，基本上都以贊成實施國語「同化」教育為論述前提[36]。明治三十四（1901）年，臺灣發行《臺灣教育會雜誌》[37]，從其

35　駒込武，《植民地帝國日本の文化統合》，頁63。

36　渡部宗助，〈臺灣教育史の一研究〉，《日本教育學會》36卷3號（1979），頁927。

37　明治三十一（1898）年九月國語研究會在臺北成立。以從事有關教育工作者為中心，盡力於國語相關的研究是國語研究會設立時的主要旨趣和課題。這也就是臺灣教育會的前身。明治三十四（1901）年二月召開國語研究會第二回總會時，會員平井又八等提出組織變更之建議獲得接受，此後國語研究會就改成臺灣教育會，並於明治三十四（1901）年七月二十日發行《臺灣教育會雜誌》第1號。當時創刊之趣旨目的如下：（一）教育社群之意見發表；（二）教育學術事項的研

前身《國語研究會雜誌》之名稱，即可看出其創立之宗旨和目的無外乎討論如何有效率地將國語普及於臺灣。由上述事實看來，臺灣國語教育幾乎是在舉國意見一致的狀況下而推行的。

較之同時期西歐殖民地，或領臺前明治二十年前後的蝦夷和沖繩之「同化」政策，臺灣國語「同化」政策有很多特異性。以同時代作為觀察的橫座標，嚴格地說日本統治下臺灣國語教育政策並不完全等於殖民地政策學上所謂的 "assimilation"。從日本近代史中對於異民族的語言政策這條縱座標看來，臺灣「同化」政策則有先驅性。然而，具有這麼多特殊性的「同化」到底包括哪些性質和內涵呢？對於近代日本而言，到底代表了什麼意義？近代日本的國語又是如何誕生？具有什麼意識形態？下文探討的就是這些問題。

五、「同化」的工具性、兩義性與流動性

（一）「同化」的工具性

如同皮逖（Mark R. Peattie）指出，日本統治下的臺灣，「同化」經常是以「完全相反的理由」被一些不同立場的官僚、政治家、學者、改革者所支持[38]。事實上從領臺初期開始，支持「同化」

究；（三）教育上重要事項的調查；（四）有關教育之講談會及講習會的舉行；（五）有關教育之雜誌的發行及教育上有益圖書的出版。創刊當初，雜誌採隔月發行之形式，明治三十五（1902）年十月起變成月刊，明治四十五（1912）年一月號起改稱《臺灣教育》並持續發行至昭和十八（1943）年。參考吉野秀公，《臺灣教育史》（臺北：臺灣日日新報社，1927），頁153, 155。

[38] 皮逖（Mark R. Peattie）著，淺野豐美譯，《植民地：帝國50年の興亡》（*The Japanese Colonial Empire: 1895-1945*）（東京：讀賣新聞社，1996，20世紀の日本4），頁134-37。

政策的論者，通常以支持臺灣人的平等化、庇護日本政府的差別統治這兩個對立的動機和態度，討論同一項議題，結果造成了「同化」概念混淆不清。

　　大正三（1914）年，鑑於世界情勢的變化且意圖向亞洲發展，自由民權運動長老板垣退助（1837-1919）及支持其理念的一些知識分子成立「同化會」，主張盡速賦予臺灣人民權，改善在政治上、教育上所受到的差別待遇。該會的手段就是催促臺灣總督府盡早實現「一視同仁」，落實「同化」政策。對於板垣而言，「同化」無疑地代表立即平等化。也因為同意板垣對「同化」如此之見解，臺灣抗日運動家林獻堂、蔡培火等才加入「同化會」[39]。然而，板垣所描繪的「同化」馬上遭到臺灣總督府的否定，其理由同樣也是基於「同化」。例如，當時擔任學務課長的隈本繁吉在反駁板垣時，論據就是真正的「同化」「絕對不是一朝一夕」可達成的[40]，因為對於臺灣人所實施的「同化」還尚未完成，所以現階段的差別待遇，雖不得已，卻是合理的。

　　同時，「同化」被用來支持平等化、差別化之例子不勝枚舉。大正八（1919）年，臺灣總督府制定臺灣教育令，不滿其內容的臺灣知識分子，對於統治者打著「同化」、「一視同仁」之名卻行不平等待遇之實，嚴厲地批判「同化」政策的欺瞞性。對於這些批判和攻擊，當時民政長官下村宏辯解道：「『同化』這個名詞本身就已經表示（實行者與受容者）能力程度上存有落差」[41]，他強調「同化」政策實施的本身就是日、臺兩民族間存在有文明高低、文化優

---

[39]　葉榮鐘、吳三連、蔡培火等，《臺灣民族運動史》（臺北：自立晚報社文化出版部，1971），頁21-22。

[40]　隈本繁吉，〈本島人の同化に就て〉，《臺灣教育》154號（1915年2月1日），頁13-14。

[41]　下村宏，〈臺灣教育令に就て〉，《臺灣時報》1919年9月號，頁7。

劣的證明。所以，既然實施「同化」，就不可能立即撤廢教育上的差別待遇。雖然在公眾的場合裏，下村極力宣揚「一視同仁」；但與隈本一樣，他們兩人展開的「同化」論之邏輯重點在於：要撤廢不平等待遇，條件就是必須縮短日、臺兩者之間在文明和文化上的落差，前提是必須花費相當長的時間和不斷的努力。換句話說，「一視同仁」能否實現必須以臺灣人文明、文化的進步作為基準。在時間這個因素的前提下，就如同石田雄所指出的，平等與「民度」（人民的程度）成正比，「同化」教育就是達成平等化的必要手段和保證[42]。

透過「同化會」等問題，我們可以看出一部分統治者和臺灣人將「同化」解釋為迅速地同一化和同質化，不過另一部分統治者則認為「同化」充其量只向臺灣人「約定」平等化會在將來實現而已。既然平等化之實現不在現在而在將來，所以現在正進行的差別統治只是暫時的現象。由此可以看出，對於一部分統治者而言，提倡「同化」的目的是為安撫臺灣人或一部分統治者因實施差別統治引發的不滿情緒，不過是消解臺灣社會上不安和政治衝突的一種工具。

臺灣既然是殖民地，為了換取平等，臺灣人被要求「同化」的時間只有被恣意地延長，從來不曾縮短過。其實這也意味著：即使臺灣順利地推行了「同化」政策，得到良好的成效，臺灣人仍然永遠無法享有與日本人同樣的待遇和權利。在實際統治上，「一視同仁」的宣傳政策並未正確而合理地反映出臺灣社會經由「同化」的進步狀況。這說明了「同化」其實具有強烈的意識形態，實係統治者為了應付臺灣人的反抗、便利其統治上的方便，大肆宣揚的一種策略。就在統治者宣揚「一視同仁」，以及被統治者不斷強烈地抵

---

[42] 石田雄，〈「同化」政策と創られた觀念としての「日本」〉。

抗之下，「同化」所具有濃厚的工具性也就愈發明顯。

（二）「同化」的兩義性

在一般先行研究裏，「同化」通常只被描繪成精神上、文化上或情緒上的日本人化，由於日本政府在實施「同化」的過程中剝奪臺灣人的傳統和文化，因而「同化」經常遭到否定。然而，「同化」雖然具有強烈意識形態和工具性，也並不就表示缺乏實質內涵。

明治二十九（1896）年，臺灣最早的國語教育機構——國語傳習所設立了。其設立旨趣中提到要「注意道德的教訓和智能的啟發」，並且清楚說明「道德的教訓是以尊皇室、愛國家、重人倫以培養本國精神為旨趣。智能的啟發則以教育臺灣人經世立業所需知識技能為主」[43]。在一些研究中，國語傳習所經常被定位為一處傳授日本語和培養翻譯人材的機構，忽視了伊澤也企圖利用國語向臺灣人輸入日本近代天皇制國家的道德和日本精神，教授臺灣人「經世立業」所需的知識技能。國語傳習所係具有過渡性質的臨時機構，但其強調「智」也就是智能、「德」亦即是道德的教育精神，事後一直被承襲。明治三十二年一月二十七日，大嵙崁公學校結業典禮上，校長淺井政次郎在題為〈普通教育に就て〉（〈就有關普通教育而談〉）的訓辭中明白地說道[44]：

> 諸位雖然已是擁戴萬世一系的皇統、東洋第一文明國的人民，但如果不瞭解本國之言語，不精通本國的情事，如何去執行作為本國臣民本分⋯⋯現今不分本國人和臺灣人，首要之務只有讓本島人浴沐於皇化，使其具有本國人之性格，並具備

---

43 臺灣教育會，《臺灣教育沿革誌》（臺北：編者，1939），頁171。

44 淺井政次郎，〈普通教育に就て〉，《臺灣日日新報》（1899年2月2日）。

通達文明學識之事理……不管農、工、商都要逐漸瞭解文明
的新知識。

淺井政次郎在參與明治三十二（1899）年公學校規則制定時，
也規定了「公學校以教導本島人兒童國語，施予德育，以期養成國
民性格，授予生活上所必須之普通知識技能為主旨」[45]。在此，具有
高度實學性質、因應近代資本主義經濟體制的合理性與啟蒙性思考
的「智」，與象徵日本精神、天皇制國家秩序觀的「德」，二者輪
廓更趨明確。事實上，不只明治時期，包括大正時期和昭和時期，
各個時代幾乎所有國語教育的相關法規和言論，幾乎都一定會提到
「智」、「德」這兩個主題與概念。所謂的「同化」，其實是由代表
著近代文明和日本文化的「智」、「德」支持著，亦即同時具有兩
義性。

有關「智」、「德」兩個概念，又是如何具體反映在「同化」
教育上？這種兩義性的概念反映在國語教育之時，分配比例又如
何？要解答這個問題，最具說服力的方法便是分析各時代國語教科
書中的內容。因為統治者實施國語教育的終極目標既然是為了「同
化」臺灣人，因此必須製造或維持一個提升臺灣人文明和文化程
度、以便將來讓臺灣人享有與日本人同等權利的統治形象。所以國
語教育的內容必然就會超越語言範疇，而有某種程度的實質內涵；
而且，這個內涵不可能與「智」、「德」無關。

（三）「同化」的流動性──「同化」的重心移動

1. 國語教科書中「智」、「德」教材比例的流動性

根據蔡錦堂的分析，使用於明治三十四至大正二（1901-1913）

---

[45]　臺灣教育會，《臺灣教育沿革誌》，頁171。

公學校國語教科書

年的《臺灣教科用書國民讀本》，合計12冊、183課之中，「天長節」、「紀元節」、「皇宮」、「臺灣神社」、「仁德天皇」、「醍醐天皇」、「明治天皇」、「日本的地圖」、「我國」、「國旗」、「我國的歷史」、「黃海之戰」等關於皇室、國家、日本人的精神和價值觀等課程，亦即國語規則中所指關於「德」的文章，共有15課，占8.2%。相對地，「郵便」、「火車」、「水蒸氣」、「電氣」、「醫生」、「衛生」、「鼠疫」、「人體」、「商人」、「紡織」、「博覽會」等具有高度實學性的教材，介紹近代文明和因應近代資本主義經濟體制的合理性與啟蒙性思考的課文，則共68課，占37.2%。有關地理、博物、物理、化學、科學等內容之課文共56課，占30.6%。童謠、寓言、遊戲等則有27課，占14.8% [46]。

---

[46] 蔡錦堂，〈日本據臺初期公學校《國語》教科書之分析〉，收入鄭樑生主編，《中國與亞洲國家關係史學術研討會論文集》（臺北：淡江大學歷史學系，1993），頁241-44。

較之有關「德」的15課，「智」的教材大約是其十倍左右的分量。

　　不過，根據何義麟所做的調查，隨著第二次世界大戰爆發，昭和十七（1942）年發行的《國語讀本》中強調近代化或西洋文明的教材大幅減少，介紹日本精神、皇室制度、軍國主義、建國起源、歷史故事、俳句、和歌等日本文化課文，則大為增加[47]。

　　「同化」既然具有兩義性，其比例分配在各種變數的影響下當然不可能一成不變。隨著時代的變遷、內外局勢的變化、政策執行者的更迭，以及臺灣人接受國語教育的反應，教科書的內容經常進行調整，其分量和內容也隨時改變。整體而言，日本統治時期臺灣國語教科書中關於近代文明的教材比例，隨著時代變遷而呈遞減現象；介紹日本精神、皇室制度、軍國主義的課程則相反，呈現節節上升的趨勢。「智」、「德」教材的比例大致上表現出相互逆行的現象[48]。

---

[47]　何義麟，〈皇民化期間之學校教育〉，《臺灣風物》36卷4期（1986年12月），頁80-81。

[48]　周婉窈曾於〈實學教育、鄉土愛與國家認同〉，《臺灣史研究》4卷2期（1999）一文中，分析第三期公學校（大正十二 [1923] 至昭和五 [1930] 年）的國語教科書之內容，得到的結果是這本共有300課的教科書中關於實學知識和近代化之課程為68課，約占全體課文的22.7%。相對地與天皇、愛國教育、日本歷史文化、地理內容有關的課程共有57課，約占19%。敘述道德的課程計有46課，約占15.3%（所占百分比係筆者根據原作者的數字計算而得）。雖然周婉窈所做的課程分類方法、定義與本論文所引蔡錦堂、何義麟的不盡相同，但其中有關實學知識與近代化之課程與本文「同化於文明」的定義幾乎相同；天皇關係、愛國教育、日本歷史文化、地理及道德的課程之分類較接近於「同化於民族」。因此若以半世紀中整個教科書編纂的走向來觀察，並容許某種程度的誤差，則與前期（大正二至十二 [1913-1923] 年）的教材中「同化於文明」的比例27.3%比較起來，第三期的22.7%還是呈現下降的趨勢。

2. 作為差別待遇之理由時「同化」的流動性

　　「同化」除了具有兩個流動的內涵外，也是達成平等化的手段和保證，因此在作為平等化的根據時，「同化」的重心也應該有移動的可能。在此補充說明。「同化」被用來作為差別統治之合理化道具時，並非一開始就與「智」、「德」兩者都同時扯上關係。其實，將「同化」視為「一視同仁」的實現條件之始作俑者是後藤新平（1857-1929）。領臺當初，後藤為了對付反對「六三法」延續法案的政敵，主張對於「民度」不一樣的人實施同一政策是愚舉、暴政[49]。他認為，尚未步入文明化的臺灣，其施政應該以其社會進化的程度作為基準。後藤在強調臺灣人「民度」落後之際，主要將重點放在近代文明，也就是「智」上面。也因此，後藤數次表示臺灣──尤其是所謂「番界」的進化狀況有如「太古時代」，用意就在於賦予臺灣差別統治正當性[50]。此後這個統治策略不斷地被援用，成為反對「一視同仁」的主要理論。例如，明治三十二（1899）年四月二十八日，《臺灣日日新報》社論〈同化之方針〉就是一個代表性的例子。社論指出「基於人種的不同而訂定之新法典只是一時便宜之計，以『六三法』之存在為根據來證明同化主義已從臺灣統治中消失係錯誤的判斷」；「只要土人（按：臺灣人）的智力、體力達到優秀的水準，我們不排除實施同化合一之政治」[51]。《臺灣日日新報》的社論和後藤的政策思考邏輯同出一轍。對他們而言，將來臺灣社會與內地共享「一視同仁」的條件，在於本島人知識「同化」之成功，此處日本人的精神、道德和價值觀並沒有特別被提起或強調。

---

[49]　後藤新平，〈最近植民政策〉，《同志社時報》115號（1914年12月），頁2-3。

[50]　後藤新平，〈赤十字社事業に就て〉，《後藤新平文書》24-6-8，1905年4月25日，頁119。

[51]　〈同化の方針〉，《臺灣日日新報》（1899年4月28日）。

不過，到了大正時期以後，臺灣人「民度」明顯地提高，反抗不平等的聲浪也隨之高漲。此時殖民者為了牽制臺灣人，不使平等化快速實現，廢除差別待遇的根據也隨之增加了道德情操上的要求。隈本繁吉就在反駁板垣退助的前述論文中說過[52]：

> 思考淺薄者認為只要有錢有知識，在形式上和內地人過同樣的生活，就可獲得與日本人同等無差別之待遇。然而，這是大大的錯誤。如果要平等，除了這些之外，還要具備身為母國人國民，和日本人完全一樣的國民精神。

隈本不否認臺灣人在文明上有長足的進步，但也因為如此，為了拖延平等化政治實行的時機，隈本在提出臺灣人「一視同仁」的條件時，也就加上了「風俗習慣」、「體會大和（民族）之心」、「內地人的精神」等要求。同樣的情形在下村宏「同化」構想中也可看見[53]。

從後藤、隈本和下村的言論來看，差別統治的正當性理論從「智」向「德」偏移的傾向頗為明顯。這說明了伴隨著「智」、「德」教材比例之消長，「同化」在作為合理差別待遇之工具時，

---

[52]　隈本繁吉，〈本島人の同化に就て〉，頁13, 14。

[53]　大正八（1919）年，臺灣知識分子因不滿臺灣總督府制定的臺灣教育令內容而提出一些批評，下村一方面辯解「同化」這個名詞其本身就已經代表了「（實行者的日本人與接受者的臺灣人）能力程度上存有落差」，也一方面具體說明在這種情況下臺灣人達成平等化的條件：

> 大體上而言，同化就是必須先努力於體會、獲得身為日本國民之精神。因此，同化的意義不能單從形式上來看，也不應該只急進於從事外形上的改造。必須經年累月地去熟習國語，醇化風俗習慣。（下村宏，〈臺灣教育令に就て〉）

其重心也會隨之轉移、變化的。

六、從日本近代史看「同化」和國語

　　明治三十一（1898）年十二月，當時以陸軍為主要成員的團體學友會向兒玉源太郎總督提出題為〈臺灣經營策論〉之論文，開宗明義就說「對於臺灣我們必須大大地開發其智德」、「讓其在進入文明領域之同時，同化於我國之國體，以期與我國進取之大義同行一致，變成我大和民族」[54]。很明顯地，對學友會而言，「同化」不但與「智」、「德」有深切的關係，而且有關「德」之實施更具有將臺灣人「變成我大和民族」的意圖。這樣的意圖在各時代的「同化」脈絡中都可以觀察到[55]。

　　因應「同化」的內涵與目標，且將之放在近代日本的政治社會潮流中來解析的話，學友會的「同化」概念，包含了「同化於（近代）文明」與「同化於（日本）民族」（以下簡稱「同化於文明」與「同化於民族」）兩個主題。換言之，臺灣的「同化」政策應該可以再細分成兩個分析概念，就是「同化於民族」和「同化於文明」。

（一）作為分析概念的「同化」

54　松本龜太郎、瀧野種孝，〈臺灣經營策論〉，明治三十一（1898）年十二月十三日，微卷R30-78。

55　例如，大正八（1919）年十一月二十七日，臺灣總督田健治郎對直轄學校校長會議的訓示中，針對臺灣的「同化」方針做了如下之說明：

　　　本來，新領土的同化大業就是要薰陶新附之民使其與母國的文明渾化融合……體奉教育敕語之趣旨，實行民族同化之時務，在去除弊害，涵養良俗時讓新舊的人民能渾然成為一體。（〈田總督の訓示〉，《臺灣教育》212號[大正八（1919）年12月]）

——「同化於文明」與「同化於民族」

前面已經說明，以各時代有關「同化」的論述和國語教科書的內容來分析，「同化」中的「智」、「德」主要包括為了因應近代資本主義經濟體制而滲入的科學性、合理性和啟蒙性之西洋思想，以及介紹天皇制思想、日本歷史、日本獨特的精神和價值觀等，亦即以日本文化為主的概念。這兩種內涵正好都反映了近代日本歷史的發展軌跡，與日本帝國的形成脈動互相契合。

西川長夫曾在多篇論文中說明文明與文化這兩個概念在近代日本歷史上所占的地位之重要性。他指出，文明、文化的觀念同起源於十八、十九世紀歐洲。文明的概念象徵著都市、未來、人類的進步，以及啟蒙主義和普遍性，先是在法國、英國等當時先進國家中盛行。文化的概念則興起於德國、俄羅斯等當時較為後進的國家，代表著鄉村、傳統和過去，以及人類的個別性、精神上的優越性和獨自性。文化、文明之概念在形成之際都立基於同一線上批判當時的宮廷和國家，日後為了維持各國自身的利益，這兩個概念逐漸變成對立關係，並分別成為發展不同類型國家的意識形態。相對於德國、俄羅斯強調自己國家成立的根據係民族的古老、血統的純正和傳統文化的優越性，英國、法國等則標榜其國家形成的主軸在於人類進步、啟蒙和普遍性的存在。結果，兩者形成「文明─國民」、「文化─民族」的組合概念。

「文明─國民」與「文化─民族」這兩個組合概念，不久便先後投射在日本這個新興國家的形成和發展軌跡上。西川長夫認為，以「文明開化」、「富國強兵」為主要目的的明治維新，其實就是「文明化」。但是由於當時日本政府過度強調攝取西洋文明的重要性，致使明治二十（1887）年前後國內出現以保守知識分子為主，以保衛自己的傳統文化、強調大和民族精神上和心性上之優越性為

訴求的反彈現象，讓日本逐漸走向民族國家之路[56]。

　　其實，明治二十年前後日本語中並沒有「民族」這個名詞。明治二十二（1889）年，基於天皇制國家原理所制定的帝國憲法頒布時，並未將日本的人民定位成「民族」，只視之為所謂的「臣民」[57]。「民族」這兩個字開始被一般人所普遍認識和接受，是在文化這個概念開始於日本普及的十九世紀後期。明治二十三（1890）年教育勅語誕生後[58]，日本逐漸興起德國浪漫主義式的民族觀，將民族（Volk）視為擁有共同血緣、語言、文化和精神的集團。後來，隨著這種原初主義式的民族國家觀之盛行，所謂單一民族思想觀，以及「國體論」、國粹主義也隨之抬頭。就在這時，甲午戰爭爆發，日本占領了臺灣。

　　將文化、文明的概念放在日本近代化過程的脈絡中來透視「同化」問題時，可以明白看出日本占領臺灣時，正在本身邁向民族國家的路程中；也因為這種本國歷史過程之投射，統治者對於臺灣經常夾雜著兩個視線，便是「文明」和「民族」。因此，雖然尚未經

56　西川長夫，〈國家イデオロギーとしての文明と文化〉，《思想》827號（1993年5月），頁4-33。

57　尹健次，《民族幻想の蹉跌》（東京：岩波書店，1994），頁39-50。

58　「教育勅語」之正式的名稱為「教育に關する語」（「有關教育的勅語」）。這個發布於明治二十三（1890）年的勅語是近代日本的教育基本原理和最高準則，同時也是日本統治下臺灣教育的最高準則。教育勅語與帝國憲法並稱為日本國體的二大聖典。帝國憲法掌管人民的行為規範，教育勅語則是控制人民的精神道德和思想。「教育勅語」內容一方面敘述自古以來就是以萬世一系的天皇之「德」在統治日本，強調這個國家的國體舉世無雙、萬古不易。另一方面則具體揭示了日本國民應該遵守的各種精神道德項目。「一旦緩急，義勇奉公」之項目，日後成為被軍方利用來支持第二次世界大戰期間日本軍隊的道德規範。「教育勅語」融合了儒家思想和近代日本的家族國家觀，第二次世界大戰前一直支配著整個日本帝國的政治、社會和教育，直到昭和二十三（1948）年才失去效力。

過嚴密的檢證，西川長夫信心十足地認為，日本人對文化、文明的接受態度不但影響了國家的形成，並在日後強烈地反映在其殖民地統治的意識形態及發展上[59]。正如同西川所言，臺灣統治的「同化」概念中，明顯地潛伏著「同化於文明」及「同化於民族」的意圖和視線。學友會等的「同化」觀，無疑地反映了日本近代史的脈絡，可說其來有自。

（二）「同化」最主要的手段──國語教育

　　前文提及日本最初在「同化」蝦夷和沖繩居民時，並未立即採用積極的國語政策。統治臺灣則不然。何以占領臺灣以後，日本的異民族語言政策會有這麼明顯的改變？其實個中道理頗為簡單，因為在制度上，日本的國語正式成立於甲午戰爭後的明治三十三（1900）年。在此之前，日本各地語言不但南轅北轍，書面語與口語幾乎也呈分離狀態，無法「言文一致」，更沒有所謂的國語。

　　根據長志珠繪的研究，日本近代史制度上的國語成立於明治三十三（1900）年八月小學校令改正之時。當時文部省把原本定為讀書、作文、習字三門科目整合成為一門「國語科」，並且正式編入初等教育課程中。在此時間點上，以國家行政作為後盾的國語教育才算正式成立；前此日本初等教育科目中並無「國語」這門科目。非但如此，有關所謂國語的公定內容，即其標記方法和發音等，究竟以什麼作為基準？各界眾說紛紜，莫衷一是。直到明治三十七（1904）年，尋常小學校讀本編纂趣意書才明確地將國語發音標準化，以東京中流人士使用的音調作為基準。換言之，占領臺灣以前，日本只存在著觀念上的國語，制度上的國語之輪廓並不明確。這種情形一直到甲午戰爭結束九年以後，明治政府才依臺灣總督府

---

[59]　西川長夫，〈國家イテオロギ―としての文明と文化〉，頁4-33。

制定的內容和方針，完成日本「內地」國語之定型化和制度化。占有臺灣促使日本政府和一些知識分子開始把「國語」從觀念、構想上的範疇迅速推進到行政制度的軌道上，並賦予公定的內涵[60]。

其實江戶時期日本就已出現「國語」這兩個字，明治初期所謂國語、國字論爭中，「國語」這個用詞也經常被使用。然而此時所謂的「國語」只是思考上、主張上、議論上的階段性用語，定義極不穩定，內容也與本文所論述的——擁有具體內涵，並成為國家制度中之一環的「國語」，並不相同。其實臺灣這個新領土在日本國語誕生的過程中，占有非常重要的地位。

1. 具有「同化於文明」意識形態的國語

慶應二（1866）年，建立日本近代郵務制度的前島密發表〈漢字御廢止之議〉一文，揭開了一連串國語國字論爭的端緒。文中，前島認為為了「日本的文明化」、「國民教育的普及」，以及便利「無知蒙昧」的民眾攝取學問，日本須有「盡量簡易的文字文章」，為此必須廢止「不合理」、「沒效率」的「漢字」[61]。在此必須注意，前島提到的學問非指江戶時代被奉為知識主流的儒家思想，而指西洋文明。〈漢字御廢止之議〉一文的出現，象徵西洋文明取代儒家成為日本人心目中知識、進步、學問的定義，以及學習模仿的對象。

明治二（1869）年，南部義籌向土佐藩政府提出名為「修國語論」之建議書，主張「借用洋字來修國語」，成為主張羅馬字國字

---

60 有關日本近代史中國語如何被形成等相關問題，請參考長志珠繪，〈教化と文化の間〉，頁75-102。

61 長志珠繪，《近代日本と國語ナショナリズム》（東京：吉川弘文館，1998），頁28-29。

論的開端。明治四（1871）年，擔任公使的森有禮在美國發表了有關國語的論文，批判日本語是「無法通用於日本列島之外的貧乏語言」，並且提倡所謂的英語採用論，主張廢除日本語。明治六（1873）年，明治維新時期著名啟蒙雜誌《明六新誌》的創刊人西周，也發表以羅馬字標記日本語的意見。明治十七（1884）年，日後當上了文部省大臣的外山正一等人創立「羅馬字會」。此時，有關國語國字問題的議論與運動開始體系化，其影響也從政界波及文學界[62]。

有關國語國字問題的議論，主張頗為豐富，大概包括了漢字廢止論、漢字保留論、羅馬字運動、假名運動和新文字論等。支持這些論爭的共同觀點之一，就是「同化於文明」。近代日本為了攝取西洋文明並普及於大眾，必須翻譯大量西洋著作，此間便引發日本知識分子對於語言改革之爭論。除了所謂「言文一致」問題外，爭論重點之一在於如何創造一個能夠有效、正確而迅速地攝取並普及西洋文明的語言系統。也就是說，上述改良日本語的主張中，主要焦點在於語言的效率、大眾性和便利性。對於這項議題，多數人認為表意文字的漢字筆畫繁複，是近代化的障礙、語言上的「殘障者」。表音文字的假名雖較便利、進步並具有「言文一致」的大眾性和便利性，但在攝取西洋文明時的效率又不及羅馬字[63]。經過長期討論之後，日本人大量減少漢字，增加假名而成為日後的國語。在這個過程中，日本的國語除有「言文一致」及統一溝通國內各地方言的功能外，還被賦予了強烈的意識形態，那就是國語具有攝取西

---

[62] 有關國語國字問題之討論，請參考石井莊司，《國語教育叢書19‧近代國語教育史》（東京：教育出版センター，1983）；平井昌夫，《國語國字問題の歷史》（東京：昭森社書，1949）。

[63] 安田敏朗，《帝國日本の言語編制》（東京：世織書房，1997），頁19。

洋文明的功能，是「同化於文明」的手段和利器。

在此必須注意，甲午戰爭前後，保守派知識分子、文化人已經預測清、日之役，日本勝算在握，因此開始發表一些文章，主張不能大量廢除漢字，理由就是占領臺灣後，漢字將有助於統治新領土。日本在確立近代國家之形態時，臺灣完全與之無關；然而在其國語誕生之際，日本則將這個新領土也視為一個要素加以考量。換言之，日本統治臺灣之時，絕非最初就以一個已經固定成形的國語來進行「同化」政策。在有關國語的議論過程中，臺灣乃與日本內地在同一時空之下密切互動，左右著即將誕生的國語之內容[64]。就在同樣的時空架構之下，另一個意識形態，就是「同化於民族」，也在初生的國語中醞釀著。

2. 作為日本人精神血液的國語

西川長夫在說明「文明—國民」和「文化—民族」這個組合概念時，曾指出明治時期因過度強調西洋文明的重要性，導致國內一部分知識分子和政治家的危機感，引起保衛傳統文化、強調大和民族精神上、情緒上之優越性的思想抬頭。西川所指出的反彈現象在國語的創造過程中表露無遺。明治中期，為了對抗以西洋文明化為中心思考的語言改革主張，當時文部大臣井上毅和以國文學者兼「歌人」的落合直文為首的文化人——如小中村義象、高津鍬三郎、荻野由之等，開始在各自專攻的領域裏提倡日本語的民族主義和復古主義。這些立足於文化思想的活動在不久以後，逐漸形成了強烈的語言國家主義；集這種主義和思想之大成，將之推廣到一般大眾的人，就是日本國語教育先覺者、語言學家上田萬年。

明治二十三（1890）年，上田萬年（1867-1937）經由帝國大

64　長志珠繪，〈教化と文化の間〉，頁75-102。

學評議會派遣留學德國，明治二十七（1894）年歸國後，擔任東京
帝國大學日本語講座第一代教授，成為制定近代日本語言政策中最
重要的人物。甲午戰爭勝利前，上田萬年發表了日本近代史上重要
的演說。在題為〈國語と國家と〉（〈國語和國家〉）的演說文中，
上田萬年首先強調日本這個國家是由天皇為首的單一民族組成的
「血統團體」，與西歐各國比較，基於「君民同祖」、「忠君愛國」
的日本「國體」具有顯著的優越性，並且說了以下一段著名的話[65]：

> 語言（按：依照上田萬年演說的文脈來看，其所說的「語
> 言」指的是國語）對於使用的人民而言，就如同血液之於其同
> 胞（按：此處「同胞」指從同一母親身上出生，擁有相同血統
> 的兄弟姊妹），如肉體上所示的精神上的同胞。以日本的國語
> 來比喻這個道理，日本語應該就是日本人精神的血液。日本的
> 國體，主要是以此精神的血液來維持⋯⋯言語不單只是國體
> 的標識，同時也是一個教育者，是所謂情深無比的母親。

上田萬年強調國語的神聖性，認為其權威不可侵，不可批判，
並把日本語喻為「日本人的精神血液」、「國體的標識」、「情深無
比的母親」、「祖先的遺產」，藉此把甲午戰爭中的日本定位在所
謂「一個國家、一個語言、一個民族」之三位一體的國家框架中。
上田這種一面讚揚日本是單一民族國家，只有一種母語即國語；一
面卻承認日本國內擁有許多非大和民族以及各地居民的母語即方
言的說詞，看似矛盾，卻自有一套邏輯。因為上田認為這些異民族
都已經被「鎔化」成日本人。演說中對於以往異民族如何「鎔化」

---

[65] 上田萬年，〈國語と國家と〉，《明治文學全集》44（東京：筑摩書房，1968），
頁108-13。

為日本人，即「同化於民族」，上田的著墨不多；但是可以確定的是，發表這篇演說時，上田提出了一個更加強烈的「鎔化」手段，就是國語。

以上田萬年的理論來說，語言對使用的人而言既然是精神的血液，「國語」當然就是循環於國家這個身體內的血液。因此，如果居住在日本全國的人民都學習並使用國語，日本這個國家的純血化便可以達成。即使日本國內有非大和民族分子及各地方言，但只要讓他們使用所有日本人的共同母語即國語，也就可以統一流在他們身體內的「精神血液」，輸入「忠君愛國」的思想，將他們「鎔化」成日本人。這麼一來，在觀念上就可以自圓其說地維護基於擬血緣制國家原理而成立的「國體」。透過「母語篡位」的思辨策略，國語成為「同化於民族」的主要手段[66]。

上田萬年在演說的結尾，提到臺灣在甲午戰爭後勢將成為日本的領土。從這一段話可以推測，身為官僚學者的上田在提出這個可以讓異民族統治和擬血緣制國家原理並存無礙的國語觀時，明顯地已經把臺灣放在思考座標上。進一步說，上田萬年於日本在甲午戰爭勝券在握前夕發表這篇演說，目的是為即將擁有海外領土的單一民族國家原理預埋下一條退路和若干空間，以便維護其優越「國體」的完整性[67]。

上田這種國語思想的邏輯操縱，使得日本人、大和民族和血緣關係的定義從先天轉為後天，成為當時臺灣統治的主流價值觀。國語中包含這種「同化於文明」和「同化於民族」的意識形態之成形，剛好就在占領臺灣前後。在此共時性的狀況下，「同化於文明」和「同化於民族」不但可以作為國語創造過程的分析概念，同

66　陳培豐，〈近代日本の國體イデオロギーと臺灣の植民地統治〉，頁16-37。
67　同前註。

樣也適合作為分析臺灣國語「同化」政策的概念。

七、「同化」的要因——近代日本的「國體論」

（一）近代日本的「國體論」

　　探討過國語的誕生後，讓我們將日本統治下臺灣的「同化」政策重新反芻一次。前面已經提過「同化」包含了以文明和文化為基礎的內涵，通常被當成不平等待遇的合理化道具，並且負有把臺灣人變成大和民族的任務。基於「同化」的功能與任務，我們可以理解既然「一視同仁」之實現與臺灣人「同化」程度成正比，被約定於不特定的未來；為了製造或維持一個將無知蒙昧的臺灣人導入高度的文明和文化之中以迎向平等化，亦即建立臺灣統治中「走向日本民族」與「走向『一視同仁』」的形象，在可以容忍的範圍以內，統治者有其實施「同化於文明」和「同化於民族」的必要。從國語創造過程和歷史的脈絡來看，國語既然是吸收西洋近代文明的利器、日本人精神上的血液，那麼實行兩個「同化」最適當的手段，無疑就是國語。因為，比起服裝上、姓名上、習慣上的同一化和通婚，國語具有更多可以解決「走向（日本）民族」與「走向『一視同仁』」等問題的功能，並可以充分表達日本政府希望將臺灣人帶到近代文明之境界的企圖和決心。因此，為何日本統治下的「同化」政策必須強烈地執著於國語教育之實施，其道理是可以理解的。

　　然而，殖民地統治中差別待遇是常態也是前提。沒有實施平等待遇的殖民地比比皆是，臺灣並非特例。再者，英國統治下的印度，甚至實行同化政策的法國，也從來沒有試圖「同化」其轄下「原住民」為法國民族或英國民族的跡象。為何獨獨日本有必要為

了要掩飾其統治下臺灣「非一視同仁」、「非日本民族」的印象，花費高昂的經濟成本、冒著治安上的危險，甚至逆行於世界殖民地統治潮流、改變自己傳統上統治異民族的方式，舉國一致地實施「同化」政策呢？對於日本為何堅持實施「同化」的動機和背景，我們還沒有得到解答。關於這項問題，前面已經約略提到的「國體論」是一個非常值得我們思考的方向。

「國體」這兩個字本身是漢語，最早出現在《管子・君臣篇》，指君臣父子五行之官，亦即基本上具有國家組織的意味[68]。近世以後，「國體」這個名詞經常出現在日本，用法與《管子・君臣篇》大同小異。然而隨著時代的不同，有關國體的解釋與用法時有變化，明治維新以後，主要用來討論日本的建國原理和國家的形態。所以，其概念雖然曖昧，不過帶給人的印象總是尊嚴神聖而不可侵犯。在此必須說明，國體本身是一個普遍性的概念，世界各國都有自己的國體，日本人所以對於其國體有強烈的感情，乃是因為包括主政者在內的大多數人，都認為自己的國體是世界上絕無僅有、優越無比的。這種接近宗教信仰的狂熱和本質，就像政治學者後藤總一郎形容的[69]：

> 日本近代史上，從來沒有一個像「國體」這樣的名詞和概念，能緊緊地把日本的近代束縛在黑暗中。換言之，近代日本的形成，即是「國體」概念之創出、形成、實體化和肥大化的歷史。

68　長尾龍一，《日本國家思想史研究》（東京：創文社，昭和五十七（1982）年6月），頁12。

69　後藤總一郎，〈國體論の形成——その思想史的祖型〉，《歷史公論》1997年8月號（東京：雄山閣），頁69-75。

對於近代日本，「國體」既然具有如此的重要性，那麼它究竟如何形成，又有什麼內涵或特質？「國體論」和臺灣統治，特別是「同化」教育之間，到底又有什麼關聯？

1.「國體論」的特質──「非宗教的宗教」

文政八（1825）年幕府政權面臨內憂外患的存亡危機之際，會澤正志齋所著《新論》面世[70]，揭開了近代日本「國體論」盛行的序章。幕府政權末期，為了替這個垂死或即將分裂的國家打一針強心劑，會澤正志齋在《新論》中主張將原來在藩政體制下並不具有絕對影響力的天皇，奉舉在日本全國的頂尖地位，以便讓天皇以最高祭司者的身分統合全日本各地的神社，建立神道祭司信仰的新體系。再利用各種有關神道的「典禮祭祀」來教化人民，掌握當時散亂低迷的民心，將「民志歸合於一」[71]。

這個充滿了封建復古思想色彩之策論所以會出現，背後潛藏著相當多苦心和算計，主要目的在於試圖解決當時困惑日本的兩大問題：

一、安定日本社會因為西力東漸後動搖的民心，維護受到西歐文化腐蝕的日本傳統。具體地說，係為抑止通商貿易以後「妖教」──基督教傳入日本，逐漸滲透人心，致使日本傳統社會價值觀受到破壞。

---

[70] 會澤正志齋（1782-1863）是江戶後期的水戶之藩士，儒學者。文政七（1824）年在水戶藩領北部的大津浜發生了英國人登陸水戶的事件。由於這時會澤擔任筆談之工作，因此與英國人有了接觸，為此，他開始增強了政治危機感。翌年的文政八（1825）年會澤寫了《國體新論》，而這本書對於幕末尊王攘夷運動，以及明治維新後的國家設計具有深大的影響。

[71] 丸安良夫，〈日本ナショナリズムの前夜──國體論・文明・民梗〉，《歷史における民族の研究》（東京：青木書店，1975）。

　　二、挽救幕藩體制之下日本全國性的財政破綻，以及農村貧困、荒廢等問題。

　　會澤正志齋的基本策略是以國體的概念來強調日本主體性的重要，造成日本民眾的西洋夷狄觀，團結人心，尋找出以寡敵眾的路徑，以便克服亡國的危機。然而，會澤正志齋的思考模式、策略和意識形態，不久後成為一股熱潮，也影響了有關「國體論」的基本性格。

　　「國體論」之形成過程，內容極為複雜，就如丸山真男在《日本の思想》（《日本的思想》）中所說，其主要信念最初乃以「上天所賦予的超自然的知性來建構，後來經過帝國憲法之制定後再加入近代政治學之概念」。然而不論「國體」形成的過程如何複雜，在各時期中被賦予的任務均大同小異，就是如何建構一個主要「機軸」，將宗教信仰心情薄弱的日本民眾「人心歸屬在一起」。換言之，「國體論」就像「歐洲各國的文化在千錘百鍊後才構築成形的近代國家『機軸』一樣，其巨大的使命就是被期待去扮演一個類似基督教精神在近代歐美國家形成時所扮演的角色」。因此，丸山真男認為國體其實就是一種「非宗教的宗教」，其功能和任務之一，就是教化日本民眾對抗當時國力明顯比日本強大數倍的西洋[72]。在這個前提下，國體具有不斷地強調自身優越性、神話性的特質；其強調天皇是人神、日本是神國，就是居於這個基本構造演變而成的顯象。當然，基於同樣的理由，國體也一直具有莊嚴、古老和神祕之印象。

　　明治初期日本爆發了所謂自由民權運動[73]，日本社會再度面臨

---

[72]　丸山真男，《日本の思想》（東京：岩波書店，1990），頁29-31。

[73]　明治初期鼓吹人民的自由及伸張權力的政治運動。主要由主張設置國會的自由黨和改進黨推行，進而普及全國。明治十四（1881）年，由於發布了十年之內將設

崩潰的危機。這時，著名的福澤諭吉主張用天皇崇高的地位作為緩
和官民衝突的政治裝置，化解日本國內各階級間和政治勢力間的傾
軋、對立。此時，奠定近代日本法制基礎的法學家穗積八束更為了
強固民心，化解這個社會危機，開始將「君民同祖」思想為主的所
謂家族國家觀——日本是由共同祖先的後裔、單一民族所構成的血
族國家[74]，天皇為族父、所有日本人皆為赤子——引導入「國體論」
內容中，喚起官民之間的親睦和諧。這時「君民同祖」這個政治宣
傳也就正式加入「萬世一系」、「忠君愛國」、「萬古不易」、「金
甌無瑕」的修辭行列，成為新構築的「國體論」主要論述內容之
一。由於上述這種不亞於宗教信仰的狂熱和本質，本書將日本國體
定義為：以天皇制國家原理，特別以擬血緣制國家原理為中心，具
有擬宗教式性質的近代日本政治文化。至於討論有關國體問題，或
以國體的角度探討時勢之論述，就是所謂的「國體論」。

2.「國體論」主要內涵——「一視同仁」和擬血緣制國家觀

　　甲午戰爭前後，正是「國體論」鼎盛期的開始，這種風潮持續
至第二次世界大戰結束前後。然而，日本近代史中的「國體論」，
主要的內容與議題是什麼？綜合許多跡象，我們應該可以將之歸類
成：一、宣揚「君民同祖」、「萬世一系」和「忠君愛國」所象徵
的擬血緣制之國家觀；二、討論「一視同仁」的政治形態。有關擬
血緣制的國家觀，筆者已在論述國語思想時做了一些說明，此處不
再贅言。至於所謂「一視同仁」，主要的意思就像大正十一（1922）
年《太陽》28卷8號「國體」特輯中，一木喜德郎所說的[75]：

置國會的論旨，所謂自由民權運動才開始趨於平靜。

[74]　長尾龍一，《日本國家思想史研究》，頁12。

[75]　一木喜德郎，〈皇室と國民の精神的連鎖〉，《太陽》28卷8號（1912），頁164-
　　69。

　　在日本，天皇陛下是現神。而確實如此……天皇對於其下
的子民，絕對沒有誰是憎惡，誰較可愛之分……不論在何
處，天皇像太陽的光芒般地一視同仁，公平無私。這是三千年
來天皇家族的境遇、遺傳……我們深信，對於所有位居國家
上方的政治家，其最重要的德治就是一視同仁、公平無私。

　　一木喜德郎當時是帝國大學教授，曾任第二次大隈內閣文部大
臣，稍後又擔任宮內省大臣，並且是日本著名法學者。從他的敘述
中明顯地可以看出，「一視同仁」的政治形態是延伸自擬血緣制的
國家觀。不但如此，其與近代日本的義務教育制度，即教育機會均
等主義的形成也有密切的關係。

　　江戶末期，因受封建身分階級制度之影響，日本教育制度為典
型的複線型，庶民人家就讀寺子屋和私塾，武家學校則依身分階級
分別進入藩學和鄉學，無法越過階級相互融通就學。然而明治維新
後，不管上層階級或下層階級、富有家庭或貧窮人家，子弟都被安
排在同一教室，比鄰學習。這種基於士農工商的身分階級制度而形
成的不平等教育制度，所以能順利廢止，四民平等之新社會秩序
所以能夠取而代之、迅速滲入日本各地，主要原因是明治政府巧妙
地運用了擬血緣制國家原理。具體地說，以天皇是天照大神的直系
總本家、現神（あきつかみ）[76]，日本國民之間有血緣關係為號召，
強調不管武士、農民、商人或工人，只要在天皇之下，全國國民同
樣都是赤子，均有享受「一視同仁」恩澤的資格。在這個新的國家
原理之下，複線型教育制度名正言順地改成單線型，並且成為平等
主義式初等義務教育制度的基礎。與此利用並貫徹齊頭式平等之同

76　所謂「現神」（あきつかみ）中的「あきつ」，意思是「現實的」；「あきつかみ」
　　全意即現世中展現之神明。是為對於天皇的形容與敬稱。

時，明治政府也將有關天皇制國家思想和國體的精神透過學校「一
視同仁」地灌輸到兒童的腦裏，以進行「同化於民族」和「同化於
文明」，強固其家族國家式的國民統合[77]。

（二）「國體論」與「同化」

近代日本的國家原理架構在同一血緣關係上，利用血緣關係之
同一性，打破階級，強調團結。擬血緣制國家原理與「一視同仁」
的政治體制其實一體兩面，兩者所以會成為「國體論」的主要論
述，乃因有相輔相成作用的緣故。然而，用血緣關係之有無作為實
施平等待遇的前提和條件，這種雙向式的國民統合原理雖然促進了
大部分日本人的團結，不過並未完全解決近代日本所有政治和社會
問題。因為在江戶時期，日本社會中存在著由武士、農、工、商等
所形成的封建社會階級，各階級的社會地位、待遇是不平等的。近
代日本政治家運用擬血緣制國家原理——也就是把天皇定位成天照
大神的直系總本家、「現神」，其底下的武士、農民、商人、工人
等都是天皇的赤子，因此不論什麼階級，均有享受「一視同仁」恩
澤的資格——試圖消除原本建構在階級上的差別現象。然而，日本
的政治家將這種把平等待遇的前提建立在血緣關係同質性上的做
法，並沒有完全解決國內不平等的問題，充其量只是把政治上和社
會上差別的根源從階級移轉到血緣關係的問題上而已[78]。

因為在事實上，日本單一民族論是虛構的，國家內仍然存在著
所謂的異民族。這些包括了蝦夷等異民族，因為被認為血統異於大
和民族，所以在理論上或實際上經常都被排除在「一視同仁」的適

---

[77] 鯖田豐之，〈日本的平等主義の功罪〉，《教育と文化》（神奈川：神奈川縣立教
育センター，1969），頁16-23。

[78] 鈴木正幸，《近代天皇制の支配秩序》（東京：校倉書房，1986），頁86-90。

用範圍之外，造成「走出（日本）民族」，「走出『一視同仁』」等現象，形成國體上的破綻、瑕疵和不平衡。為此，近代日本對於異民族經常存有非常敏感的反應和看法，「國體論」中時常出現討論異民族的文章，其宗旨和目的經常都為維持國體平衡，彌補其破綻。前述上田萬年將日本的國語比喻為「日本人的精神血液」和「國體的標識」，其目的也就是要維護國體的存在。同此道理，「同化」這個概念所以會出現在日本政壇上，其實也是基於同樣的理由、動機和時代背景。

明治二十三（1890）年日本史上第一本字典《言海》，以及明治二十五（1897）年山田美妙所著《日本大辭書》，都未刊錄「同化」這個名詞。對於原本是生物學譯語的「同化」這兩個字，當時民眾本來相當陌生。然而，明治二十年代裏，日本在廢除不平等條約以後，發生了內地外國人雜居的問題。當時居住在日本各地的外國人，其血緣與日本人不同，享受的權利也不全然一樣。換言之，內地外國人雜居之事實觸發了「國體論」中最敏感、最脆弱的兩個問題——日本領土中管轄異民族和存在非「一視同仁」的政治現象。在討論如何處理這個議題時，依附著國體問題的「同化」一詞開始頻繁地使用，流行於知識分子、文化人和政治家之間。例如明治二十四（1891）年日本著名的哲學家、《國體衍義》作者井上哲次郎在討論內地雜居問題時，就曾拿出「同化」的概念表示反對立場。井上哲次郎表示，「今日之日本與昔日的日本已有不同」，「我們既然已經創造了鞏固的國體，就必須努力地徹底保護之，維持之」，「一旦允許內地雜居後，我們卻又不能把由世界各地流入國內的外國人，同化於日本國，讓他們也接受日本國的言語、宗教、風俗、習慣等」，「我國的統一一致就會毀損」，「變成完全不

同的國體」,「允許內地雜居著實是破壞日本國體之開端」[79]。

井上哲次郎對於「同化」的思考邏輯與前述下村宏、後藤新平的想法並不相悖,亦即雙方都認為「同化」基本上是擁有高等文明者對低度文明者所做的同質化運動。然而,與統治臺灣相反,井上以歐美人比日本人優秀為理由,為了避免讓日本「變成完全不同的國體」,站在反對外國人雜居於日本內地的立場。內地外國人雜居的問題和臺灣統治兩個問題看似不同,唯其出發點都基於一個共同目標,就是要解決日本領土內居住與管轄了非大和民族、存有非「一視同仁」之政治現象時,產生之國體上的矛盾和不平衡問題。臺灣統治在面臨這個難題時,其解決辦法同樣也是祭出「同化」這個概念。

(三)臺灣統治的結構性問題

其實在甲午戰爭後,臺灣統治就籠罩在國體論的磁場下。在公開場合中,臺灣總督府和大部分日本人都將臺灣人定位為天皇的赤子和臣民。明治三十(1897)年教育勅語正式頒布於新領土,成為臺灣人道德上的最高準則,言論界中主張以國體之精神統治臺灣者比比皆是,不勝枚舉。例如,明治三十二(1899)年二月二十二日《臺灣日日新報》漢文欄刊載了題為〈國體論〉的論文,在介紹世界各國的國體均不如日本後,做出以下結論[80]:

> 我國體其優劣之相懸,固不可同日而論矣。噫!一國猶之一家,我天祖之勅祖,即祖宗之訓也。尊祖宗之訓,即子孫之責也。今臺民雖曰新附,而既歸版籍,已有子孫之責,固當尊祖

---

[79] 井上哲次郎,《內地雜居論》(東京:哲學書院,1889),頁492-98。

[80] 〈國體論〉,《臺灣日日新報》(1899年2月22日)。

宗之訓。然蒙昧之徒未涉史乘，或謂我國亦與支那無異。余深
惜之，乃作此說，蓋非為賢者之道……。（標點符號由筆者添
加）

　　然而，就像這篇論文在批判將日本與支那之國體等同視之者
「非為賢者之道」時不打自招的，血緣上、地緣上由漢民族和多種
所謂的高砂族所構成的臺灣居民，明顯地與天照大神的子孫大和民
族毫無關聯，歷史上二者也缺乏擁有共同的神話之空間。將新附民
視為天皇的赤子，要求他們善盡「子孫之責」去崇拜天皇的「國體
論」，本身就與國體的原理背道而馳。

　　既然將臺灣定位在國體的政治磁場中，強調要在臺灣實行「一
視同仁」之言論必然也會出現。明治二十九（1896）年八月二十日
《臺灣新報》的記事：〈臺民必讀〉，說明在翌三十（1897）年五月
八日舉行臺灣住民國籍選擇以後，「本島土民有願為日本之臣民，
而日本政府自必推恩擴德，一視同仁與本邦」（標點符號由作者添
加）[81]。也就是對於選擇作為日本臣民的臺灣住民，總督府保證將實
行一律平等的政策。同樣主旨的宣導言論亦可見於翌年民政長官水
野遵的諭辭[82]。然而，「六三法」之存在否定了「一視同仁」的施政
宣傳，證明了這些立足於「國體論」思考的欺瞞性。總之，國體
與臺灣統治的矛盾和破綻所以產生，乃因日本政府在理念、精神上
企圖用擬血緣國家制原理來包攝異民族，實際政治運作上卻又一直
將臺灣視為日本異域而排除在「一視同仁」之實施範疇外。也就是
說，在國體的架構中，對臺統治顯示了理念與現實乖離的現象[83]。這

81　〈臺民必讀〉，《臺灣新報》（1896年8月20日）。

82　《臺灣新報》（1897年2月22日）。

83　山本有造，〈日本における植民地統治思想の展開〉，《アジア經濟》（1991年1

種相互逆行的乖離當然會破壞國體政治體制的平衡，造成了臺灣統治上的混亂。由於篇幅所限，此處無法詳加介紹。日本領臺期間，特別是明治時期，關於國體與臺灣統治之間矛盾的論述甚多，這些言論呈現出治理新領土的結構性問題所在。

其實日本在建構國體時，係以大和民族作為一個政治單位來設計、制定的。在理論上，國體的形成是透過強調日本人的純血性，並將施政的平等建立於純血性的前提上，排除異民族在外。這也就是鈴木正幸所指的國體具有強烈的排他性[84]。所以，一旦日本擴張領土或統治異民族，本來在國內對於大多數日本居民可以通行無阻、放諸各地皆準的建國理論便出現了各種矛盾，國體的聖典《教育勅語》中所宣揚的國體精神「可實行於中外而不悖」之說詞便明顯地產生破綻。國體運用在團結國內民族時，可以發揮極大的作用；不過在擴張海外領土之際，反而帶來了許多限制和包袱。

就如明治四十四（1911）年刊行的日本第一本百科事典《日本百科大辭典》第一卷裏關於殖民地之項目所載，「殖民地大都是文化程度低落的原住民先住的地區，所以縱使母國勢力尚未壯大，也不能讓殖民地的原住民在一視同仁下，享受與移住者完全同一的權利或以同一制度來統轄統治」[85]。「殖民地」一詞中有強烈反對平等化要素，其定義本身就是「一視同仁」的否定。如果再將殖民地上的住民解釋為天皇的赤子和日本的臣民，其矛盾也就更加嚴重。總之，擴張海外領土、管轄異民族，與日本的國體是呈相剋關係的。

然而，對於日本而言，成為擁有海外領土的東亞帝國是千載難

月），頁2-20；春山明哲，〈臺灣舊慣調查と立法構想——岡松參太郎による調查と立案を中心に——〉，《臺灣近現代史研究》6號（東京：綠蔭書房，1998），頁81-114。

[84] 鈴木正幸，《近代天皇制の支配秩序》，頁86-91。

[85] 《日本百科大辭典》第1卷（東京：三省堂，1911）。

逢的機會。實際上日本也不可能因為受制於國體而放棄占領臺灣的權利。因此，如果日本想在國體的束縛下替臺灣統治尋找出一條活路的話，方法之一就是類似井上哲次郎將「同化」作為護全國體的道具，賦予統治臺灣的合理性。亦即透過「同化」讓國體和統治殖民地之事能相互融合，去除因為統治臺灣時造成的國體理論上之瑕疵。更具體地說，「同化」必須擔負的任務就是：一、讓臺灣統治「走向『一視同仁』」，前提是消除臺灣統治中殖民地之形象；二、「走向日本民族」，亦即利用各種說詞和邏輯將臺灣人解釋為大和民族，掩飾管轄異民族的事實。實際上，我們從日本統治臺灣所看到的「同化」論，大部分就是用來執行上述任務。當然，要達成這些任務，國語教育是不可或缺的媒介。

（四）針對非基督教統治的選擇──近代文明、日本民族

很清楚的，除了因應實際上統治的需要外，臺灣「同化」的內容、意識形態和實際樣態，某種程度均為順應「國體論」；或基於護持國體，彌補因統治臺灣造成國體上的破綻而產生。也就是說，日本政府花費高昂的經濟成本、冒著社會治安動蕩的危險，甚至逆行於世界殖民地統治潮流、改變自己傳統上統治異民族的方式，舉國一致地實施的「同化」政策，皆為維持帝國政治體制的平衡而形成的統治現象。

然而，推行國語教育必須付出相當經濟成本，對於日本這個早熟的帝國而言是一個沉重的負擔。因此，就經濟上的考量或角度來看，如果要去除因為統治臺灣造成的國體理論上之瑕疵，最好的方法應該是直接將臺灣置於國體的政治磁場外，而非大費周章地實行國語「同化」教育。唯實際上問題並不這麼單純，其中還牽涉到殖民地統治的教化問題。

殖民地統治基本上是少數外來者在政治、經濟、社會和軍事各

方面，以占有絕對優勢的方式支配多數原住民的政治形態。由於統治者在維持上述利益之際，必然伴隨掠奪、榨取、殺戮、壓制等現象，繼而引起當地原住民的反抗。因此，面對這種阻力，統治者所採取的措施大概有三種：一、花費大量人力和物力，以占有絕對優勢的武力強行征服、鎮壓；二、用宗教，更具體地說，運用基督教（本書所說的基督教係承襲日文キリスト教的說法。正確來說其指涉基督教和天主教）來教化「野蠻」的原住民，使其與統治者具有同樣的道德觀、價值觀和秩序觀，即在精神上加以薰陶和馴服；三、用近代化的優勢，以文明的傳播者自居，藉著教育「落後」的原住民為理由，賦予本身支配上的正當性。對於統治者而言，第一項是萬不得已時的措置。因為在人力上、物力上所耗費的成本最高，而且大量殺戮經常會遭到衛道人士的反對和批判。第二、三項則較無上述詬病，且較符合當時世界上的道德觀。

基於上述理由，基督教和近代文明可以說是殖民地統治中不可或缺的教化道具。一手拿著聖經、一手握著手槍登陸在「未開化」之地的景象，可謂十九世紀西方人占領並治理殖民地最傳神的寫照。然而，撇開武力鎮壓方式不談，身為殖民地統治後進國的日本在統治臺灣時，可採行的統治措施顯然不如歐美諸國充裕。因為日本並非基督教國家，在教化臺灣人時，缺乏一個明確、有力，而且具有先驗式保障的道具。實際上，在統治臺灣的半個世紀裏，日本的基督教未曾扮演教化民眾的重要角色。從國體聖典《教育勅語》在甲午戰爭後便被積極移植來臺，奉為臺灣教育的最高準則，並要求臺灣人背誦等現象來看，日本這個東洋唯一的殖民國家，其實利用了具有「非宗教式的宗教」色彩之「國體論」，取代基督教，充當教化臺灣人的工具。

換言之，日本之所以不能將臺灣統治放在國體的政治磁場之外，必須投下經濟成本、大費周章地實行國語「同化」教育，主

要原因乃受制於日本這個非基督教帝國的現況和體質。當然，為了
「國體論」這個教化工具，臺灣統治便須受到國語「同化」教育的
掣肘和束縛，「走向『一視同仁』之中」、「走向日本民族之中」。

　　日本政府為了維持「一視同仁」的統治，某種程度下必須實施
包括西洋文明要素的國語教育。因為在日本近代史上，國語是吸取
西洋文明的工具，具有「同化於文明」之意識形態。如果要建立一
個把「無知蒙昧的民度引導向文明的境界」，也就是走向「文明之
中」之形象，以醞釀統治者即將「準備在臺灣實施一視同仁」的政
治感受時，在可以容忍的範圍內，設置並維持一定程度的「同化」
教育，對於任何一個時期的主政者都是必要的統治措施。換言之，
為了將臺灣統治順利地與「國體論」調和，統治者必須通過「走向
文明」、「走向民族」這兩條狹路。在此，對於臺灣人而言，雖然
身處於異民族統治，必須面對日本統治「黑暗面」的「皇民化」；
但在「國體」的龐大身影之下，被認為是「光明面」的「近代化」
契機，也隨之含攝在內。

　　然而，國語「同化」教育之普及，即公學校就學率越高，新
領土就越可能走向文明化。更具體說，隨著「國體論」統治體制
確立，臺灣的近代化便可走向光明之路嗎？答案當然是否定的。因
為正如前文所述，「同化」除了擁有「文明」、「民族」兩種內涵
外，另外還有兩種相反立場和任務，以及複雜的意識形態。雖然在
半個世紀裏，臺灣的「同化」統治方針表面上並沒有改變，但因時
代的變遷、政治領導者的交替，各個時期的治臺重點目標或準距也
有微妙的不同。隨之，「同化」的意義或重心比例也絕非一成不變
的。在這種狀況下，臺灣人雖有透過「同化」政策走向近代化路途
的契機，但是卻沒有達成近代化成果的任何保證或必然性。

　　在「同化」統治結構底下，臺灣人對於國語教育有許多選擇和
可能的應對態度，例如：

（一）全面性肯定「同化」教育，並積極地接受之；

（二）強烈地抵抗，拒絕或否定兩個「同化」；

（三）選擇性地接受「同化」。即是「同化於文明」和「同化於民族」二者擇一。

當然臺灣人針對「同化」教育的各種不同選擇或應對態度，勢必也將決定這個新領土的統治在通過「文明」、「（日本）民族」這兩條狹路以後，究竟將走向近代化的路途，還是變成皇民。換言之，到底走向「文明」，還是「（日本）民族」的「裏面」或「外面」？針對這項問題，本書的假設和主張——臺灣人的選擇，以及應對態度是（一）。更具體說，臺灣人在日治時期有強烈渴望近代文明的傾向，這種選擇以及應對「同化」的態度，對於統治者造成強烈威脅，也促使統治者頻繁修正「同化」方針。因為在「一視同仁」和臺灣人文明的進步——換言之，即臺灣人接受「同化」教育的積極程度——成正比例的政策邏輯設計之下，一旦臺灣人在近代化方面有長足進步，卻又無法享有適當的平等待遇，就會暴露出國體精神的欺瞞性，而對施政者帶來沉重的壓力。在此統治架構下，臺灣人對於日本統治的抵抗就不僅限於「漢賊不兩立」式的拒絕「同化」教育，反而積極地接受教育。

很明顯地，如果拋開既有的歷史觀，以「同化於文明」的觀點俯瞰日本的「同化」政策，日治時期到底什麼是「抵抗」？什麼是「協力」？似乎都有重新思考和界定的必要。在綜合臺灣統治的特異性，以及國體論之後，筆者認為在「同化」教育過程中，除了文化上的強制、拒絕、抑制、抵抗和崩潰的思考途徑之外；應該還有另一個重要的歷史面相——就是統治者和被統治者圍繞著近代文明這個議題產生了賦予、接受、希求、拒絕、自立和抑止的搓揉過程。這些過程和面相均意謂著：在臺灣的近代史中劃下重要一頁的「同化」統治，其實也應該包含著統治者被動實施或賦予臺灣人

近代文明，以及臺灣人主動向統治者爭取、希求近代文明的過程。
透過這條新的臺灣歷史思考途徑，我們將可以重新闡明具有「光明
面」的殖民地「同化」統治歷史，並賦予其新的意義。這個新的歷
史解釋架構，應該能夠有助於我們更合理地理解臺灣近現代史，或
所謂「殖民地統治肯定論」。

八、本書章節概要

　　為使基於上述研究觀點所建立的假設或研究課題能夠成立，筆
者必須準備豐富而龐大的資料，並將這些資料有機且細緻地進行辯
證。為了完成這個複雜的作業，僅只分析日治時期在臺、日兩地報
章雜誌中所刊載有關「同化」、「國體論」、國語或臺灣統治等論
文報導或訓令，是不夠充分的。為了釐清統治當局制定政策時的
實際運作過程，以及主政者的思考構想，本書參照了包括：《後藤
新平文書》（[日] 國會圖書館憲政資料室收藏）、《隈本繁吉文書》
（[日] 國立教育研究所收藏，阿部洋收集、上沼八郎整理）、《鈴
木三郎關係文書》（[日] 國會圖書館憲政資料室收藏），以及各時
代國語教科書，期能針對實際政策之釐訂、實施與言說輿論之間，
進行較為周密的關照。

　　除本章序論外，各章摘要如下：

　　第二章，以確立臺灣「同化」教育雛型的伊澤修二為主，闡
述統治者實際形構國語教育的過程，及其背後的精神性。「國體
論」、教化、基督教、漢字漢文為本章的論述重點。

　　第三章，說明伊澤修二離職後，後藤新平和持地六三郎改變
「同化」教育的過程。本章主要關照國語教育中的近代文明如何開
始被縮減抑制、新的「同化」方針如何被建立等課題。

　　第四章，論述焦點從統治者轉移到被統治者。探討臺灣居民對

近代文明具備敏銳反應，並且積極接受的原因。分析的重點之一為
領臺初期臺灣人意見領袖——李春生的思想，特別著重其作為「協
力」統治者確立國語教育的基本動機和結果。

第五章，大正時期統治者對於向學心旺盛、選擇性接受「同化
於文明」的臺灣人明顯地萌生戒心，並且開始加強牽制。「同化」
統治體制的重心，快速地從「走向文明之中」傾斜到「走向民族之
中」。論述的中心人物是限本繁吉。

第六章，探討臺灣人如何抵抗變形之後的國語教育。以蔡培
火、黃呈聰等人的語言改革運動為主，闡述這些運動在「同化」統
治上的意義，在於創造自主性的「同化」工具。

第七章，透過「皇民文學」之探討，描述昭和後期「同化」教
育如何被極致化，以及皇民化運動下臺灣人精神性的變化。陳火
泉、周金波等人的文學作品是主要分析對象。

第八章，結論。筆者將驗證：半個世紀以來臺灣居民對應、抵
抗日本殖民「同化」統治的策略和態度係影響整個「同化」政策走
向的變數；同時也是形塑戰後臺灣人認同意識的主軸。

本書省略所有人物的敬稱。為了考慮時代性的呈現，筆者並未
以當下的價值觀標準，修正如今看來顯然不確切的引用字眼。另一
方面，所謂的國語對臺灣居民而言，不過是日語，本來應該加上引
號；但為了避免閱讀上的困擾，本書亦加省略。反之，為與殖民地
政策學研究上的"ssimilation"區別，「同化」兩個字以附加引號的
方式呈現。

本書內文有「臺灣人」和「本島人」稱呼之差異，區分標準如
下：屬於筆者論述部分，使用「臺灣人」；為了契合歷史現場的記
述，則用「本島人」。這樣的使用區分，一部分考慮到「本島人」
須與「內地人」這個名詞做稱呼上的對應。至於「漢民族」一語，
與其說是一個種族實體的稱呼，不如說是一種想像的概念。比較正

確的說法應該是「被認為是漢民族者」。不過本書仍然沿襲一般論述習慣，以「漢民族」一詞稱臺灣住民中非原住民族群。

　　有關年代之表記，依筆者個人意願，為重現時代性，自明治至昭和二〇年均採用日本年號，後附以西曆；昭和二〇年以後全部採用西曆。

第二章

彌補「一視同仁」與
單一民族論破綻的國語教育
── 一個非基督教帝國的「同化」教育雛型

　　凡研究日治時期臺灣史的學者，大概都不會否認伊澤修二在國語「同化」教育中所占的重要地位，因為他不但是甲午戰爭後第一位來臺開拓教育的日本官僚，在其主持下制訂的「同化」教育模式，也打破了當時殖民地統治的思考和慣例。雖然，伊澤的教育構想，未被後繼者百分之百地遵循；但如後藤新平、持地六三郎和隈本繁吉等教育決策者，均受制於「同化」思考的束縛，無法完全跳出伊澤設定的思考框架。稱呼伊澤修二是「同化」教育雛型的形塑者，實不為過。

　　在本章當中，筆者試圖探討所謂日本式的「同化」統治原理、架構和內涵如何被確立，並觀察書房和漢文──這些臺灣的傳統教育在「同化」政策中所扮演的角色和任務。

一、伊澤修二與非基督教國家的「同化」構想

（一）新領土國語教育的初航

　　明治二十八（1895）年五月八日馬關條約締結後，樺山資紀被

任命為首任臺灣總督。隨之日本政府設立了以「輔佐總督，整理行政司法事務，監督各部事務」為宗旨的民政局。翌年四月在「民政局官制」的組織下，以「掌管有關教育事務」為主要目的的學務部也正式成立了。然而，明治二十八（1895）年六月設置於當時日本內閣編制內的臺灣事務局所做的調查報告中，有關新領土教育之項目中雖然擁有「顧及臺灣永遠之計」、「在此地施行我國學制」之政策構想，但是其所提及具體方案中的鄉學、縣學、府學、督府學四個系統中，鄉學和縣學的設立趣旨中不但看不到積極實施國語教育的跡象，而且還有「至於日本語等應漸次制定教授方法，目前可不必急於行之」的想法[1]。

日本占領臺灣後，雖然在民間存有主張在新領土積極實施教育的強大輿論，但這股輿論並沒有立即反映在政策上。實際上在甲午戰爭後，明治政府的臺灣統治構想中看不到任何具體、強烈的「同化」教育方針。然而，伊澤以第一任學務部長心得之身分渡臺後，臺灣的國語教育開始呈現了全然不同的局面。

出身貧士之家的伊澤修二生於信濃國高遠（今長野縣）。伊澤以高遠藩「貢進生」畢業於大學南校後，擔任愛知師範學校校長。明治八（1875）年以公費生資格，被明治政府派遣留學美國。明治十一（1878）年歸日後，伊澤除致力於日本的音樂教育、體育、盲啞教育和教科書編集外，並活躍於日本的國語創造運動，為日本近代教育基礎之奠定立下了指導者的功勞。明治二十三（1890）年日本首任文部大臣森有禮遭暗殺身亡，翌年伊澤便自詡為森有禮的後繼者，設立國家教育社，盡力推行國家主義教育。繼承森有禮的教育思想，伊澤以增加國家勢力之理由，強力主張由國庫來補助小學

1　　上沼八郎，《臺灣教育史》（東京：講談社，1975，「世界教育史體系2日本教育史」），頁269。

教育費用，以獎勵兒童就學。然而，伊澤一連串強烈的行動卻讓明治政府困惑不已，當時文部大臣井上毅終於下達封口令，抑止他對外發言。其國家主義教育理想在此遭受到挫折，隨之文部省參事官的職位也就不保了[2]。

　　甲午戰爭勝利之前，身居東京市會議員的伊澤為了實現國家主義教育的理想，試圖將其無法在國內完成的雄心大志託付於臺灣這個新天地。經由牧野文部次官介紹，伊澤拜訪了當時已經內定為臺灣總督的樺山資紀。前此不久，伊澤展望日、清兩國未來關係的發展，曾經學習中文，並以羅馬字和片假名作為音標，寫了一本名為《日清字音鑑》的簡易中文學習課本。伊澤帶著這本即將出版的《日清字音鑑》拜訪樺山，並且毛遂自薦，希望能到臺灣從事教育工作。伊澤便自樺山接受其自薦起，與臺灣結下了不解之緣。

　　明治二十八（1895）年六月十七日下午，伊澤抵達臺北不久，便開始準備教育事務。然而，當時臺北城內卻是「匪賊」橫行，治安惡劣。日軍雖在交換馬關條約批准書後登陸臺灣，唯所謂「良民」、知識分子和資產階級大都逃到對岸大陸。因此，臺北街頭幾乎「沒有一個有接受教育條件的人」[3]。在此情形下，伊澤僱用了在香港出生的清國人巴連德，以及本島出生的林瑞庭，作為學務部特約顧問，六月二十二日在學務部內設置學堂。唯伊澤雖然努力試圖募集學生，但結果卻相當不理想。不久以後，他接受「紳士巨商」李春生的勸告，將募集學生的據點從大稻埕移到臺北郊外的士林；學務部則搬遷到其附近芝山巖的廟裏。原因在於士林與其他地方比較起來讀書人較多，最適宜推動教育。七月五日，芝山巖還未正式

2　上沼八郎，《臺灣教育史》，頁268-69。另參照上沼八郎，《伊澤修二》（東京：吉川弘文館，1988）。

3　臺灣教育會，《臺灣教育沿革誌》（臺北：編者，1939），頁182-207。

獲得開設許可之前，伊澤便僱用柯秋潔、朱俊英等作為學務部的臨時工，兼日語學習候補生。翌日，透過巴連德翻譯，伊澤親自以英文傳授日文。芝山巖學堂之開設，於是成為臺灣日文教育之嚆矢。

　　明治二十九（1896）年一月一日，以簡大獅為首的「土匪」軍，為奪取臺北城蜂擁起義。學務部七名學務員除山田耕造因與伊澤到內地出差而倖免於難，其餘六名皆遇難身亡，學堂也遭到破壞[4]。這就是所謂芝山巖事件[5]。芝山巖事件發生後，隨著社會治安逐漸回穩，伊澤的統治構圖才逐漸明朗化。

　　無庸置疑，伊澤對於臺灣教育的推動是不遺餘力的。然而相較於這種積極態度，他對臺灣現況的掌握卻不很熟悉。由於伊澤認為

4　據上沼八郎，〈臺灣における植民地教育行政史の一考察〉(《國立教育研究》13
　　集 [1992年3月])，已得到風聲的臺灣人士紳，事先曾勸告芝山巖學務部員走
　　避，不過為時已晚。六人對匪徒勸諭行為不義，慘遭殺害。事後，當局展開肅
　　清、報復的行動。明治二十九（1896）年四月十五日，因該事件而關閉的學堂再
　　度開學，同時將殉難學務部員遺骸改葬山上，並請視察新領土的總理大臣伊藤博
　　文題字，七月一日合辦「六士慰靈祭」，建立石碑。後於明治三十一（1898）年
　　九月，將六士合祀於靖國神社；並於明治三十八（1905）年十月祭時建立「臺灣
　　亡教育者招魂碑」、「物故教育者合祀之碑」二座大碑，合祀因水土不服殉職的
　　教育者亡靈。前碑係由民政長官後藤新平撰文、題額，後者則刻上殉職者姓名。
　　順帶一提，大正六（1917）年五月伊澤修二遽逝，遺囑內提及將遺髮與六士墓合
　　祀。臺灣教育會通報建碑動議，籌募島內教育關係者月俸百分之一的款項，於境
　　內一隅新建「伊澤修二先生之碑」。
5　伊澤修二在國家教育社例行演說裏，表示「實係最悲慟事；另一方面，又為喜
　　事。諸君其聆之」，談到六名教師殉難之事。伊澤期許眾人，六人殉職所以悲
　　慟，「對國家而言，實為能夠效死」，「相信此後履足臺灣，即在新領土實施教育
　　者，定與本次殉難人員抱持相同覺悟」。就伊澤修二而言，六名教師能夠善盡教
　　育者本分，彼等之死係國家之福。日後忘卻己身，犧牲、奉公，成為臺灣教育者
　　抱持的精神。即所謂「芝山巖精神」。該事件發生後，為了教化新附民而不畏犧
　　牲的事蹟和風範，成為日本人在海外領土實踐忠君愛國精神的榜樣和象徵；被神
　　聖化的「芝山巖精神」，也成為臺灣教育的精神所在。

芝山巖事件中身亡的六位教師

清國統治下的臺灣大部分島民的生活用語是北京話，因此渡臺時為了避免「語言不通，恰似啞巴在說話一樣」，曾帶領一百多名精通北京話的翻譯人員同行[6]；後來伊澤發現這些翻譯人員竟然毫無用武之地，一度頗感驚訝。雖然對於新領土的理解不夠精確，卻未動搖伊澤積極推動「同化」教育的熱情。就他而言，國語「同化」教育之實施實在有其必然性。理由無他，就是因為伊澤將臺灣統治放在國體的政治磁場中來構思和運作。

1. 以國體論替代基督教的教化構想

　　明治二十九（1896）年二月，伊澤參加國家教育社第六次定例會，並且進行演講。他強調，日本建設臺灣，並不像西歐各國

6　伊澤修二，〈新版圖人民教化の方針〉，《伊澤修二選集》（長野：信濃教育會，1958），頁639。

統治海外領土只將這些地區「純然當作一個殖民地，只徒向本國貢獻幾分利益就滿足」；而是希望「真的將臺灣看成是日本身體的一部分」來治理，「對於臺灣的教育我們不能有一天，甚至半天的怠慢」。最後伊澤還以「實施教育是為了征服臺灣人的精神，在臺灣的日本化成功之前絕不能罷休」作為結論，獲得滿堂喝采。在這次講演中，伊澤明確主張以教育勅語作為臺灣教育的最高準則[7]。

　　近代日本將教育勅語和帝國憲法並列為國體的聖典。其內容詳細列舉身為日本臣民應該遵守的道德項目，描繪理想的日本人形象，因此也被認為是當時日本的教育最高準則。例如，明治二十九（1896）年五月國語傳習所開校儀式中，教育勅語即曾被「恭讀」。同年，乃木希典總督正式請示拓殖務大臣，希望本島各地學校應執行漢譯版勅語恭讀計畫。不久以後，還製作漢文版《勅語訓釋衍義》[8]。稍早明治二十八（1895）年十月芝山巖學堂畢業典禮，柯秋潔便曾恭讀漢譯教育勅語；明治三十（1897）年一月十八日，伊澤任內，終於以漢譯教育勅語本的方式奉詔入臺，正式成為「同化」教育的最高指導方針。其實，把教育勅語移植來臺，對伊澤而言是統治臺灣的「第一要緊工作」[9]；因為教育勅語扮演的角色，其實就等於歐美國家統治殖民地時基督教被賦予的教化工具角色[10]。

　　日本雖然沒有類似基督教的工具，但是以準宗教特性的「國體論」替代基督教，對伊澤而言不啻一項絕佳的選項，與其本身的政治理念亦不謀而合[11]。也因如此，伊澤在甲午戰爭後的各種場合，頻

---

[7]　伊澤修二，〈國家教育社第六回定會演說〉，《伊澤修二選集》，頁595。

[8]　伊澤修二，《樂石自傳教界周遊前記》（東京：伊澤修二君還曆祝賀會，1912），頁276。

[9]　同前註，頁616。

[10]　歐洲諸國統治殖民地時基督教所發揮的功能，請參考駒込武，《植民地帝國日本の文化統合》（東京：岩波書店，1996），以及本書第一章。

[11]　伊澤修二，《樂石自傳教界周遊前記》，頁184-85。伊澤曾回顧：明治二十三

繁地宣揚這個日本帝國式的教化構想。例如，明治三十（1897）年
他在帝國教育會發表演說，題為「臺灣公學校設置に關する意見」
（「有關設置臺灣公學校之意見」），便強調灌輸臺灣人教育勅語的
精神，目的就是要教化之。明治三十一（1898）年三月他又發表
〈新版圖人民教化の方針〉（〈新版圖人民教化的方針〉），不僅闡明
伊斯蘭教徒如何以刀劍和可蘭經教化異民族，並且明示：日本治理
臺灣就要以教育勅語代替可蘭經[12]。

　　不僅如此，在前述國家教育社第六次定例會的演說中，伊澤曾
明白承認歐美統治殖民地時，基督教徒發揮的某種程度作用。但是
日本天皇制的精神、倫理，作為一個實現教化「未開的新附民」任
務的原動力，能夠發揮的功能遠比「耶穌教國」之基督教更強大有
力，因為日本天皇制的精神、倫理建立在共同血緣關係基礎，其君
臣之間的倫理感情和忠君愛國的思想，以及為了天皇、國家而犧牲
奉獻的精神，非常堅固而完美。正因如此，他呼籲國家教育社的會
員[13]：

　　　　本來新領土就是我國君主的領土。要將此地人民日本化，除
　　了教育之外別無他途。也因如此，我們捨身前往臺灣乃理所當
　　然之事。其原因非常簡單，因為我們身體中不管皮膚、肉、一
　　片骨頭、一滴血係從何而來？是我 皇祖 皇室在數千年以前、
　　在父祖的時候，從 帝室的恩澤而得來的血、得來的肉。把如
　　此之物奉獻給我們君主，誠是一件令人感激的事。我認為這種
　　犧牲、奉獻不但不可惜，而且實在是一件至為光榮名譽之舉。

（1890）年教育勅語發布之際，發現其精神與國家教育社旨趣不謀而合，「那時不
　　禁感激落淚」。
[12] 伊澤修二，〈新版圖人民教化の方針〉，頁640-41。
[13] 伊澤修二，〈國家教育社第六回定會演說〉，頁595。

在此我們可以進一步觀察到,伊澤大量使用了教育勅語中濃縮的天皇制國家倫理道德觀,目的除了想教化臺灣人,也試圖向本國人民呼籲,企求有志之士遠赴臺灣犧牲奉獻、開拓新天地。

其實正如同曾擔任過臺灣總督府民政長官的後藤新平在〈殖民講話〉中所指出的,日本這個國家在進行殖民地統治時,有以下三個弱點:

一、本國內地的環境相當良好,因此缺乏驅使日本人赴臺開發、犧牲貢獻的動力;

二、身為帝國的日本,資金並不充裕;

三、日本沒有適合教化殖民地的宗教。

依後藤的說法,伊澤這種重用「國體論」的辦法,一方面可化解日本教化臺灣人時不能利用基督教的困境;另一方面又能將其作為鼓吹日本人為新領土犧牲貢獻的精神號召。除此之外,將天皇制國家原理的精神倫理輸出到海外領土後,更加證明教育勅語所標榜:國體精神乃「可實行於中外而不悖」、「萬古不易」、「金甌無

伊澤修二

瑕」、「舉世無雙」之存在。因此以「國體論」作為治理臺灣的工具，對於伊澤來說有一舉三得的作用。當然，教化工具雖有不同，但日本這種「抱著為天皇犧牲的精神來教化新附民崇拜天皇」之企圖，與歐美殖民地統治中抱著為耶穌犧牲的精神去教化「未開」土人皈依耶穌之想法，基本目標、原理，甚至動機均同出一轍。

　　在伊澤主導下，這個非基督教帝國的教化模式，即將在臺灣落實。然而，「國體論」具有強烈的意識形態，與海外領土統治又正好相剋。因此，當伊澤決定將臺灣統治放在「國體論」政治磁場中運作之際，其意義不僅是選擇了一個教化工具，而且業已受到此一教化工具之意識形態的掣肘。也因如此，甲午戰爭前後伊澤有關臺灣統治的論述，都以否定臺灣係殖民地作為前提，頻頻使用「日本化」、「同化」、「皇化」等內涵不甚清楚、卻又明顯與歐美殖民地政策中"assimilation"有若干差距的用語。這些現象似乎告訴我們：一個以「國體論」為核心的「同化」統治雛型即將逐漸成形。

二、以近代化教育引導臺灣走向「國體之中」

　　序論中已經說明，以國體論作為統治臺灣的基礎時，必然將會牽動國語「同化」教育實施之必要性。為了彌補統治臺灣造成的國體理論上之瑕疵，「同化」教育必須擔負起讓臺灣統治「走向『一視同仁』」、「走向日本民族」的任務。領臺初期伊澤的「同化」教育構想，明顯地含攝了上述施政意圖。

（一）普及國語教育與「一視同仁」

　　擔任新領土學務長第二年，伊澤修二設立國語傳習所，規定入學資格年齡如下：一、專授日本語的甲科，從十五歲至二十五歲；二、除日本語外，課業內容還有算數等科目的乙科，則從八歲至十

五歲，並附帶「自認是日本臣民者」、「沒有服食鴉片者」、「不嗜賭博」、「有服從日本法律命令之誠意者」等條件[14]。為提高國語傳習所就學率，統治當局還支付給學員津貼，鼓勵其入學[15]。這些獎勵以及補助之範圍，甚至還包括書房等傳統教育機構。前此伊澤曾在內地大力主張以國庫補助小學教育經費，無法獲得實施；此一國家教育的構想反而得以在新天地實現。

再者，伊澤的國語教育對象不分階級、性別和地域。明治二十九（1896）年「國語傳習所規則」公布後，漢民族主要居住區域的平地，以及多數所謂「高砂族」群居的山地，同時展開了教授國語的課程。翌年更開始推行女子教育。在標榜著所謂「一視同仁」的施政方針之下，伊澤建構國語「同化」教育時一直都有全面性普及的趨勢。這也讓新領土的教育披上了教育機會均等主義的色彩。

其實，伊澤在學務部長任內被困擾的問題不是要不要實施「一視同仁」，而是如何克服實施時遇到的阻力，以及解決實際行政運作上的困難——例如教育現場上如何針對擁有不同母語之新附民實行同一或近似程度的日本語教育。基於這些現實問題之考量，伊澤任內對於臺灣教科書的內容水準、日、臺兒童共學，以及中學校設立等問題，與內地政策的走向並不完全一致。唯從當時臺、日雙方在近代化進展的差距來看，設定學力基準的制度，或許可以說是一種不得已的現實考慮。但是，由於一部分學力和制度設定採取二元主義，造成公學校以及內地、臺灣的小學校教育內容方面產生斷層，導致日後兩種教育體系發生聯繫上的困難。話雖如此，除調整部分實施技巧外，伊澤的臺灣統治構想不論精神上、思考上或內容上大致上都延伸自日本國內，帶有所謂「內地延長主義」的意味。

---

14 上沼八郎，《臺灣教育史》，頁273。
15 臺灣教育會，《臺灣教育沿革誌》，頁597-98。

換言之，其「同化」教育的基本精神和理念還不至於脫離「一視同仁」定義太遠。

然而，理想與現實之間畢竟仍有距離，伊澤推動的這種高成本式教育方法，到底無法見容於其他統治者。明治二十九（1896）年，坊間盛傳本國政府將縮減臺灣財政補助之流言；對於縮小教育費用或縮減國語傳習所、國語學校職員人數等議題，伊澤開始與當時乃木總督和水野民政長官意見不和。其實占領臺灣以後，中央政府對於臺灣統治補助金逐年增加，為此內地譴責臺灣總督府的聲浪也愈發高漲。當時，乃木總督雖然贊成將教育勅語導入臺灣，但是對於投入大量教育經費卻不積極，伊澤教育構想之實現於是陷入困境。他認為教育經費較之警察或相關衛生預算比例偏低，要求水野重新檢討預算編列方式、增加教育經費，不過未獲具體回應。由於不滿乃木總督和水野民政長官不重視臺灣教育、企圖減少教育預算，使自己無法貫徹統治理想，因此伊澤修二在明治三十（1897）年五月掛冠辭去學務部長職位，離開臺灣。學務部也隨之縮小為學務課。

檢討伊澤普及國語教育的欲望，可以發現明顯帶有落實「一視同仁」統治精神之傾向。這種傾向並未因為他去職離臺而不復存在。

明治三十一（1898）年，第十三次帝國議會開議。會中，伊澤即曾以貴族院議員身分，提出反對「六三法」延長案之意見；為此甚至一度與當時擔任臺灣民政長官的後藤新平爆發激烈爭論[16]。伊澤

16　例如明治三十八（1905）年，在第二十一次帝國會議眾議院中發生激烈的爭論。爭議起點為臺灣是殖民地嗎？臺灣人是日本人嗎？依據帝國會議紀錄，當時發言狀況如下述：

守屋此助：有疑問……依據馬關條約取得的臺灣，被如今內閣大臣肯定地說「是帝國的殖民地」，身為議員的我們著實感到不寒而慄。……我堅信，稱之為殖民

批判：依據「六三法」制定的臺灣總督府評議會，「相等於屬領會議」；並提出修正案，建議該評議會應該加入兩名以上「納地稅或營業稅在十圓以上，具有學識名望」之臺灣人[17]。同年，明治政府聘僱的英國人顧問科克伍德（W. M. H. Kirkwood）則對伊澤樹立的國語教育政策提出一連串修正的建議[18]。科克伍德警告日本政府，無差

地——即內閣何時將臺灣視為殖民地這回事——是將來要進行的方針嗎？我想接受這個說法：特別是將他的土地作為我們的領土，他的人民作為我們的人民，使他們同化為母國並洗滌為皇民，才是依據馬關條約接收以來之要務。

竹越與三郎：⋯⋯目前我不想拘泥在熱烈議論裏，也不避諱武斷地說臺灣是殖民地。所謂的殖民地是什麼？在風俗、習慣、人情、歷史和人種的不同之處，進入別的人種裏，這就叫作殖民。除此之外，一點價值都沒有的臺灣的確是殖民地（「不要說些廢話」、「如此荒謬的言論」、「真好的解釋」等議場叫囂）。臺灣人口有三百萬人，其中十萬人（「再多說點」、「說太長反而贊成票減少了」等議場叫囂）三百萬人是支那人。這些支那人，諸君，並非如同各位在東京市看到的支那人（中略）（「是日本的領土」、「是日本人」、「不─」等議場叫囂）（中略）假如就這麼只如日本所說，諸君一定要先從臺灣來選舉眾議院議員。

[17] 〈「明治二十九年法律第六十三號改正法案」第十三回貴族院議事紀錄〉，《後藤新平文書》，頁47。

[18] カークード，〈臺灣ニ關スル覺書說明筆記（第一回）〉，《後藤新平文書》7-33-3，頁6-7。

科克伍德，英國人，在橫濱從事律師事務。明治十八（1885）年後以司法顧問身分參與籌畫各項立法。當時正是以傅散德（Boissonade）為中心的法國法學派全盛的時期，身為英國法學界人才的科克伍德之建議雖然受到高度評價，卻未必受到重視。在此以前，科克伍德在千島艦事件中替日本政府到上海法庭打官司，敗訴；後來又不甚如意。日清戰爭以後臺灣統治問題正是他扳回聲望的好機會。

明治二十八（1895）年四月三十日，科克伍德向司法院長提出長篇建議書，詳細介紹英國各殖民地統治制度，可分為加拿大、澳洲等擁有地方政府負責自治的制度，以及直接隸屬君王統治的制度。他建議日本政府應選擇後者為模式。也就是說，清朝割讓的臺灣和租借地遼東半島都一樣，殖民地以知事為中心，當地統治機關則全權擁有政治經營決定權。雖有殖民地自治之統治方式，但卻不允許住民自治。在其臺灣統治意見書裏，科克伍德以明治政府殖民地政策建議人的身分

別式的教育體制對統治者非常不經濟，而且禍害無窮。如果只為了統治溝通上的方便，與其讓大多數臺灣人學習日本語，不如叫一小部分日本人官員學習臺灣話更為經濟、合理。因為理念不同，伊澤也與科克伍德交惡[19]。

（二）以近代文明推行「同化於民族」

1. 伊澤修二的「同化」理論與上田萬年

其實，科克伍德與伊澤修二之間之所以會有衝突，問題不僅在於二者對於教育經費的多寡有歧見，更在於雙方對於臺灣人到底是不是日本臣民的見解不同。明治三十（1897）年，伊澤在帝國教育會舉行的演說〈臺灣公學校設置に關する意見〉（〈有關設置臺灣公學校之意見〉）中便表達下列看法[20]：

> 依據古國學者等之說法，有些人動不動就說日本的國民除了所謂大和民族之外無他，然而我想這種解釋是大錯特錯的。我皇室之御恩德，絕對不只限於那樣狹隘的範圍，實際上乃如天地之洪大。因為皇室以一視同仁的精神看待世界各國人民，任何人只要服從天皇，就是其臣民。我教育勅語在創造時就是以放諸四海皆準的精神來纂寫的。

得到認可，並以臺灣總督府顧問身分受到重視，尤其當時民政長官後藤新平對科克伍德更給予極高評價，並尊重他的建議。科克伍德可以說對後藤新平有很大影響力。參照江橋崇，〈植民地における憲法の適用〉，《法學志林》82卷3、4號（1985）。

19　科克伍德在〈カークード氏臺灣ニ關スル覺書說明筆記（第三回）〉開宗明義陳述「我覺得我的說法有不足的地方或招來誤解，而有產生不好關係的情形」，「因為收到伊澤修二寄來的信，由那封信產生這種想法」。

20　伊澤修二，〈臺灣の公學校設置に關する意見〉，《伊澤修二選集》，頁615-16。

　　伊澤為了強調自己主張的合理性，甚至在此舉出日本歷史上已有異民族歸化成日本人之實例，作為補充說明。他以歷史上的「事實」和「只要服從」，換言之只要接受教化之條件，試圖解決擬血緣國家制與支配異民族之間的矛盾。實際上「只要服從」就是天皇「臣民」這種寬容的說法，與他在國家教育社第六次例會演講席上所說「要征服新附民的精神，以把臺灣人日本人化」，彼此主張乃脈絡相通。當然，對於伊澤而言，要達成臺灣人的日本人化，也就是進行「同化於民族」的手段，則非國語教育莫屬。

　　在上述演講中，伊澤說明了日本人的定義、成為日本人的條件，以及「同化」教育的意義、設置公學校的構想以後，隨即強調[21]：

> 　　將我們現在所說的這個國語傳授給臺灣人，是當前最重要的工作。因為日本人有自己的母親可以教導自己的子弟母語，然而新領土則不同。新領土中的母親們所講的都是外人的語言，所以到臺灣教導國語即在從事母親的任務。教導臺灣人國語，必須要從做一個母親的工作來開始進行。

　　在此必須注意伊澤頻繁地使用「母親」這個概念的意圖。其實，對於出身信濃的伊澤而言，他的母親能夠教導他的——即其母語乃是今長野縣所謂「方言」，與「江戶（按：東京）語」聲調為主的國語內容並不完全相同。唯這種否定「方言」作為母語之資格，硬把國語當作「江戶」住民以外人士的「母語篡位」修辭手法，在此明顯地發揮了一項作用，即將國語這個近代政治制度上的產物與「母親」這個自然發生的血族概念聯繫起來，讓日本人、大

21　同前註，頁616-17。

和民族之血緣關係的定義，從先天轉向後天。

　　倘若透過國語這個後天、人為的「母親」，讓居住在臺灣的人民都學習並使用它，當然就可以統一流在新附民身體內的「精神血液」、「祖先的遺產」，向他們輸入「忠君愛國」思想，將他們「鎔化」成日本人；觀念上也就可以自圓其說地去彌補擬血緣制國家原理，以及異民族統治的破綻。其實這種「母語篡位」的邏輯，以及修辭操弄的方法，基本上與上田萬年在一年前──即明治二十八（1895）年建立國語觀時，手法同出一轍，並非伊澤的創舉。他的說法充其量只是上田萬年國語觀的海外應用篇。潛藏在此海外應用篇出現於臺灣的一個背後動機，就是將「母親」這個血族概念與國語融合為一體，繼而透過國語為媒介，讓臺灣承襲日本人「祖先的遺產」，貼上「國體的標識」，以便將新附民「同化」於日本這個家族國家當中[22]。

　　再者，從當時伊澤周遭人士的證言和資料來看，我們也可以找出他之所以重視國語教育，背後存有「同化於民族」的意圖和傾向。例如，伊澤離職後不久接任學務課長的持地六三郎，便曾在一份總督府內部文件提到：伊澤主政下的國語教育是一種「極端的同化主義教育」，有「在數年中將斯土同化、日本化，將斯民變成日本人化之熱情」[23]。持地的說法讓我們回想起甲午戰爭結束不久伊澤與英國人基督教傳教士巴克禮（T. Barclay）之間一段著名的交往和對話。

　　明治二十八（1895）年十月，伊澤隨樺山資紀總督赴臺南視

22　陳培豐，〈近代日本の國體イデオロギーと臺灣の植民地統治──上田萬年の國語觀を中心に〉，《中國研究月報》（1995年9月），頁16-37。

23　隈本繁吉，〈部務ニ關スル日誌──承前〉，《高千穗論叢》32卷1號（1997年5月），頁64；收入上沼八郎整理，《隈本繁吉文書》。

察，回程特地拜訪長年駐在臺灣的巴克禮，詢問其教化臺灣人的經驗。巴克禮說自己曾用英語從事傳教活動，但卻失敗；現在改以臺灣話羅馬字作為溝通媒介，才得以順利傳教。因此，巴克禮奉勸伊澤放棄推行國語教育的念頭，以臺灣話羅馬字作為教育工具。面對巴克禮的建議，伊澤堅持以日本語為教育工具。至於他為何不採納巴克禮的意見，曾經擔任學務部編纂特約顧問和學務課長的小川尚義指出：「伊澤老師並非只是胡亂期待本島人只用國語來習得知識，其教授臺灣人國語的背後，存在著將臺灣人變成日本人的熱烈意圖和期待」[24]。對於伊澤來說，國語教育並非單純的語學教育，乃是有「同化於民族」意義的。附帶一提，小川就讀東京帝國大學文科大學之時，便是上田萬年的得意弟子，係上田萬年應伊澤的請求才派遣來臺從事國語教育工作之人。小川在臺期間從事臺灣各族群語言研究，留下了非常重要的成果和基礎，昭和十一（1936）年才歸國返鄉[25]。

甲午戰爭前後，伊澤發表了為數頗多的臺灣教育相關論文，幾乎每一篇都會提到欲以國語教育將臺灣人變為日本人的構想。這些事實均告訴我們：他形塑的國語教育，是超出語學教育範疇、帶有明顯「同化於民族」的意識形態。當然，如要利用國語教育將臺灣人變成日本民族，就不可能只是「選良」而為之。因為在具有全體要素的「民族」之名義和目標下，施行「同化於民族」的對象，必須以作為一個單位的全島臺灣人為主。在「國體論」的架構之下，「同化於民族」與「一視同仁」乃是一體兩面、相輔相成的存在。

---

[24] 國府種武，《臺灣に於ける國語教育の展開》（臺北：第一教育社，1931），頁17。關於小川尚義的詳細介紹，請參考洪惟仁，〈小川尚義與高本漢漢語音研究之比較〉，《臺灣史研究》1卷2期（1994年12月），頁25-84。

[25] 酒井亨，〈小川尚義──ある偉大な臺灣語學者と故鄉‧松山〉，《季刊ふぉるもさ》5號（1994年8月15日夏號），頁2-8。

2. 近代文明與日本民族間的關聯

　　伊澤形構國語教育之時，雖然明確地存有將臺灣統治引導「走向（日本）民族」與「走向『一視同仁』」的意圖；然而出人意料的，其任內教育重點卻不在日本傳統文化或精神，反而明顯偏重於近代文明的相關知識。換言之，相對於伊澤在領臺初期的教育相關論述之重心明顯偏向「德育」，教科書的編纂內容卻一面倒地偏向「智育」。伊澤要「同化」臺灣人成為日本民族的企圖，並沒有反映在國語教育課程的實際內容裏。

　　明治二十九（1896）年臺灣總督府民政局學務部發行《臺灣適用國語讀本初步》[26]。這本臺灣最早的國語教育教材原來預定發行上、下二冊，不過上冊發行後便無疾而終了。根據蔡錦堂的調查，該本領臺初期在臺使用五、六年之久的國語教科書，全書17課，除了介紹日本地理為主的教材，也就是第三、四、五課的「本國之旅」外，其他課文大多數都是以教導博物、自然、理科和天文現象為主的近代化教材。即使第三、四、五課的「本國之旅」，也是大力地介紹了火車、汽船、電燈、瓦斯、電線、公園、博物館和動物園等近代文明造成的日本內地進步景象。相對於讚美文明開化的內容和介紹啟蒙、科學、合理主義的編纂傾向，日本精神之注入和天皇制國家的道德觀、價值觀之相關課文，卻只占少數；全書出現的人物也僅有楠木正成、明治天皇二人與「德育」有關，且課文也只介紹了他們的存在，其在日本歷史上之功績和地位卻少有著墨[27]。換言之，整本教科書內容明顯地偏向「智育」，滿載著「同化於文

---

[26] 編輯該本教材者係國語學校教諭栗野傳之丞，以及臺灣總督府顧問伊能嘉矩。臺語翻譯工作由芝山巖學堂畢業生柯秋潔和陳兆鸞進行。

[27] 蔡錦堂，〈日本據臺初期公學校《國語》教科書之分析〉，收入鄭樑生主編，《中國與亞洲國家關係史學術研討會論文集》（臺北：淡江大學歷史學系，1993），頁241-44。

明」，而非「同化於民族」。

為何國語教科書中會呈現出忽略「同化於民族」要素的現象呢？要尋找這個解答，領臺之前伊澤於信州上伊那郡夏季教育講習會中的講義，將是一個重要的思考線索。

明治二十二（1889）年八月十日，伊澤在上述講義中一面主張國家教育之實施重點在於涵養忠君愛國的道德精神，另一方面卻也自問自答地說：「唯以智育與德育之間關係如何？我覺得智育應可說是涵養德育的基礎。其實道德之高下一事，追根究柢乃與知識的多寡有頗大關係」。職是之故，伊澤主張教育實施之順序應該要從「智育」開始，繼而得以發展「德育」。因為要讓國民真正能夠瞭解、體會日本異於西歐諸國之「國體」的特殊性和優越性，要讓人民正確地認識自己與他國人民不同，其手段是先充實其知識，讓他們先理解世界上各種事象[28]。換言之，伊澤描繪的理想臣民不是只擁有「忠君愛國」精神血液者，而是兼具有高度文明意識，能在國際社會中知己知彼的近代化國民。

基於智育的充實是涵養「德育」的基礎和手段，道德之高下必須由知識是否豐富來決定的認知，伊澤將「同化於民族」與「同化於文明」二者緊緊地聯繫成不可分離的一體。類似的思考也見於明治二十六（1893）年十月在伊賀上野舉行的〈實業教育に關する演說〉（〈有關實業教育之演說〉）。伊澤認為：僅只重視道德性的涵養，不足以達成富國強兵的國家目標，理想的日本臣民應是發揮自己擁有的近代知識專長在「實業」方面者。以身興產「實業」，才是貢獻國家、奉獻天皇的自我實現[29]。在此，伊澤認為只有將近代文明向上之目標連結到「同化於民族」，當時日本期待之「追上歐

---

[28] 伊澤修二，〈信州上伊那郡夏期教育講習會講義〉，《伊澤修二選集》，頁489。

[29] 伊澤修二，〈實業教育に關する演說〉，《伊澤修二選集》，頁568。

美，繼而追過歐美」的願望才不至於淪為空洞口號，才能與現實情況相結合[30]。《臺灣適用國語讀本初步》以「智育」為編纂重點之現象，應可視為伊澤試圖將臺灣人引導向「（日本）民族之中」意志的反映。

　　滯留臺灣短短二年餘時間裏，伊澤以積極、熱心的態度，為日本歷史上第一個海外領土塑造出國語教育的骨架。他的「同化」構想在於希望將臺灣引導進入「國體之中」，以達到教化新附民的目的。其媒介是國語教育；其動機則是希望以國體取代基督教的功能作為教化新附民的工具，繼而引導臺灣「走向（日本）民族」和「走向『一視同仁』」的統治目標。由於「走向（近代）文明」係「走向（日本）民族」的手段，係這個階段性考量的前提，因此這時（領臺初期）的國語「同化」教育較之昭和時期所謂皇民化教育，愚民政策色彩確是稀薄了些。

三、作為「同化」補助工具的漢文和書房

　　然而眾所周知，日本與臺灣在語言文化上有高度近似性和重疊性，因為日治時期日本的國語表記要素包括平假名、片假名和漢字

---

[30]　事實上伊澤的這種思考，也反映在其任內的國語教育之法規上。明治二十九（1896）年國語傳習所規則的第十四條中便明言規定：

　　　在教授國語及讀書作文之際，必須讓學徒知道我國體及古今之情勢，還有與海外諸國之關係，及屬於天然諸物的現象及統合這些事物的勢力與作用。再者，需要讓其認知立足在天地間，人類為了保全其生命時所需遵守的諸法令等。

　　這段規則充分反映了伊澤以教授國語來促使本島人的「智育」向上，以達成「同化於民族」的企圖心。從以上的資料我們應該可明白，對於伊澤而言「同化於文明」是實行「同化於民族」的階段性、策略性手段，是將臺灣人變成日本人時必經的隘路。

三種，均係直接或間接借自統治者（日本）與被統治者（臺灣）的
文化母國──「支那」。除語言文字外，江戶時期漢字、漢文和儒
學，甚至被日本人奉為最高的「學問」。在歷史上，「支那」是文
化宗主國，日本則相當於其附庸。因此以文化的角度來看，日本統
治臺灣代表往昔被「同化」者，變成推行「同化」的統治者；曾居
於文明高階位置的「支那」臺灣，則淪為必須接受「同化」的被統
治者。

　　由於上述高度近似性和重疊性，統治者推行「同化」教育之
時，如何在語言上定義國語，或區別漢字漢文？又如何處置教導漢
字漢文的臺灣傳統教育機構？下文討論的重點，即是伊澤主政下漢
字漢文在國語「同化」教育中扮演的角色。

（一）保存漢文、漢字的「混合主義」

　　明治三十（1897）年，伊澤在〈新版圖人民教化之方針〉中，
針對教化臺灣人的要領時提到「我們和他們（按：臺灣人）混合融
合在一起，不知不覺中走向同一國的路途」的方法。亦即為了快速
且有效地達到「同化」教育的成果，當局應該善用臺灣與日本具有
「同文同種」關係的便利性，同時使用統治和被統治二者的語言、
文化，以折衷的方法推行「同化」教育。此即所謂「混合主義」[31]。

　　占領臺灣初期，當局在伊澤的指導下建立了國語教育的基礎，
於其構思內有以「智」、「德」所象徵的兩個「同化」綱目，以及
將新領土統治導入「走向（日本）民族」的精神和意圖。然而，執
行兩個「同化」的任務，並未立即被國語所獨占。序論已經指出，
甲午戰爭以前，為了改革日語以便有效率地攝取西歐文明，日本
國內曾發生一連串有關國語國字的爭論。伊澤也曾加入此一為期頗

---

[31]　伊澤修二，〈新版圖人民教化の方針〉，頁632-34。

長、影響層面也頗廣的論戰。當時他主張假名文字的方便性，將
漢字漢文形容為文字表記上的「殘缺者」；並批判贊成漢字論者是
「連殘缺部分都要模仿支那的迷糊學者」[32]。因此，伊澤赴臺之前的談
話甚至還公開聲明要「以片假名來取代筆畫繁雜的漢文字」來實施
教育[33]。

　　不過，就任學務部長不久以後，伊澤卻很快轉變了態度，開始
主張保存漢字，向「教他們我們的國語，我們也要學他們的語言」
——即重視語言合併的立場傾斜[34]。伊澤對於漢文、漢字的態度產生
激變的理由其實非常簡單，那就是為了統治上意思溝通的方便。

　　前文業已提及，伊澤在領臺當初並未明確掌握臺灣社會的語言
狀況。由於未透過多重翻譯即無法與臺灣人溝通，新附民的統治並
不順暢。不過，就在這種困境之下，漢字漢文反而扮演了一個溝通
工具的角色。

　　渡臺不久，伊澤為了創辦學校，訪問許多地方上知識分子和名
望人士，徵詢他們的意見。此際，伊澤與他們的談話都是透過漢
字，以筆談方式來溝通[35]。漢字是一種表意文字，只要寫了漢字，即
使讀法不同，臺灣人與日本人大體上還能夠以筆談方式交換意見。
因此，伊澤曾經表示臺灣與日本具有「同文國家的事實，這在將來
教育上是非常便利的」，所以當局要好好利用之[36]。的確，領臺後不
久以後，伊澤曾親自對本島人教授日語，當時他依賴的也是漢字[37]。
另外，由於採用對譯法，前述國語傳習所的教科書：《臺灣適用國

32　伊澤修二，〈本邦語學ニ就テノ意見〉，《伊澤修二選集》，頁683。

33　伊澤修二，〈臺灣の教育〉，《伊澤修二選集》，頁570-71。

34　伊澤修二，〈新版圖人民教化の方針〉，頁639。

35　伊澤修二，《樂石自傳教界周遊前記》，頁214-15。

36　伊澤修二，〈國家教育社第六回定會演說〉，頁586。

37　伊澤修二，《樂石自傳教界周遊前記》，頁215。

語讀本初步》的上半段是日文課文，下半段即是臺灣話的譯文。直到新教授法出現以前，統治者教學時一直都以漢字作為媒介。在這種情況下，如此方便的漢字是不可能輕言廢除的。

除溝通和教學媒介上的方便外，保全漢字對於臺灣居民還有懷柔作用。甲午戰爭後將日語導入臺灣成為當務之急。為了解決這燃眉之急，統治當局設置了國語傳習所；不過課程幾乎都是國語，沒有漢文的科目。這讓當時臺灣兒童的家長們產生畏懼和不安。他們擔心學習這種課程後，會使日常生活產生一些不方便，連帶影響了當地居民對進入新式教育機構就學的意願。在這些因素下，許多父母只好選擇以漢文為主科的傳統書房作為自己子弟的教育機關[38]。

有鑑於未設漢文科不利於與書房競爭，明治三十一（1898）年十月，公學校的規則做了一些改正。執政者視土地狀況，承認追設漢文教學的必要性，並聘請書房教師到國語教育機構擔任漢文教學工作[39]。這些措施係被統治者認為有抓住「民心」、順利地推行國語教育的妥協方策[40]。

其實，伊澤既然視國語為日本人的精神血液，賦予它「同化」臺灣人為大和民族的任務；嚴格地說，漢文漢字在理論上便是漢民族的精神血液，應該處在國語的對極方位。換言之，應是統治者須排除之障礙才對。然而，基於統治上的方便以及懷柔政策等種種考量，伊澤在領臺初期並未貿然廢除漢字漢文，反而利用臺、日雙方在語言文化上近似性、重疊性，承認漢字、漢文是「同化」的一種補助性手段。當然，在此前提之下，義塾、書房等以教導漢字、漢

---

[38]　臺灣教育會，《臺灣教育沿革誌》，頁197-98。

[39]　同前註，頁165。

[40]　以鷹取田一郎編纂的《臺灣列紳傳》（臺北：臺灣總督府，1916）為計算基礎，所謂士紳而受臺灣總督府禮遇的臺灣人裏，至少有68人受聘為公學校漢文教師。這裏也能看出持續「漢文溫存」的懷柔姿態。

文為主的臺灣傳統教育機構，也獲得了一些存續的正當性和空間。

（二）傳統書房的公學校化

領臺當初，臺灣存有為數不少的傳統教育機構。對於這些教育機構，也就是書房的狀況，學務部部員木下邦昌所撰視察復命書內有詳細記載。

根據木下的描述，書房的校舍通常是教師的家或寺廟。書房名稱由教師自己決定。束脩依學生貧富訂定，金額並非均一固定。修業年限則按照束脩多寡決定，並無嚴格的規定。講課內容以背誦為主，包括三字經、四書五經、史記等。算數因被認為是商人的惡業，所以從授課內容中被排除或輕視。授課時教師「抽著煙管，學生也抽菸，或吃東西、嬉戲」。另外，由於教師們幾乎都曾參與科舉考試，因此授課內容均係「崇尚清朝的」。基於這些理由，木下認為「讓身為我國民的本島人子弟去學這樣的東西，非常不恰當」[41]。

除書房外，類似日本江戶時代寺子屋式的教育機關，還有義塾。相對於書房主要為個人的設施，義塾則較類似官立或私立貧困學生之組織性教育機關。由於統治者之更替，領臺初期官立義塾雖被廢除，但社會上仍有由民間有志者經營的書房。由於甲午戰爭引起治安上的混亂，這些傳統教育機構數量雖然一度有減少的趨勢，不久又恢復往常的盛況。雖然木下對書房的評價不高，他卻勸告統治者應該予以保存。其理由是[42]：

---

[41] 上沼八郎，〈臺灣における書房《教科書》と日本認識について——植民地教育史研究ノート・その六〉，《高千穗論叢》29卷2號（1994年12月），頁279。

[42] 臺灣教育會，《臺灣教育沿革誌》，頁969。

　　本島書房由來已久，在教育上有很大的功績，現在將它廢除
的話，教師們將生活無著，一定會成為本島設教上的妨礙。當
然，我們必須設立一些能取而代之的教育機構。然而，如果當
局不能承擔這些教育費用，又將如何呢？雖然有朝一日我們將
在本島發布學制，但書房從很久以前便已存在，我希望不要廢
除，而是制定一個能將它改良的方策。

　　相同於保存漢文、漢字政策背後的用意，基於政治安定和經濟
上的考量，木下邦昌也將保存書房當作一種懷柔策略，並期待對其
進行若干改良。這種「保存」傳統教育機關的構思，其實與伊澤
「混合主義」不謀而合。從臺南縣知事磯貝靜藏明治二十九（1896）
年十一月向學務部所提出的呈報書中，我們可以看到統治當局保存
書房政策的真正意圖[43]：

　　正當施政創始之際，雖然該著手的事務繁多，但讓土民的
腦袋裏認識帝國政體之概略、忠君愛國是何物，尤為當務之
急。……其間，當局應該將日本國體政體的概要、忠君愛國的
言行等以漢文體編纂成書籍，在本島各地分發。特別是欲開設
書房教訓本島人子弟者，一定要賦予使用這些分發書籍來作為
授課教材的義務。這樣，對於國民教育才能大有裨益。

　　磯貝的構想是在設置大量公學校之前，利用書房作為國民教育
的代替品，以便承載「同化」臺灣人的補助性任務。學務部對於他
的報告，大體上也都表示同意。

43　同前註，頁969-70。

　　其實，明治三十（1897）年伊澤在帝國教育會發表〈有關設置臺灣公學校之意見〉演說時陳述有關書房的政策方針，大致上都與磯貝的構想一樣。伊澤陳述，公學校之普及「並非一朝一夕地能夠做到，所以應該利用目前各地林立的書房，附加日語一課」，以對新附民「注入新的精神，廢除無用的文學，並附加有用的學術課程」。伊澤認為將在書房實施的新教育，基本方針仍以「尊從教育勅語為準則」[44]。再者，針對書房教科書中有不利於統治之處，亦應加以修改；同時也須著手以忠君愛國為核心的漢文讀本之編纂作業，盡速將教育勅語之訓義編纂成漢文體，發布全島書房，以便本島學童理解日本的國體[45]。

　　明治三十一（1898）年一月，統治當局制定關於書房改良之規定的咨問草案。草案中規定書房、義塾授課科目應加設「國語」這項科目，並且獎勵一天實施兩小時以上國語課程。徵求各地方廳意見後，同年十一月正式制定關於書房等規定，第一條便明言：「此規定以改良書房、義塾，使其逐漸依公學校課程授課，並且矯正書房的風儀為目的」。對於書房的教材，「臺灣總督得以針對教育上所需書籍之認定，決定學生必修的教科書」；此外還附加國語、算數等科目，並對成績優良書房實施給付補助金的制度[46]。這些針對書房的規定很明顯都只有一個目的，便是將書房轉化為另一種公學校，分擔教化臺灣人的工作。在這種公學校化的改良方針底下，書房成為「同化於民族」的補助機關，甚至也負擔起一部分「同化於文明」之任務。

---

[44] 伊澤修二，〈臺灣の公學校設置に關する意見〉，頁611-12。

[45] 臺灣教育會，《臺灣教育沿革誌》，頁969-70。

[46] 同前註，頁974-75。

　　隨著書房、義塾相關規定之制定，改良後的書房教科用圖書則有如下數種：〈大日本史略〉（明治三十一 [1898] 年度發行）全二冊，《教育勅語述義》（明治三十二 [1899] 年度發行）全一冊，以及曾於明治元（1868）年出版的小幡篤四郎之《天變地異》，以及福澤諭吉之《啟蒙其窮理圖解》漢譯本，各全一冊。從書名來看，前兩種很明顯係關於國體的「德育」教材，後二種則為注重科學上知識的「智育」教科書。根據資料顯示，書房大致還能有效地利用前兩種，但因書房、義塾教師缺乏近代化知識，後二種都面臨被「拋棄在書架上，成了蛀蟲的餌食」的命運[47]。

　　改良過的書房教材到底能產生多少教學效果，我們雖然仍有一些疑問；不過很清楚地，書房改革的主要意圖便是透過漢文推行兩個「同化」。被學務部作業改變的書房，除授課時使用不同的語言外，其他部分幾乎都走向與公學校同質化的路線。在分頭合進的策略考量下，書房變成執行教化的一種附屬教育機構，並被染上國體論的政治色彩。

　　總之，伊澤的「混合主義」是一種利用臺、日語言文化上的近似性、重疊性所構築出來的階段性「同化」策略。漢字漢文或書房雖被容許存在於臺灣社會，不過基本上都只是一種過渡手段，並非終極目標。長期來看，伊澤試圖讓臺灣人使用的語言終究是日語，而非漢文。不過從漢文書房的定位來看，領臺初期在執行「同化」教育時，統治者對其工具手段之界定並非斷然一元化，反而帶有政策性模糊的意味。

47　同前註，頁976-77。

四、國語教育之地位的明確化、神聖化

「混合主義」雖說係暫時性的教育方策，但是無可否認，它仍然關照了臺灣社會的現狀，承認本島人的傳統文化存在的正當性。不過，這種將日語和漢字漢文放在平行線上思考的教育構想，其實與當時日本的國語觀——上田萬年提倡的「一個國家、一個語言、一個民族」三位一體的思考有若干間隙。不過，漢文漢字被明確視為「同化」工具之時期頗為短暫，令人感到意外。伊澤歸國以後不久，臺灣教育界便發生了所謂漢文科廢止爭論；論爭結束之後，漢文在「同化」教育中的地位便逐漸下滑。明治三十三（1900）年以後，隨著「混合主義」褪色，國語教育的地位開始明確化、神聖化。

（一）漢文科廢止爭論——「同化」手段的正統之爭

明治三〇年代，由於教育體制、教授法和學校設備均未完備，在「土匪」騷亂、治安惡化的情形下，一部分公學校教員開始對當時偏重國語教學的教育風潮表示不滿而大鳴大放。「開口閉口便囉唆著『國語、國語』，實際上（國語教育）根本沒什麼作用」。這些教員以教育現場上漢文的教化作用往往優於國語為由，以伊澤鼓吹「混合主義」時曾經提到的另一種教學方式「假他主義」——即完全利用被統治者的語言文化進行統治——作為理論基礎，進而批判當時新領土的教育方針。

這些教員主張：與其花費大量時間教授國語，或「增加國語科，不如乾脆利用所有科目的時間教授臺灣人漢文以及土語」，以迅速達到「同化」的目的[48]。這種提議不但否定了日文作為「同化」

48　顧牛生，〈公學校の教育〉，《臺灣教育會雜誌》11號（1903年2月），頁56。

工具的妥當性，甚至企圖以漢文獨占「同化」手段的正統性。這種主張對於國語「同化」教育而言，無疑是一種全面性的挑戰與否定。

在此必須注意，同一時期國語的教學方法經過所謂「對譯時代」以後，明治三十二（1899）年開始進入「グアン式」（gouin）語言教授法的時代[49]。「グアン式」教學方法基本上不透過翻譯，直接利用觀念聯想法則幫助學習者記憶詞彙。換言之，即是一種以某一事項為核心、隨時間的順序變化來形構教學內容的新式教學法。由於新教學方法的出現，以漢文為媒介的對譯式國語教育法，不得不劃下終止符。幾乎在「グアン式」語言教授法出現之同時，隨著國語講習所學員的培育，以及《日臺字典》編輯的完成，臺日雙方

---

[49] 「對譯時代」就是要讓人理解逐字翻譯成臺灣話的國語教材。從明治三十二（1899）年起便利用觀念聯想法則來幫助記憶詞彙。所謂提倡「グアン」式教授法就是以某件事為主，並按照相繼而起的時間順序構成的教材。首先，明治三十二（1899）年國語學校教授橋本武向世人介紹法國人「グアン」式語言教授法。據第一附屬學校教師山口喜一郎、前田孟雄和鈴木金次郎等人實驗「グアン」式教授法後，因為獲得很好的成績而引人注目。明治三十三（1900）年教育科頒布〈グアン氏言語教授方案〉和〈臺灣公學校國語教授要旨〉，並勸獎召集全島公學校教師舉辦講習會。「グアン」式教授法的要點係以觀念聯想法則為準繩，以便於語言之習得和記憶。國語學校教授渡邊春藏針對「グアン」式教授法指出，雖然他認為為了教授某事項而須拘泥於時間上的連續順序來進行沒有必要、浪費時間，因而持反對立場；但這卻又是不可抵擋的趨勢。

從明治三十四（1901）、三十五（1902）年前後，開始改成以「內容中心主義」教授法為主流。所謂內容中心主義並非以內容為主的意思，而以教材的內容為中心，編制教授的順序，並讓教師依此順序進行授課。到了明治四十一（1908）、四十二（1909）年，就把主力放在歷年來都成效不彰的說話技巧練習這方面，並全面將國語教材中的說話技巧教材化，目標是透過多次練習達到學生能自由發表的境界。迨至大正二（1913）年，為了避免機械式的練習法而提倡一問一答的方式，這就成為新教科書編纂的方針（請參《臺灣教育沿革誌》，頁256-57）。

人員言語溝通障礙也漸趨緩和。這也意味著以漢文代替國語的階段性任務，行將慢慢失去必要性而告一段落。所謂漢文科廢止爭論，就是在這兩股時代潮流交會下發生的。

　　爭論大約從明治三十三（1900）年開始，基本上以曾任總督府國語學校教授的橋本武與公學校教師平井又八二人為核心而展開[50]。先是，平井在明治三十三（1900）年二月「國語研究會」的例會演說表示，漢文教學在教育現場上深具「實用的目的」、「方便的目的」和「教育上的目的」。據此，他對當局經常視國語為萬能丹的態度提出批判。在肯定漢文科教育功能價值之同時，平井建議當局應該重視漢文教師，給予漢文教學更大的空間[51]。

　　平井雖不完全否認日文在「同化」教育裏的重要地位，但他認為：以國語執行「同化」教育，將引起「國家（思想）的腦溢血」。如要實行徹底的日本化，就須實施義務教育，且須由國庫負責所有費用。關於義務教育方面，平井雖與伊澤持有類似看法，但

---

[50] 關於漢文廢止爭論，駒込武舉明治三十四（1901）年橋本武〈關於在臺灣公學校的漢文科〉一文說明其經緯（《植民地帝國日本の文化統合》，頁64）。但是，在該文發表前的明治三十三（1900）年，平井又八在國語研究會例行會議中以「關於教授漢文」一題發表演講，並將重視漢文教育的演說內容發表在《國語研究會報》1號。該篇演說開啟了一連串問題的緒端，不可忽略。

[51] 明治三十一（1898）年九月國語研究會始成立於臺北。成員以相關教育人士為主，初期重要課題係關於國語的研究。此即臺灣教育會之前身。明治三十四（1901）年二月召開第二次總會，會員平井又八等人建議更改組織，獲得接受，國語研究會旋改為臺灣教育會。後於明治三十四（1901）年七月二十日發行《臺灣教育會雜誌》1號，宗旨如下：一、發表教育社會的意見；二、研究教育學術的事項；三、調查教育方面的重要事項；四、開辦關於教育的座談會和講習會；五、發行有關教育的雜誌和印刷發行有益教育方面的圖書。創刊初期為雙月發行，自三十五（1902）年十月起改月刊。明治四十五（1912）年一月號起改名《臺灣教育》，日後一直刊行至昭和十八（1943）年為止（吉野秀公，《臺灣教育史》，[臺北：臺灣日日新報社，1927]，頁153, 155）。

是對於忠君愛國觀念在臺灣統治中的必要性，二人卻存有相當大的
歧見。相對於伊澤極端重視這個從「國體論」延展出來的大和民族
特有的行為規範，平井卻將它定位在「以作為一個人的處世道德
來看，這不過是一部分而已」，忽視其在臺灣統治上的重要性。在
此，平井對伊澤所重視的「德育」之價值表達了強烈的疑問。

　　平井繼續主張：以日文為手段，試圖把「實用」的學問立即傳
授給臺灣兒童，「就與亂給營養不良的孩子智慧，便會造成腦膜炎
的道理一樣」；「能熟悉使用國語、精神上卻未日本化的臺灣人」
將與「類似鸚鵡的人」一樣，是沒有什麼意義的。與其如此，當
局倒不如培養一些「不能熟練使用國語，但其頭腦卻達到日本化的
（臺灣）人」，因為這種人對日本政府遠較前者重要。既然如此，
利用臺日兩地共通的儒家文化背景，當局應該利用有效率的語言
──即漢文──傳授修身科目，這才是當務之急[52]。

　　乍看之下，平井的主張與伊澤的「混合主義」似乎沒有太大差
異，但仔細觀察以後，卻能發現二人相去甚遠。更具體地說，平井
基本上否定國語作為「同化」工具的正當性和妥當性，因此不斷質
疑其在灌輸臺灣人「德」、「智」時的存在意義。基於這些見解，
平井跳脫出伊澤的暫定性、妥協性的混合主義範疇，直接主張將漢
文教育正統化、制度化，並且企圖將國語排除在「同化」教育現場
之外。

　　平井對於「同化」教育的主張相當明確，幾乎沒有模糊空間，
然而這種喧賓奪主式的主張，不久即招致反彈。導入「グアン式」
國語教育法的橋本武即持反對意見。

　　橋本根據國家教育的思想，完全否定平井的主張。橋本反駁：

---

[52] 平井又八，〈公學校に於る問題敢て橋本君の教へを乞ふ（承前）〉，《臺灣教育
會雜誌》7號（1902年10月），頁1-7。

孔、孟所代表的儒家思想與教育勅語並不完全一樣，將二者混為一談、同等看待，是「忽略了歷史事實的暴論」。至於漢文有否將臺灣人日本化的功能，橋本最後引述上田萬年的名言，說道[53]：

日文可說是日本人的精神性血液，日本的國體主要由此精神性血液加以維持。雖然同為漢文，以日本訓讀式的唸法和支那式的發音唸法是不一樣的，在精神的活動上也有很大的差異。……畢竟支那的文章呈現的是支那人的思想感情，也就是說，（漢文）只能是支那人的精神上血液。

橋本甚至直接指出，漢文並非日文，漢文與日文雖有高度近似性和重疊性，但兩者在「同化」教育上的意義並不一樣。因此，獎勵漢文會成為實施「同化」政策、普及國語教育的障礙。他也明白表示，關於如何制定臺灣的語言政策一事，當局應該利用臺灣從清朝歸屬日本版圖的歷史事實為契機，讓漢文在新領土中消失，因為甲午戰爭勝利「正是語言學者所謂消滅以往的語言（漢文）、產生新的語言（日文）的絕好時機」。

爭論至最後，橋本批判平井這種企圖以漢文將本島人的思想感情轉變為日本「國粹」的「同化」邏輯無法成立，因為日文與日本的「國粹」乃是一體，漢文無法成為「同化」的手段[54]。橋本認為，倘若只是暫時性措施，可以在公學校進行某種程度的漢文教學，不過並不代表漢文是一種正規的教學課程。因為漢文不可能是陶冶臺

---

[53] 橋本武，〈臺灣公學校における漢文科について（承前）〉，《教育時論》619號（1902年6月），頁9。

[54] 橋本武，〈臺灣公學校における漢文科について（承前）〉，《教育時論》617號（1902年4月），頁8。

灣人精神的媒介，更不是國語課程的補助，不過只是本島人等與對岸支那進行商業、貿易時的「一種技術」[55]。此處橋本甚至徹底否定從前伊澤將漢文定位為「同化」政策上一種方便式、懷柔式手段的主張。

　　經過幾次交手，這場爭論的主張明顯趨於兩極化。實際的發展則在明治三十五（1902）年爭論平息以後，逐漸減少公學校漢文科授課時間，漢文成為一門有如外國語或方言的附屬性存在的科目。就統治當局開始強化國語地位、限制漢文教育擴充和設立書房等事實來看，這場爭論的結果係橋本取得勝利。

　　漢文科廢止爭論其實是「同化」手段的神聖性、正統性之爭，這次爭論以後，從前政策性模糊空間已不復存在，國語被賦予不可撼動的地位。雖然漢文依然准許存在於臺灣社會，但失去了執行「同化」教育時與日語分頭並進的平行地位。就在「混合主義」逐漸削弱階段性任務之際，國語教育開始進入另一個新局面。

（二）國語定位的明確化、法制化

　　如上所述，重用漢文是統治者在穩定的「同化」體制尚未完成之前的過渡性政策。在「國體論」的掣肘下，漢文的地位無法與國語平起平坐。漢文科廢止爭論以後，國語教育與「同化」的關係更加明確，此一變化也反映在修正公學校規則的過程。

　　明治三十一（1898）年臺灣公學校規則第一條，規定[56]：

　　　公學校施予本島人子弟德育，以教授實學養成國民性格，同

---

[55] 橋本武，〈臺灣公學校における漢文科について（承前）〉，《教育時論》619號，頁10。

[56] 臺灣教育會，《臺灣教育沿革誌》，頁229。

時使其精通國語為本旨。

在此，日本「國民的性格」的養成，以德育及教授實學來達成、進行。與「德育」和「實學」相較，國語的定位顯得非常曖昧，甚至還有居於次要地位的傾向。這條規則裏無法看出國語作為「同化於民族」手段的精神展現。不僅如此，當時公學校所有科目中國語作文、讀書和習字雖占全部授課時間七成以上，但是所謂「國語作文」，內容卻包括漢文尺牘；「讀書」則以《孝經》、《大學》、《中庸》和《論語》為主[57]。從讀書、國語作文、習字三個科目以漢文教授這一點來看，「國語」教育之定義和內涵其實混沌不明。

唯不久以後，此一經常被批評為「輕重序列不適當，用語性格不明確」的公學校規則，開始著手修正[58]。明治三十三（1900）年八月，總督府設置諸學校規則改正委員會，以橋本武為主要成員，另外加入國語學校校長、若干教授和小學校校長、老師擔任委員，開始審議條文[59]。歷經三年餘之審議，臺灣總督府於是在漢文科廢止爭論平息後不久的明治三十七（1904）年三月以府令第二十四號公布新公學校規則。相對於舊規則，新規則第一條修正為[60]；

　　公學校教授本島人子弟國語施予德育，依此培養其國民性格，授予生活上必須的普通知識以及技能為本旨。

---

[57]　同前註，頁6-10。

[58]　山口喜一郎，〈公學校規則の變遷に就きて〉，《臺灣教育會雜誌》79號（1908年10月），頁1-8。

[59]　臺灣教育會，《臺灣教育沿革誌》，頁259。

[60]　同前註，頁261。

　　新規則改善了舊規則內「國語」與「國民性格」間關係不明確的問題。原來舊規則只將「國語」與「國民性格」並列，並未表示二者間因果關係，新規則則調整「國語」與「國民性格」兩個項目的順序。經過調整以後，「教授國語施加德育」成為培養「國民性格」的前提和方法。「國語」與「國民性格」二者的因果關係，便在加入「依此」二字以後明確地連結起來。

　　至於新、舊規則內國語與國民性格兩個事項順序的改變，山口喜一郎在〈讀新公學校規則〉（一）及（二）兩篇論文中做了專文式的解說。山口曾在明治三十四（1901）年擔任公學校規則改正委員會委員，並曾譯介「グアン式」語言教授法來臺，當時任教於國語學校第一附屬學校。他在思考了漢文科廢止爭論的一連串意義後，指出新規則如此修改「絕非偶然，乃是一個必然的結果」。理由在於：首先，以教授漢文為主的本島傳統教育機構是「拘古之癖」；因而漢文「完全失去教育的育成本義，只顧詞章訓詁的末枝，忘卻知識的陶冶和開發品性」的重要性。山口甚至論斷：漢文「如此姑息腐敗的教育、不方便不實用的文字，以及落後於時代的學問，會阻礙本島的進步，使民眾的福利大為減少」。「然而我們的國語與此相反」，「適合學習，並可使本島人擺脫舊習之桎梏，脫離文字文章的束縛，可使他們與我們一起得到新知識和新道德，繼而享受文明的恩德」。此處山口讚揚國語在「同化於文明」中的功能和意義[61]。除此以外，山口也表示新的公學校規則其實呈現出一個重大的意義，便是釐清了國語在「同化於民族」之地位。他表示[62]：

---

[61]　山口喜一郎，〈公學校規則を讀む（一）〉，《臺灣教育會雜誌》37號（1904年6月），頁10-12。

[62]　同前註，頁11-12。

　　既然本島已歸屬於我版圖，四民也都與我們同樣為天皇之赤
子，如能懂我國語，會說會讀，與我們啟發其智能，涵養性
情、分享同感同情的話，彼此鞏固共同一致的精神，母子兩地
的結合才會有力又能長久。

　　在此，山口意欲利用國語教育平衡臺灣統治與天皇制國家體制
的意圖，相當明顯。

　　由於新規則之誕生，國語教育的「同化」地位有了明文規定；
也因該規則之修正，漢文被正式排除在國語科授課內容之外。隨著
新規則產生，臺灣與日本內地在同一時間俱同樣以一個單獨存在學
科的方式，設立了一門新科目──「國語科」。日後臺灣雖然還有
一些與國語相關的爭論，但是大部分均為教授法等教學上技術層次
的問題；國語教育的必要性，或國語的意識形態定位層次的爭議，
業已不再出現了[63]。

　　漢文科廢止爭論以後，近代日本的語言觀終於與臺灣統治合而
為一，兩個「同化」的神聖任務於是正式託付於國語教育。只是對
臺「同化」統治邁出的這一步，事實上已付出相當多時間和代價。
從伊澤的芝山巖學堂到制定新公學校規則，花了整整十年以上歲月
在臺灣內部不斷地嘗試、摸索、整備、爭論和改進。

63　在臺灣第七次學務會議上，當時總幹事持地六三郎比較初期（第一、二次）學務
　　會議與現在的情形，表示初期會議有很多人熱烈辯論如何進行臺灣教育的政策方
　　針，現在的爭論則集中在「教育政策已穩定地進行，如今則要專門進行教授訓
　　練」（〈持地幹事長演說〉，《臺灣教育會雜誌》94號 [1910年1月]，頁8）。

五、小結

　　甲午戰爭結束後不久，臺灣開始積極地推行國語教育。國語「同化」教育雛型形塑者伊澤修二，試圖以「國體論」代替基督教作為教化臺灣人的工具，利用國語教育的普及，開創在海外領土實現「一視同仁」的路徑；更透過上田萬年的思想，賦予國語「同化於民族」的功能意義，試圖把臺灣人「同化」成日本人。這種日本帝國式的教育樣態，目的在於掩飾異民族殖民統治的色彩，讓臺灣成為日本身體的一部分。

　　伊澤雖有將臺灣人變成大和民族的強烈企圖，然而他認為道德的涵養必須建立在豐富知識的前提上，因此他實行「同化」的順序先是「同化於文明」，爾後「同化於民族」。因此，積極將近代性知識導入臺灣，是伊澤任內國語教育的特色。此處我們可以觀察到伊澤的臺灣統治構想具有「走向民族之中」、「走向文明之中」的性格。

　　樹立國語「同化」教育雛型之際，伊澤的態度相當謹慎。他以近似禁欲式的態度提倡「混合主義」，以分頭並進的方式，企圖利用漢文和書房作為「同化」的補助手段。不過，這些妥協性措施之現象也告訴我們：明治時期「同化」教育的雛型並非一種穩固不移的存在。漢文科廢止爭論以後，雖然確立了國語教育在「同化」統治中的地位，新一波挑戰卻已在後藤新平上任後的明治三十一（1898）年，悄悄地上演。

第三章

以「同化」來否定「同化」的「同化」教育

——從普及教育到抑制教育普及

　　伊澤修二辭職後約半年，明治三十一（1898）年，隨著兒玉源太郎就任總督，後藤新平也擔任了臺灣總督府民政長官，在迄至明治三十九（1906）年為止的八年之間，參與了新領土的統治。甲午戰爭後樺山資紀、桂太郎和乃木希典三任總督的施政時期，其任內並沒有明確地構築新領土統治體制，因此這段期間的臺灣統治被認為帶有濃厚過渡時期的治安行政色彩。日本政府在臺灣開始正式建立其「殖民地」統治體制，其實是後藤就任民政長官之後的事。

　　提起後藤新平，許多人都知道他是個出色的殖民官僚、政治家，曾以所謂「生物學原則」統治臺灣而獲得豐碩成果。他因奉「尊重舊慣」為統治方策，而反對日本憲法適用於臺灣。但是也正如中村哲所指出的，「後藤新平本人曾經說過，由於自己排斥法國式的殖民地政策，所以才改用英國式的統治；後世的人也都相信這種說法。然而後藤所實施的政策，並非如其本人所說的全然採用英國式；而其以前的政策，也不能說就是模仿法國某個時代的同化主義」[1]。由此可見，後藤的臺灣治理策略有其獨特性和複雜性。

---

[1]　後藤新平著，中村哲解題，《日本植民地一班・日本膨脹論》（東京：日本評論社，1994），頁46。

伊澤修二辭職之後，接續兒玉喜八、木村匡和松岡辨之後，於明治三十六（1903）年在後藤體制下就任第五代臺灣總督府學務課長者，便是持地六三郎。由於後藤曾改善臺灣的治安問題、整備社會基礎，這些政績使得臺灣財政開始自立，為此其功績備受海內外稱讚。相對於後藤顯著的功績和高知名度，持地雖獲後藤的重用，在教育方面全力協助之，但其存在卻往往被忽略。持地在明治三十六（1903）年亦即漢文科廢止爭論逐漸告一段落的時候，擔任學務課長職務，辭去學務課長則在明治四十三（1910）年（按：明治時期只到1912年，即明治四十五年）。

明治時期，臺灣的國語教育可以說是以伊澤為起點，在持地手中結束的一個時代。然而在這個時代裏，雖然後藤、持地二人表面上都與伊澤同樣高唱「同化」教育，但背後支持二者所試圖構築的國語教育之理念，卻是截然不同。

一、新的統治方針之開始與頓挫

（一）試圖「走出國體之外」的臺灣統治

與伊澤修二相同，後藤新平也有留學海外的經歷。然而，與教育界出身、狂熱的國家主義者伊澤不同的是，原本是醫生的後藤，擁有被後人稱為「科學政治家」般的思考，極其冷靜且具合理主義是他的思考特性。明治二十八（1895）年十一月，後藤在衛生局長任內，受當時芳川內務大臣之囑咐，向當時的臺灣事務局總裁伊藤博文提出〈臺灣阿片制度ニ關スル意見〉（〈有關臺灣鴉片制度之意見〉），否定當時鴉片嚴禁論，主張漸禁論。這種大膽、明確的見識受到當局激賞，因而被任命為總督府衛生顧問。繼而在兒玉源太

郎就任總督的明治三十一（1898）年，出任第三任民政長官[2]。

　　赴任臺灣當初，後藤新平揚言「若要遂行新版圖之拓殖，就必須先開拓內閣、議員及有力者的頭腦。這個任務其實是比拓殖臺灣，其本身更是緊要急務」[3]。後藤認為要改善臺灣統治，有關官吏人員的思考改造是第一要務。明顯地，對於既有的統治方針後藤抱著極不同意的態度。從他不同意之根源裏，我們可以看到社會進化論的影子[4]。

2　鶴見祐輔，《後藤新平》第2卷（東京：後藤新平伯傳記編纂會，1937），頁38-39。

3　同前註，頁25, 55。

4　社會達爾文主義的出現，其主要的意義之一便是以「種」的概念來解釋人類的起源。換言之，斯賓塞（Herbert Spencer）的思想基本上否定了人類是由神明上帝所創造的這種自然觀。因此如果以社會達爾文主義的說法來解釋「國體論」時，這種理性、科學的推論會對天皇的崇高地位或正統性造成傷害。因為前面已經說過「國體論」是一種「非宗教式的宗教」，而這種擬宗教制的政治文化之所以可以成立，其背後乃是重用了許多所謂「記紀神話」中的「天孫降臨」神話。而這個賦予天皇正統性的神話，其大致內容是：高天原的主神——天照大神派遣他的子孫以「人神」‧天皇之身分降臨人世統治日本。換句話說「君民同祖」這個建國概念之所以能成立，其主要是架構在將大和民族的起源歸於天照大神，再把天皇解釋成天照大神的直系子孫這個前提上；「國體論」中天皇崇高無比，神聖威嚴的正統性，就是建立在這種超越自然的基礎上。

　　然而社會達爾文主義基本上否定了神明的存在。推翻自古以來以基督教教義為中心的自然觀是其內容精髓所在；其強調包括人類在內的所有生物，其身體構造並非是由神明設計而誕生；而是生物為了因應其生息環境，以自行擁有的巧妙性質演變出來的。居於這個自然科學的觀點，社會達爾文主義不但與標榜神祕迷信的日本「神國」國家觀、神祇政治、神代秩序互不相容；甚至還有關相當多的部分是衝突、矛盾的。

　　除了「天孫降臨」、「君民同祖」的問題之外，「一視同仁」的政治原理和物競天擇的進化法則之間，其實也是無法相容的。在社會達爾文主義的世界裏強者對於弱者是可以施行其生存權利的；保護弱者或憐憫殘障者都是違反大自然的法則，是阻礙人類社會進步的原因所在。因此對於弱者，社會達爾文主義的主張是

大正三（1914）年，後藤曾經在同志社大學講演中提到自己的著作《國家衛生原理》（明治三十二 [1899] 年）。他不但認為自己的世界觀、人生觀均載在這本著作裏，並說「這本書的骨架大意是日本殖民政策之根本原理」[5]。《國家衛生原理》主張人類固有之天性就是擁有享有「生理上的圓滿」之動機，在自然界人類只不過是微弱的存在，所以人類為了達成享有「生理上的圓滿」之欲望，只好形成社會與國家。後藤將國家比喻為人體，並把優勝劣敗、適者生存的原理援用至人類社會，並將國家視同人類所創造的一種衛生的團體。在此，我們可以看出該書明顯地交雜使用了英國社會學者斯賓塞（Herbert Spencer）的社會進化有機體論，以及德國思想家羅倫斯‧馮‧史坦（Lorenz von Stein）的國家衛生思想，甚至包括後藤自己身為醫生的經驗，或生物學上的一些素養[6]。

因此，在臺灣任職八年又八個月的後藤，將人類進化的原理視為其統治臺灣的行政基礎。他認為在進化階段中，臺灣人和日本人的相異程度如同「比目魚的眼睛與鯛的眼睛」之差別。對於某些人希望以等同於內地的方式來統治臺灣的行逕，後藤則諷刺其為「詩人似的統治」，繼而主張「大體上，如果社會進化不依自然法則，

不但不能給予平等待遇，甚至也不能施予任何救助而應該讓其自生自滅。不過依據「一視同仁」式的邏輯來推論，只要是天皇的臣民縱使其是一個在物競天擇的進化原理上理應被淘汰的弱者；基於親子間自然感情的流露和倫理，日本政府就得把他當作「一視同仁」的實施對象來看待，愛護照顧他並施予和強者一樣的待遇。當然這種齊頭式平等的政治宣傳，與社會達爾文主義中所提示的人類社會進步的基本法則——物競天擇、優勝劣敗的原理是相違背的（以上部分參照鵜浦裕「近代日本における社会ダーウィニズムの受容と展開」「講座進化 2」[東京：東京大學出版會，1991]，頁141-51）。

5　後藤新平，〈同志社における植民地政策に就いての講演〉，《後藤新平文書》R23-2-2，1914年11月。

6　鶴見祐輔，《後藤新平》第2卷，頁154。

直接而激進地去進行並賦予個人的權利義務時，就會產生讓孱弱的個人，犧牲於狡猾之徒的弊害」。漫然地導入文明於未開化的社會，無疑的是一種虐政，因為其「悖逆人類進化原則」。准此，後藤提倡「舊慣尊重」的統治方針[7]。

後藤統治臺灣理論之背後，確實存在有社會進化論之影子，因此無法如伊澤修二一樣，將落後的臺灣當成「日本身體的一部」來看待[8]。

相對於伊澤修二的「內地延長主義」，後藤提出「特別統治主義」，主張臺灣不適用日本憲法，並反對新領土統治要在「國體論」的軌道上進行。因此，明治三十一（1898）年三月，就任民政長官不久的後藤，便開始進行大幅度的政策革新。隔月將紛爭不斷的《臺灣新報》和《臺灣日報》合併，繼而創立《臺灣日日新報》。五月，為了削減統治成本，開始罷免以陸、海軍和相關人員為主的臺灣總督府吏員。至於有關鎮壓「土匪」的政策，後藤一反以軍事力量彈壓的方針，轉向招降政策，並廢除所謂的「三段警備」[9]，將維持治安的任務交予警察處理。就像後藤自己所承認的，

7　後藤新平，〈最近殖民政策〉，《同志社時報》115號（1914年12月），頁2-3。

8　在此我們應該可以觀察到，後藤之所以反對以「國體論」來作為教化臺灣人的工具，理由之一乃是其根本上就認為統治者所擁有的道德、精神信仰是不能以移植的方式來教化在「人種、地理」方面均有異於統治者的殖民地原住民。而後藤這種想法基本上和稍後我們將介紹的黎朋（Gustave Le Bon），這位以標榜生物學原則和社會達爾文主義，繼而提倡反同化思想的法國社會學者的思考相類似。因為黎朋反同化的主要根據就是人類遺傳基因之不同。

9　後藤在就任臺灣總督府民政長官之前，臺灣治安的維持是依平地、山地等區域之不同，而以軍隊、憲兵、警察三個單位來協同管轄進行的；亦即所謂的三段警備。然而實際上，由於管轄機關性質的不同，三者間的協同行動經常無法發生功能、並還引發三者間的紛擾。後藤就任之後，軍隊的出動權便委讓給民政部，同時警察的職務也被擴大；除了治安維持以外，警察還掌管了教育、衛生、納稅、

為了執行新的治安維持政策，曾殺戮大量臺灣人，更有無數本島住民被捕入獄[10]。

同年七月，「臺灣保甲條例」發布後，實施連坐制，在這些法規基礎下後藤開始強力「維持治安」。由於一連串改革，甲午戰爭後君臨於臺灣的陸、海軍相關勢力開始被排除在統治權力中樞之外。因此，對於後藤的這種鐵腕作風，日本人內部開始出現了許多批判。當然大量罷免官吏，與陸軍之間的傾軋，以及以醫生身分從政卻又如此的跋扈囂張等，也招致各方反感。對於後藤的施政改革，各界開始攻擊和刁難[11]，而最早發出強烈非難聲浪的團體，便是學友會。

（二）批判後藤暴政的「國體論」

學友會係由曾經擔任陸軍通譯、後來又成為北投松濤園主人的松本龜太郎，以及原本任職裁判官的瀧野種孝二人為總代表，以基隆、七堵、景美街、水返腳等弁務署長為核心學員組成的政治團體[12]。由於這些學友會會員與陸軍有深厚淵源，因此對於兒玉源太郎及後藤所實施的一連串新措施，持有強烈的不滿和意見。明治三十一（1898）年十二月十三日，松本龜太郎、瀧野種孝造訪兒玉總督，預定稟陳有關臺灣統治之問題，但卻又因為兒玉總督繁忙

農政等百般事務（後藤新平口述，《日本殖民論》[公民同盟出版社，1915]，頁26-28）。

[10] 依據後藤本人的說法，在他就任於臺灣後的明治三十至三十四（1897-1901）年之間，被其「捕縛『土匪』」有8,030人，殺戮的有多於3,473人。在明治三十五（1902）年的大討伐中，變成捕虜，經過裁判後被判處死刑的有539名，以臨機處分殺戮的有4,043名以上」（鶴見祐輔，《後藤新平》第2卷，頁149）。

[11] 鶴見祐輔，《後藤新平》第2卷，頁71-80。

[12] 同前註，頁79-80。

而未能如願。翌日（十四日），二人又攜帶了以學友會為名所撰寫
的〈臺灣經營策論〉再度拜訪。然而，一千人渴望面會兒玉總督之
願，卻是在十天後的二十四日才得遂。該日其實已是他們計畫前往
東京的前夕。

　　松本、瀧野所以造訪兒玉總督，目的除表明對於後藤施政之不
滿外，就是要通告兒玉總督，他們訪問東京時預定要向當時的內務
大臣板垣退助，具狀控訴兒玉和後藤不當統治臺灣之事實。順便一
提，板垣退助便是序論中曾經介紹、大正年間渡臺組織「同化會」
的自由民權運動大老[13]。

　　學友會除了控訴後藤之外，也表達自己的治臺見解，這些控訴
與見解都收入在〈臺灣經營策論〉這部龐大的意見書。連貫〈臺灣
經營策論〉的論述根據無他，就是「國體論」。

　　合計十條項目著成的〈臺灣經營策論〉，第一項即是「帝國之
國體」，開宗明義就稱「有關本島經營的言行、活動，實在不能
脫離帝國的國體精神……我帝國是徹頭徹尾依其國體的真髓在運
作」。「毋庸贅言，皇帝須行皇道，國民則須守皇道，國家則有擴
張皇道之義務。如此之皇意稱為皇靈，如此之民心稱為大和魂。我
帝國之國體便是以此世世相承，萬世不窮之精神所構築而成。這便
是我皇道之真髓，國民之真面目，具備有這些真意的正是我日本
帝國的國體。」在意見書的最後又陳述，「有人稱這（按：臺灣統
治）必須參考泰西之經驗，英國之印度如何、如何，法國的安南
（按：中南半島）又如何、如何。然而，請先凝想自己到底腳踏何
地。對於捨家珍而求諸遠方的行為，我們大膽地謂不可行。英、法

之國體不似我國，其殖民政略和我進取大義不可混為一談」[14]。結論則據此反對日本在臺灣實施與歐美同樣的殖民地政策。

　　學友會成員一面批判兒玉、後藤主導下的臺灣統治是「暴治」、「矛盾政治」；另一方面也將基於優勝劣敗、弱肉強食之原理，以「強壓」政策抑制其他民族的歐美殖民地政策，定位為「充滿貪婪欲望」的「掠奪主義」，並且主張：日本的臺灣統治不能與這般世界趨勢同流合污。他們也擔憂新領土社會明顯地有臺、日二者「人種競爭」的傾向，將對臺灣人產生不利的影響。因此意見書中建議，對於身為「劣者」的本島人，「異於其習性，擁有不同知識程度」的日本人，應該以「身為優越的統治者」之身分，應用其高超之「智慧」「引導愚者成賢人，教以不肖，順義行」。在此，學友會拿出東洋人「義」的精神和「同文同種」等理由，提出一個具有類似「一視同仁」意涵、幾乎卻與後藤的構想背道而馳之統治方針提案。

　　「臺灣內治的方針」項目中，學友會舉出「治民的方針」和「勢力進步的方針」、「鞏固東洋的南鎮」等建議，在具體的臺灣施政方面，學友會主張廢止保甲制度；把刑法設為單行法，民法和商法則盡量依據舊規慣例；除滯礙難行者外，原則上適用與內地同一的法制度，等等。更主張推行新附民的大和民族化和文明進步，盡早實施與內地平等的制度。這項建議的內容試圖牽制後藤統治體制的意向相當明顯[15]。

---

[14] 松本龜太郎、瀧野種孝，〈臺灣經營策論〉，《後藤新平文書》R30-78，1898年12月13日。

[15] 松本龜太郎、瀧野種孝，〈松本龜太郎等臺政に反對して當局に進言せん為上京したこと〉，《後藤新平文書》R7-69-8。

　　雖然學友會視教育為經營臺灣策略之一環，但是直接提及的部分並不多，不過基於「國體論」主張盡可能視臺灣為日本的一部分來統治，隱約期待「一視同仁」的「光輝」能夠普及臺灣。這種見解態度，基本上與伊澤修二相符。

　　對於學友會提出的這些意見，原來兒玉總督認為這些批評「只不過是杞人憂天」而輕描淡寫地應付。但在與松本等人面談後的十二月二十九日，兒玉總督卻把〈臺灣經營策論〉和學友會來訪之詳細情況傳達給後藤。從其指示後藤「須充分注意」之舉動看來，不難窺出在面談後，臺灣總督府對於學友會之行動開始具有某種程度的警戒心[16]。前面已經提及，各界人士對於兒玉、後藤反彈的背後，存在著對於後藤行事「跋扈」的不滿，以及陸、海軍相關者在臺灣統治失勢後的反動，亦即具有強烈的政治鬥爭性質。然而，從學友會冠冕堂皇地向中央政府具狀告訴的行動中，我們可以看出他們確信自己主張的遵循「國體論」將新領土引導向「日本之中」，才是臺灣經營的主流、日本帝國應該走的路線。雖然這份意見書最後是否送至板垣退助手中，尚未可知；不過從大正二（1913）年板垣基於「一視同仁」之精神組成「同化會」，渡臺對抗臺灣總督府，以及提倡臺灣人社會面、政治面之平等化一事看來，板垣的「同化會」與學友會的主張，其動機和背景雖然有所不同，但是企圖把臺灣統治引導向「國體之中」的基本態度可說是一致的。

（三）在統治構想與「國體論」夾縫中的苦澀

　　後藤受到學友會攻訐，又接到兒玉總督「須充分注意」之通達以後，反應如何？尤其面對不該脫離以國體來教化臺灣人之路線的指責之際，又如何處置？雖然我們對這個問題充滿了好奇，然而由

16　同前註。

於資料上的限制,無法得到直接的答案。不過根據後藤爾後接受講談社邀稿撰寫的文章〈奉る欽仰並に傳へ承つなる逸話〉(〈有關欽仰明治天皇之逸話〉)的草稿裏,我們可以覓得該問題的蛛絲馬跡。

後藤接受講談社邀稿撰寫的有關明治天皇之草稿,收入在《後藤新平文書》裏[17]。後藤在草稿後記寫道:「對於宏大無邊的神格,自己不能寫些粉飾太平或阿諛獻媚之事。先帝之高德,凡我國民皆欽慕景仰,自己只能透過親身體驗的相關之事蹟來窺知一二。然而僅只於此,亦足令人感激流涕了。」從這段附加在草稿後的心境及內容來看,後藤是想透過包括臺灣統治在內的親身經歷、構想來描寫明治天皇之偉大[18]。

把臺灣統治與天皇聯繫在一起時,當然也就難免要遇到「一視同仁」之敏感議題。對於此議題,後藤在草稿中毫不避忌地寫著:「明治天皇之心之公明,如月亮,其胸襟之寬大如海洋,令人感泣。聖恩之平等且普遍,無所不受其光澤照耀,不畏而言,其誕生就如同神明,如此具有仁德,超越人類之偏愛的神明令人不得不奉拜」。雖為社會進化論的信奉者,後藤形容明治天皇是擁有「普遍性」平等之「仁德」者,其如同「神明」之存在,也就是說,基本上後藤承認了包括臺灣統治在內,「一視同仁」聖恩的優越性並讚美之[19]。唯在讚美有關天皇的平等「仁德」之際,後藤針對所謂的「差別」問題,添加了如下的解釋[20]:

---

[17] 在這個草稿中後藤新平曾述懷著說:其在擔任滿鐵總裁、遞信大臣、國勢大臣的時代曾拜謁過明治天皇之事。由周遭的一些信息看來這個原稿可推測是在大正十二(1923)年左右所寫的。

[18] 後藤新平,〈明治天皇御逸話〉,《後藤新平文書》R33-92。

[19] 同前註。

[20] 同前註。

世界上所有事情看似非常平等，但是其背後卻都存在有差別和歧視。然而，這也著實是身為人君的自然聖德。在娓娓說出我自己的經驗時，我特別有這樣的感想。為何如此呢。其道理如下：世上有所謂指紋這個東西，幾十幾億幾兆的人當中不管收集了多少指紋，其中不可能有同樣的指紋存在。由此可知，造物者雖然平等造人但也給我們個別的差別待遇。有關平等往往有人誤解其真義。然而，在平等與差別之間給予彼此得宜之寬嚴，才是統治天下之道。我個人深深體會明治天皇具備這種合符自然之御聖德，居於此一事實令我深思。

根據後藤所言，「造物者」看似平等，實際上在造成人類之際，並沒有賦予同樣的條件與等分的能力。所以在現實上一律給予人類無條件的平等是不可能的。這是自然現象，同時也是「造物者」的作為。因此所謂差別政策之施行，既不悖逆天皇「聖德」，亦不損毀天皇的偉大或國體的優越性。天皇之聖德本來就是由「自然而來」的。因此，從自然界的現象來看，差別待遇事實上也可以解釋為一種出於自然的平等。因此如果要順治「天下」，實行差別政策是一種不得已，但卻是正常而且必然的走向。

對於坊間譁然的「一視同仁」問題，後藤以「差別即平等」這種進化論式的態度接受之，並自圓其說。這種說法雖然不是對於學友會的直接對應，卻提醒我們：後藤對於自己的臺灣統治構想和「國體論」之間的乖離，其實是有所自覺的。至於從這個乖離所產生的衝突和矛盾，後藤則試圖用另一種思考邏輯和修辭去掩飾。

從該草稿中，我們可以看出後藤為自己統治方針之正當性所做的努力。因此，很明顯地後藤在離開臺灣後，對於在臺實施差別統治而造成天皇「一視同仁」印象的乖離或破綻，相當警戒甚至耿耿於懷。

　　其實，後藤就任民政長官以後，為了貫徹自己的統治信念，經常必須壓制來自「國體論」者的一些批判和挑戰。排除這些反對者所造成的障礙，對後藤而言，反而是踏出治理臺灣之道的第一步。就任民政長官之前，後藤氣宇軒昂地揚言要「開拓」內閣閣員、政治家、議員和有力者的腦筋。然而面對國體問題，在各方壓力之下，後藤被迫忙於向各界辯明自己統治方針之正當性，或閃避國體論者的攻訐。正因如此，後藤有關臺灣統治的言說經常顯得曖昧難解、見風轉舵。例如明治三十三（1900）年，後藤向兒玉總督提出〈臺灣經營上舊慣制度調查ニ関スル意見〉（〈有關經營上舊慣制度調查之意見〉），其中後藤陳述：「對新領土的政策必須依時間與場所而有所不同，並非某個國家有成功的統治方策，我們就單純的模仿該國。必須一方面依據本國國體，一方面考慮新領土的情況。[21]」後藤在此提出「國體」的概念。除此之外，有時後藤甚至提出與伊澤修二相彷的教育構想，強調給予新附民「一視同仁」。其中一例即後藤在揚文會的演說。

二、有關後藤的國語教育構想——真實與表象

（一）與伊澤修二同出一轍的政策宣導——揚文會的訓示內容

　　揚文會係明治三十三（1900）年兒玉總督和後藤新平共同創辦的，其旨趣表面上係招徠清國時代「生員」以上至「進士」頭銜的士紳。換言之，召集科舉制度下臺灣全島的知識分子，於臺北匯聚一堂，吟文詠詩，倡導篤學敦厚之風[22]。然而實際上，臺灣總督府

---

[21]　鶴見祐輔，《後藤新平》第2卷，頁398。

[22]　臺灣總督府警務局編，《臺灣總督府警察沿革誌第二編・領臺以後の治安狀況

後藤新平

在透過這種懷柔政策向臺灣知識人表示好意之同時，也企圖取得他們對日本統治的協力，特別是利用他們在各鄉土的影響力，獎勵當地兒童放棄書房，選擇進入公學校就學。三月十五日開會以後，臺灣總督府招待這些士紳參觀了各種近代化設施，包括醫院、各種學校、工廠和郵便、電信局等等[23]。開會當日，後藤發表〈揚文會に於ける後藤長官の演說〉（〈後藤長官在揚文會中的演說〉），說明臺灣傳統教育設施與日本引進的新式教育之優劣和差異，並提出應該選擇公學校就學的各種理由。

後藤在此首先斷言：近代日本文明的勃興和支那（中國）之沒落的分歧點，在於有無實施近代教育。後藤認為，近代日本文明之特色是雖然尊仰「建國以來二千五百六十年」「萬世一系的皇統」，護持「尊嚴無比的國體」；但也攝取西歐的新文明。在明治天皇的

（二）》（臺北：編者，1938），頁702-703。

23　同前註，頁708-709。

領導下，日本完成維新，成功地轉型為近代文明國家，但是清國卻依然「拘泥、耽沉於詞章訓詁之末枝，不務實學」，以至於造成「無用無實之學弊」及今日國家之衰退[24]。後藤在演說中又指出[25]：

> 本來教育之事，依性法之原理亦屬國家監督之事業，不可放任由人民……而本島書房教育的方法不適時宜，並非養成國民，造成有用人才之道。因此早晚改良之，作為漸次興起公學校之階梯。

另一方面，後藤在倡導實學實用之重要性的同時，也強調書房、私塾在擔負攝取近代文明任務時的低效率性，主張改善的必要性。為了實施近代教育，他認為與其使用漢文，不如應用「我帝國之四十八字（按：假名文字）」，亦即使用日本語，才是適切方法[26]。基於這些理由，後藤主張本島兒童應該從傳統私塾轉往公學校，並呼籲揚文會的出席者回鄉獎勵後進就讀公學校[27]。

雖然否定書房在近代化教育上的功能，但基於「尊重舊慣原則」，為了避免新附民語言世界激烈變化，後藤並不打算立即將這些私塾和漢文教育從臺灣社會驅逐。就漢文教育主張而言，後藤保存漢文的態度與伊澤的「混合主義」看似一模一樣。特別在這場演說中，後藤賦予公學校教育以下之意義，使「同化」教育與國體連結一體；繼而將這樣的政策銜接到「一視同仁」的政策宣傳上[28]：

24　鶴見祐輔，《後藤新平》第2卷，頁382-85。
25　臺灣總督府警務局編，《臺灣總督府警察沿革誌第二編・領臺以後の治安狀況（二）》，頁707。
26　同前註。
27　同前註。
28　同前註，頁704-705。

臺灣歸我大日本帝國版圖以來，諸君與我等均係帝國之臣民，誼切兄弟。抑維今上天皇陛下一視同仁，新附之民猶如赤子，於愛育臺民之道，無不夙夜軫念，……我國之教育臺民，欲致其同化也，與夫征服他邦異種民族專期擴充領土，持損人利己為計者，實有霄壤之別……我之教育者與國家國體始終一貫，須臾不離。再我國體冠於宇內，使世界各國欽慕不措者，固我國民自天地開闢以來奉戴皇統連綿萬世一系之皇室，其君臣則如父子，而國家則與天壤無窮所致也。其神代之事蹟故不贅述。

日本對臺統治不同於只圖征服他國、壓制異民族，擴張白國領土、取得自己民族利益的歐美殖民地。理由無他，只因日本實施了「同化」教育。臺灣既為日本版圖，新附民就是天皇的赤子，實施近代教育就是天皇賜與、實現「一視同仁」的政策。亦因如此，後藤敘述上面談話之後，大力強調日本治臺之優越性，讚美國體是「皇統連綿萬世一系」、「天壤無窮」的蓋世之物。稍後又說，臺灣教育係基於教育勅語精神成立的，要大家遵循國體之尊嚴、皇祖皇宗之遺訓。

後藤在揚文會中的演說內容，彷彿伊澤修二的言論。然而，實際上後藤與伊澤的教育構想有頗大差距。這種差異在明治三十六（1903）年十一月召開的第一屆學事諮問會中表露無遺。

（二）質疑「同化於民族」的後藤新平

明治三十六（1903）年，後藤新平召集約六十名公學校校長舉行學事諮問會。在諮問會上，對於後藤實施教育的態度存有不滿與不信任的一些教育工作者，群起發言。因為在揚文會中，後藤雖然高談「一視同仁」，但實際上卻言行不一，對國語教育的態度卻並

不積極。其根據之一，便是明治三十一（1898）年五月二十五日兒
玉總督發給地方長官的諭示。根據後藤新平的女婿，也是其傳記作
者鶴見祐輔的說法，這段諭示係依後藤的意見寫成[29]。其中有這麼一
段令人玩味的內容[30]：

> 教育雖然不可忽視，然胡亂注入文明將使人民養成極會計較
> 權利義務之風氣，必然讓臺灣人民陷入不可預測的弊害。因
> 此，教育方針之訂定頗須謹慎考究。教育固然必要，但其方針
> 和程度、內容，現正考究中，尚未定案。

原本後藤在任內，就經常舉菲律賓等其他殖民地的例子，表示
過度的實施教育會使殖民地住民的文明意識覺醒，引起叛亂或獨立
運動等弊害，因此建議執政高層必須謹慎警戒。也因如此，揚文會
中提出的教育宣言，其實並未如實反映在後藤任期的施政內容裏。
也因此，就像日後受到後藤提拔而當上學務課長的持地六三郎在其
述懷中所說，在後藤的任期中，「學事會的狀況大概就像討論會一
般，只要民政長官一出來，大家就提起了臺灣教育政策要如何、如
何等問題」來諮問他。明治三十六（1903）年，後藤在第一屆學事
諮問會席上，回答教員代表所提出之教育方針為何的問題時說道：
現今明確可以回答各位的是，普及國語是現階段的教育方針。然而
整體上來說，教育方針還在「研究當中」，所以臺灣的教育是「無
方針主義」[31]。後藤這種教育方針必須「因應時間而變化」，並非固
定不變的說法，很清楚的牽制了伊澤修二所形塑構想的權威性。不

29　鶴見祐輔，《後藤新平》第2卷，頁42。
30　〈後藤長官の訓示〉，《臺灣教育會雜誌》27號（1904年6月），頁2-3。
31　同前註。

僅如此，關於使用國語來改造臺灣住民，也就是新附民之日本化問題，後藤則認為[32]：

> 縱使學習了國語，需要什麼程度的時間才能讓臺灣人產生變化？這個問題至今依然還是個難以解決的問題。唯其應該不可能只經過二、三代就會有什麼變化結果。

　　經過漢文科廢止爭論之後，教育界相關人士開始對於國語具有「同化於民族」之功能和任務有了一些共識；但是針對同一個問題，後藤則抱持著相當懷疑的態度。原因在於，後藤覺得日本統治臺灣是殖民史上的特例。因為其統治的臺灣住民是「畢竟無法同化於其他人種的支那人」之後裔。準此，後藤認為即使把「忠君愛國的日本精神」輸出給「缺乏尊敬超自然先天傳習之習慣」的臺灣人，其結果只會「陷入只讀《論語》而不知《論語》之義的弊病」，也就是囫圇吞棗的下場。伊澤等人，經常以臺灣人與日本人具有「同文同種」之優勢為由，支持「同化」政策；然而對於後藤來說，所謂「同文同種」反而是統治上的障礙[33]。

　　後藤對於伊澤以國體作為宗教的代替品，奉戴教育勅語、希望它成為教化新領土人民之道具，也有不一樣的看法。後藤雖然也認為殖民地統治中需要教化的道具，但是對於立即灌輸「大和魂」給臺灣人一節，則持極為慎重的態度[34]。因而主張以公醫制度代替基督教來感化臺灣人。

　　針對國語教育，後藤與一些實地在學校從事教育的工作者之

32　同前註，頁3。

33　同前註。

34　後藤新平，〈臺灣視察談〉，《後藤新平文書》，1916年6月10日，頁75。

間，有明顯的對立。這些對立除了針對「德育」問題外，甚至也波及對「智育」的看法，以及「一視同仁」的具現問題。

（三）反對公學校的擴張、教材的提升

其實在後藤就任之前，學務課曾擬出一份迅速普及公學校的教育計畫，然而在第一屆學事諮問會席間，後藤明確地對於這份計畫表達反對立場[35]：

> 某部分人士模仿文部省的教育施設計畫，在紙上訂定教育方針，決定學區，有多少人口、什麼人就設立幾間什麼樣的學校，有多少戶數、人口就設立幾間什麼樣的學校。這樣的做法，無法使當前臺灣教育成功。

後藤發言的背後，某個程度有牽制「同化」教育勢力的意味。因為伊澤辭職以後，「走向國體」的教育構想在學務官僚之間脈脈相傳。具體地說，明治三十一（1898）年後藤就任不久，當時學務課長的兒玉喜八向他提出一部名為〈學務部創設以降事業之概略〉的資料。資料中除了明白主張臺灣屬日本之一部、係實施富國強兵對象之一環之外，更說明公學校教育的趣旨在於啟發「智德」，培養「順良忠實的日本國民」。基於上述旨趣，該資料設定了初等教育的增設計畫。這項計畫預計明治三十一年度至三十四年度（1898-1901），臺灣全島有524,377戶、2,629,115人、125,821名學齡兒童，繼而推算以每校平均收容120名學童做目標，計畫在各地設置254所公學校[36]。這項大型計畫的目標在於，收容當時全島四分之一的

---

35 〈後藤長官の訓示〉，頁7。

36 兒玉喜八，〈學務部創設以降事業ノ概略〉，《後藤新平文書》7-87-1，兒玉喜八

學齡兒童。在占領臺灣僅三年之際，當時的公學校只有74所。依這個觀點來看，該計畫等於是企圖將當前的公學校一舉擴充三倍以上。不用說，這個計畫對於當時窮於支付軍事預算的臺灣總督府來說，是極大的財政壓迫和負擔。也因如此，倘若不是基於「一視同仁」的教育構想，該計畫是不可能成立的。

　　然而在後藤體制下，這項計畫並沒有實現的希望。因為明治三十一（1898）年七月後藤就任後不久，臺灣總督府制定「公學校規則」，根據新規則，雖然日本人教員薪水仍由國庫支付，但是維持公學校的其他經費則改由學生的學費、地方稅或當地住民的捐獻金來調度。因此，大部分公學校只能設立在有能力負擔這些支出的地方[37]。這種規定實質上限制了大量設置公學校的可能性。加上後藤對於「德育」教育成果始終抱持懷疑的態度，既然否定以國語來達成「同化於民族」之可能性，理論上後藤也沒有類似伊澤般全面普及教育，將臺灣人「純血化」的動機和必要性。不僅如此，後藤甚至也曾說過「如德國在波蘭強制普及國語，這種政策會遭到反抗而終至失敗，因此不可行之」這樣的話語[38]。據此，對於前述公學校增設計畫，後藤並沒有支持的理由。

　　鑑於歐美各國實施同化主義失敗的教訓，對於伊澤教育構想中將「同化」與同一化、平等化並列思考，試圖實現近似內地水準的近代化主張，後藤強烈批判之，甚至明言「公學校並不是要培養學者，如果實施了這種教學，臺灣人將對教育產生錯覺。這絕對會讓公學校失去正確的方向和目標」[39]。後藤認為對被殖民者胡亂地注入

　　的這份資料是以臺灣總督府民政局用紙做成，根據其內容判斷推定，應該是於明治三十一（1898）年前後所寫的。

37　鶴見祐輔，《後藤新平》第2卷，頁374。

38　後藤新平，〈最近殖民政策〉，《同志社時報》115號（1914年12月），頁4。

39　〈後藤長官の訓示〉，頁5。

文明是一種虐政，反而會造成被殖民者的不幸。正因如此，他對於
公學校教科書之編纂也有下列意見：

> 　　縱使在明治十五（1882）、六（1883）年時，內地（教科書
> 內容）甚至比現今公學校的教育內容都還不完整。唯其仍屬恰
> 適其分，因為反映了當時時勢所趨，無可厚非。然而，回想目
> 前之公學校等等，我們毋寧說其內容、程度均過當……

　　實際上，後藤主張臺灣教育應以實業教育為中心，教學內容則
以低程度較妥。也因如此，他反對公學校教材的內容向上提升[40]。唯
前已述及，在「智育」的充實是完成「德育」的前提條件下，伊澤
覺得為了要讓臺灣人認識日本國體的珍貴和偉大，首先必須讓新附
民習得世界的文明知識。然而，對於不相信新附民日本人化會有好
成果的後藤而言，其統治構想中是容不下伊澤那種以完成「德育」
為前提立場，來去實施「智育」的思考。更何況這種教育方式將會
耗費統治者大量的統治成本。

　　明治三十六（1903）年八月，後藤曾在〈商業帝國主義實行的
三要務〉這篇論文中指出，在與西歐列國激烈競爭的今日，日本的
教育之要務就是實施與實業社會密切結合的教學。他敘述[41]：

> 　　過度研究學理、不把重心放置於實地應用之學校教育，對於

---

[40]　同前註，頁5。此外，明治二十二（1889）年八月十日，在信州上伊那郡夏期教
　　育講習會的講義中伊澤修二曾主張說：「教育的時期隨著今日的時勢已到來，然
　　而時勢這個東西並非自然而來。」在此，我們可看到兩者對有關時勢的看法有根
　　本上的差異。

[41]　後藤新平，〈商業的帝國主義實行的三要務〉，《後藤新平文書》R24-18，1903年
　　8月。

實用是沒有益處的。現在日本帝國的處境，絕不容許悠悠自適、徒費長年累月沉迷於學理研究，因為我們沒有遠離實用之學風的餘力。

後藤在臺灣實施教育之目的，說穿了就是要實踐「商業帝國主義」[42]。如果我們將後藤縮減「智育」教學內容的看法，反對學校擴張的見解，再加上「商業帝國主義實行的三要務」中的主張來綜合思考，不難察覺他在揚文會的演說雖然基於國體提出了教育的構想，然而其具現「一視同仁」的意圖其實相當薄弱。事實上，後藤只將臺灣的近代教育視為殖民地經營上獲得經濟利益的一種手段。

也因如此，後藤在揚文會的演說雖然使用了許多語言修辭，如「同化」、「一視同仁」和「皇祖皇宗之遺訓」等等，將臺灣包攝在「國體論」中；但是我們必須注意，他在揚文會演說全文中並未提及任何有關「同化於民族」的說法。換句話說，後藤從來沒有提到任何關於忠君愛國的精神、國民性格的養成等字眼。當然，在揚文會演說中，我們也找不到任何可以聯繫到上田萬年三位一體國語觀的思考邏輯。從上述理由來看，很明確地，後藤的臺灣統治構想其實是要將臺灣引導到「走出國體之外」的境界。

三、另一種「同化」理論登場──「同化即是差別」

雖然後藤否定了伊澤修二的教育構想，企圖將臺灣統治從「國體論」中切離出去，但在表面上他卻經常標榜自己的統治構想是「同化」政策。除了揚文會以外，他在第一屆學事諮問會中也曾說道：統治臺灣「唯有以普及國語之方法，將性情不同的人民加以

---

[42] 同前註。

同化。這種工作雖然頗為困難，然而將臺灣人同化，使之變成我國民，永浴於我國恩澤，這種施政是任何人都沒有異議的」[43]。這段談話說明了後藤贊同「同化」政策的另一種態度。

就像在同一諮問會上後藤補充說明：「談及同化，許多人認為應該將其意義定於一，將其範圍弄分明，採用不變之方法去實行。但同化其實種類繁多，反之壓抑主義等亦如此。雖然一些人習慣以固定方式來解釋同化，不過同化這種東西，畢竟只是書上的著述者任意取出來的名稱而已。」後藤這一段談話似乎在暗示我們，其所訂定的「同化」內容、目標和功能，與國體擁護者所構思的「同化」並不相同[44]。後藤所說的「同化」到底是什麼？直到明治三十八（1905）年前後，他心目中的「同化」構想輪廓才明顯地披露出來。

（一）銜接「一視同仁」和殖民地統治的「同化」觀

明治三十八（1905）年二月十七日，為了延長「六三法」的有效期限，帝國的眾議院出現了熱烈的討論。花井卓藏議員擔憂後藤體制下臺灣統治的殖民地色彩漸趨濃厚，繼而對其提出強烈的批判。花井認為，後藤曾在明治三十二（1898）年眾議院議會中明言，將以同化來統治臺灣，現在卻又改變策略提出統治臺灣是殖民地統治主義。這不僅食言，而且違反日本帝國應有的統治體制。對此，後藤提出辯解說：「殖民」與「同化」這些名詞，因各人見解之歧異，其定義不同。此外[45]：

---

[43] 〈後藤長官の訓示〉，頁4。

[44] 同前註。

[45] 〈第二一回眾議院委員會會議錄〉，《後藤新平文書》R25-37，1902年3月，頁140。

　　我從來沒有明確說過臺灣統治是同化主義，只曾說過要讓
新附民浴澤於皇化，直到他日才開始用與內地一樣的方式來
治理。這與坊間所謂同化主義或許有部分相同，部分不同。因
此，指責我的臺灣統治構想違反同化主義殖民政策，與事實有
一些牴觸。這樣的討論方式稍嫌文不對題。

　　此處有關「同化」之定義，後藤的解釋絕非明快易懂。但是從
他的說詞，我們暫時可以理解，對後藤而言「同化」經常附帶一種
意涵——只是一種實現「一視同仁」的約定。其主要意義在於答應
某一些人士，在所謂「他日」的將來，日本政府可能會在臺灣實施
「與內地一樣的統治」。這個約定與伊澤修二等人，積極期待臺日
雙方能夠立即實現同一化、試圖無條件地實現平等化之想法，有相
當的差距。因為，後藤所稱的「他日」是有前提條件的。

　　然而，「他日」的到來到底要以什麼為基準來決定？換言之，
撤廢「六三法」所象徵的差別統治體制，何時將會實現？對於這個
問題，後藤在隔年貴族院中的答辯給了我們答案。

　　由於「六三法」的實行時間再三延長，因此日本政界出現了應
考慮修正或廢止這個原來只是暫定措施的聲浪。準此，明治三十九
（1906）年三月二十二日，第二十一回帝國議會貴族院中出現了後
藤和當時內務大臣原敬針鋒相對的辯論場面。在這場辯論中，我們
可以更加清楚窺知後藤所構思的「同化」論述邏輯。

　　原敬在甲午戰爭後曾任臺灣事務局委員，臺灣並非殖民地而
是帝國領土的一部分，係其一貫主張。基於「六三法」業已延長過
數次，以當今臺灣與甲午戰爭前後相較，財政等各方面也都有了明
顯進展為理由，原敬認為新領土已經沒有繼續再實施特別制度之必
要，進而要求廢止「六三法」。此時原敬所以提出臺灣進步為理由，
逼迫後藤針對「六三法」問題表態，有其原因背景。因為以往每當

臺灣總督府希望延長「六三法」時效之際，提出的理由都是新領土住民的「民度」太落後。在此，原敬的辯論策略是，依循後藤的論述邏輯軌道，再利用新的事實根據，以否定後藤主張的正當性[46]。

對於原敬的質詢，後藤反駁道：他並不否定臺灣社會確有進步，但是這些現象並不表示臺灣住民在「民度」方面有所提升、在文明方面有所進步。因為，這些近代化成果均為日本官僚們努力經營而得到的成果。透過這場答辯，我們大致可以理解後藤所謂「他日」係指臺灣人生活程度的向上，以及文明的進步程度達到與日本人相同水準的時候。

序論中筆者曾提起，日本以「同化」政策治臺，基本上與當時世界上反同化政策的殖民統治潮流逆向而行。十九世紀末反同化思想的代表性人物便是法國的黎朋（Gustave Le Bon）。黎朋的思想與後藤一樣，都是以社會進化有機體論為理論基礎；不過後藤的「同化」論與當時流行於世界的黎朋之反同化思想卻並不相同[47]。

---

[46] 〈第二一回國國會貴族院「明治二十九年法律第六十三號ニ代ルヘキ法律案特別委員會議速記錄第一號」〉，《後藤新平文書》，1906年3月，頁1。

[47] 進入十九世紀，同化主義逐漸被認為是無視殖民地現實社會的特殊性存在，抹殺原地住民的文化習慣，破壞殖民地的自然成長之統治方式。因此實施同化主義容易引起原住民的反抗，並會讓殖民地統治陷於困難。由於這些原因，1889年殖民地會議中法國社會學家黎朋從民族心理學的見解，對於同化主義做出強烈的批判。黎朋的思想出現後一連串的反同化思想相繼出現，為此連當時主導殖民地同化主義統治的法國都不得不轉換其統治方針。

依據黎朋的說法，人類並非是平等、同質之抽象的存在，而是依其人種之不同遺傳來決定其擁有的特性。世界上各個人種社會的體制、習慣、法律、文化等之所以不同，都是因為遺傳的特性的相異所發生的必然結果，而這種由先天因素所產生的現象，是無法經由後天的政策上之運作去改變的。

黎朋把人類大略分成原始的人種、劣等人種、中等人種、優等人種四大類，四大人種間的境界是無法經由教育等手段去超越；因此實施同化主義必然要遭受失敗。順帶一提的是，黎朋的反同化思想在明治後期被導入日本，廣泛的受到日

黎朋立足於人類之優劣不可能改變的前提，否定殖民地原住民的文明有向上提升的可能性。在此前提下，黎朋認為人類的「同化」是不可能的愚政，主張作為強者的統治者可以毫不留情地淘汰被統治的弱者。和黎朋相比較，後藤的「同化」原理設計，基本上或表面上是以臺灣人文明向上的可能性為前提。換言之，雖然需要一段長時間，也不能以跳躍的方式來進行「同化」，但透過「同化」後，民度是可以流動成長的。當然，後藤的「同化」構想與一般「國體論」者們性急地希望即時實行同一化、平等化相比較，也有不同。

　　總之，整理了有關後藤的「同化」思考敘述後，我們應該可以得到一個較為清楚的論述輪廓——後藤先以一義性定義和單一標準來解釋人類文明或文化的優劣、高低，再將文明或文化上臺灣人和日本人之間的差異，定位成優秀、進步，以及野蠻、劣等。此處，後藤認為以人類進化的生態來看，兩者間之差異只不過是暫時的現象而非永遠不變的常態。因為只要實施「同化」，讓臺灣和日本經歷過同樣的進化過程以後，伴隨著兩者間差異的縮短或消失，同質與對等的未來即將到來。換句話說，後藤「同化」論的特徵就是，基本上並不否定國體論中強調的「一視同仁」，但又很技巧地將其實現之日期，有前提條件地約定在不特定的未來。這種「同化」論述看似迂迴複雜，卻有明顯的實質作用和目標性，因為它賦予了當時正在實行的差別統治正當性——這亦即是「同化即差別」的理論。

　　其實，後藤的「同化」論述經常呈現出「同化」與「反同化」的折衷傾向。這種折衷方式的論述，其實便是一種以「同化」否定

本各界學者、政治家，和例如後藤新平、東鄉實等臺灣總督府官僚之歡迎，並投射在這些人的統治思考上（以上內容參照小熊英二，〈差別即平等〉，《歷史學研究》662號 [1994年9月]）。

「同化」的「同化」理論。這是因為實質上後藤雖然把「國體論」置之度外,但在表面上他又表現出不完全否定「同化」政策的態度。這樣曖昧又迂迴的態度,其背後經常有閃避從內地或臺灣各界而來,類似學友會似的攻訐、批判之意圖。當然,隨著這個被賦予了新的意義、功能和任務的「同化」概念之登場,領臺初期「殖民地=差別=『六三法』」、「『國體論』=『一視同仁』=『憲法的施行』」般的平等化論爭模式,也就被引導向另一個意義層次。更具體說,披上新的外衣之後,後藤這種新的「同化」理論便將有關臺灣的差別統治論述,巧妙而順利地推上了「國體論」的論述邏輯軌道;其本身也成為「國體論」的一環。經過「同化即差別」這種政治上的理論操作後,「一視同仁」與殖民地統治,這兩個原本相互衝突的政治形態也就融合在一起。

(二)封鎖通往平等化之路程的政策措施

在「國體論」的掣肘下,後藤新平既然把實現臺灣人平等化的前提條件,定於「民度」、文明的進步與提升之上。為了讓差別制度能維持長期化、恆久化,後藤必須進行兩項配套措施。其一是盡可能地深化或強調臺灣住民「民度」低落、文明停滯的狀況。因為唯有如此,才能讓臺日雙方的文明差距印象愈加凸顯,對於臺灣人的差別待遇才能獲得正當性。其二者是,壓制不得不實施的「同化」教育之程度內容,或抑止「同化」推行的速度。總之,為政者必須想辦法讓新附民的「民度」維持長期低落的狀況,或減緩臺灣人文明向上的進度。

當然,對於後藤而言,為了要把臺灣當成殖民地來統治,其對臺灣文明進步的評價,以及對「同化」進展的看法都必須要符合上述兩項配套原則,以維持長期差別統治的正當性。也因為如此,就像前述後藤與原敬的爭論中所見的,在多數的場合當中,後藤幾乎

都會否定臺灣社會有明顯的進步；並壓低其對於臺灣人「民度」的評價。舉一個例子來說，伊澤修二在〈臺灣の教育〉（〈臺灣的教育〉）中，曾指出臺灣的近代化程度只比日本遲緩了約三十年；臺灣人對於教育之需要性的認知，其熱心的程度不亞於日本人。臺灣人的頭腦，特別是在「智德」的發展方面幾乎和日本人是相同的[48]。相對於伊澤這樣的評價，後藤則認為臺灣的「民度」相當落後，尤其是「番界的生活狀態」足以讓人覺得「好像回到三千年前的歷史，讓人彷彿看到住在樂園的太古人類，或古典神話中傳說事物的感覺」[49]。唯依據後藤的「同化」論理，對於「民度」尚停滯在「太古人類」狀態的新附民來說，實現「一視同仁」的「他日」當然是在無限遙遠且不可知的將來。更重要的是，既然後藤以社會進化論的立場來否定臺灣住民日本臣民化的可能性。因此伊澤在帝國議會演說中所做過的承諾——新附民只要服從天皇甘為日本臣民的話，便可賦予其「一視同仁」的皇恩，平等對待之——這種獲得平等之管道，在後藤的施政構想中也就不可能存在。

另一方面，對於伊澤認為臺灣人對於教育的認知，及其熱心程度不亞於日本人這種說法，後藤則有完全不同的看法。在第一屆學事諮問會上，後藤曾說：「有人說本島人喜好讀書，這絕對不是事實，他們只是喜歡在婚慶葬禮之際，坐在上位。所謂讀書人之所以喜歡讀書，原因只是一旦身為讀書人，就像有了與別人不同的身分，受到眾人的尊敬。」非但如此，後藤還警告：對於尚未具備近代讀書觀的新附民積極地實施教育，可能會形成治安上的不安[50]。

48　伊澤修二，〈臺灣の教育〉，《伊澤修二選集》（長野：信濃教育會，1958），頁 584-85；並參同氏著，〈新版圖人民教化の方針〉，《伊澤修二選集》，頁638-39。

49　後藤新平，〈赤十字社事業に就て〉，《後藤新平文書》R24-6-8，1905年4月25日，頁119。

50　〈後藤長官の訓示〉，頁6。

後藤甚至直截了當地說，臺灣人是一個「不喜歡變化、改革」的人種，臺灣總督應該「承認臺灣人與本來的日本人民是不一樣的」，放棄強烈的改變新附民的期望，繼而採取較適當的政策方針[51]。後藤這些說詞，基本上都具有牽制從事教育者積極普及「同化」教育、遲緩臺灣人接近「一視同仁」的企圖。

　　其實，對於後藤這種以臺灣人的生活程度及文明的停滯、遲緩為藉口，將臺灣人平等化實現的日期延宕於未來之決策者來說，臺灣人的民度和近代文明的進步，必然形成其統治上的壓力。因為，除非新附民拒絕「同化」教育，不然隨著公學校就學率的上升，新領土的近代文明必然要隨之前進。換言之，近代文明的進步和平等之間具有正比例的關係。在這樣的政策設計之下，臺灣住民越是積極地接受「同化」教育，距離「一視同仁」具體化的時間也就越短；而且越多人接受教育，平等化的對象也就越加擴大；緩和或撤銷差別待遇的必要性便越大。

　　因此，在後藤的政策之下，臺灣人對於殖民地統治的抵抗不一定是拒絕「同化」教育。「同化」既然擁有「同化於文明」和「同化於民族」兩個面向，也擁有相互背離──也就是維持差別統治（統治者的立場）與取得平等（被統治者的立場）的意識形態理念。因此在後藤體制下，臺灣統治必然會形成一個政策邏輯，那便是「積極接受『同化』教育＝『同化於文明』的進展＝廢除差別統治的壓力＝對殖民地體制的抵抗」。依據這個邏輯，後藤這個「同化即差別」的統治構想，將會因為國語教育普及逐漸出現衝突矛盾，繼而崩壞。在此，「以接受（『同化』）作為抵抗」、「因普及（『同化』）而崩壞」的逆說性統治構圖，便浮現、成立了。

51　後藤新平，〈廳長會議における留別演說〉，《後藤新平文書》R7-28-6，1906年9月27日。

　　當然，身為一個被喻為「科學政治家」的後藤，理應認識到這個統治構造上的陷阱。也因如此，後藤在評斷臺日兩地區該如何進行近代化時，經常有兩套不同的標準和說法。例如，針對日本的明治維新這個迅速而且成功的近代化運動，當時居住在日本的德國醫學者貝爾茲（Erwin von Bälz）曾將其比喻成「死的跳躍」[52]。因為日本當時快速地突飛猛進，在短短幾十年間將西歐花了六百餘年時間才發展、累積出來的文明，徹底地學習並移植到自己的領土。後藤在揚文會的訓詞中，也對於日本這種「跳躍式」近代化引以為傲。然而，對於新領土的臺灣，後藤則完全否定了這種迅速近代化之再現的可能性。基於社會進化論，後藤反對臺灣教育機關急速發展，認為臺灣只能以遲緩進行的方式接受低度的近代文明。後藤以「跳躍」和「漸進」來區分兩地區「同化於文明」的可能性，顯示他以「殖民地」方式支配臺灣的本質。

　　在此必須注意，後藤設計的「同化」政策，論述主軸在於近代文明。由於後藤在揚文會中表示國語是實施「同化於文明」的主要工具，公學校是實現「同化」的主要機關，因此為了讓「一視同仁」的承諾能有現實感，「他日」到來的希望不致幻滅，對他來說在統治上可以容忍的範圍內設置某一個程度的公學校，乃是必須的措施。因為，有了若干數量的公學校後，一個將「無知蒙昧的民度引導向文明」，也就是「走向文明之中」，以便達到「向文明的國民實施平等統治」的政治印象才能鮮活地形構出來。唯有給予這種政治印象，臺灣統治並未偏離國體的政治宣誓才具有說服力。因此在他的主導下，公學校教育除克服統治上語言溝通障礙、發展帝國商業主義等作用外，更重要是透過實施國語「同化」教育，統治者

52　貝爾茲（Erwin von Bälz）著，菅沼瀧太郎譯，《ベルツの日記》上卷（東京：岩波文庫，1943），頁45-46。

可以消彌「六三法」所象徵的差別統治，以及「一視同仁」政策宣傳之間的矛盾和破綻。也因如此，後藤的「同化」構思路線、內容和目的雖與伊澤修二不同，甚至背道而馳；然而諷刺的是，對於後藤來說，最後賴以維持殖民地統治與「國體論」之間均衡的工具，還是國語教育。

　　後藤離開臺灣後，其新的「同化」統治構想，被一部分官僚所繼承，成為臺灣統治的另一個理論基礎[53]。將後藤的構想落實在教育場域者，即其親手提拔的學務課長持地六三郎。

四、「走出民族之外」、「走向文明之中」
──持地六三郎的教育構想

（一）輕視「同化於民族」的統治構想

1. 真實與表象

　　持地六三郎（1867-1923）生於福島。就讀帝國大學法科大學政治學科時，便開始翻譯一些國外書籍並出版刊行。持地早年便從事經濟學之研究，明治二十六（1893）年大學畢業後，先後進入大藏省和內務省工作。日後又在山口高等中學校擔任教育行政之教授等職務。

53　例如明治四十三（1910）年，臺灣銀行的理事梶原礦辰於《臺灣》1號發表的〈臺灣的過去及將來〉一文中曾明言：「（臺灣）在十年以前是南部荒廢的新領土，完全是一瘴癘的異域，然我等以民族之力量遂能把此南部荒廢、瘴癘之地化為今日之樣子。……因而開發本島人的知識，應該能把其他有形無形之物同化成功。殖民地不應該永遠是殖民地，如果將來臺灣社會的情態能進步到和本國同樣程度之時，將以本國的領土之一部分看待之。」梶原的論文之邏輯與後藤同出一轍。

　　明治三十三（1900）年，在同為東北出身的後藤新平之提拔下，持地在臺灣這個新天地獲得新的職位。渡臺後歷任臺南縣書記官、臺灣總督府參事官、臺南縣內務部長之要職後，明治三十六（1903）年持地出任臺灣總督府學務課課長之職。在臺灣居住近十年間，除了經歷地方行政、教育行政、理「番」、土木和通信等各種職務外，持地大部分時間均活躍於教育界。除學務課課長外，他還曾經擔任臺灣教育會幹事長職位。因此，雖然後藤在明治三十九（1906）年後辭去民政長官，前赴滿洲擔任新職，但是後藤的「同化」教育思考和策略卻被持地忠實的加以實行[54]。

　　持地本人既是殖民地官僚也是殖民地政策研究者，又曾在臺灣總督府前後供職共約十年之久，其教育構想對於臺灣的影響當然不容忽視。相對於伊澤修二的熱情和濃厚的國家主義色彩，持地行政作風上的特徵便是冷酷，以及擁有現實的殖民主義思考。但是他就任學務課長後，為了防止國體擁護者的攻擊和批判，也必須與後藤一樣玩弄兩面手法，使用表裏不一的說詞，掩飾真正的政策意圖。因此，他經常在一些公開場合承認「同化」對於臺灣住民的必要性，甚至玩弄一些文字遊戲，預測臺灣人將來可變成日本民族，將臺灣統治和「國體論」融接起來。但這些說法都與其實際上的施政方針有很大的差距。

　　例如在明治四十三（1910）年十月臺灣教育會的臨時總會中，總督府財務局長中川友次郎曾以〈國體と同化〉（〈國體與同化〉）為題發表演說，獲得熱烈的迴響。中川演說的內容主要在談論如何

---

[54] 金子文夫，〈持地六三郎の生涯と著作〉，《臺灣近現代史研究》2號（1979年8月），頁119-24。另參佐藤源治，《臺灣教育の進展》（臺北：臺灣出版文化株式會社，1943）。明治四十三（1910）年，持地辭去臺灣總督府民政部通信局局長職務，四十五（1912）年轉任朝鮮總督府土木局長。大正十一（1922）年又回臺灣，擔任總督府史料編纂委員會編纂部長，翌年因病逝世。

以「同化」教育將臺灣統治與國體的精神聯繫在一起。演說完畢以
後，臺下聆聽的持地即登上講壇，以宛如「國體論」擁護者做出下
列回應[55]：

> 　　剛才中川法學士談論了許多有關教育家的責任，這些從日本
> 國體延展出來的演說對於我們非常具有益處。我替大家感謝
> 他。我日本的祖先在歷史上曾經同化過各種種族，今日又建立
> 了這麼偉大的帝國。因此吾人子孫亦須繼承祖先之偉業，不將
> 此地的種族同化不能罷休。

　　表面上持地似乎贊成「同化」。但是我們若瀏覽〈縣治管見〉
等若干收入在《後藤新平文書》中持地親筆撰寫的檔案資料，不難
發現這些談話都只是一種敷衍策略。

2. 贊同「同化」的持地六三郎之虛實

　　依筆者推測，〈縣治管見〉撰寫時間應該在明治三十五（1902）
年前後，即後藤發表「無方針主義」演說之前年[56]。在「教育行政之
事」這個項目的開頭，持地開宗明義地就直說：「本島的政治是基於
殖民地經營之目的而進行的」，在臺灣我們應該實行的教育是「殖產
教育」。持地也明言：「針對於在先天的思想、風俗、習慣與日本相
異的新附土人，要求其必須具備與大和民族一樣，擁有建國三千年
以來君臣之義練成凝結的健全國民性格、思想和行動」是一件極為
困難之事。在私底下，對於推行臺灣人思想上、習慣上的日本化，

---

[55]　持地六三郎，〈犧牲の精神〉，《臺灣教育會雜誌》103 號（1910年10月），頁27-
　　34。

[56]　從「領臺業已七年」一語，可以推測撰寫於明治三十五（1902）年。

持地與後藤都表示了消極、悲觀的態度。同樣在〈縣治管見〉中，對於既有的「同化」教育體制，持地雖認為「依理想而論，其不失美意」。但話鋒一轉，卻批判將教育視為類似一種宗教、哲學的人是「固陋偏屈」者，他們的教育思想都是「空論」。甚至還說，拚命地推行「同化」的統治言論，是一種充滿危機的「亡國論」[57]。

　　明治三十八（1905）年，持地以學務課長身分參加了一場小學校公學校教員講習會，並進行題為〈臺灣教育に就いて〉（〈有關臺灣教育〉）的演說。持地在演說中表示：「針對住在臺灣的內地兒童，其教育方針雖以教育勅語為準則，以養成忠君愛國，義勇奉公的健全日本國民為期許；但臺灣人的教育沒有必要沿襲這種做法，只要普及國語即可。」持地明白陳述國語教育實施的目的和精神，是為了讓臺灣這個多民族社會擁有一個「交通語」，以及提供臺灣居民發展文明的一種「手段」。

　　與後藤相同，持地也缺乏「同化於民族」的意向，因為他認定本島人任何語言都是「低文化程度」的，「以此語言不足使文化進步」。也因此，雖然他也承認國語在攝取西歐文明時的優越性，但卻提醒教育者：看待公學校規則中有關「涵養德性以及陶冶國民性格」事項時，應「特別注意其意涵的解釋」；在履行「德育」的方法上也須有「十分的考究和斟酌」。總之，持地認為本島人和內地人是應該要「擁有完全不同的教育系統」[58]。

　　雖然持地六三郎的言論並沒有鮮明的生物學原則或進化論等色彩，不過這種將臺灣統治明確地定位成「殖民地」的教育論，卻比後藤更加清楚而明快。也因如此，他對「同化」論者的批判亦更加

57　持地六三郎，〈縣治管見〉，《後藤新平文書》R31-7-73，1902年（推測）。

58　持地六三郎，〈臺灣教育に就いて〉，《臺灣教育會雜誌》43號（1905年10月），頁3。

持地六三郎

露骨、激烈。在〈縣治管見〉中，持地一面諷刺伊澤之流的「同化」教育「如同詩人的詩一般」徒具理想，一面則又述說「絕對不可拘泥於所謂的主義、方針」，以及這種「充滿謬誤」的教育方針。並且下了一個結論：「執行以涵養國民性格為主的國語教育，是在口中可以說說的同化政策。然而臺灣教育的真正目的，其實自存於他處」[59]。

持地在結論表示，實業教育才是真正有助於臺灣統治的教育。從該主張我們也可得知，不管持地表面上如何說，他並不贊成「同化於民族」的教育目標。

（二）繼承的「同化於文明」之教育態勢

雖然持地和後藤一樣否定「同化於民族」的可能性，但其對於「同化於文明」的看法卻與後藤有某些程度上的差距。關於如何編

---

[59] 持地六三郎，〈縣治管見〉。

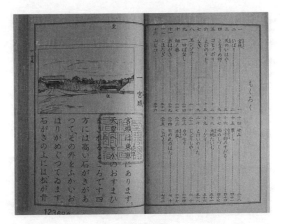

國語教科書

訂公學校教育內容，持地不但針對伊澤時期的成規——即以內地為
基準的學科課程編制方式——提出異議，並且認為[60]：

> 在初等教育最需注重的是科學知識的修養。毋庸贅言，歐美
> 各國的物質所以進步，產業所以發達，乃是科學知識發達的結
> 果。若要增進本島經營上、經濟上的利益，我們首先就需期望
> 初等教育中科學知識和修養的發達。

如上所述，持地承認科學知識的重要性而贊成實施之。不過，
同樣注重「智育」，持地的構想則與持「智育」是涵養「德育」基
礎想法的伊澤有明確的差異。這種差異同樣也可以從〈縣治管見〉
的記述裏看出來[61]：

60　同前註。
61　同前註。

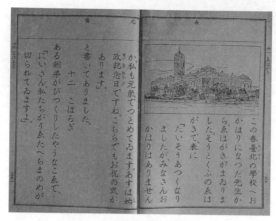

國語教科書

　　殖民地經營的目的，主要在於經濟利益之獲得。學問之普
及、人智之啟發，係增進殖民地經濟利益時必要的根源，因此
除了普及教育外，別無他途。

　　持地認為提升科學知識之目的是為發展殖民地經濟，本身是增
進日本統治利益的一種手段。所以，他雖承認實施智育教育的必要
性，但並不是無前提條件，更非為了涵養臺灣人的國民性格。也因
如此，持地對於「同化於文明」存有戒心，甚至明示教育界人士：
「要慎重其實施之程度，萬萬不得本末倒置，自掘墳墓。[62]」對持地
來說，以提高經濟利益為目的之有限度的科學知識教育，其必要性
當然優先於「同化於民族」。而持地這種統治觀念一直貫徹到他離
開臺灣為止。

　　持地六三郎構思的教育方針，某種程度落實在其主政下的國語
教科書裏。從《臺灣教科用書國民讀本》（共十二冊）——公學校

62　同前註。

時代的第一部教科書中，我們可以觀察到這個時期教科書的編纂方式與後藤和持地的教育思考相當契合。

《臺灣教科用書國民讀本》這部教科書編纂時間在明治三十四至三十六（1901-1903）年之間，編纂人係杉山文悟和大矢透，前者是臺灣教育會會員，後者日後曾任「國語調查委員會」委員，係上田萬年的弟子。這部教科書以本文（日文）、應用及當地讀法三個單元所構成的，使用期限至大正二（1913）年。根據蔡錦堂的調查，全部183課中地理、博物、物理和化學等科學知識方面內容的課文有56課，占30.6%；童謠、寓言和遊戲等有27課，占14.8%。在此必須注意，臺灣在大正二（1913）年才正式發行所謂修身課程教科書。在灌輸「智」、「德」兩育的工作均得由國語教科書來承擔的情形下，該時期修身教材，也就是「德育」，其實包含在《臺灣教科用書國民讀本》課文內。

因此，我們也能推測這部教科書中應會挾帶著許多有關日本文化或價值觀念的課文內容，特別與皇室、國家有關聯者。然而實際上，合計12冊中「天長節」、「紀元節」、「皇宮」、「臺灣神社」、「仁德天皇」、「醍醐天皇」、「明治天皇」、「日本的地圖」、「我國」、「國旗」、「我國的歷史」和「黃海之役」等關於皇室和國家的課共15課，占8.2%。反之，「郵便」、「火車」、「水蒸氣」、「電氣」、「醫生」、「衛生」、「鼠疫」、「人體」、「商人」、「紡織」和「博覽會」等具有高度實學性的教材、介紹近代文明的課文，則共68課，占37.2%[63]。換言之，近代文明的教材約為皇室、國家等相關教材（15課）之四倍。很明顯的，這個時期的

63　蔡錦堂，〈日本據臺初期公學校《國語》教科書之分析〉，收入鄭樑生主編，《中國與亞洲國家關係史學術研討會論文集》（臺北：淡江大學歷史學系，1993），頁241-44。

教育內容的重心不在「同化於民族」，而在「同化於文明」。

　　前已述及，對於伊澤而言，實施「智育」是涵養國民精神的前提和手段，傳授世界性、啟蒙性知識給臺灣人，主要目的在於讓新附民能確實地體認國體的精髓；持地則將科學知識教育視為取得殖民地經濟利益的工具。因此兩者雖然都贊成實施「智育」教育，卻分別賦予其不同的工具性意義。更具體說，二者針對臺灣統治應該要導向日本之「內」還是之「外」這個問題，雖然看法剛好相反，但對於傳授近代知識給臺灣人一節卻具有共識。因此，偏重於近代文明教材比重的這本國語教科書，可說是相當符合也如實反映了兩者的施政意圖。

　　既然持地只是基於殖民地經營上的利益考量提倡國語教育，沒有透過國語教育嘗試著將臺灣人「同化於民族」的意圖，實施「同化於文明」的工具便沒有非拘泥於日文不可的必要性。事實上，持地曾經主張「同化」的媒介不必然要以國語或漢文科廢止爭論時平井又八所提倡的漢文，也可以用羅馬字表記來實施。前述〈縣治管見〉中便出現這麼一段主張[64]：

> 本島初等教育將來可使用羅馬字教授來代替國語。要習得百般科學知識的教育時，如果採用這個（羅馬字）方法，相信可以縮短修業年限，應該是最經濟且最便利的方式。

　　持地輕蔑地說，對於打算與歐美列國成為「親密夥伴」的日本來說，國語是「最不適切最不經濟」的工具。為了支撐自己的論點，持地特地舉出以往在臺灣南部活動的英國長老會傳教士甘為霖牧師（Rev. William Campbell）曾經使用羅馬字教導臺灣人、並成

64　持地六三郎，〈縣治管見〉。

功地實施近代教育的例子，增加說服力。他甚至依據語言上的進化觀點，預測日本國內的國語表記改革運動必然成功，屆時羅馬字將取代國語，因此日本應該實施以羅馬字為主的教育。持地這種教育的構想，其實與第二章中曾介紹過的，巴克禮勸告伊澤的教育方式非常相似。

總之，持地這種否定國民精神涵養，以及冷靜而功利主義的「同化於文明」論述姿態，雖與後藤相當類似；但其試圖將羅馬字表記導入臺灣教育的構想，則較後藤更為大膽且徹底。就結果來看，在後藤、持地的主導下，「同化於文明」開始逐漸地滲透到臺灣這塊土地上。

五、轉向「殖民地教育」的結果
　　——抑制國語教育普及

（一）以削減成本為考量的教育方針

持地認為羅馬字表記作為「同化於文明」的工具，較之日本語更具優越性、方便性和效率性，因此提倡之。這樣的主張雖然反映了當時內地「國語國字爭論」中一部分人的想法，但仍有所差異。因為很明顯地，持地的構想其主要出發點在於減輕臺灣的統治成本。這與內地論述的基礎有所不同。

對持地而言，臺灣既是殖民地，為了達成「殖民地經營上至大利益」以資奉獻統治國的任務，除了增加臺灣的生產力外，削減教育成本也是必然的措施。持地抱持這種經濟至上的統治觀，亦反映在他對實施義務教育的態度上。其實，早在就任學務課長前的〈縣治管見〉裏，持地就曾批判提倡公學校義務教育化的若干「所謂教

育家們」[65]。當然，持地與繼承伊澤教育構想的教育者之間，必然處於一種對立的姿態。

明治三十七（1904）年，持地與木村匡之間，便發生了一場對於義務教育的爭論。最後在這場爭論裏，持地以戶籍制度尚未整備等理由，駁回擴大公學校設置的提案[66]。木村匡曾於明治三十三（1900）、四（1901）年間擔任學務課長，是親伊澤的臺灣教育官僚。由於有關這部分筆者將在第七章中詳細說明，在此不再贅言。

持地在〈縣治管見〉這份內部文獻裏曾明示，「依同化主義倡導強制實施初等教育的義務制度，是罔顧本島經濟財政的現況」的「空論」[67]。從這段話來看，除了意識形態不同之外，持地反對義務教育的理由之一是統治成本的考量。除了反對義務教育之外，為了節約統治成本，持地還進行了一連串壓制國語教育擴張的措施。

前已述及，隨同明治三十一（1898）年公學校規則的制定，實施無償教育的時代也宣告結束。日本人教員的薪水雖然仍然由國庫支付，其他主要教育費用則轉嫁到臺灣居民的獻金、地方稅和街莊費來支付。雖然如此，為了刪減統治費用，持地還是依據自己提出的具體數據，一面提出新教育方針，一面直指臺灣的教育實施應考慮到整體成本預算等問題[68]。

在《後藤新平文書》所收〈臺灣ニ於ケル教育設施ノ要領覺書〉（〈臺灣教育設施的要領覺書〉）一文中，持地便曾指出，較之

---

[65] 同前註。

[66] 日後木村雖然投身於臺灣實業界，但仍在一些場合中繼續提倡義務教育之實施。例如大正十一（1922）年，在臺灣教育令改正之際的《臺灣教育會雜誌》（238號）中，設置了一個紀念專輯。在專輯中，木村匡在〈有關教育令的公布〉便明言臺灣的教育基本原則必須要以義務教育的方式去實施。

[67] 持地六三郎，〈縣治管見〉。

[68] 同前註。

表格3.1　明治時期公學校學費支辦狀況

	國庫支辦	地方稅支辦	街莊負擔額	合計
明治29年	141,441	—	—	141,441
30	211,661	—	—	211,661
31	190,233	—	22,782	213,016
32	173,307	140,863	47,723	361,713
33	223,153	157,047	52,537	432,737
34	219,981	174,418	82,329	476,938
35	183,612	194,518	79,483	457,613
36	189,299	215,995	93,019	498,385
37	127,467	294,041	80,381	501,889
38	102,035	328,241	171,375	601,651
39	162,985	357,686	272,732	793,403

圖表出處：吉野秀公，《臺灣教育史》，頁273。明治三十一（1898）年含國庫地方
　　稅支辦金額。

內地小學校的編制，公學校學籍兒童配置的指導者人數其實更多。
發生這種不正常現象的主要原因在於編制指導者的依據不是「實
數」學生人數——即實際出席者來計算，乃依「虛數」——換言
之，即學生編制人數決定。為此，造成缺席者比率甚高的公學校反
而受到優遇的不公平現象[69]。

　　在〈縣治管見〉中，持地進一步認為由於當局者在新設學校時
一直缺乏充分的考慮，創立國語教育之初對本島人入學也都一直採
取積極勸誘、獎勵的統治姿態，結果導致臺灣多數公學校的財政基

---

[69] 持地六三郎，〈臺灣ニ於ケル教育施設ノ要領覺書〉，《後藤新平文書》7-87-2，
　　1904。持地六三郎認為，以日本政府在每一個學生身上所花費的教育費用來看，
　　相對於內地小學生每人只有5、6圓；公學校學生卻要花費15至16圓（臺灣的小
　　學校學生則為27圓）。這個花費是偏高的。

礎極為薄弱。持地以臺南縣為例，認為該縣公學校大部分財政「基礎不確實」，全縣35校裏基本財產和其他各種收入堪稱「維持在優良」狀態者僅2所，被認定基本財產和各種收入徵收無困難、可望順利維持經營之學校也只9所。其餘24所則因協議會的獻金充裕，尚可勉強支持營運[70]。因此，為了讓學校財政情形「健全化」，針對這些被預測將來營運可能會有困難的公學校，持地主張廢除之。因此，持地提議公學校設置許可的採納權限須由原本的地方廳，移轉到臺灣總督府[71]，並且提案：教育的實施需要「因應時勢的進運和財政之情況」，非一朝一夕所能達成，因此統治者對於「普通教育的普及，應該採取任意放任的方針，讓其自然發展」[72]。

相對於為爭取臺灣教育經費而辭職的伊澤，持地思考教育的重點之一卻是在於統治成本。兩者的差異相當明顯。

（二）調整人事和縮短教育年限

其實持地所指的教育放任主義，說穿了便是停止對臺灣人的「獎勵」或「強制」，無為而治順其「自然」；在這個狀況下就學率的提高並非是統治者的期望和責任。唯在此必須注意的是持地並不全然反對教育臺灣人，他只不過認為，統治者教育新附民之主要目的，並不是要實現「一視同仁」或把臺灣人變成日本民族，而是要將這些少數接受教育者訓練成殖民地官吏或教員。關於這一點，持地在〈臺灣ニ於ケル教育設施ノ要領覺書〉（〈臺灣教育設施的要領覺書〉）內也有具體的陳述。

持地認為，如果都讓本國人充當低級官吏和教職員，統治者經

---

70 持地六三郎，〈縣治管見〉。

71 同前註。

72 同前註。

濟負擔過大。因此，「像一些從事筆算等雜務性機械作業者，如下級行政官吏或低級教員，應該採取逐漸以本島人取代補充的方針，相信如此便能節省膨脹的行政費用。再者，這樣的措施還可開放本島人任官之進路，有助於懷柔本島人士」。為此，持地構想出一個設置「殖民學校」的方案[73]。他認為公學校除了校長之外，應該盡量讓臺灣人擔任教員。只要從被殖民者中培養若干殖民者的鷹犬，以及從屬協力者的話，就無須再把其他任何的臺灣居民視為教育的對象。

再者，持地在其就任學務課長前執筆的〈縣治管見〉中曾表示，依照本島人的「民度」水平來看，六年制公學校修業年限顯然過長，因此提案改為四年制的尋常科和四年制高等科[74]。這樣的教育構想在其就任後便付諸實現。

在就任學務課長後的明治四十（1907）年，持地以修業年限的彈性化為理由，主張依區域之不同，公學校的修業年限也改為不限於六年，另設八學年的尋常科高等科，以及四學年尋常科的公學校。這個規則的改正看似兼容並蓄地讓本島兒童的入學選擇更加多元化，但其實不然。因為明治四十（1907）年臺灣全島中被許可延長學年為八學年制的學校只有桃園公學校1所，四學年制學校也只有4所。後來明治四十三（1910）年除六年制的84所學校外，全島能升為八學年制的公學校也僅僅只有9所；相較下被指定必須改為四年制的學校卻增至77所。從這些結果來看，持地修改修業年限的真正目的，與其說是在於入學選擇之多元化、彈性化，不如說是

---

73 持地六三郎，〈臺灣ニ於ケル教育施設ノ要領覺書〉。另外，他也在〈縣治管見〉裏主張「如現制中以人民任意施設為主，執行財產知識平行主義，在向學心發達之同時逐漸普及之」。

74 持地六三郎，〈縣治管見〉。

在於縮短公學校的修業年限[75]。

由於公學校修業年限的變更，臺灣學制和內地學制的聯繫更形薄弱。但對持地而言，這應該正是他所希望的。持地在明治四十三（1910）年臺灣教育會臨時總會的演說曾經提出：我們應該讓手工、農業和商業的相關科目加入公學校的課程，使其成為臺灣教育的主要方向[76]。換言之，持地企圖建立的便是公學校的實業學校化。當然這樣的教育構想，基本上是建立在本島人和內地人的教育體制之分離化的前提上。〈縣治管見〉中持地便曾明言「大體內地子弟教育系統和本島子弟教育系統將來必須漸進分離，不能讓其並立」[77]。持地試圖建立的教育基本方針，基本上與伊澤的「內地延長主義」背道而馳。

以統治成本為主要考量的教育改革，甚至波及在教育場域工作的日本人教師。持地認為勤務繁忙的警察經常必須冒著生命危險，但是待遇卻不如「一天只要在教室中待幾個小時的教員」。據此，持地認為公學校教員的待遇有不合理的偏高傾向，因此主張縮減教員薪水。再者，持地也主張必須重視臺灣高年齡教員過剩的問題。他認為[78]：

　　這些人素養不足，只因年資的關係而日漸升遷為居於高位者。基於經費問題和教育改良之考量，我主張只要達到恩給年限者，除了具有特別專長的教師外，必須逐漸進行淘汰，空缺由國語學校及師範學校的畢業生新進補充之。

---

[75]　駒込武，《植民地帝國日本の文化統合》（東京：岩波書店，1996），頁49。

[76]　持地六三郎，〈犧牲の精神〉，頁30-31。

[77]　持地六三郎，〈縣治管見〉。

[78]　同前註。

持地的教育構思原本便有培養協力意向臺灣人的企圖，因此上述主張不但不足為奇，還有一貫的合理性。不過，持地的主張多少具有肅清伊澤時期教育人事的用意。其實，領臺初期大部分的公學校教員都經過考試，從內地招募而來，經伊澤親自面試後，以總督府講習員身分加以延攬，再派遣至全島各地國語傳習所。當然，透過這樣的程序所招募的教師不一定表示全部是優秀的；不過根據上沼八郎的研究，這些初期渡臺的師資陣容中包括不少當時在內地現職校長和具有豐富經驗的本科正教員，對新領土教育抱著理想和熱情者不在少數[79]。

前文業已提過，持地對於視教育為神聖之物的公學校教育者曾做出批判，並稱這些人是「固陋偏屈」者，其教育思想只是「空論」；更認為堅持主張「同化」的日本人為「亡國論」者。因此，以持地的統治構想來看，如果要抑制公學校普及、將公學校改造為實業學校，上述這些資深教師不僅不適用，而且著實為持地執行新教育構想的障礙。再者，既然持地試圖要扭轉伊澤構築的教育雛形，那麼徹底削弱心向伊澤的舊班底勢力，是必要的措施；減俸、淘汰舊體制的教員，當然不可避免。這便是持地為何對資深教師抱持不甚友善態度的檯面下真正原因。

（三）轉向殖民地教育後的具體成果

較之後藤新平，持地六三郎的教育構想較為明確。不但如此，他試圖壓制臺灣人的意圖也是直接而露骨的。明治三十三（1900）年揚文會的訓詞中，後藤曾勸告與會者讓本島兒童選擇進入公學校就讀，並且直言教育一事不能依託給人民，應該由國家來掌控。

---

79 上沼八郎，〈臺灣教育史〉，《世界教育史體系ス日本教育史》（東京：講談社，1975），頁278-84。

後藤離開臺灣之後，持地更將後藤的「無方針主義」構想再推進一步，明言：我們的「教育方針就是不實施教育的方針」，以此作為準則並實行之[80]。不管是「無方針主義」或「不實施教育的方針」，其實都只是一種修辭——因為名稱雖有不同，基本態度卻沒有太大差異。持地以教育財政困難為由，表面上談「同化」，但是卻主張教育不能操切實施。當然，在後藤所設計的「同化即差別」統治原理下，如果不勸導或不獎勵臺灣人就學，抑制公學校的增設並將有關近代化的教育內容減少，繼而把實施教育的對象集中於特定部分人士，本島人「同化於文明」之進展或實現必然趨向緩慢化、局部化。以臺灣人的文明停滯不進為由，差別統治的長期化或持久化就能夠得到正當性。

如此一來，統治者便可一方面標榜著透過國語教育獲得近代文明傳播者的印象，一方面又透過教育栽培一些順從工作的實用勞動者。當然，在這種狀況下，認真實施文明教育並不是統治者的本意。對於國語教育，持地實際上採取的是抑制普及的態度。

其實，後一任學務課長隈本繁吉曾評述持地的行事風格只是「承受後藤的意見，對於島民的教育幾乎沒有什麼建樹」[81]。這一臺灣總督府內部的評述告訴我們：在「走出日本之外」的新領土治理方向，也就是「殖民地統治」的方向基本策略上，持地與後藤相當有默契。雖然同為明治時期擔任臺灣教育掌舵者，但是後藤、持地與伊澤的教育構想，與其說是承繼關係，不如說是逆向的操作模式。

持地為了企圖調整「同化」方針，每年利用召集全島主要教育

80　持地六三郎，〈教育行政概要覺書〉（1910年 [推測]），《高千穗論叢》32卷1號（1997年5月），頁65；收入上沼八郎整理，《隈本繁吉文書》。

81　隈本繁吉，〈臺灣教育令制定由來（資料）について〉，《高千穗論叢》26卷3號（1991年12月），頁262；收入上沼八郎整理，〈植民地教育史研究ノート・その二〉，頁262。

行政官和學校校長開教育會議和講習會的機會，「暗示、訓誡當局者的旨意所在」[82]。但是要扭轉伊澤的教育構想，與試圖否定「國體論」一樣，談何容易。前述持地與木村匡之間對於義務教育的爭論就是一例。當然，對持地教育構想提出反彈者不僅只於臺灣，甚至也出現在日本內地[83]。

　　就結果而言，或許是由於不得不顧慮來自島內和內地批判之緣故，持地教育方針的轉換最終仍無法全然實現。透過以下資料和說明，我們可以對持地任內的施政成績得到一些理解。

　　明治三十二至三十六（1899-1903）「土匪」叛亂下的三年間，臺灣人就學率成長尚且維持在1.2%左右；只是明治三十六至四十三（1903-1910）年間臺灣治安雖已明顯改善，依表格3.2的數字計算，持地在任的這七年間，公學校就學率的成長率不過1.9%。此一數據顯示：持地以「自然」、「放任」為宗旨的教育構想，可說達到了相當程度的目的；但是所謂「選良式教育」則無落實在臺灣的跡象（詳見第四章）。再者，從表格3.1我們也能一目瞭然：明治三十六（1903）、三十七（1904）年度公學校教育經費有若干減

---

[82] 持地六三郎，〈教育行政概要覺書〉，頁65。

[83] 閑散居士，〈臺灣教育課長に望む〉，《教育時論》662號（1903年9月5日），頁31-32。河村竹三郎，〈英國の領土教育を記述し我が帝國の領土教育を論ず（承前）〉，《教育時論》641號（1903年3月），頁8。明治三十六（1903）年，為了刪減教育經費和廢止臺南師範學校事，不滿持地的論文以《教育時論》為中心陸續出現，河村竹三郎刊載於《教育時論》641號的論文就是其中之一。河村舉出廢止師範學校、教育預算問題等例子，指出與沖繩相較，臺灣的教育有被當局忽視的傾向；國民是國家富強的原動力，普通教育的完備才是教化新附民的保障。培養臺灣人「愛國君忠，學習就業」，是日本統治安定的基礎。河村並表示：

　　如果要在臺灣實施普通教育，就必須評鑑其土地的來歷、發達的程度以及人口的多寡，島民堪於負擔何種程度的經費。又國庫可支出若干的補助，盡可能設置多數學校，以便加強普通國民之培養。

表格3.2 明治時期臺灣公學校就學狀況

年 次 （明治）	學校數	兒童數	就學率	就學增加 比率	出席率
31	74	7,838	—	—	—
32	97	9,817	2.04	—	—
33	117	12,363	2.19	0.15	—
34	121	16,315	2.85	0.66	—
35	139	18,845	3.21	0.36	58.51
36	146	21,401	3.70	0.49	59.64
37	153	23,178	3.82	0.12	60.66
38	165	27,464	4.66	0.84	61.82
39	180	31,823	5.31	0.65	65.52
40	192	34,382	4.50	0.81	69.45
41	203	35,898	4.93	0.43	75.96
42	214	38,974	5.54	0.61	78.99
43	223	41,400	5.76	0.22	83.55
44	236	44,670	6.06	0.30	84.80

本表根據國府種武，《臺灣における國語教育の展開》資料製成。

少，唯公學校設置卻仍年年有小幅度增加。這些現象告訴我們，在經費短絀的條件下，公學校成長並未完全被抑制，持地的目標還是沒有實現。不僅如此，明治三十六至四十三（1903-1910）年間，隨著公學校之增設，國庫支出的教育相關經費甚至膨脹了大約四倍。這個數據告訴我們，持地雖然刻意縮減教育經費，卻未得到應有的績效。

另一方面，導入羅馬字教育也沒有任何實施的跡象；殖民學校的設置也宣告無疾而終。至於淘汰舊有教員，以及「暗示、訓誡當局者的旨意所在」之教育意識改革成效如何，受到資料的限制，筆者無法遽下定論。但是若以當時或後來教育界人士的言詞行動反映

來評估該項目之成效，我們幾乎可以斷言這部分的結果乏善可陳。
當然，從持地任內公學校教科書編纂內容並無顯著變化的狀況來判
斷，公學校實業學校化恐怕也難以給予達成目標的評價。

綜合上述觀察，我們發現持地最具顯著績效的教育改革成果除
了抑制就學率外，恐怕就是縮短修業年限，以及阻止義務教育之實
現。總而言之，在他七年的任期內，重大教育構想多半沒有實現。
不過話雖如此，他卻阻擾了領臺初期國語「同化」教育雛形的定型
化——這個雛形是伊澤依據「國體論」精神苦心整備經營、而且幾
將穩固成形的教育構想。再者，殖民地義務教育所象徵的延續——
「一視同仁」式的教育姿態，在持地手中也遭遇頓挫。這兩大方向
的動搖，對於全盤「同化」教育來說，具有相當大的意義。

六、小結

以下先將伊澤修二和後藤新平二人的「同化」教育構想異、同
之處，以表格3.3顯示之。

如同表格3.3所顯示的，在後藤和持地主導下，臺灣的國語教
育呈現出「走出日本之外」、「走向文明之內」的樣貌。雖然同樣
標榜「同化」教育政策，但是伊澤與後藤主政下的國語教育實施內
容和構想不僅明顯地不同，就連基本態度和目的也迥然相異。換言
之，甲午戰爭短短不到二十年間，臺灣的國語「同化」政策業已經
過雛型建立和試圖轉型兩大歷程。

後藤推翻或改造伊澤的統治構想時，選擇建立一種「換藥不
換湯」的「同化」策略；更具體說，後藤的臺灣統治是建立一套
以「（後藤式）同化」取代「（伊澤式）同化」的政策；後藤建構
這種迂迴複雜的統治策略，實係為了在「國體論」和殖民地統治
的夾縫間開拓一條日本帝國式的統治路線。唯以兩者在建構不同的

表格3.3 明治時期伊澤修二、後藤新平「同化」教育構想的比較

	伊澤修二的 「同化」教育構想	後藤新平的 「同化」教育構想
教化臺灣人的方法、工具	教育勅語	公醫制度
治臺構想的基本理念	「國體論」	社會進化有機體論
「同化」精神、本質之設定	「一視同仁」、同質化	掩飾差別化統治的工具
實施「同化於文明」之主要目的	作為涵養「同化於民族」之前提基礎	在於構築一個提升臺灣人「民度」的形象
對於實施「同化於民族」	透過上田萬年的思想積極進行	否定其可能性、消極為之的態度
對於實施公學校教育之態度	積極鼓勵、增設	表面上獎勵、實際上則消極
對於臺灣人「民度」的評價態度	較為客觀、適當	試圖貶低之
呈現出實際的統治顯象	「走向民族之中」、「走向文明之中」	「走出民族之外」、「走向文明之中」
實施「同化」的動機和目的	將臺灣統治引入「國體之中」	將臺灣統治引出「國體之外」

資料來源：筆者整理。

「同化」思考之際，均重用了國語教育中包含之近代文明的印象，作為撐持自己統治理論的支架。因此，不論伊澤時代或後藤、持地時代，明治時期臺灣的「同化」教育中均有明顯的近代化因素、企圖和事實。不過較之伊澤「普及教育」的統治態勢，後藤對於「同化」的真正態度是「抑制教育普及」。

當然，教化臺灣人成為擁有豐富近代文明知識的國民，不盡然都是兩組主政者的終極目標。相對於伊澤大力實行近代文明教育之目的係為彌補擬血緣制國家原理和統治異民族的破綻，後藤實施近代化教育的主要企圖則為維持一個將來會實現「一視同仁」的政策形象，抑制差別統治表象化。

　　總之，掣肘於「國體論」，明治時期國語「同化」教育中的近代化因素其實是一個在「各有盤算，殊途同歸」的兩種不同統治架構下被存留下的統治道具。就在這種曲折的歷史過程中，臺灣社會得以保留若干近代化的空間。

第四章

建立在渴望近代文明基礎上的同床異夢
——以接受「同化」作為抵抗的臺灣人

　　語言是創造文明的媒介，同時其本身亦是一種文化。以這個觀點看來，在殖民地實施國語教育時，由於政治上支配與被支配之關係形成文化上的歧視、衝突、壓制等現象；也因此針對支配者的強制文化，被支配者必然會產生某種抵抗。然而，如果統治階層的國語教育中也包含了若干近代化要素時，國語教育實施過程中的糾葛，勢必更加複雜，必然包括由前近代走向近代、從脫離「未開‧封建」至「文明‧進步」之際產生的掙扎，以及被統治者在面臨種種價值觀轉換時的矛盾等等。再者，為了普及教育所需的龐大經費之調度和徵收問題，也將隨之而產生。當然，在教導擁有不同言語文化的新附民國語時，必然要確立一套新的教育制度，以及具有效率的教授方法。這些都是想在海外領土順利普及國語，首先所必須要克服的難題。

　　在第四章中，筆者針對臺灣人如何接受國語教育這個問題，提出一些與以往先行研究不同的見解；更具體說，筆者認為臺灣人係以積極的態度去接受國語教育。然而，臺灣人這樣積極地接受「同化」教育的背景和精神動機到底為何？在說明這個問題時，筆者希望以並行論證的方式，探究日治初期臺灣屈指可數的近代知識人

——殖民統治協力者李春生的思想。

一、明治時期臺灣人接受「同化」教育的情形

　　日本統治下，臺灣住民是以什麼態度看待國語教育？這項重要的問題，先行研究的累積並不多，令人意外。近年好不容易從日本學者駒込武的著作——《植民地帝國日本の文化統合》中，提出了相關見解。駒込武認為由於公學校的相關經費皆需由臺灣人自行支付，卻又必須受制於臺灣總督府的指揮和干涉。在這種不合理的教育體制下，駒込武認為：「如此充滿矛盾的學校，除了一部分富裕的鄉紳階層外是沒有受到歡迎的理由。[1]」臺灣研究者吳文星，以占領臺灣後書房和公學校的數量、學生人數的消長為著眼點，以長期間公學校就學率的「低落」作為根據，認為國語教育的主要實施對象仍是中上階層；由於臺灣人接受態度並不積極，所以國語教育的普及並不滲及一般居民。類似於吳文星的見解，也可見於日本學者上沼八郎及長尾一三二的討論[2]。

　　然而，對於上述這些見解，筆者認為有些地方仍待商榷。因為若以統治者所提示的兒童就學率之數字為判斷基準來看，與內地的兒童就學率相較下，臺灣人接受公學校的比例或許不是很高，但若與同時代其他任何殖民地來相互比較，臺灣兒童的就學率卻呈現了鶴立雞群般的遞增現象。再者，若是斟酌明治時期有關公學校之記述、言說或以施政者的反映態度來做判斷的話，我們其實可以斷然

---

[1]　駒込武，《植民地帝國日本の文化統合》（東京：岩波書店，1996），頁45-46。

[2]　吳文星，《日據時期臺灣社會領導階層之研究》（臺北：正中，1992），頁317；上沼八郎，〈臺灣教育史〉，《世界教育史體系ス日本教育史》（東京：講談社，1975），頁318；長尾一三二，〈帝國主義政策と植民地・從屬國の教育〉，《近代教育史》（東京：誠文堂新光社，1956），頁313。

主張：對於國語教育，多數臺灣人的態度其實是接受的。

（一）臺灣人積極接受「同化」教育的軌跡

1. 從拒絕到接受——伊澤修二主政的草創期

甲午戰爭後，對於臺灣人如何看待剛萌芽的國語教育，大正十三（1924）年發行的《臺灣統治史》做了以下的回溯描述[3]：

> 中產階級以上的家庭拘泥於舊慣陋習的思想，不屑把其子弟託付內地人的教育者，下層社會的子弟則雖罵我學校是「番仔學校」，但仍有一部分人入學。不過由於必須幫忙家中做一些牧牛、割草以及砍柴等生活勞動，缺席者甚多。當時大多數者認為，學校教育是不事生產的閒人玩意而輕視之。又另一方面由於民眾誤認為，接受內地的教育後必須要斷髮；或聽信了學校畢業後，將被拐帶至內地接受殘酷的差使等種種流言，因此拒絕自己子弟入學者不在少數。……再者，由於書房的經營者憂慮新式學校興起後，其學生勢必減少，書房教師的收入必會受到打擊而大不如前，因此煽動家長阻止其子女進入新式學校就學。……在如此狀態下，為了不讓小孩入學，時常隱匿自己的子女假裝其不在家；而督促出席的困難真是不可名狀。

新領土的教育初航是多災多難的。但身為「同化」教育先驅者的伊澤修二，卻從其中望見了一縷曙光。明治二十八（1895）年七月十五日，《國家教育》40號的〈臺灣通信〉刊載了伊澤的一則插曲，指出：儘管在領臺之後的戰亂下，當地數名「秀才」（進士及第者）曾拜訪了伊澤，希望與伊澤商談將來臺灣人子弟之教育問

---

[3]　林進發，《臺灣統治史》（臺北：民眾論社，1935），頁213-15。

題[4]。對於伊澤而言，臺灣人知識分子這個舉動是具有極大意義的。伊澤認為雖國語傳習所之招生情況並非十分理想；但臺灣人對於教育的存在價值，已具有相當理解和深入認識。再者，伊澤認為臺灣的社會資源富裕，足以負擔實施教育時所需要的經費。在「同化」教育剛起步之際，伊澤認為其所需要的各種基本條件，新領土大致上都具備了，因此對於教化臺灣人一事有了十足的自信。

　　明治二十九（1896）年一月，因發生芝山巖事件，對於初試啼聲的國語教育，可說受到重大打擊。然而，三個月後國語傳習所重振旗鼓後，便如同伊澤所預測的，其招生情況開始有了好轉的徵兆。伊澤本人曾描述當時的盛況說：「因為土人的向學心，本年四月此校重新開課後，請求入學者絡繹不絕。為此，雖然統治者在六月一日之前允許了41名兒童入學，但是請求入學者乃不在少數。[5]」根據其他記載，國語傳習所開張之後，大甲名士、資產家吳朝宗，雖年已三十三歲，卻以打破「頑冥無智之徒」的「迷夢」之志向來應徵進入國語傳習所。經過伊澤之特別許可後，方才得以如願以償。

　　臺灣中部亦有盛行坊間的國語傳習所「美談」。苗栗某書房教師黃淡梅和廖水石，在開校典禮當日親自率領自己的學徒數名，以師徒共學的方式進入新式學校就讀[6]。根據大正七（1918）年內務省拓殖局所提出〈臺灣教育令案參考書〉中的回憶式記述，國語傳習所重振旗鼓之後，「爾來深感學習國語之必要的本島人士日益增多，在地方上願意負擔學校維持費用，並希望設置分教場的請願者

4　伊澤修二，〈臺灣通信〉，《國家教育》40號（1895年7月15日）。

5　伊澤修二，〈第一回教員講習終了式に於ける報告及演說〉，《伊澤修二選集》（長野：信濃教育會，1958），頁605。

6　臺灣教育會，《臺灣教育沿革誌》（臺北：編者，1939），頁185。

陸續出現，獲准者不下32人。唯傳習所規模甚小，在設置數量上亦比較少，終究難以滿足多數臺灣人的希望」[7]。

　　我們從拓殖局的文獻可看出，其實臺灣社會很早便開始出現因為學校數量不足、期望增設國語教育設施的翹盼之聲。經過具有試驗性質的教育機關——國語傳習所開辦成功，臺灣教育便開始步入公學校時代。隨著這樣的潮流，明治三十一（1898）年七月十三日，為了要請求修改臺灣公學校令，當時內務大臣板垣退助向總理大臣大隈重信提出「具申書」，寫著「割讓以來臺灣全然屬於荒廢之地，唯殘存少數的校舍資財。然而，當今人民逐漸感受教育之必要，祈請再興建校舍的希望者，或是重新投入資財期望設置學校者不在少數」[8]。在此，我們又可以看到關於當時臺灣人準備積極接受國語教育之實情的敘述。

　　另一方面，彷彿呼應板垣退助具申書似的，明治三十一（1898）年臺灣總督府在下達有關公學校令時，對地方長官發布了內訓。其開頭中記述：「本島以國語傳習所啟開了教育的端緒，爾來其進武（按：進步）快速，如今一般人心均感受到教育的必要性，而具有興學之念。隨著其興學之念的日益深厚，希望設立學校者陸續接踵而至。[9]」臺灣人對於教育之非比尋常的關心，同樣可見於女子學生[10]。

---

[7] 〈臺灣教育令案參考書〉，《公文類聚》43編24卷，內務省拓殖局（1918年6月）。

[8] 板垣退助，《公文類聚》31編12卷（1907）。

[9] 臺灣教育會，《臺灣教育沿革誌》，頁226。

[10] 舉例子來說，《臺灣教育沿革誌》便記載，因為受制於儒家的影響，女子教育原本在臺灣是不被重視的。不過，國語傳習所設置後甚至有女子學徒為了避免周遭人的嘲笑，喬扮成男子樣貌來上學的傳說。

2. 在抑制政策下增加的入學者──後藤、持地時代

　　進入後藤、持地時代後，統治者對於新附民的教育方針由勸
誘、獎勵變成放任、抑制。縱使如此，臺灣居民積極接受國語教育
的姿態依然不變。換一個角度來看，或許我們應該說持地之所以要
抑制教育方針，其原因應該與本島人的向學心太過於旺盛有關。

　　前面已經說過，持地六三郎對於教育構想的主要考量是，如何
在臺灣獲得經濟利益，以及削減統治經費。然而與伊澤時代不同的
是，領臺初期有鎮壓「土匪」的治安問題，以及因為治安而引起的
稅收問題，然而持地就任翌年後的明治三十七（1904）年，臺灣的
財政狀況已改善至能夠自立的階段[11]。支持臺灣教育營運的經費來源
已從國庫補助，轉移到地方稅、街莊費等所謂「寄付」[12]。由於本島
人負擔的增加、教育所引起的財政壓力，相對下應是漸趨緩和的。

　　不過在財政壓力趨緩的情形下，持地在任內卻有削減教育經費
的強烈企圖，換言之，他有關教育經費削減之說明事實上缺乏整合
性。例如明治三十七（1904）年，持地在〈臺灣ニ於ケル教育施設
ノ要領覺書〉（〈臺灣教育施設的要領覺書〉）中曾明言，當時教育
經費負擔比率若按照適當的方針合理的使用，其金額並不算大[13]。
不久後又在《臺灣殖民政策》一書中，誇讚臺灣教育擁有一個健全
的財政基礎[14]。持地言行不一的現象，基本上與其對於臺灣居民旺
盛向學心所萌生出的警戒心有關。例如他曾在〈臺灣教育施設的要
領覺書〉中明言，有財政困難之虞的公學校應廢止。唯在一份被
推測為可能出自持地正要辭職前所寫的史料文獻〈教育行政概要覺

11　板垣退助，《公文類聚》31編12卷（1907）。

12　吉野秀公，《臺灣教育史》（臺北：臺灣日日新報社，1927），頁354-55。

13　持地六三郎，《臺灣殖民政策》（東京：富山房，1912），頁300。

14　持地六三郎，〈教育行政概要覺書〉（1910年 [推定]），《高千穗論叢》32卷1號
　　（1997年5月），頁65-66；收入上沼八郎整理，《隈本繁吉文書》。

書〉裏，筆者發現他在此時的態度卻有微妙的改變。持地在該覺書中一面記述著「來自各地方公學校增設的要求年年增加，公學校入學志願者已大大超出現有公學校可收容數量」；一方面則擔憂「伴隨時勢的發展，臺灣人向學心逐漸興勃，當局不能滿足這些健全要求時，必須預期將來在統治上可能會發生的危險」[15]。在這分列為機密級的文獻裏，持地對於臺灣人旺盛的向學心可能導致的問題，甚至提出了下列有關臺灣教育「政府不要積極地指導提攜或勸誘」，「採取漸進方針，寧可以不實施教育的方式來作為教育的方針」[16]。

　　由上述資料來看，持地所以必須實行所謂放任主義的教育體制，主要原因乃是對於臺灣人向學心的危懼意識；教育經費問題基礎不穩定等，不過是藉口而已。

　　在持地主導下，公學校的設置擴充雖被抑制，但臺灣人向學心卻無衰退跡象。非常弔詭的是，在持地壓制「同化」教育的方針下，新領土的教育卻呈現出公學校的希望就學人數，竟產生了超越實際就學者之上的現象。關於明治時期公學校的希望入學者與實際入學者之間的落差，明治四十四（1911）年就任學務課長的隈本繁吉在大正二（1913）年內部文獻中記述著：由於希望入公學校的臺灣居民在明治末期「激增」，而「臺灣總督府又只能收容其中一部分的入學希望者，所以臺灣人經常感嘆公學校的設置數量太少」[17]。其實在明治末期，學齡超過八歲的兒童占了公學校學童的大多數，為什麼會發生這種問題，隈本解釋：那是由於「各公學校入學志願者，經常超過收容預定名額之數倍。在不得已的情況下，只好讓心

15　同前註，頁65。

16　同前註。

17　隈本繁吉，〈臺灣總督府學政大要〉，《高千穗論叢》26卷4號（1992年3月），頁A44。

身較為成熟的學童先行入學」[18]。在此我們可以得知，明治後期公學校的數量與實際上臺灣人的需要之間的差距，大概在「數倍」之距。

再者第七代民政長官下村宏在其就任前，對於當時總督安東貞美提出了一份祕密的調查報告，指出大正初期臺灣全島公學校只能收容大約一成的希望入學者[19]。至於明治時期公學校的希望入學者與實際入學者之間的關係，下村宏的評估與隈本繁吉的說法似乎有些落差。但是不管是「數倍」或「一成」，這兩份機密資料所傳達的卻是相同信息——縱使持地採取抑制國語「同化」教育的方針，但在臺灣居民積極接受之下，明治末期公學校供不應求的現象已經相當嚴重。當然這種積極的「受容」態度，如果沒有超越階層得到普遍支持，只局限於上層階級是不可能成立的。

（二）超越階級的入學狀況

甲午戰爭後，臺灣對於日本人實施的新式教育，呈現了積極的入學風潮。這種風潮當然不是少許特定階級所能造成的。明治三十一（1898）年科克伍德（W. M. H. Kirkwood）顧問曾對明治政府建議，臺灣教育的對象應該限定在上層階級之弟子，以培養統治協力者為目標，制定人數設定選別資格，只讓符合者入學，排除下層階級兒童就學。科克伍德之所以會提出這個建議，理由之一在於領臺初期進入國語教育機構就學者，大部分是下等貧民的子弟。

根據科克伍德的〈臺灣ニ關スル覺書說明筆記〉（〈有關臺灣之覺書的說明筆記〉）記載，當時雲林的學校中，53名學徒中有30人

18　隈本繁吉，〈（祕）部務ニ關スル日誌その二〉，《高千穗總合研究》6號（1993），頁A44；收入上沼八郎整理，《隈本繁吉文書》。

19　下村宏，〈（祕）臺灣統治ニ關スル所見〉（1915年11月23日）。

屬貧窮子弟。全臺灣的國語傳習所裏，除臺中外，三分之二的學生
是農夫、小商人、勞動者等下等貧民的子弟[20]。下等貧民子弟充斥的
現象，不只出現在伊澤修二任內的國語傳習所時期，也持續地發生
在公學校設立後的臺灣社會。明治三十三（1900）年十月三日《臺
灣日日新報》中也曾報導：由於多數的貧困階層子弟之入學，「公
學校宛如一種貧民學校」[21]。這個報導告訴我們，科克伍德對於明治
政府的建議並沒有產生效果。

　　打破封建時期教育通常是富有人家子弟專利的階級觀念，國語
「同化」教育設施大量收容下層階級子弟的現象，在國語傳習所被
公學校取代之後，並沒有太大的結構性變化。明治四十四（1911）
年，日後分別擔任桃園公學校長、臺南廳學務視學，當時是桃園
公學校教員的增永吉次郎，曾經針對桃園農村區域的八所公學校中
的第七、八年級55名兒童，做了入學調查。根據其調查結果，兒
童家庭的職業分布是，務農之家有26名，雜貨商者9名，擔任屠宰
業、人力車夫、苦力之家庭各1名，無職業者3名，其中父親不在
者6名。順帶一提的是，這55名兒童當中，有升學意願者高達31
名。志願國語學校之兒童有21名、醫學校6名、工業學校4名；持
地重視的實業教育則不受歡迎[22]。

　　如果以上面史料與增永的調查結果來看，臺灣人對於國語教育
的反應和前述先行研究中所推論的有相當大的出入。從科克伍德的
〈有關臺灣之覺書的說明筆記〉以及增永吉次郎的調查結果，我們
應該可以觀察到一個結果，便是持地嘗試顛覆伊澤的「教育機會均

---

[20] カークード，〈臺灣ニ關スル覺書說明筆記〉，《後藤新平文書》7-33-31，1898
　　年3月8日，頁1-4。

[21] 〈本島諸學校規則改正に付て〉，《臺灣日日新報》（1900年10月3日）。

[22] 增永吉次郎，〈第七、八學年入學兒童調查〉，《臺灣教育會雜誌》110號（1911
　　年5月），頁12-16。

等主義」、改換「選良」式教育方針的企圖，並沒有成功。因為在增永吉次郎提出調查的明治四十四（1911）年，公學校兒童的就學率達到6.06%。在殖民地歷史上，這個看似低迷的數字，其實代表非常亮麗的教育成果。

在殖民地歷史上，被公認為同化主義統治的典範者，即法國統治下的阿爾及利亞。然而如果與臺灣比較，阿爾及利亞的兒童就學率卻是乏善可陳。從1830年占領之初至一百年後的一九三〇年代，男性的就學率是11.5%、女性是1.5%[23]，平均就學率僅只6.5%。與阿爾及利亞相比，臺灣的公學校就學率不但不能算低，甚至應該說是令人驚異的數字。當然，支撐這樣高度的就學現象，不可能只是少數的上流階層。

二、臺灣人接受「同化」教育諸原因

其實，如果與同時代法國統治下的殖民地，甚或日後日本支配下的朝鮮做比較，臺灣住民對於國語教育之關心可說非比尋常的熱烈。在朝鮮所謂的統監政治期，官立普通學校與臺灣國語傳習所一樣，不徵收授業費用便可以入學。相對於臺灣書房的傳統教育施設書堂，也並存於日本統治下的朝鮮社會。然而至少在「日韓合併」初期，日本政府想要在堅持「獨立保全」的朝鮮社會中募集到國語教育學生，是一件極為困難的事。因為，相對於臺灣的上層階級並不避諱把自己子弟送往國語學校，朝鮮的「兩班」階層則相當不屑於把兒女送到日本教育的學校[24]。

23　ベッゲル（Herbert Theodore Becker）著，鈴木福一、西原茂正譯，《列國の植民地教育政策》（東京：第一出版會，1943），頁311-12。

24　駒込武，《植民地帝國日本の文化統合》，頁82。

表格4.1　明治時期書房和公學校的比較統計

年度（明治）	書房數	學生數	公學校數	學生數
32	1,421	25,215	96	9,817
33	1,473	26,186	117	12,363
34	1,554	28,064	121	16,315
35	1,623	29,742	139	18,845
36	1,365	25,710	146	21,403
37	1,080	21,661	153	23,178
38	1,055	19,255	165	27,445
39	914	19,915	180	31,823
40	873	18,612	192	34,382
41	630	14,782	203	35,898
42	655	17,101	214	39,012
43	567	15,811	223	41,400

資料來源：持地六三郎，《臺灣殖民政策》，頁310-11。

　　臺灣和朝鮮之間對於國語教育的接受情形最明顯的差異，在於雙方對於如書房、書堂等傳統教育機關的態度。

　　如表格4.1所顯示，領臺後不久的明治三十二（1899）年，臺灣的書房有1,421所，其學生人數達到25,215人；相對的公學校僅有96所，其學生人數也才只有9,817人。唯之後不久，伴隨著書房公學校化的進展，書房的學生人數每年逐漸削減。根據明治三十七（1904）年的統計，公學校增加到153所，學生人數也達到23,178人。這個數字超越了同年書房學生人數的21,661人；換言之，公學校與書房的學生人數，在甲午戰爭後約十年，業已出現完全逆轉的現象[25]。

---

[25]　吳文星，《日據時期臺灣社會領導階層之研究》，頁316-17。

　　然而相當有趣的是，同樣被日本占領後的朝鮮。其被「合併」後的書堂數量不但沒有減少的跡象反而有增加趨勢。朝鮮的書堂首次有減少的跡象出現是在大正十一（1922）年後的事[26]。雖同為日本統治下的殖民地，為何對國語教育的接受態度會有如此不同，駒込武的分析相當明晰。在此，筆者一方面延續著駒込武的研究，一方面論述臺灣人之所以積極接受「同化」教育的背景。

（一）宗教、語言文化上的近似性

　　基於種種理由，對於十九、二十世紀歐美實施的殖民地教育，被統治的當地原住民的回應通常並不熱衷。原因之一在於支配者與被支配者之間宗教、世界觀、價值觀的對立。原本歐美列強所實施的殖民地教育與基督教有密切的關係，由於擔任學校工作的教師經常都有傳教士的身分，因此在教育場域中歐美的價值觀和精神時常與當地住民的宗教傳統、文化產生對立，兩者的衝突層出不窮。法國的阿爾及利亞統治便是這種殖民地教育衝突的典型例子。

　　基本上，法國在其統治下的阿爾及利亞中實施的是複線型的學制。除了實施以養成農民、手工業勞動者，亦即是遵循著適應主義的精神去設立學校之外，也設立了一些選良主義的教育機關，實施近代化教育。為了考慮到殖民母國的利害關係，選良主義的教育甚至在某個程度上承認阿拉伯文化和言語。然而，儘管有減免授業費用，或提供宿舍和獎學金給優秀學生等措施，這些學校卻不受當地居民的歡迎，主要的原因在於「原住民頑固的宗教以及民族的自我主張意志」。相對來說，當地居民對於一些所謂「可蘭學校」，即便心中認為其教學內容陳腐、不能對現代生活有所幫助，但居於傳

26　駒込武，《植民地帝國日本の文化統合》，頁112。

統文化親近性之理由，依然樂於接受[27]。

　　然而領臺初期，臺灣社會中雖然存在有多數的佛教、道教信徒，以及少數的基督教徒；但是整體上來說，並不存在類似印度的印度教或伊斯蘭教似的鮮明宗教觀。同樣的情況也可見於統治者日本本身。雖說以教育勅語為教化的工具試圖同化臺灣人，但是「國體論」充其量只是一個準宗教。更何況教育勅語中所強調的兄友弟恭、父慈子孝等觀念原本都來自儒家，與臺灣社會的價值秩序觀念本來就有某個程度的疊合。在薄弱的宗教觀念底下，臺灣統治並沒有出現過類似西方殖民統治層次的宗教問題。為此，「同化」教育得以相對性順利而圓滑地在臺灣推行。

　　除了宗教之外，語言文化的近似性也緩和了國語「同化」教育的實施阻力。理論上，臺灣人對於「同化」教育的反抗程度和統治者實施教育的積極度應該成反比例關係。因此，在伊澤修二任內，臺灣人反抗新式教育程度應該是最強的時期。然而甲午戰爭後不久，我們在臺灣知識分子的社交圈所經常看到的卻是臺日知識分子在共吟漢詩的和樂場面。以漢詩文這個臺日文化上的共同文化資產為媒介，統治者在實施教育時經由文化霸權所形成的壓制、歧視現象變成曖昧模糊，在「同文同種」的錯覺下，文化對抗的緊張氛圍被緩衝不少[28]。在伊澤所提倡的「混和主義」這種禁欲和妥協措施下，臺灣人的傳統文化、習慣，特別是漢文漢字以及其主要傳承機關——書房，均保存在臺灣社會中。這應當也減少了不少臺灣人抵抗統治者的警戒心。

　　與伊澤相較，進入後藤新平時期，無方針教育主義以及尊重舊

27　ベッゲル，《列國の植民地教育政策》，頁312, 316。

28　楊永彬，〈日本領臺初期日臺官紳詩文唱和〉，收入若林正丈、吳密察主編，《臺灣重層近代化論文集》（臺北：播種者文化，2000），頁105-81。

慣的施政態度，原來就較少有與臺灣人在文化上產生衝突的機會。臺日兩地在宗教、語言、文化方面的近似性，以及執行政策時的慎重態度，使得在實行「同化」教育時，統治者與被統治者在文化上的衝突得以被控制到最低的情況。

（二）重視教育的觀念以及富裕的社會

領臺初期，伊澤認為本島人擁有重視學問的傳統；為此對於日軍在戰亂期間破壞孔子廟、引發在地居民反感一事，曾加以批判和糾正。類似伊澤的主張，也可見於漢文科教授論爭中的主角橋本武。橋本武曾在論文〈臺灣生徒の習慣（其二）〉（〈臺灣學生的習慣[其二]〉）中提到，臺灣人有一個良好的習慣，那便是對於寫過文字的「字紙」相當尊重，不輕易丟棄；看到被丟棄在地面的「字紙」必定將其撿起。橋本武認為這種把「字紙」當作是學問的象徵、神聖視之的傳統，廣泛浸透到一般民眾中[29]。

順帶一提，在前述增永吉次郎的調查中曾設定了「最令你感動的人是誰」，以及「最令你尊敬的人是誰」這兩項問題，針對前項問題，兒童的解答是二宮尊德、後者的答案則為孔子[30]。在日本二宮尊德是節儉苦學的象徵性人物，因此兩項調查結果反映當時臺灣人將讀書當作一種美德，將學問和教育視為神聖之物。

這種社會傳統價值觀對於國語教育之推行，無疑地係一項推動力。其實在社會治安惡化的領臺初期，重視教育的觀念不僅存在於一般居民，甚至也浸透到所謂的「土匪」裏。實際上，伊澤在內地所募集的45名第一屆國語講習員當中，後來死於臺灣特有風土病

29　橋本武，〈臺灣生徒の習慣（其二）〉，《教育時論》464號（1898年3月），頁42。

30　增永吉次郎，〈第七、八學年入學兒童調查〉，頁16。

等的教師有13名；因「匪害」而死於非命的犧牲者僅只2名。在芝山巖事件前後，武裝抗日運動雖然激烈地在各地展開，但是和其他地方的受害程度相較之下，學校被攻擊的機率和程度算是比較輕微的[31]。

　　除此之外，擁有豐富的社會資源亦是臺灣得以迅速發展國語教育的原因之一。明治二十九（1896）年六月，在臺北舉行的始政紀念式典禮中，總理伊藤博文曾在歡迎會中發表演說。基於自己滯臺數日當中的見聞，伊藤認為這個新領土「出乎意料之外的是一個富源之地」[32]。臺灣是個「富源之地」的見解以及感嘆，也可以見於伊澤修二、後藤新平和持地六三郎等歷代臺灣統治要人的言論之間。這些見解並不單單是個人感想，而是與朝鮮或美國支配下的菲律賓等其他殖民地的比較結果[33]。

　　明治三十六至四十三（1903-1910）年之間，臺灣的教育經費總額從508,961圓變成2,004,205圓，這些經費中有關維持或興建公學校的經費超過半數。其中街莊住民所負擔的經費金額居然從72,820圓暴增到十一倍以上的863,056圓。倘若臺灣不是一個富裕社會，不可能有能力去負擔這麼龐大的教育費用[34]。

　　明治時期，臺灣一般居民如何看待入學時需負擔的教育費用呢？有關這個問題，戰後臺灣政經界聞人之一——吳修齊的回顧紀錄，有非常值得我們參考之處。吳修齊是在明治四十四（1911）年時進入公學校就學的，當時公學校授業費用是每月約0.18圓。根據吳修齊的說法是，以當時的生活水準來看，這樣的學費並不是非常

---

[31]　上沼八郎，《臺灣教育史》，頁284。

[32]　井出季和太，《南進臺灣史考》（東京：誠美書閣，1943），頁315。

[33]　限本繁吉，〈（祕）部務ニ關スル日誌その九〉，《高千穗論叢》31卷4號（1997年2月），頁97；收入上沼八郎整理，《限本繁吉文書》。

[34]　持地六三郎，《臺灣殖民政策》，頁302-303。

的高[35]。吳修齊是貧窮人家庭出身，也因為其苦學成功並成為大企業家，受到許多人的尊敬。從吳修齊的回憶中我們可以得知，如果連他那樣中下階層家庭出身者，都有經濟能力去負擔進入公學校就讀的費用；那麼作為一個殖民地，臺灣社會整體的經濟能力可說是相當不錯的。而這個富裕的社會經濟能力是支持臺灣人得以積極接受國語教育的基本原因[36]。

再者，明治時期統治者實施了本島人兒童就讀公學校、日本人兒童進入小學校的這種分離教育制度。在這種二元主義的制度底下，小學校的費用由國庫全額支付，公學校的費用則有一部分由臺灣人自己支付。唯在這個差別制度底下還存在著一點「公平」原則，那就是本島人資產階級的寄付金只使用在自己子弟就讀的公學校，並沒有挪用到小學校。因此在這肥水不落外人田的前提思考下，臺灣人一直有把公學校當作是自己子弟的所有物、繼而將它「專屬化」的想法。基於這個「專屬化」的想法，隈本繁吉指出臺灣人縱使過度負擔教育費用，都有在所不辭的傾向[37]。積極地寄付教

---

35 謝國興，《吳修齊先生訪問紀錄》（臺北：中央研究院近代史研究所，1992），頁44。

36 例如，明治四十四（1911）年三月，統治當局預定改建臺北市內大稻埕公學校的校舍；為了到底要以7萬5千圓的預算去做簡略性的改建，或以建築物的長久性為考量以磚瓦重建這個問題，當局與當地的賢達之士間有些爭議。然而這個爭議卻在經過幾分鐘討論後便達成決議，當地賢達選擇了負擔較重的後者作為決議案；56名臺灣地方人士也因此捐獻一部分建築費，資產家的捐獻金額由650圓上升到了1,000圓。不過雖然如此，根據《臺灣教育會》的報導，當地的賢達之士、資產家都認為，如果這些錢是為了教育的話，諸位可說是歡歡喜喜地捐獻，希望能對於教育有所貢獻。臺灣居民的經濟能力以及對於教育的熱忱可見一斑。參考迫田茂，〈大稻埕公學校校舍新築〉，《臺灣教育》126號（1912年3月）。

37 隈本繁吉，〈（祕）部務ニ關スル日誌（その八）〉，《高千穗論叢》31卷3號（1996年11月），頁96；收入上沼八郎整理，《隈本繁吉文書》。

育費用的現象，或許是二元主義這種不公平的教育制度造成的諷刺結果。

（三）教育從事者的熱忱

汪知亭這位早期的研究者，在其論著中一面批判公學校教育；但是一方面卻將在甲午戰爭後危險艱難的臺灣社會環境下、依然為了教育奮鬥的日本教師之熱心和精神，列為實施國語教育時統治者的「優點」來看待[38]。這個甚至在二十一世紀的今天還被人奉為高超的教育精神，在勸誘臺灣人接受國語教育時，應該也發揮了一些促進的作用。

第一代國語學校長的町田則文曾明言，在臺灣實施國語教育是日本這個國家「兩千五百年以來」的壯舉。這件「事情的成敗，是全世界教育家的眾目所注之處」，因此相關人士經常也對於新領土的教育抱著「大敵臨前、背水一戰」的緊迫感。在此我們似乎不難體會：當時這些教育相關人士的氣慨和慎重的態度[39]。這種基於國家主義的精神氣慨，不只存在於伊澤修二或町田則文身上，在一般教師之間也都普遍可感受到。例如明治二十九（1896）年四月渡海來臺的國語講習員中，有一名曾擔任過小學校校長的加藤元右衛門。他在甲午戰爭後不久臺灣社會治安惡化、疫病大為流行，「遠赴臺灣便被認為是進入死亡之地」時，放下年已六十歲的老父、超過八十歲的祖母，以及三歲的長男和懷有身孕的妻子，隻身來到臺灣，從事教育。

根據加藤的回憶，渡臺之後為了防備「土匪」來襲，每一個夜晚教師們都換班站衛兵。為了護身，甚至在就寢時都必須「以短槍

---

[38] 汪知亭，《臺灣教育史新編》（臺北：臺灣商務，1978），頁51。

[39] 臺灣教育會，《臺灣教育沿革誌》，頁1。

利刀為枕才能入眠」。國語教育便是在這些熱心教師的支持下中所進行的[40]。

前文已經論及,占領臺灣初期國語教師大部分都是由伊澤修二親自赴內地募集,並經面試後挑選出來的。明白地說,伊澤的構想便是以國體的精神代替基督教,作為驅動開拓殖民地的精神能量。由伊澤所選考入圍的這些教育者,皆是日本這個新生帝國的年輕國民。對於這些初生之犢的國民而言,將作為一個日本帝國國民的熱情投注到新領土,繼而以國家教育的方式教化新附民一事,應該是一件神聖的任務。因此芝山巖流血慘事雖然記憶猶新,但是包括加藤元右衛衛門在內的第一回講習員,在結訓之後居然全體人員都提出志願赴往危險地區任教的申請[41]。

在這些國語教育先驅者的努力奮鬥下,新領土的教育基盤很快的就被構築出來。而這些教育界鐵漢的熱情,也觸發了新附民對於知識的渴望。

(四)無償的教育態勢和社會階層的移動

其實,除了上述教育工作人員的態度外,最能表達統治者實施國語教育熱情與決心者,應該算是伊澤修二實施的無償入學,以及支付學生「補助津貼」等獎勵制度。的確在這種近似賄賂的方式之下,當時一部分學生曾為了獲得一天15錢的日當而去上學。也因此在日當支付延遲時,甚至有學生會抱怨或催促[42]。

然而,無償的日當支付制度在明治三十一(1898)年便廢止了。對於貧窮階層來說,以獲得金錢為目的的入學考量,基本上

---

[40] 上沼八郎,《臺灣教育史》,頁279-84。

[41] 同前註,頁284。

[42] 橋本武,〈臺灣生徒の習慣(其三)〉,頁31。

已不復存在。縱使如此，臺灣人對於國語教育的關心，卻沒有衰退的傾向。此際，國語教育如果對於臺灣中下階層還有其他非教育誘因的話，可能就是國語傳習所學生畢業後幾乎全數都被臺灣總督府錄用，作為經營新領土的中堅。換言之，對於下層階級的子弟們而言，國語傳習所是其提升社會地位的一種機會。

眾所周知，在清朝治理下的臺灣社會，人才登用或獲得社會地位的主要手段之一是科舉制度。唯日本占領臺灣後，科舉制度被廢止，隨之原本知識階層或上層階級出人頭地的途徑也被封鎖。在這種情況下，對於那些原本與科舉淵源比較稀薄、占了國語傳習所成員之大部分的臺灣中下階層子弟而言，接受國語教育成為其提升社會地位的途徑[43]。

統計明治三十一（1898）年國語傳習所甲科畢業生的就職情形，我們可得到如下的結果。當時全島14所國語傳習所總共有324名的學生，畢業以後被縣廳、法院、郵便局、電信局、稅關、監獄署、守備隊、憲兵隊、撫墾署等聘僱為通譯、僱員者138名，約占畢業生全體的42.6%。其中鳳山、恆春國語傳習所其就職率甚至達到100%[44]。再者，一些不能立刻就職者中，也有許多人進入國語學校繼續升學，或擔任書房教師。在甲午戰爭後不久的混亂時期，上述就職機會對於中下階層居民來說，無疑是充滿魅力的。進入國語傳習所成為臺灣人獲得職業或較高社會地位的保證。

---

[43] 臺灣教育會，《臺灣教育沿革誌》，頁163。根據《臺灣教育沿革誌》的資料，明治二十八（1895）年十一月，新竹的國語傳習所募集了二十二名學生，開始接受一些日語應答的訓練，半年之後便產生第一屆畢業生。而這些畢業生很快的便被統治當局錄用為警察、憲兵隊、國語傳習所等機構的通譯人員。由於畢業人員的出路都不錯，因此造成「希望入學者也陸續出現，甚至還有人希望能設立分校」的狀況出現。

[44] 同前註，頁216-17。

　　當然，廢止國語傳習所並不意味著社會地位提升機制喪失，因為公學校的出現維持了這個機制。根據日治時期第一位臺灣人醫學博士杜聰明（1893年生）的回想，自己在幼時對於當時的學校一直抱有憧憬，因為他覺得只要進入公學校讀書，便可以到官廳或學校就職。對於當時臺灣兒童來說，日本教育經常是其羨慕的對象。雖然杜聰明並非貧窮人家出身，但是他的回憶至少透露了一個時代的信息：便是如果連公學校都沒有畢業，要在社會中成功立業是一件困難的事[45]。類似杜聰明對於公學校的描述印象，在戰前臺灣文學作品中也經常可看到[46]。

　　根據以上資料，我們應可假設一部分臺灣中下層居民在甲午戰爭後不久便已意識到國語教育機關是取得社會地位的捷徑，臺灣居民因此開始積極接受公學校教育。不過，縱使上述假設可以成立，但是接受國語教育者越來越多，公學校畢業生也隨之增加。在粥少僧多的狀況下，以公學校畢業生的資格要獲得出人頭地的機會應該愈發渺茫。前面說過，持地六三郎對於教育迅速擴張一直抱著危懼感，就是因為他預測到這種事態發生的可能性；不過與持地抑制學校教育的意圖相違，臺灣人對於國語教育依然維持高度的熱忱和興趣。也因此在探究臺灣人為何那麼熱衷於國語「同化」教育這個問題時，我們不得不把關注的焦點轉移到別處。此時，所謂「同化於文明」便有相當重要的意義。

45　杜聰明，《回憶錄》（臺北：杜聰明博士獎學基金會，1982），頁15-16。

46　在第二次世界大戰前後，臺灣人作家中描寫過公學校經驗的小說，至少有張文環的〈重荷〉、龍瑛宗的〈夜流〉、賴和的〈無聊的回憶〉、周金波的〈尺的誕生〉。在這些作品中對於公學校的教學內容，以及設備等，皆有高於書房的評價。

三、對於「同化於文明」有強烈憧憬的臺灣人

因為牽涉到文化、傳統習慣和價值觀的不同，統治者對於異民族實施「同化」教育時必定會發生衝突、抵抗或拒絕的現象而不容易達成目標。然而，臺灣人對國語教育的態度卻是相當積極地接受。實際上，本島人在明治時期除了對統治當局的漢文教育方針發出過不滿聲音外；對於公學校的授課內容幾乎看不到任何的抗拒或異議。

明治時期的公學校基本上是任意機構，在行政或法律上不具強制力量。非但如此，它也並非獨門生意，因為日本人來臺後書房、基督教學校並沒有被廢除。在這種狀況下，為了獲取學生，後進的公學校必須與這些存在已久的教育機構競爭；在此競爭激烈的情形下，國語教育內容適當與否，以及有無實用性，將直接左右本島人就學的意願。明治時期國語教育之內容如何，其所欲達成的目標何在？下文我們將繼續探討。

（一）積極接受近代文明的臺灣學生

前面已經說過，伊澤修二與持地六三郎的教育構想乍看之下有高度衝突性；但在二者主政下，國語教育內容都有相當程度的近代化要素。也因此在明治時期，國語教科書的主要重點是「同化於文明」。

當然，國語教科書中有許多「同化於文明」的內容，並不就表示老師在教育現場中便教了這些課程。因此，當時教師們到底如何以這本偏重於近代化要素的教科書教導學生，還有學生們又如何看待這些課程內容，我們有更深入追究的必要。明治四十四（1911）年《臺灣教育會雜誌》106號刊載了一篇題為〈學事視察について〉（〈就有關學事視察〉）的記事。針對當時臺灣教育的實際狀況、這

篇文章所記載的「全島一般的通弊」，係「各學校都有助長知識發展的重點教學傾向，對實業訓練則比較不重視」[47]。在此，我們似乎可以感覺到教育現場中有關「同化於文明」的教育，著實地被實踐著。

類似報導也可見於大正二（1913）年《臺灣教育會雜誌》134號。根據題為〈活気ある學年開始〉（〈有活力的學期開始〉）的報導，整體來說臺灣中部公小學校在有關國民性格養成之教材的收集和整理方面，均有準備不夠周到的弊病；但是一部分公學校對於有關兒童的「實用智能啟發」之教學準備，則「差強人意」。該報導最後還指出，教育現場中教師們對於「能啟發兒童智能方面的努力，甚為良盛」[48]。從上面資料看來，我們大致上可以相信明治時期公學校應該確實履行了與「智育」有關的課程，將一些與近代化相關的知識傳達給學生。

再者根據一些資料，我們也能知道臺灣學生對於「同化於文明」具有高度的關心。除此之外，更發現臺灣人針對有關「同化於民族」之教材並沒有多大興趣。前述增永吉次郎針對桃園55名學生所做的調查便是一例。

調查「世界上最偉大的人是誰」時，回答孔子的兒童有39名之多，回答天皇陛下者僅僅4名。增永追問學生為何沒有回答天皇陛下，卻得到一個令人啼笑皆非的答案，因為學生們認為：「天皇陛下不是一般的人。」學生們的回答反映了天皇作為一個既是人、又是神的曖昧身分，也道出國體教育無法滲透兒童心裏的尷尬和矛盾。因為不管如何，這份調查中若未將天皇列為「最偉大的人」，便不是標準答案；便代表了「同化」教育的失敗。

47　凡鳥生，〈學事視察について〉，《臺灣教育會雜誌》106號（1911年1月），頁33。
48　〈活氣ある學年開始〉，《臺灣教育》134號（1913年6月），頁45-46。

　　再者，這次調查中也做了教育勅語的默寫考試。前已詳述，伊澤修二將教育勅語當作「同化於民族」的工具；要默寫教育勅語，原因也是在此。然而，考試的結果卻是慘不忍睹。因為「完全會默寫者」竟然一個都沒有，「稍可背默寫」只有10名，「可默寫大約三分二者」28名，「完全不會默寫者」居然也有3名。接受這次調查的對象都是即將畢業的七、八年級生，因此這樣的結果對於增永來說簡直是晴天霹靂。原來他還半信半疑認為「或許用寫的比較困難，試著讓學生去朗讀；唯其結果依然不會」[49]。

　　前面說過，渡臺後伊澤便積極將教育勅語導入臺灣，明治時期充滿理想和熱情的國語教師不但很多，且大部分都是國家主義者。因此，造成上述調查結果的原因，與其說是教師的怠慢，不如說是本島人兒童對於「同化於民族」教材之關心比較淡薄。增永在其調查報告最後記錄：相對於「德育」方面沒有顯眼的成果，臺灣人在理科相關知識則「大體上獲得了良好的成績」[50]。很清楚地，明治時期臺灣的學生對於近代化知識有非常良好的反應，這方面的教學也確實有所成果。

　　持地上任後開始進行抑制國語教育的措施，不過臺灣居民對於新式教育的關心依然興盛不衰。使公學校得以繼續維持「高人氣」的主要原因，應該是國語教育中有濃厚的「同化於文明」，臺灣人對其趨之若鶩所致。

（二）臺灣人對於近代文明的認識與理解

　　十九世紀末，近代化啟蒙運動雖然在亞洲各地開始萌芽，然而實際上達成目標的卻只有通過「死亡跳躍」考驗的日本。要達成

49　增永吉次郎，〈第七、八學年入學兒童調查〉，頁16-23。

50　同前註，頁24-25。

「同化於文明」這個目的必須克服許多困難，包括被「同化」者對於近代文明的反應，以及攝取近代化的態度。

　　甲午戰爭後不久，臺灣富豪收集了八萬圓獻給臺灣總督府，目的是為整修基隆、宜蘭間的道路；希望臺灣社會的基礎設備能盡速達成。當時因總督府內部腐敗，賄賂頻傳，激烈的批判從內地各界紛至沓來；為了考慮杜絕這些賄賂疑慮，對於這些源源不斷的請願捐獻金，乃木總督只好下令拒絕各屬收取臺灣人為了近代化建設而捐獻的金錢[51]。領臺初期，我們發現臺灣人對於近代文明有著近似於貪婪的關心和興趣。

　　明治三十三（1900）年舉辦的揚文會中後藤新平的演說，後來被譯成漢文〈後藤民政長官揚文會演說〉，繼而發布於全島學士、儒生和書房裏。根據《臺灣日日新報》的報導，本島人對於後藤的這篇演說有非常大的迴響和感動。臺南士紳蔡國琳等一行人參加揚文會歸鄉以後，為了使「後進之士能日進學藝，必須讓其學習」這些新式學問，立即招集有志之士進行協議，以「播布新學藝為趣旨」在臺南組織「新學會」。蔡國琳等招集一些四十歲上下的秀才、廩生和貢生等為會員，再從內地招聘教師，在嘉義、鳳山等地設置分會，以學習新學問。蔡國琳會有這麼積極的反應，原因就如他自己所言：「若是讓孔孟聖賢看到今日的況勢，其必定要大為感嘆。人曰所謂聖賢必須要隨時代的推移而進說，誠如其言也。」聽過後藤在揚文會中的演說後，蔡國琳等人認為新時代中的學問與其說是儒家，不如說是西洋的知識；世界上除了「實學」之外，再也沒有可以說服人心，值得學習之物了[52]。

---

[51]　井出季和太，《南進臺灣史考》，頁336。

[52]　鶴見祐輔，《後藤新平》第2卷（東京：後藤新平伯傳記編纂會，1937），頁384-85。

又以李春生、辜顯榮等人為主的一些社會賢達與資產家們也仿效明治維新，以攝取近代文明為旨趣成立了「維新會」[53]。由於李春生與辜顯榮之間意見不和，維新會只維持了很短時間便宣告解散；然臺灣人對近代文明的關心和熱忱卻沒有因此衰退。因為在揚文會之前，若干臺灣上層階級人士間已出現一種風潮，即是前往日本內地留學。

明治二十九（1896）年二月，第一期芝山巖學堂的畢業生葉濤松和張柏堂曾被樺山總督帶到內地見學。在此之前，柯秋潔、朱俊英以及盲生2名也已隨伊澤到日本觀光[54]。再者，同年四月一日，李春生的孫子李延齡、李延禧等7名也曾以「臨時傭」的方式被派遣到東京去留學。當然，這些在總督府支持下派遣出去的官方留學生，除了見學之外，應該也肩負著將日本在近代文明方面的進步成就傳達給臺灣島內民眾的任務[55]。另一方面，由於臺灣島內學校施設不足，為了接受較有深度的教育，臺灣人也開始自主性地到內地留學。

根據統治當局於明治四十一（1908）年一月對臺灣人學生留學內地的調查，顯示明治三十九（1906）年十二月時內地的本島人留學生合計66名。爾後留學生人數年年增加，在五年後的明治四十四（1911）年，留學生的數量達到131名之多[56]。從這些留學生日後大部分都曾投入所謂抗日運動來看，這些臺灣學生到內地應該不是為了去研究儒家、漢文或有關「同化於民族」之學問，乃是以習得近代文明為主要目的。臺灣人到內地留學一事提醒我們：甲午戰爭

---

[53] 〈全臺維新會〉，《臺灣協會會報》5號（1899年2月），頁63-65。

[54] 臺灣教育會，《臺灣教育沿革誌》，頁34。

[55] 同前註，頁35。

[56] 同前註，頁24。此外，雖然大正四（1915）年滯留在東京的臺灣留學生總數約三百人，唯至七年後的大正十一（1922）年，已激增至2,400人。

後不久，一度被臺灣居民貶抑為「番仔」學校的國語「同化」教育機關，不久後搖身一變，成為近代文明的象徵。明治時期，臺灣人主動要求當局增設公學校，或到內地去留學等現象，均告訴我們一件事實，便是臺灣人對於近代文明不但有了迅速的理解和認識，而且開始意識到其重要性。

敏銳地感應到近代文明腳步聲者，並不限於留學內地的臺灣人。我們從抗日運動家陳逢源等人就讀公學校的經過來看，也可感受到一股新的學問觀念在民間萌芽。根據陳逢源的回憶，其於明治三十五（1902）年，也就是九歲之前，就讀於書房，其後才轉入公學校。轉學的理由除警察人員勸誘外，最主要的原因乃是父母開始體會到書房的授課內容程度和公學校比起來均較為低落，考慮到自己子女的將來，將他們轉去念公學校。很明顯地，當時陳逢源的雙親已經察覺到時代的潮流迅速變化中，如果不接受日本教育，很快將被時代淘汰。換言之，他們感受到置身於近代文明之外的危機感。在此值得注意的是，與陳逢源一起入學的還有一名書房老師的兒子。這個事實告訴我們，臺灣居民之間對於近代文明普遍持有敏銳的感覺[57]。

類似狀況在同為抗日運動家、爾後成為臺灣言論界聞人的吳三連身上也可看到。吳三連出身貧窮家庭，父親對於作為一個漢民族擁有相當的堅持，認為只有儒家才能算是學問；並對於設有鞦韆等運動場的公學校抱有強烈的偏見。因此，書房畢業之後，吳三連只好放棄繼續上學的意願在家中幫忙。明治四十四（1911）年，鄰近的村莊設置了學甲公學校，因此母親開始興起讓他進入公學校就讀的念頭；唯父親依舊反對。親友們為了說服父親，只好不厭其煩地

---

[57] 《陳逢源傳》（本書係口述紀錄，由陳逢源家屬陳秀容女士所提供。引用時本書並未正式發行），頁11-12。

勸告：時代已經改變了，為了獲得新知識一定要到公學校讀書，最後終於獲得父親首肯入學。日後吳三連便每天單程步行40至50分鐘路程到公學校上課[58]。

　　吳三連進入公學校就學的經過，顯示當時臺灣人選擇進入公學校就讀時心中經常存在的矛盾和糾葛。這些矛盾經常來自接受近代文明的欲求與對傳統文化的堅持之間的拉扯。當然，在心中的拉扯後選擇兩者兼得，既上書房、也到公學校就讀的人不在少數[59]。然而日益增加的公學校就學率明白顯示：隨著時代推移，選擇具有近代文明價值之公學校者逐漸占了上風。

　　吳三連進入公學校後翌年，持地六三郎在《臺灣殖民政策》中明確指出：關於公學校和書房之數量消長現象，「此間政府並沒有對書房給予太多壓迫，更未聽聞過撲滅方針之存在。因此這些現象（按：公學校與書房之數量的消長現象）所以發生，原因應該是人民逐漸認識新教育的價值；更是臺灣人向學心勃興而致的結果」[60]。呼應持地的解釋般地，陳逢源在前述回顧中也明言，自己後來就讀總督府國語學校的原因，不是為了要做一個擁護日本的協力者，而是希望能攝取近代的學問，充實世界性的知識。

　　綜觀這些論述，或許應該說日治時期書房快速地凋零的原因，與其說是總督府的壓制，不如說書房這傳統教育機構欠缺臺灣人所憧憬的近代文明[61]。換言之，將書房逼到窮途末路的，應該是那些對於近代文明有敏銳反應、選擇就讀公學校的多數臺灣人。至於臺灣

58　蔡金燕，《吳三連傳》（南投：臺灣省文獻委員會，1997），頁12-13。

59　日治時期臺灣知識分子中既上過書房又讀公學校，較具知名度者有王敏川、林呈祿、林茂生、蔡培火、林攀龍（林獻堂長子）、張深切等，應該還有廖漢臣（廖毓文）、張李德和（嘉義著名女詩人）等。

60　持地六三郎，《臺灣殖民政策》，頁311。

61　《陳逢源傳》，頁6-7。

人對書房教育不夠近代化的看法，日治時期一些臺灣文學作品中也曾有相當程度的著墨[62]。

（三）基督教教會的協力配合

　　為了追求「同化於文明」，許多本島人選擇公學校作為自己接受教育的機構。其實在明治時期的臺灣，許多知識分子將日本視為亞洲的文明化先驅，對其抱有憧憬。抗日運動領袖林獻堂曾經把自己的長男、次男和三男送到日本留學；甲午戰爭後留學內地的本島人學生中，也有許多抗日運動家和士紳階級的子弟[63]。而這種現象在同為日本殖民地的朝鮮是頗為鮮見的。

　　其實，同樣受到儒家薰陶、也在日本支配下的朝鮮，情況與臺灣有些不同。基本上，大部分朝鮮人對於國語教育抱著不歡迎的態度；不只如此，為了拒絕國語「同化」教育，許多朝鮮人選擇了進入教會系統學校就讀。相對於臺灣抗日運動家和士紳階級迅速而果斷地將自己的子弟送到公學校或內地留學，朝鮮兩班階層則認為這種行為是一種屈辱。當然，朝鮮社會並不拒絕「同化於文明」。如果我們引用持地六三郎的說法，朝鮮人對於自己「古老的歷史和文明」有強烈的「自負自尊心」；民間存在著「長期作為一個獨立國家的國民感情」。為此，對於自己國家被日本強制合併一事，普遍存有憎惡的情緒[64]。

　　朝鮮人所以能迴避於國語教育機關，原因之一在於國內有為數頗多的教會系統學校，這些歐美學校都有「同化於文明」之「本

62　有關描述書房教學內容、方法均不符合時代的小說中，以張文環的〈論語與雞〉與賴和的〈無聊的回憶〉最為出名。而戰後龍瑛宗的〈夜流〉針對書房也有類似的書寫。

63　吳文星，《日據時期臺灣社會領導階層之研究》，頁174。

64　駒込武，《植民地帝國日本の文化統合》，頁85。

尊」的色彩。換言之，對於如何取徑去攝取近代文明，朝鮮比臺灣有更多選項。也因如此，對於朝鮮知識分子來說，就是因為要學習西洋諸國的知識和技能，所以拒絕國語教育機關，選擇與西洋直接有聯繫的教會系統學校作為「同化於文明」的取徑。在不同的環境條件之下，其思考邏輯卻正好與臺灣相反。

其實日韓合併之初，朝鮮內部已經存在著許多由長老教會、監理教會等新教系統經營的私立學校。這些學校原本就是作為愛國啟蒙運動之一環創設的。1905至1910年間，為了應付基督教徒大量增加，教會系統小學廣泛地被普及。1910年2月，朝鮮境內總數2,397所學校中，官公立學校和準官公立學校合計也只有146所，其餘兩千餘所都是私立學校，其中有宗教色彩的學校又占了約三分之一。對於朝鮮人而言，要接受「同化於文明」，日本當局的國語教育並不是唯一且最適當的選擇[65]。

然而，相對於朝鮮，1900年臺灣人基督教徒雖只有9,285人，1910年又增加到21,777人，但這些教徒人數大約只占全臺人口1%。雖然1884年加拿大長老教會傳教士在北部設立淡水學堂，1885至1887年間英格蘭長老教會傳教士在南部設置長老教中學堂和長老教女子學堂；但是在日本占領臺灣時，包括神學校在內，全臺灣只有5所教會學校[66]。更何況其中一部分學校雖然也教授一些具有近代化色彩的知識，然至明治時期為止，這些學校仍以收容基督教徒子弟為主，對於教徒以外的臺灣人並不開放門戶。

更何況如隈本繁吉所指，臺灣基督教系統學校是「小規模且具有宗教性質」[67]，不論教學內容或規模，均無法滿足對「同化於文明」

65　同前註，頁82-84。

66　同前註，頁83。並參森山昭郎，〈日本統治下臺灣のキリスト教〉，《東京女子大學比較文化研究所紀要》第53卷（1992）。

67　隈本繁吉，〈臺灣教育令制定由來（資料）について〉，頁258。

有強烈欲望的臺灣人。臺灣人積極接受國語教育的背後，當時的教會系統學校是一個不能忽視的因素。

其實，同為基督教徒，臺灣、朝鮮兩地教會相關人士對於日本統治的對應態度卻截然有異。朝鮮的美國傳教士勢力強大，而且教會的影響力也及於政治界[68]。由於朝鮮的抗日運動家在亡命之際皈依基督教的例子相當多，基督教實質上成為日本統治朝鮮的障礙。相對於基督教在朝鮮發揮的抵抗作用，日治時期臺灣基督教徒之存在，不但不是統治上的阻力，有時還成為勸誘臺灣人到公學校就讀的推動力。更具體說，西方傳教士或臺灣人基督教徒對國語教育經常採取協力合作的態度。根據杜聰明所言，臺灣基督教徒接觸西洋教育的經驗原本較一般民眾豐富，相較於儒家精神旺盛的鄉紳，對近代文明和世界趨勢均有相當理解的基督教徒在面對國語教育時，經常有相對性的深入理解；其輕蔑、懷疑或抵抗的意圖較為淡薄。因此，明治時期許多基督教家庭皆率先讓自己的子弟進入公學校就讀，或留學內地[69]。

例如明治三十（1897）年，臺南盲人學校學生郭主恩、蔡溪和陳春三人便曾到內地留學，其背後傳教士甘為霖（William Campbell）的鼓勵，以及替這些人向當局交涉，是重要的關鍵。又甘為霖對於國語教育中含有豐富的「同化於文明」要素，給予相當高的評價，並以此為理由鼓勵臺灣人進入公學校就讀。這一方面駒込武的研究業已相當詳盡[70]。又如明治三十二（1899）年醫學校創設之初，應募學生並不踴躍，此際積極勸獎本島人鼓勵年輕人入學者

68　駒込武，《植民地帝國日本の文化統合》，頁77。

69　吳文星，《日據時期臺灣社會領導階層之研究》，頁142-45。

70　駒込武，〈「文明」の秩序とミッション〉，《地域史の可能性》（東京：山川出版社，1997）。

係加拿大長老教會的馬偕（George Leslie Mackay）傳教士[71]。基督教徒和傳教士在國語教育創設之初，的確發揮了一定的鼓催作用。

四、以文明為基礎的協力關係——李春生的思想

　　如果要在殖民地順利進行「同化」教育，先決條件應該是轉換原地住民的價值觀。當然，在價值觀轉換的過程中，由於支配者與被支配者間歷史、習慣、宗教和文化上的差異，雙方必然會發生衝突和摩擦；隨之引起抵抗和排拒。為了消除這些衝突和障礙，從被支配者中培養出傾向統治體制的意見領袖，是一項必要的策略。換言之，殖民地統治成敗與否，關鍵之一在於支配者、協力者和反抗者三者之間力量的平衡，臺灣統治也不例外。

　　明治時期，臺灣的協力者如何看待國語教育，如何將自己的協力行為正當化？又協力者對「同化」教育的接受方式如何投射在一般民眾身上？如果我們要俯瞰臺灣人與「同化」教育之間的關係，理解上述問題乃是首要之務。為此，闡明李春生的思想有其重大意義，因為領臺初期他不但是一個資產家、近代知識分子、意見領袖和基督教徒，更被認為是殖民統治的協力者。

　　目前為止，關於李春生的研究其實已有若干累積，不過大都聚焦於說明他的思想和言行。以當時「同化」統治架構為背景，將李春生的協力行為和思想放在這個座標上來賦予意義之研究，至今仍然相當缺乏[72]。本節筆者即企圖從明治期間側重「同化於文明」的臺

71　吳文星，《日據時期臺灣社會領導階層之研究》，頁141-43。

72　近年臺灣對李春生的關心提高。1985年4月李明輝編輯《李春生的思想與時代》（臺北：正中，1995）一書，便收入黃俊傑、吳光明、李明輝、吳文星和古偉瀛的論文，其中雖然介紹李春生的宗教觀、自我特性的改變，以及對社會進化論的批判。當時臺灣並沒有將李春生的思想放在日本統治臺灣這個歷史座標來觀察。

灣統治，以及李春生有關「國體論」的言行為切入點，繼而賦予其
協力行為新的意義。

（一）李春生和臺灣統治

1. 李春生生平經歷

　　李春生（1838-1924），出生於福建廈門的貧苦人家，十四歲在
基督教長老會受洗，成為教徒。由於與教會有很深的淵源，他從小
通曉英文，並在當地外國人經營的商店（即「洋行」）工作。1868
年渡臺之後，李春生在經營茶葉、石油和樟腦的貿易上獲得成
功，成為臺灣屈指可數的資產家。除經商外，李春生獨力以英文
廣泛地接觸米爾、斯賓賽（Herbert Spencer）和達爾文（Charles R.
Darwin）等當代西洋哲學思想作品。在當時尚未開化的臺灣（從西
洋文明的觀點來說），像他這樣的人物是頗為罕見的。

　　李春生所以能在當時成為一位意見領袖，並非事出無因。除了
亦商亦政，又有近代化學識外，李春生其實是一位關心社會、樂善
好施的人。光緒四（1874）年，李春生捐出大筆金錢作為臺北建城
經費；大稻埕近代式大街建昌街和千秋街也幾乎由他獨力完成。此
外，他也曾在清代臺灣巡撫劉銘傳下擔任改建大稻埕為貿易港的委
員會會長（1890），以及臺北府土地清丈委員（1891），並且參與
創設養釐局（1892）、臺灣鐵道建設委員會（1893），對於剛起步
的臺灣近代化運動，貢獻良多[73]。

　　由於李春生有許多關於西洋近代思想的著作，因此被認為是臺

此外，李黃臏，《臺灣第一思想家：李春生》（桃園：聖環圖書，1996）一書內，
雖然稍稍提及李春生的思想與天皇國家的體制關係，卻未清楚解釋其對臺灣統治
所呈現的意義性。

[73] 中西牛郎，《泰東哲學家李公小傳》（臺北：臺灣日日新報社，1908），並參陳俊
宏，《長春源流》（臺北：吳三連臺灣史料基金會，1990），頁25。

李春生

灣「洋務運動」的先驅者，或臺灣第一位思想家。然而從另一個角度觀察，其實他在日治初期也曾扮演殖民統治「協力者」的角色。甲午戰爭後不久、臺灣居民激烈反抗日軍，造成社會秩序混亂之際，李春生和當地士紳、商人共同組成保良局和士商公會，配合臺灣總督府維持治安、處理地方上公共事務。也因如此，在日本政府尚未對臺灣人武裝抵抗進行強烈鎮壓的領臺翌年——即明治二十九（1896）年，李春生受到樺山總督邀請，前往日本進行為期兩月餘的觀光視察。儘管當時他已屆六十歲高齡，還是帶著家人及隨從共八人同行，遠渡日本。不僅如此，他還用漢文記述〈東遊六十四日隨筆〉，並在《臺灣新報》上連載；這些隨筆後來甚至集結為單行本，在臺出版。

　　在《東遊六十四日隨筆》一書中，李春生將自己在新殖民母國各地親眼所見的近代文明之進步情況，傳達給臺灣居民。就在「東遊」同一年，他被任命為臺北縣參事（地方行政顧問），參與臺灣統治的各種實際問題。尤其明治三十二（1899）年，他與當時身

兼臺北大稻埕區區長、醫生黃玉階等四十人，為了解放纏足成立天然足會，並登高疾呼同胞配合新政府解放纏足；李春生甚至以該會發起人之一的身分，擔任天然足會的顧問。除纏足解放運動外，他也致力於改善臺灣人男女平等、鴉片問題和廢除迷信陋習。值得我們注意的是，李春生對於「同化」教育之確立及普及，更是辛苦推動，不遺餘力。

2. 致力於國語教育奠基工作

明治二十九（1896）年，李春生擔任臺灣第一屆國語傳習所大稻埕分校學務委員，明治三十一（1898）年又出任大稻埕公學校學務委員[74]。明治三十三（1900）年當局召開揚文會時，被統治者評為文明紳士的李春生更受邀為主賓。或許由於認同揚文會之旨趣，李春生對於如何普及公學校教育於臺灣這項課題尤感興趣，也貢獻了極大的心力。明治二十九（1896）年前往日本「東遊」時，他曾在東京面晤伊澤修二；與此同時，為了讓同行的孫子接受日本教育，便將之留在東京。從這個小插曲裏，我們當能一窺他對近代教育的熱心程度。

李春生經常在各地區設立各種學校之際捐贈高額經費。例如，大正二、三（1913, 1914）年，捐給大稻埕公學校設立費用總計4,000圓日幣；大正四（1915）年臺中中學校設立時捐出6,000圓；大正五（1916）年則捐出一筆金額不詳的款項給私立商工學校；大正八（1919）年私立臺灣商工學校設立時又捐了2,000圓；大正十一（1922）年捐給淡水中學校3,000圓；大正十三（1924）年又捐款給淡水女學校1,000圓。作為一名資產家，李春生除了學校設立時捐款，在其他場合也曾有捐獻的行為。例如大正三

---

[74] 李黃臏，《臺灣第一思想家》，頁25-26。

（1914）年臺灣各地有水患，捐了600圓；樹立大島永滿次民政長官銅像時，也拿出40圓捐獻；明治天皇生日則捐145圓；討伐「生番」之際也捐過200圓給軍隊、警察，作為慰勞；慶祝討伐「生番」成功時雖有捐款，但金額更少，僅80圓[75]。

　　從上述捐獻情形來看，李春生給予教育相關方面的捐獻金額，明顯地高於其他捐款。換言之，他對臺灣的「同化」教育之實施，有相當程度的積極態度和熱情，甚至超越一個原本應該處於被動角色的殖民統治協力者之立場。大正時期，在明石元二郎總督和田健治郎期內，李春生先後獲頒勛六等單光旭日章及紳章。從大正十一（1922）年起，即其逝世大約一年以前，他甚至鞠躬盡瘁地擔任臺灣史料編纂委員會評議員。從這些事實來看，其受勛理由不外乎因對日本政府貢獻了若干順利推行臺灣統治的作為[76]。

　　然而，儘管在上述「歷史事實」裏李春生有統治協力者的色彩，但是後世譴責他為「漢奸」或「賣國奴」的聲音卻相當罕聞。臺灣學界對他的評價也經常集中於「洋務運動」，或直接以一個近代文明思想家加以定位。李春生的歷史定位在「歷史事實」與後人評價之間呈現乖離的現象。

　　其實，殖民地統治中「抵抗」與「協力」之定義乃建立在「統治」的前提基礎上，換言之，即是相對性的存在，非絕對性的事實。因此同樣是殖民地，「抵抗」、「協力」往往因為統治內涵、形態和精神的不同而遊動、漂移，並非一成不變。在此情形下，如果我們未先釐清什麼統治，就無法知道什麼才是「抵抗」或「協力」。

　　即因如此，當我們試圖重新檢視李春生的歷史地位，除線性地

75　陳俊宏，《長春源流》，頁24。

76　李黃臏，《臺灣第一思想家》，頁28-29。

整理、分析其思考言行之外，也須將之放在日本政府的臺灣統治，特別是「同化」教育政策的座標上，進行立體的思考和解析。

（二）殊途同歸的臺灣統治觀

作為一個協力者，李春生的思想和言行是不可能和「同化」政策方針相違背。其實，李春生的臺灣統治觀大致與後藤新平提出的「同化」統治論理相似。明治四十二（1909）年二月，他曾在《臺灣時報》8號〈後藤新平公小傳跋〉一文，述說了有關臺灣在世界文明發展上的位置和處境[77]：

> 臺灣一島，原屬清國南七省沿海屏藩，土人亦係渡自清國內地者。二百年來如一日，浸淫有清野蠻政教。雖自東西互市以來，沾染外國文明風化，略知專制政治之苦。即有一二傑出者，思欲躍登文明之臺，以吸民權天職空氣。其若全島民氣，積習既深，根性牢固，孤掌難鳴。不得不居守合舟，隨眾浮沉，以任天聽運。

如上所述，李春生認為臺灣因為地理、地勢上及清朝統治等因素，文明進步停滯，亦無法廢止未開化的固陋舊習。因此，雖然渴望著西洋文明，卻無法成功地達到文明化。然而，以甲午戰爭為端緒，臺灣被割讓給日本；爾後，透過民政長官後藤新平巧妙的手腕完成許多傲人的近代化，「謂十年前之臺灣，無異一野蠻齷齪之部落。今日之臺灣，煥然變一文明繁華之世界」。當然，這種統治態度和成果與對被支配者「待之如奴隸，驅之如犬馬」的歐美殖民地統治相比較，明顯是優越的。

---

77 李春生，〈後藤新平公小傳跋〉，《臺灣時報》8號（1909年2月），頁87。

　　很明顯的，李春生對於日本統治抱著讚揚的態度。不但如此，
這些論述不得不令人回想起後藤新平在揚文會的訓示，因為二者的
論述內容、根據都非常類似。據此，他在文中繼續敘說如下感想[78]：

　　今雖為文明風潮衝擊激盪，無如若輩頑冥不仁，終是五官緊
　　閉，寸步不移。畢竟乃其為一野蠻古老專制之帝國。……企本
　　島臣民，急棄一切野蠻頑固之根性，造成一民權天職之資格，
　　藉得共列吾兵籍，同參吾議會。以期同仇敵愾，為盟主於東
　　海，執牛耳於五大洲。

　　按照李春生的想法，臺灣人參加議會政治雖然基本上是一種
「民權天職」，但並非毫無條件，乃須培養相對合適的資格。相對
合適的資格之獲得條件是「本島臣民」放棄野蠻頑迷的劣根性和陋
習。換言之，即臺灣人民度的進步。在此，他一方面評價臺灣統治
比歐美的殖民地支配優越，另一方面卻承認並接受臺灣人在政治上
接受差別待遇的必要性。因此明白主張[79]：

　　人非平等也。有勤惰而後貧富生者，非平等也。有賢愚而後
　　貴賤生者，非平等也。生而為父母所養育者，非平等也。長而
　　賴政府為治安者，非平等也。財產評等不可，地位平等不可，
　　父子平等不可，治者平等不可，故平等二字，不可不棄。

　　談論上述內容時，李春生列舉了許多人類社會上不平等現象的
事例，支持自己的論證。上述李春生的言論，與第三章介紹的後藤

78　同前註，頁89。
79　中西牛郎，〈拾遺〉，《泰東哲學家李公小傳》，頁286。

新平有關明治天皇的文章原稿——〈奉欽慕敬仰並且傳承之逸話〉的論點，有異曲同工之妙。後藤的想法是，人類原本生來就不平等，因此在政治上人類的平等應該被放棄。李春生上述有關平等的論述，則與後藤「同化」理論一樣，基本都是將「一視同仁」的實現期約束在將來，而不是現在。在〈論殖民關係〉一文，李春生也有一些稱讚後藤「同化即差別」統治理論的文句[80]：

> 　　且自領臺後十餘年，先後仰蒙列憲德政頻施，百廢俱舉，至有繁華富麗之今日。至於教育也，有小學謂之公學校，有中學校謂之國學校，有師範學校，農學校，醫學校。種種施為，莫非裨益島中諸後進。所惜島中臣民，乃守一切鴉片、纏足、迎神賽會有損無益諸舊習。政府目擊心傷，不得不立特別典章，以示權宜，然猶不望吾民，革去一切乖風顏俗，銳志向學。而政府亦樂格外傾心於教育，俾此間臣民，日臻於文明之地位，期與內地社會同胞，聯合群結團體，同仇敵愾，共襄文明事業。

　　在此必須注意，李春生與後藤一樣，並不贊同急遽的文明化。他認為文明對人類來說雖然很可貴，但是飛躍式的文明化反而會造成人類的毒害[81]。

　　李春生的思想，進而聯繫到後藤曾經提起的——以企圖擴張海外領土為宗旨的「大國民」理念。所謂「大亞細亞主義」則成為李春生政治論述的最終理想[82]：

80　李黃臏，《臺灣第一思想家》，頁240。
81　李春生原著，沙螺殼編譯，《東西哲衡》（下）（臺北：李超然，1992），頁81。
82　李黃臏，《臺灣第一思想家》，頁139。

　　意者大地五洲，除被歐羅巴之外，其他四洲之民，必儘為白
種所滅，因其自居為優勝強存，置人於劣弱敗亡。

　　李春生認為由於文明盛衰力量的關係，歐洲諸國總有一天會征
服世界各地，亞洲黃色人種的命運終將被白色人種滅亡，這是人類
進化的必然結局。唯日本是這個必然結局的例外。因為日本人的國
民性比歐美諸國優秀，因此雖然同樣位於亞洲，但日本在短期間內
會成為強國。據此，甚至預測將來日本的國力可能凌駕於歐洲之
上：「蓋適此物競之世，非聯合群結團體，不免為臣妾奴隸。」為
了擺脫西洋列強強制的隸屬支配，讓亞洲能當上世界的盟主，李春
生因而主張中國等有「同文同種」文化兄弟關係的亞洲諸國，必須
在日本的指導下團結一致，對抗西洋列強諸國。

　　十九世紀，帝國主義所進行的海外領土擴張，主要以社會進化
論為正當性[83]。李春生以自學的方式吸收了西洋社會思想，借用社會
進化論所主張的大亞細亞主義，竟然幾乎與後藤的政治主張完全契
合。

1. 獨特的基督教觀

　　然而非常諷刺的是，事實上李春生與後藤對於社會進化論的理
解不僅不同，甚至可謂背道而馳。在其他的許多論述中，李春生對
後藤所信奉的斯賓塞社會進化論曾表示強烈的批判。換言之，李春

---

[83] 關於十九世紀，歐美列強的帝國主義正當化殖民地支配的理論，喬治・納爾德
　　（George H. Nadel）和佩里・科蒂斯（Perry L. Curtis）指出：「達爾文的自然淘汰
　　說，被惡性應用於民族（nation）、社會上面，即編造出這樣方便又違背道德的狀
　　況：證明『優秀的』國民（people）天性就是要犧牲『劣等的』國民才能存活。」
　　參見ジョージ＝ネーデル、ベリー＝カーティス著，川上肇等譯，《帝國主義と植
　　民地主義》（*Imperialism and Colonialism*）（東京：御茶水書房，1983），頁24-25。

生對於實現「大亞細亞主義」和「一視同仁」之政治理念的邏輯辯
證過程，其實與後藤是不一樣的。李春生與後藤殊途同歸的政治理
念之基礎，與其說是社會進化論，不如說是他個人獨特的宗教觀。

李春生出版的十二本著作中，內容大部分都是神學，以及社
會學思想。除宗教學外，社會學對於他的政治觀形成也有重要的
影響。眾多的社會學裏，李春生特別感到興趣的，是當時流行於世
界、對日本也造成重要影響的社會進化論。

然而，李春生對於社會進化論——這個後藤將之奉為臺灣統治
依據的思想，其實抱著強烈的批判態度。他不但認為社會進化論是
反道德的，且將之定位成將來會將人類引導向滅亡的邪惡思想。為
了證明自己的主張，李春生列舉了許多人類歷史，以及動植物的生
態現象，加以嚴厲反駁[84]。

李春生雖然批判斯賓塞的社會進化論，但其本身並不否認或
拒絕社會進化論的精髓——有關優勝劣敗的人類生存原理，以及
適者生存的思想。因為，李春生認為決定人類生存與否的因素並不
是競爭和進化，而是在於人類是否信仰基督教。換言之，決定優勝
劣敗、適者生存的不是人類的強弱，而是宗教信仰根源的異同；在
此，李春生將優勝劣敗和適者生存的原理依據，由人類的競爭和進
化，轉換成對上帝的信仰與否。

事實上李春生一面批判社會進化論，另外一面則依靠自己獨特
的宗教觀，引導出另類的適者生存結論。他認為人類政治的良否取
決於是否擁有信仰；然後，承認基督教文明國對於弱小的非基督
教、非文明國家有進行征服，支配之正當性。甚至他把文明國對於

---

84 中西牛郎，〈範圍說〉，《泰東哲學家李公小傳》，頁71-73。但是如果我們深入去
理解後將發現，李春生所舉出的論證，處處顯示其對於斯賓塞和達爾文思想的混
亂和誤解。

野蠻地區所進行的征服視為一種「權理」，歸結出文明國對於已征服的野蠻國有施行教化義務的結論。

　　李春生的政治思想看似荒唐，然而卻有其一貫邏輯，原因在於當時殖民地支配國大多是信仰基督教的歐美列強國家，對李春生來說，這些列強對被支配國家的征服代表著一種神威的顯示。也因如此，李春生的基督教觀才能延展出企圖暫緩實行「一視同仁」的政治主張，因為他認為人類唯有在信仰基督教之後，才可能被授予體驗真正平等的權利。為了增強自己這種主張的說服力，他還舉出了一些在宣教活動中設立的醫院、學校為例，強調「天道好善，學者自然一視同仁」這個觀念。依此證明在上帝底下，所謂「一視同仁」在基督教徒之間是被實現的一個事實。

　　李春生認為上帝是異於人類的神聖存在，祂與人類之間的情感等同於君臣父子之間的人倫關係。由於人類之父的上帝所授予的自由平等就是愛，這乃是真實的一視同仁[85]。因此，若皈依基督教而謙虛地信奉上帝，人類就能享受真實的一視同仁。

　　觀察上述論述後，我們可以理解李春生所主張的人類天生不平等，但卻可透過信仰享受一視同仁的真意。當然，李春生有關「一視同仁」的這些理論，實際上與後藤所設計出來的「同化即差別」的一視同仁論理，不但似是而非，且風馬牛不相及。不過或許是歷史的偶然，李春生和後藤各自基於不同甚或相反的理論和根據，卻都發展出同為「一視同仁」的政治理想。

　　前面業已說過，由於不滿伊澤修二的國體論式「同化」，後藤才提出進化論式「同化」理論，試圖取而代之。然而就如同社會進化論與「國體論」之間存在著矛盾關係，無獨有偶地，基督教和

85　李黃臏，《臺灣第一思想家》，頁148。

「國體論」在歷史上也存有摩擦關係[86]。其實就如同鈴木正幸所說，國體論具有強烈的排他性。基督教、共產主義、社會進化論、中國的異姓革命思想都不能見容於國體論，乃與之呈現相剋現象[87]。因此，明治時期日本的「同化」統治，不論伊澤式的主張（真心誠意的國體論），或後藤式的理論（口是心非的國體論），兩者都很難與李春生的宗教信仰融合在一起。在這樣的情況下，要將李春生的政治思想融合到臺灣統治，成為「同化」政策的協力因素，必然要透過一些媒介或緩衝機制，以便去打破兩者間扦格不入的壁壘。到底是什麼樣的媒介或緩衝機制，讓李春生的基督教思想和臺灣統治之間得以化解對立，繼而延展出協力行為？下文當進一步論析。

2. 以文明為橋梁的協力之路

明治四十（1907）年，《臺灣日日新報》刊行了日本記者中西牛郎替李春生寫的傳記，開頭寫著「大凡學識、財產、名譽，為文

86　關於「國體論」的特性，鈴木正幸舉出了排他性：由於國體是絕對、優越到無法加以變更的存在，與「國體論」不相稱的事物，全部應該加以排除，似乎是可以被理解的事。甲午戰爭前，環繞著明治二十四（1891）年發生在內地的內村鑑三不敬事件，井上哲次郎對於基督教思想與被匯集在教育詔書中的國體「本義」的衝突概要，做了如下的說明。

基督教信奉唯一的神，為此以天照大神為首，所有的神祇都不受到崇敬。然而，我們日本國自古以來即有神道之教義，天照大神既是最大的神、是皇室的祖神，歷代天皇也以神的身分受到尊崇。不僅如此，關於倫理的教誨也被見於皇祖皇宗的遺訓中。我們國體的根據亦是在此。因而基督教與國體並不能相容。聖經中也幾乎沒有論及關於國家之事。重視天國而輕忽現世、不重視忠孝道德，視博愛為絕對即是無差別平等主義，天皇和社會最下層的賤民也會被視為同等。

井上的論點中，基督教是與國體的教誨背道而馳、反國體的存在。參照井上哲次郎，〈教育與宗教的衝突〉，《教育時論》280號（1893）。

87　鈴木正幸，《近代天皇制の支配秩序》（東京：校倉書房，1986）。

明國品第人物之標準，而李公於此無一不備」[88]。中西牛郎認為要評價李春生，不能只把焦點放在其財富上面，必須從名譽和學識來觀察他，以此，中西讚揚李春生為文明國的品第人物。若要詳述李春生的思想，除了基督教之外，「文明」也是重要的關鍵。他的文明觀其實與基督教是有密切關聯，是一體兩面的存在[89]；

> 人類文明之治，道德為主，而道德則從宗教出。故文明之盛衰，視宗教之正邪。奉教之正者，文明必盛。奉教之邪者，文明必衰。東西文明之所以不同，蓋判於此。

　　很清楚地，李春生認為決定人類文明盛衰的關鍵並不在於國力的強弱，而在於道德之高低與有無。道德的根源則在於宗教，如果人民信仰良好的宗教，國家就會強大；相反地，國家文明也會因為邪教的橫行而趨向衰退。近代，造成西洋和東洋文明發展上的差異，其徵結乃在於宗教。

　　當然，對李春生來說，良好的宗教就是基督教。他認為唯有依靠基督教信仰，人類才能得到勇敢、和平與仁愛的美德，這些都是國家富強的契機。因此他單刀直入地說：「若在歐洲，我稍知文明者，未有一不以基督教為文明開宗明義。[90]」在此，其為基督教和國家文明的隆盛之間，鋪設下了相互貫通的道路。

　　以基督教為文明的唯一判斷基準，進而視其為國家富強的根源，以及人類最高的價值，李春生如此的文明觀單純明快、極易理解。因此，當他將基督教興盛的西洋世界定位在人類文明之頂峰，

88　中西牛郎，《泰東哲學家李公小傳》，頁1。

89　中西牛郎，〈拾遺〉，頁286。

90　李明輝，〈李春生《東西哲衡》及《哲衡續編》中的哲學思想〉，收入李明輝編，《李春生的思想與時代》，頁30。

必然也會指責對基督教不寬容的清朝，並貶視其文化為「虛偽、狡猾、迷信無知」的「空言文化」[91]。不僅如此，李春生覺得「天下之牢不可破者，莫逾於支那人之固陋」。因為，清朝並不廢止自古以來的許多頑迷陋習，所以將其視為野蠻國[92]。

　　同理，相對於貶視清朝、視其為野蠻國，李春生所以讚揚日本為文明國家，其根據也在於基督教。他認為日本由於接受基督教，承認人民信教的自由，所以其飛躍地發展了國力而超越清朝[93]。根據日本人「剛毅」的國民性，他預測日本的文明程度，「必超諸歐美列強」[94]。以基督教的文明觀為媒介，李春生在此覓得認同日本的正當性。

　　然而，李春生將日本評價為理想的文明國家之餘；也賦予其一個任務，因為他認為「文明國，有征服野蠻之權理，亦有教化之義務」[95]。在此，李春生不費吹灰之力，將日本征服臺灣的權利與灌輸文明給予新領土一事，連結成不可分割的一體。換言之，他將統治者在臺灣推行「同化於文明」的政策看成為日本的義務，並透過自己的基督教思想，將這個義務又轉換成日本政府與上帝之間的一種契約。因此基於「天意」，在日本統治下的臺灣，遠景必然是變成一個類似日本、信奉基督教的近代化國家[96]。這是李春生心目中的理

91　中西牛郎，〈拾遺〉，頁280。

92　同前註。

93　同前註，頁272-280。

94　同前註，頁272。

95　同前註，頁285。

96　甲午戰爭後不久，雖然對清朝多少還有留戀之情，但李春生卻認為臺灣割讓日本是上帝所指示的「天意」。既然是神的指示，那麼文明化的人民便不應該反抗「天意」，應以順從的態度向日本立誓忠誠。他將明治維新後日本這個國家的躍進也解釋為信奉基督教的結果；甚至還將這種獨特文明觀的焦距投射到日本占領臺灣，或征服其他國家的正當性之上。

想政治目標。在這個目標下，他協力「同化」政策的動力、正當性甚至使命感，油然而生。

從表面上來看，聯繫李春生的思想與「同化」統治的媒介似乎是其獨特的基督教觀；不過進一步來觀察的話，我們不難發現：潛藏在他基督教觀底下的文明思想，其實才是驅使他通往協力統治者之路的引導誘因。

李春生對於近代文明的思考，與明治時期由伊澤和後藤所建構的──傾向於「同化於文明」的教育走向，或許並不是完全契合；不過卻是一個足夠維持兩者之間「同床異夢」式平衡的橋梁和媒介。

五、建構在沒有國體基礎上的同床異夢

（一）基督教與國體論之間的矛盾

清朝末期，一些中國知識分子蔑視明治維新後的日本，認為日本是「夜郎自大」；但李春生在日本領臺之前，便指出日本是踏踏實實地在增強其國力，已成為「後生可畏」、具有威脅，應該加以警戒的國家。他精確地掌握時勢，瞭解時代潮流的能力是相當聰敏銳利的。

可是，雖然李春生具有先見之明的洞察能力，但是其所謂日本富強論──日本因為對國內人民的基督教信仰抱持著寬容的態度，因而變為國力強大的國家──並不符合當時日本的現況，是缺乏歷史脈絡思考的謬論。事實上在甲午戰爭前的明治二十四（1891）年，日本內地就曾發生內村鑑三不敬事件──著名基督教徒領袖因拒絕向教育勅語禮拜，受到各方人士的強烈批判、攻擊。為何一件單純的教育勅語禮拜會惹起這麼多麻煩？原因在於基督教與國體論之間基本上是相剋的關係。不過李春生對「國體論」和基督教之間

的矛盾，似乎並不瞭解。

在序論中已說明，「國體論」基本上是為了抵制江戶末期基督教西力東漸而被創造出來的。為此，「國體論」具有濃厚的擬宗教式意識形態，甚至本身就是一個「非宗教式的宗教」。由於基督教是一神信仰，不能崇拜以天照大神為首的其他神明，因此與「國體論」之間的融合空間相當有限──「國體論」係以皇室祖神的天照大神為最高神明，且以「皇族皇宗」的遺訓為最高倫理。在國體論強大的政治磁場，近代日本基督教徒一直都是宗教上的少數，甚至曾有被壓迫的悲慘歷史。這項事實與李春生的理解實在大異其趣。

再者，「國體論」的主要內容在於宣揚擬血緣制之國家觀，以及討論「一視同仁」的政治態勢。因為近代日本基本上強調單一民族國家論，利用血緣關係的同一性，打破江戶時期遺留下來的社會階級，凝聚團結力量，克服內憂外患。如前所述，所謂擬血緣制國家原理與「一視同仁」的政治體制其實是一體兩面的。不論農民、商人或工人等，只要是日本人、是大和民族，都同樣是天皇的赤子，都有享受「一視同仁」恩澤的資格。換言之，日本人的政治平等觀念是建構在血緣關係的同一性之前提條件上。

為此，「天皇只愛護日本人」，「天皇之下人人平等」這種國體式平等主義，與標榜「神愛世人」、「上帝之下人人平等」這種只要擁有對於上帝的信仰、不計較種族血緣的基督教精神，明顯有其衝突。李春生的政治思想基本上建構在以基督教為中心的文明觀上，並將之擴延到臺灣統治。在這種狀況下，他的政治主張或「協力」行為的動力基礎，其實與伊澤、後藤提出的「同化」統治都是有衝突的。然而，擁有與內村鑑三同樣信仰的李春生，在配合日本的統治時，如何妥協或化解基督教教義與「國體論」之間的衝突？探討這些問題以前，我們首先需要再深入瞭解李春生對日本的認識程度，尤其是對國體論的認知，以及甲午戰爭後統治當局對他的期

求是什麼。

（二）「東遊」中李春生的觀念世界

1. 沒有國體經驗的母國之旅

　　甲午戰爭後臺灣統治便開始在國體論的政治磁場中運作。然而對於一般臺灣知識階層，國體這個治臺基本綱領對統治階層的重要性，似乎並沒有精確的認知，遑論「國體論」代表的觀念世界。領臺初期，為了調查民意，統治當局曾於各地設置申訴箱；雖然收到的投信大部分內容均係私人事務，但明治三十（1897）年六月首次收到了由嘉義縣紳商署名，與行政意見有關的投書。該投書主要內容係以臺灣風俗習慣為理由，反對當局強制病人住院。其第一項是：「只要對國體風化無害，醫療就該順應民情，沒有限制」；又第七項：「一時要將各地風俗改易，甚為困難；對國體無害之事，不妨先委之以人情治理，應可免去煩雜」。從文義來看，嘉義的紳商們對於「國體」這個語彙的理解和體會，明顯地與統治者的觀念世界有很大的差別[97]。

　　除臺灣一般知識階層外，對國體之理解膚淺的現象也可見於李春生。雖然身為「協力」者，也曾為文預測過日本的崛起，但他對國體的認識不但不精確，甚至對日本的認識和理解都不能算透澈。例如「東遊」時，當他第一次知道日本也有花街柳巷、娼妓和乞丐，竟然感到非常驚訝，並對這些娼妓和乞丐之存在做出另類解釋。李春生僅依靠少數相關日本書籍所形塑出來的新母國想像，與現實之間其實有著極大差距。

　　在李春生十二本著作中，隨處可見其對日本人強烈愛國心之稱讚，卻幾乎沒有提到「國體」、「忠君愛國」和「萬世一系」這

---

[97]　井出季和太，《南進臺灣史考》，頁333。

些觀念或字眼。他生平第一篇文章發表於香港《中外新報》，書寫動機係對1874年發生在臺灣的牡丹社事件表達憂心。他認為，臺灣雖位於中國的邊境，但是資源豐富，地理上的意義十分重要。因此，如果臺灣被日本占領，中國的「國體」會被侮蔑；故而清朝必須加強臺灣的防衛[98]。這裏提到的「國體」，幾乎是他所有著作中少數的例外。觀察該文的脈絡，其「國體」並不像日本國家思想的「忠君愛國」、「萬世一系」或「君民同祖」等具有高度意識形態的政治文化意涵，不過意味著「國格」而已。

另外，李春生在參觀日本的宮內省（掌管有關皇室之政府機構）時，看到天皇的椅子和大臣的椅子距離非常接近，不但感動萬分，還讚美日本的君臣關係比歐美更加優越。並且補充：「君之視臣如手足，則臣視君如心腹，惜中華有是言，而無是事。此所以歷代覆亡相踵也。[99]」在此，李春生誇讚日本實現了儒家的君臣倫理關係：君主是大臣的兄弟，大臣是君主的心腹；相反地清朝則忽略「中華」的君臣關係，故歷代不斷有紛爭。頻繁的紛爭戰亂也導致了整個國家的衰退。從他這些感想中，我們發現基本上他視天皇為古代中國的皇帝：「皇上」，也可看出他對「國體」的瞭解僅只於儒家的認識範圍。至於李春生對於神祕且難解的「國體論」內涵有無正確的理解，實難明言。

再者，以李春生依據日本帝國憲法保障宗教信仰自由、而將之視為文明國家這個主張來看，我們應該可以斷言：他對日本是一個基於「國體論」成立的近代國家這個事實，應該並沒有太深切的認識。當然，基督教徒與國體論者間的紛爭對立，他可能毫無所悉。

---

[98]　古偉瀛、黃俊傑，〈新恩與舊義之間〉，收入李明輝編，《李春生的思想與時代》，頁222-23。

[99]　中西牛郎，《泰東哲學家李公小傳》，頁60。

其實訪問東京期間，李春生曾帶著孫子訪問教會學校——私立明治學院的總長井深梶之助，不過沒有記錄二者關於基督教方面的談話。井深梶之助是繼Hebon後該學院的總理，係當時日本基督教著名的領導者，李春生訪問他的目的，推測應是想讓孫子就讀該學院[100]。

　　「東遊」期間，李春生也曾訪問東京麻布區東鳥居阪町的教會，並發表演說。但其演說內容，主要在談論甲午戰爭中日本所以能獲得勝利，即因接受了基督教[101]。另外相關資料裏，我們也頻頻看到他曾與內地一般基督教徒懇談的紀錄；不過這些紀錄並未顯示李春生曾與內村鑑三、海老名彈正等著名基督教徒領袖會面或交談。李春生訪日期間，與其接觸者大部分是樺山總督、水野民政長官及伊澤修二等人，都是樹立臺灣統治基礎的官方代表性人物。

2. 渴望文明下的「美麗誤解」

　　逗留日本的兩個月裏，李春生參觀過上野的美術館和博物館、淺草的遊樂園，以及各地紡織工廠、海軍演習設施、水利電力局、造幣局、水庫、印刷工廠、銀行、郵局和煤礦等近代文明設施。值得注意的是，他並未曾被強迫參拜神社。到了東京以後，李春生雖然曾經把「龜戶天神」誤認為寺廟，也曾對東京的舊社區——熙來攘往、熱鬧非常的淺草感到強烈興趣；但從其陳述中，我們發現他完全不知道淺草觀音寺內供奉的主神和神社供奉的神明為何。因此，我們可以推測隨行「東遊」的官方關係者，對於日本的宗教情形並沒有做詳細的介紹，致使李春生對於神社和國體之間關係的認識依然停留在懵懂不清的狀態[102]。

---

[100] 佐藤三郎，〈明治時期の日本を訪れた中國人の日本觀察（三）〉，《芸林》46卷2號（1997年5月），頁50。

[101] 同前註，頁56-57。

[102] 同前註，頁51。

　　順帶一提的是，明治三十三（1900）年總督府舉辦揚文會，也邀請臺灣知識分子在北臺灣旅行，並安排參觀近代設施的行程，這也有公開展示文明發展成果的意味。換言之，揚文會有模仿李春生「東遊」的濃厚色彩，目的也是為了宣揚「同化於文明」的成果。

　　「東遊」期間李春生留下許多紀錄和描述。然而從以下引的紀錄來看，可以得知他的內地觀光行進的速度非常緩慢[103]。

　　　廣島離京（東京），鐵道兼程，不過僅需二晝夜。此次遲遲其行者，蓋欲君等，同飽眼福，俾異日臺返臺，悉將此時遊歷情境，轉布島民，未始不無稍補治臺開化之一著也。

　　根據李春生的記載，這是統治者為了讓臺灣人能對近代文明的境界有更深入的理解，希望透過其在日本的見聞，將詳細的文明資訊或經驗傳達給自己的同胞，苦心設計的結果。由於「東遊」的目的在於配合統治者走向「同化於文明」的統治方針，因此為了達成這個目的，日本方面對李春生禮遇有加，避免損害當局與他的感情。

　　其實，明治三十三（1900）年一月東京神田一橋外的帝國教育會為教育界有志之士舉行的新年宴會上，伊澤修二曾私下說過為了達成「同化」教育，為政者應該針對將來是日本臣民的臺灣兒童實施教育，而不是強制改造「將化為白骨的老人」的思想[104]。依此來看，對於統治者來說，李春生只是一個「協力者」，而不是實施或思想改造的對象。為了順利實行國語「同化」教育，李春生被賦予

103　古偉瀛，〈從棄地遺民到日汪華人〉，收入李明輝編，《李春生的思想與時代》，頁174。

104　〈國字改良と臺灣教育〉，《臺灣日日新報》（1900年1月25日）。

的任務是讓臺灣人理解、接受國語教育施行的正當性，以穩固「同化」基礎。為此，倘若像處理內村鑑三事件般去糾彈李春生的基督教思想，破壞他對統治者者的幻想和美夢，對當局來說可能得不償失。或許就是為了讓這種被美化的誤解能夠持續長久，統治者默許了李春生許多有關基督教信仰的言論，雖然這些言論或多或少牴觸了國體論。

李春生明白地主張：日本對臺統治較之西歐諸國有高度的優越性；很明顯的，這種認知是將政策和自己的價值觀混同在一起。由於為了禮遇具有「協力者」身分的李春生，明治政府對他的言行採取了比較放任的態度。也就在這種狀況下，李春生對於日本建國的政治意識形態一直都不甚瞭解。因此，以「近代文明」這個目標概念為媒介，他毫無「違和感」地將自己信仰的基督教精神與國體思想融接起來。對他而言，二者不但沒有衝突，甚至是一對可以替換的組合概念。

由於資訊情報不足，在統治者特殊的考量之下，李春生對日本存有一種「美麗的誤解」。諷刺的是，就是這種誤解使得原本他在配合「同化」統治時可能發生的衝突一直都沒有萌發。儘管出發點、想法甚至目的都不相同，但是在近代文明耀眼的光芒下，基督教與「國體論」之間的矛盾摩擦被隱蔽了；統治者和被統治者之間「協力」關係的平衡於是得以保持。一種基於各取所需的默契和共識所形成的「蜜月期」，便逐漸地形成。

六、渴望文明之協力者的威脅性

（一）「以接受（『同化』）作為抵抗」的機制

如上所說，融合李春生以基督教為主的政治觀與臺灣「同化」

統治的媒介，其實是他對「國體論」的不理解和不關心。可是，這並不表示促成臺灣總督府與李春生之間「協力」關係的形成因素者只有這些偶然。事實上，李春生與統治者所以一拍即合，另一個重要的理由在於他對近代文明的強烈憧憬。由於李春生身為資產家，因此往往有人認為：所謂近代文明對他來說只不過是確保大筆資產，以及由一個清朝人民轉化成日本臣民的藉口和工具。只是，倘若我們將焦點放在他有生以來的第一次海外旅行，從他所接觸到的各種事情，以及對這些事情的感想和反應來觀察，便可看出他對近代文明其實非常渴望和欽羨。

「東遊」回臺之後，記者詢問「什麼是你對日本最有深刻印象的地方？」李春生回答是男女共學教育之普及、博物館、工廠、新聞社、基督教的興盛、法治精神、勤勞觀念，以及強烈的民族精神等等[105]。他所舉出的印象深刻之處，大部分都是近代化設施或精神、制度。臺灣雖然曾為清朝領土，但是一直被視為「化外之地」，而且地處「邊陲地域」，在這種歷史背景和地理環境之下，蹉跎了與文明接觸的機會。因此，李春生對近代文明的強烈渴望原本便有如旱地遇甘霖般。又看到新祖國的近代化成果，讓他感到驚異且著迷。我們經常可以在李春生許多著作中看到對近代文明毫不隱瞞的憧憬和羨慕。

李春生對文明的渴望，首先可從「東遊」中發生的「改裝剪辮」事件看出端倪。明治二十九（1896）年二月二十七日，剛抵達廣島的李春生一行人受到群眾的歡迎，此時，人群中的兒童向他們一行罵「清國奴」，並投擲石頭。兒童的惡作劇雖然立即被警察制止，一行人免於蒙受更大的屈辱；但是當他得知辮髮對日本人而言是清朝人的象徵，抵達東京後立即剪斷辮髮，並且訂作一套西裝。

---

[105] 中西牛郎，《泰東哲學家李公小傳》，頁64。

關於「改裝剪辮」這個迅速而果斷的決定，李春生辯白：「夫豈為利薰勢迫也」。不啻如此，他認為「改裝剪辮」後自己的容姿感覺變得氣宇壯大，還說：「自是雖知非歐西族類，然英俠之氣，勃然流露，已非昔時孱弱佝僂之比。[106]」對他來說，西洋是文明的代名詞，「改裝剪辮」則是西洋文明的一種實踐；換言之，就是「同化於文明」的身體力行。

日本領臺前的1875年，李春生便曾以〈變通儲才〉一文批判科舉制度。為了讓中國能成為富強國家，他認為「早圖變通成法，或先機破格求賢，維持大局。一面博採外國奇書，聘泰西名儒翻譯華文。就於各值省會或沿海口岸，試設中西學堂，俾資教習」[107]。此處李春生顯示了自主性近代化的意志，只是就像他在前述〈後藤新平公小傳跋〉中所慨嘆：臺灣因為地理位置的關係，以及清朝的統治方式，因而不能廢止未開化的陋習，致使文明停滯不進。臺灣民眾徒有渴望西洋文明的心情，卻沒有達成願望的機會[108]。在憧憬文明的情形下，他期望臺灣也能在新母國的統治下步上文明之路，因此選擇配合日本的「同化」政策。換句話說，李春生將攝取近代文明作為自己與統治者之間的共同認知基礎，試圖遂行「依賴他者」式的近代化。

當然，有了近代文明這個共同交集，支配者與被支配者便可以有和諧共存的空間。因此，雖然各有不同立足點，李春生與統治者之間卻能以近代文明為共同基礎，形成微妙的默契。在此，我們當然也不能忘記他其實還有另一個政治目標──亞洲黃種人征服世

---

[106] 古偉瀛，〈從棄地遺民到日汪華人〉，頁182。

[107] 吳文星，〈清季李春生的自強思想〉，收入李明輝編，《李春生的思想與時代》，頁152。

[108] 李春生，〈後藤新平公小傳跋〉，頁87。

界。在此「大亞細亞主義」的目標下，他的政治理想上與日本的交集更為清楚而穩固。由於這些共同的政治目標，李春生更無暇審思或凝視「自我」與「他者」之間，以及「國體論」與基督教之間的種種矛盾。

　　總之，在李春生「協力」日本殖民政權的過程裏，原本在思想上應該存有許多阻礙和糾葛；然而以結果來論，李春生對於「國體論」的無知和渴望文明的態度，卻扮演了潤滑劑的功能。當然，「大亞細亞主義」更有如一曲浪漫舞曲，讓李春生與統治者能夠如膠似漆地隨歌起舞。

（二）「依賴他者」式近代化夢想的幻滅

　　李春生與統治者之間以文明為主要橋梁，建立互相輔助關係的根基。但是他對文明的思考和目的，其實與伊澤、後藤並不一致；非但如此，雙方甚至潛在著對立、矛盾和批判，因為李春生攝取或評價文明的態度並非全然無條件、無反省的。如果再度反芻他的文明思考，不難察覺他基本上將「文明」和「進化」視為具有同樣意義的概念來看待。因此在許多場合當中，他主張為了文明的進展人類必須遵守法律、尊重年長者、盡自己的本分與責任。這便是文明發展的前提條件。文明的精髓乃是人類互相幫忙、扶助弱者和拯救即將被消滅者。同時他還認為，文明位於野蠻黑暗相反方位的極端，內含著有形物質、無形精神及精神道德[109]。

　　然而，今日世界各國均只強調或主張自己文明的長處，輕視其他文明，且重視有形文明而蔑視無形文明。這樣的結果，雖然讓物質及科學有了明顯的進展；但是文明社會似乎也因此必須倒退，回到未開化的社會。再者由於槍枝和武器的發明及改良，人類開始大

---

[109] 李春生，《東西哲衡》（下），頁70-71。

量殺戮，也展開戰爭。這樣的文明發展現狀比動物的原始世界還要
野蠻[110]。李春生所描繪的這種理想的文明景象，在二十一世紀的今
天，都還是一個具有令人深省意義的警鐘。

　　雖然，李春生依據基督教所發展出來的文明觀，有許多相當偏
頗的見解；可是其對於以強者為主而形成的科學萬能、物質至上之
文明觀則痛極加以批判。相較於伊澤或後藤，他的文明思考其實更具
有世界性人道主義的關懷與格局。

　　李春生對於文明的這些見解，當然也適用在日本的臺灣統治。
因此依李春生配合統治者的「協力」基礎是立足於其對於日本理解
的謬誤，以及對近代文明的渴望這個觀點來看，隨著他對於日本，
特別是「國體論」的存在，以及有關近代與日本基督教之間的關係
理解；再加上其逐漸察覺實際上統治者所願意賦予臺灣人的近代文
明，其程度與內涵均是低於自己的期望。此時，圍繞在「同化」統
治的同床異夢關係，便隨時有崩解離析的可能。在此相對於，後藤
新平和持地六三郎主政下所策動的「抑制教育普及」的統治方針，
以李春生為首，熱衷於近代文明的臺灣人對於國語「同化」教育的
積極接受態度所代表的並不是妥協，反而是一種具有實質威脅的抵
抗。

　　後藤新平和持地六三郎藉著種種理由縮小教育規模，抑制臺灣
兒童就學，係為維持差別統治體制的正當性、恆久性。換個角度來
思考，那些措施實行的目的，可說是為了防止臺灣住民透過國語教
育而觸動「以接受（『同化』）作為抵抗」的機制，避免自己陷入
「由於普及（『同化』）而崩壞」的困境。因此，對於後藤來說，李
春生為了文明化而配合「同化」教育的根本思想，可說是一顆不定
時的炸彈；其「協力」行為其實與威脅反抗比鄰而居。因為李春生

---

110 同前註，頁81。

對文明的過度期望如果不能得到滿足，其「協力」行為就很可能轉變成一種具有「抵抗」作用的威脅；他如果毫無限度而一味地去推展「同化」教育，很可能便會失去雙方各取所需的平衡。在此狀況下，李春生的「協力」與臺灣人的抵抗其實互為表裏。對統治者來說，作為一個「協力」者的李春生其實帶有危險性，是必須警戒的存在。

　　收入於《後藤新平文書》內的〈臺北紳士人物月旦〉一文，後藤對李春生做了如下的評價：「素行堅貞而能幹事務，但偏於自己想法，性尤吝嗇，財富有如西洋人的實力，以壓迫舊政府。故其行為不明顯……帝國領臺以來，多於為自己之計，對於為公益甚冷淡。□（空白字）將之甚不重視。[111]」綜觀這些評價，我們發現統治者對於李春生並不如表面上的恭維禮遇，上述字裏行間甚至還有批判的意味。後藤在任民政長官期間，雖然公共場合上禮遇李春生，但私底下似乎並非如此敬重他。後藤對李春生似乎存有複雜的感情，或許與李春生捐款的態度有關。

　　前面已經提過，李春生給予學校的捐款經常是鉅額的、大量的，捐錢時機大多集中在後藤和持地離開臺灣後的大正時期。由於伊澤在任期間國庫負擔了公學校設立和維持費用，因此他並沒有捐太多錢給學校。可是後藤就任之後，大部分公學校維持費用轉由臺灣人自己來負擔，為了一些「不樂之捐」還招致反對後藤者的責難和攻擊[112]；後來持地甚至以財政為由，企圖停辦一些公學校。在這段期間，執政者既然以教育經費預算不足為理由，必須向臺灣的資產家募捐，卻反而沒有看到李春生捐款的紀錄。以常理來推斷，這是相當不尋常的現象。

---

[111]〈臺北紳士人物月旦〉，《後藤新平文書》R33-88。

[112] 鶴見祐輔，《後藤新平》第2卷，頁77-79。

　　再者，從李春生在大正時期以後的捐款對象和內容，也可以看出他對有關教育方面的捐款經常慷慨解囊、毫不吝惜，相對地其他方面的獻金則不太感興趣。從獻金的時機和對象來看，我們似乎可以察覺一個可能：對於收集教育經費並不熱心的持地，與對於教育以外捐款幾乎沒有興趣的李春生，兩者似乎存有芥蒂或隔閡，並非水乳交融的狀態。

　　李春生的捐款情形，反映了「同化」統治的核心問題。此處我們印證了臺灣的「同化」統治有一個非常重要的面向，就是統治者與被統治者之間對於攝取近代文明這項議題存在著賦予、接受、期望、抑制、妥協及警戒之策略和流程。臺灣的「同化」統治問題無法只用傳統的歷史觀——統治者「強制實施走向『同化於民族』的政策→被統治者基於漢賊不兩立的立場繼而抵抗和拒絕→為此爆發了民族抵抗運動→最後引起強烈的鎮壓」來推論和掌握。透過上述解析，我們毋寧相信雙方對於「同化」統治的爭論焦點其實在於統治者如何阻止「以接受（『同化』）作為抵抗」，繼而去防止「由於普及（『同化』）而崩壞」。換言之，臺灣的「同化」統治之問題核心，在於如何維持近代文明的賦予與期望之間的微妙均衡關係。因此，李春生的獻金問題，應該可以視為統治者與被統治者圍繞在文明這個議題的「協力」關係之一種乖離。其是「同化」的同床異夢之崩壞或覺醒的預兆，同時也是大正時期以後統治者重新調整「同化」教育形態或內容的主要原因。

　　大正九（1920）年十月，紀念教育勅語發布三十週年編纂的《臺灣教育》專刊內，有一篇李春生寫的祝詞。文中他讚揚教育勅語從發布至今，連一個字也沒有變更修正過；也使用了「皇祖皇宗肇國宏遠」、「克忠克孝兆億一心」、「日本開國以來，萬世一系，金甌無缺」、「一天萬乘之聖上」等文句來述說有關國體、對於天皇的感想。從這些讚美國體的文句裏，我們可以得知他步入年邁之

際，似乎開始對國體有了一些較為正確的理解。除讚揚教育勅語外，他還以下列敘述作為這篇祝詞的終結[113]：

> 余身所繫雖屬宗教。其持世道愛邦家者則歸於一。然年已老耄。無所能為。青年少壯諸君。代為奮勉鼎力。是所切望而無既也。

　　李春生說道，自己雖然身為基督教徒，但是和其他日本臣民同出一轍地愛這個國家，最後並提出希望能達到世界和平的理想。這篇祝詞是李春生少數具體論述教育勅語的言論，我們可以在字裏行間感覺到：他似乎逐漸領會到自己一直以來給予臺灣總督府的「協力」工作，終究不過是同床異夢。在這篇祝詞中，李春生依然表示對於日本統治的順從，但我們或許可以體察出這位年過八十歲的臺灣人內心的無奈和苦澀。

七、小結

　　臺灣統治初期，統治者施行了具有近代文明要素的國語「同化」教育。臺灣住民對於這些「同化」教育有非常聰敏而巧妙的對應，並積極接受之。造成這種結果的最主要因素，在於臺灣社會對近代文明有強烈的渴望，以及對統治者的支配理論——「國體論」缺乏充分的認識。從日治初期李春生的思想中，我們可以窺見這段時期以近代文明為一個共同基礎或媒介，統治者與被統治者間構築了一個「同床異夢」的關係。在此關係下，統治者與被統治者

---

[113] 李春生，〈敬祝教育勅語渙發三十周年〉，《臺灣教育》222號（1920年10月，教育勅語渙發三〇周年記念の特集號），頁17。

各取所需，各有盤算。如此，明治時期「同化」教育順利地展開。
然而，這種建立在近代文明的賦予和期望兩端均衡點上同床異夢關
係，遲早要遇到阻礙而動搖或甚至破滅，原因在於臺灣人積極攝取
近代文明的「同化」接受方式，必將迫使雙方利益衝突浮出檯面。
日後，「以接受（『同化』）作為抵抗」、「由於普及（『同化』）而
崩壞」的問題正式表面化；隨之，臺灣的國語「同化」教育開始進
入另一個時代。

第五章

近代化教材的萎縮和日本化要素的提升
——以普及教育作為反制臺灣人抵抗的方策

　　進入大正時期之後，臺灣的「同化」教育開始又呈現出新的局面，而這個局面一直被認為是日治時期「同化」教育最燦爛的一頁。大正時期，統治當局在全島各地設立大量公學校和國語講習設施，提升臺灣人就學率，以收容臺灣人學生為主的臺中中學校也終於開設。隨後臺灣總督府又頒布「臺灣教育令」，以明定法律位階的方式規範教育相關事宜，此舉事實上提升臺灣教育行政之法律根據位階[1]；隨之，也使得臺灣和內地原本毫不相關的教育體系，開始有某些程度的聯繫。長年來令人詬病的日、臺兒童共學的問題，也在「臺灣教育令」改訂後獲得了有條件式的解決。

　　與明治時期相比較，大正時期的國語教育政策顯然較具有開明、進步的形象。雖說不是非常充分，但是統治當局對於臺灣人差別待遇的改善也開始有具體的成果。針對這些政策上的轉變，許多研究者都認為其原因乃是統治者受到第一次世界大戰後民族自決

---

[1] 「臺灣教育令」發布前，由於受制於「六三法」，臺灣教育事宜通常都由殖民地特別法的律令加以制定，適用範圍也只限於臺灣島內。臺灣教育令則是如假包換的日本帝國正式法令，其在法律上的位階當然要高於律令。

風潮，或同時期大正民主運動思潮的影響，將之評價為「內地延長主義」的實現。唯筆者認為這種僅以臺灣外部的觀點來探討問題的說法，雖然未必錯誤，但卻缺乏：所謂「同化」政策是什麼？其在實行時有什麼挫折、困境和壓力？被統治者對於「同化」政策到底抱著什麼看法？實際上「同化」在臺灣社會內部又引起了什麼迴響等，以臺灣內部為出發點的關懷視線。因此本章筆者一方面承襲這些既有見解，一方面以「同化」教育所內藏的結構性問題為切入點，將關注焦點放在「同化於文明」，繼而探討：一、臺灣人積極接受國語教育後浮現出「以接受（『同化』）作為抵抗」的實況；以及二、統治者如何解決這些困境，這兩大問題。

一、大正時期的國語「同化」教育

　　領臺當初，臺灣居民雖然對國語教育呈現出拒絕的反應，但是有了相對性富裕的社會資源做後盾，臺灣人不久之後便發揮了極為旺盛的向學心，開始轉換態度，積極接受國語教育。然而在後藤、持地的主導下，公學校數量明顯不足的問題開始表面化，到了大正時期以後變得更加嚴重。大正三（1914）年六月十二日《臺灣日日新報》的社論〈公學校と傾向（一）〉（〈公學校和傾向[一]〉）一文中，便提出近時臺灣民眾的「向學心在時運的進步激勵之下逐漸無法抑制，入學志願者的人數增多到致使公學校無法收容的程度」，因此臺北市內的大稻埕公學校及附屬公學校都只好拒絕百名以上的入學志願者[2]。在此狀況下，來自臺灣住民間要求增設學校的聲音也頻頻傳出。另一方面，公學校開創後歷經十五年，伴隨著學生人數的增加，臺灣人畢業生的就業和出路問題，亦在大正時期以

---

[2]　〈公學校と傾向（一）〉，《臺灣日日新報》（1914年6月12日）。

後開始表面化。在此，可以解決這些畢業生出路問題的辦法——設置中學，便成為臺日雙方爭論的另一項焦點。

（一）「以接受（『同化』）作為抵抗」的表象化

1. 不完善的中學校經營體制

我們先簡單回顧一下領臺以後中等教育實施的歷史。明治三十一（1898）年寫成的〈臺灣教育實施ノ順序〉（〈臺灣教育實施的順序〉）中，伊澤修二業已對中學校的設置寫下粗略的計畫。他提出的公學校教育構想，係建立在畢業後能升入上級學校為前提的基礎上。話雖如此，伊澤修二離臺後，在後藤新平、持地六三郎的體制底下，這個構想幾乎被閒置一旁；為了在臺灣能有效率地獲得經濟上的利益，後藤和持地採取了實業教育的實施計畫，這些計畫主要是讓一部分臺灣人就讀，授課內容之程度也較低。由於這個計畫的重點係將公學校實業學校化，因此並不一定與中學校之設置能串聯在一起。明治三十一（1898）年三月，臺灣總督府雖然在國語學校第四附屬學校內設立尋常中學科，三十七（1904）年九月設立國語學校第三附屬學校時也開始著手於女子高等普通教育的創設；然而這些教育機關大多為內地人子弟設置，和本島學生幾乎無緣。

相對於積極設立內地人學生教育機關，臺灣人的中等教育機構的設立卻一直遙遙無期。明治四十三（1910）年，從公學校畢業的臺灣兒童已經達到414,000人以上，但是這些學生的升學選擇卻幾乎只有臺灣總督府的國語學校1所、醫學學校1所、實業學校1所[3]。其中國語學校雖然是唯一對臺灣人開放的中等普通教育機關，但是全島只有一所。中等學校設施不完善，與臺灣人就學的心願有所落差。根據前面已經介紹過的增永吉次郎之調查，本島人最希望進入

3　臺灣教育會，《臺灣教育沿革誌》（臺北：編者，1939），頁2-3。

的上級進階學校是一般中學校；由於實業學校帶有培養勞動者的先入印象，因此至少在明治時期，臺灣人並不歡迎實業學校[4]。

綜合明治期間統治當局所設置的中等教育設施，以及實際上臺灣人的升學願望，我們可以得到一個結論，那便是臺灣人縱使從公學校畢業，但「立身出世」的機會卻被當時的教育政策堵塞，而進退失據。大正時期如何解決這些青年人的出路，成為統治者不得不正視的社會課題。

其實，統治者也不是沒有意識到公學校畢業後臺灣人出路問題之嚴重性。明治四十二（1909）年七月在題為〈本島人と實業教育〉（〈本島人與實業教育〉）的論文中，臺灣教育會會員的田原禎次郎便憂心地說：領臺十年間，新領土的就學率雖然尚不及內地，但本島人的教育卻「異常的發達」。田原一面讚賞這個「偉大的進步」，一方面卻擔憂：「普通教育畢業後，具有常識的本島人大量增加，雖是一件值得慶祝的事。但是反觀這批畢業生的前途，吾人卻不得不感到遺憾」。為了解決「這些畢業生的增加和向學心旺盛」問題，他主張應多設立一些實業中學校[5]。田原禎次郎的憂心反映了當時臺灣社會的現況，唯其設立實業中學校的提案似乎與臺灣人的需求仍有一段距離。

---

[4]　隈本繁吉，〈「臺灣人教育ノ根本方針及施設」について〉，《高千穗論叢》28卷1號；收入上沼八郎整理，《植民地教育史研究ノート・その四》）。明治後期，大量臺灣兒童從公學校畢業。根據大正二（1913）年度臺中廳針對臺中的公學校畢業生所做的畢業出路調查結果顯示，總計3,448人調查對象中，畢業後想進入上級學校者740人，打算到內地留學者19人，如臺灣總督府所期望希望進入「實業或從事家事者」卻不到一半，僅1,597人。又「想當官吏者或被他人僱用者」380人，選擇其他項目者671人、死亡41人。參見臺中廳編著，《臺中廳學事狀況一斑》（臺中：編者，1916）。

[5]　田原禎次郎，〈本島人と實業教育〉，《臺灣教育會雜誌》88號（1909年7月），頁2-3。

2. 日、臺共學之要求與留學生問題

明治後期，「同化」教育還浮現另外一個矛盾，那便是日、臺
兒童共學的問題。甲午戰爭後伊澤修二雖然積極推行國語教育，但
是為了考量雙方兒童母語相異所造成教育行政上的困擾，臺灣的初
等教育還是採取公學校和小學校的雙線式制度。具體地說，公學校
以收容臺灣人子弟為目的，教學內容較簡單；小學校則為日本人兒
童的就學機關，教學程度比較高。兩者間的差異同樣表現在師資、
設備和入學人數等層面。相對於公學校數量不足，小學校則有設置
數量過多的傾向。因此要解決公學校供需失調的問題，同為初等教
育機構的小學校，理論上應該是可以作為紓解這個入學壓力的機
制。

然而，實際上問題並非如此單純。因為這種以種族來區分就學
機構的教育制度，其設計精神本來就是建立在兩者不能相互融通的
隔離基礎上。特別在後藤主政期間，對於這種隔離精神更是變本加
厲地嚴格執行，因此臺灣兒童縱使有再旺盛的求知欲或具有比日本
兒童更高的學力，但是在法律上相互共學仍不被許可。舉例來說，
後藤任內在有關當局默認之下，臺北有二、三名臺灣子弟進入小學
校就學。然而，後藤偶然察知此事後，大為震怒，為此還提出嚴禁
共學的內訓[6]。又芝山巖學堂畢業生柯秋潔的兒子柯文德，從明治三
十六（1903）年四月至三十九（1906）年八月間一直在臺北第一小
學校就讀。這件事被發覺後，也成為被批判的對象。為了此事，統
治當局在明治三十九（1906）年七月再次發出內訓誡示各單位，指
出公學校和小學校是「教育目的迥異」的設施，本島人兒童到小學
校就學「無庸置疑地背離了教育的方針，不僅無法達到學制所期待

---

6 隈本繁吉，〈臺灣教育令制定由來（資料）について〉，《高千穗論叢》26卷3
號，頁281-82；收入上沼八郎整理，《植民地教育史研究ノート・その二》。

的教育效果，更會造成本島施政目的的永久阻礙」[7]。在當局強硬的態度下，柯文德最後被迫轉學至公學校。

　　明治四十三（1910）年二月，名為吳新一的兒童又再次掀起了共學問題的波瀾。吳新一是日本人小田島喜三與臺灣人妻子的小孩，其以一半日本人的身分希望進入小學校，但這個問題讓當局忙得焦頭爛額[8]。因為，臺灣總督府對於殖民地社會必然發生的通婚問題，一直都沒有深入積極地思考過，也因此有關「混血」兒童的入學規定也一直不明確。吳新一的問題，讓日、臺兒童共學問題更形複雜。

　　日、臺兒童共學之路被統治者封鎖，能滿足臺灣人的中學校之設置又沒有著落，對於部分臺灣資產階級或向學之士而言，解決問題的絕佳方法便是將自家子弟送往距離臺灣最近的先進地域──日本「內地」去留學。

　　從表格5.1中我們可以明顯地看出，進入明治後期，到內地留學的臺灣學生逐年增加。特別是明治四十（1907）年至大正二（1913）年的五年中，大致增加了五倍。從這些留學生大部分都是資產階級的子弟，且就學的教育機構大多是初等教育一事來看，統治者長期忽視公學校不足的問題，以及對日、臺兒童共學一直採取嚴禁方針之結果，在這個時期開始出現明顯的反彈效應[9]。

　　領臺初期，為了向臺灣人宣傳內地之文明開化，以及社會進步的程度，伊澤修二曾以公費將柯秋潔等人送到日本見學。唯大正時期，臺灣留學生卻大多為自費生。或許考慮到這些自費生容易脫離

7　弘谷多喜夫、廣川淑子，〈日本統治下の臺灣、朝鮮における植民地教育政策の比較史的研究〉，《北海道大學教育學部紀要》22號（1973年11月），頁11。

8　汪知亭，《臺灣教育史料新編》（臺北：臺灣商務，1978），頁47-48。

9　葉榮鐘、吳三連、蔡培火等，《臺灣民族運動史》（臺北：自立晚報社文化出版部，1971），頁75。

表格5.1　留學內地的臺灣學生

年次	小學校	中學校	實業學校	專門學校	特殊學校	其他	合計
明治40（1907）	19	22	14	7		1	63
41（1908）	23	13	15	7		1	59
42（1909）	13	26	22	6		8	75
43（1910）	28	23	24	10	3		88
44（1911）	45	42	26	15	3		131
大正 1（1912）	58	65	27	31	3	12	196
2（1913）	127	64	55	23	3	33	305
合計	313	255	183	99	12	55	917

資料來源：〈臺灣總督府學政大要〉，《高千穗總合研究》26卷4號（1992年3月）。
按：〈臺灣總督府學政大要〉統計資料部分有明顯錯誤。明治四十一（1908）年的總
　　計應為59人，但資料上卻為60人。另四十三（1910）年總計的正確數字應該為
　　88，但是表中卻作92。表格5.1合計欄內的數字係依筆者本身之計算，亦即改正
　　後的數值。

當局的掌控，並在內地享受比臺灣更自由的生活體驗，因而可能感
受到「同化」教育之矛盾，繼而滋生抵抗情緒之緣故，臺灣總督府
對這些留學內地的學生不但沒有好感，甚至充滿警戒心，往往認為
這些人在內地的行為「輕佻浮薄，沒有馴服實業之風」，「經常言
行脫逸常軌」。為此，針對這些學生畢業後又大多希望回臺灣的趨
向，統治當局相當憂心，唯恐這些人回臺後「會讓本島人感染不良
風潮，對於本島施政上造成障礙」[10]。

　　為了管理和監控這些留學生，明治四十（1907）年臺灣總督府
決定在東京設立宿舍（高砂寮），強制他們住在寮中，以便「指導
監督」，避免讓他們受到內地開放思想和自由風潮的誘惑[11]。根據明
治四十一（1908）年留學生宿舍的指導監督田中敬一的說法，到內

---

[10] 臺灣教育會，《臺灣教育沿革誌》，頁74。
[11] 同前註。

地留學的臺灣學生通常都非常努力、熱心地求學，在成績方面也有良好的表現，其中甚至還有擔任班上之級長者。然而，也就是因為這些人熱心求學，因此容易受到內地開放思想，以及自由風潮的感化與誘惑。為了防止這些學生「誤入歧途」，田中敬一請上級必須要加強對留學生的監督和管理[12]。

　　然而對臺灣人來說，留學內地或許可以消解由於差別待遇所產生的一些問題。但是讓年少子弟離鄉背井，遠赴日本讀書，對於臺灣人的父母而言，在經濟、情緒方面都是一種不合理的負擔，必然會引起民怨。由於公學校數量不足，中學校不完善，日、臺兒童共學之途被封鎖等原因，明治後期臺灣人對於教育的不滿逐漸高漲。就在這些教育制度上的矛盾與破綻浮上檯面之際，擔任學務課長的持地六三郎辭職離臺，代替持地掌管臺灣教育問題者便是由朝鮮總督府轉任來臺的隈本繁吉。從此，解決這些明治時期所衍生的「同化」教育矛盾之重責，便落在隈本繁吉身上。

（二）隈本繁吉的教育構想

1. 就任之初的教育構想

　　隈本繁吉，明治六（1873）年出生於福岡。東京帝國大學文科大學史學科畢業後，歷任文部省視學官、福井中學校校長。在「日韓併合」條約成立、朝鮮變成日本第二個殖民地的明治四十一（1908）年，隈本渡海至朝鮮。在經歷朝鮮總督府學務書記官職務後，升任為學務課長。

　　隈本所以從朝鮮轉調臺灣，其肩負的任務便是瞭解兩個殖民地的教育情況，以便將來聯繫臺灣和朝鮮的教育系統，統合日本海外殖民地的教育制度。也因如此，明治四十四（1911）年二月，隈本

---

[12] 〈內地雜信〉，《臺灣教育會雜誌》109號（1911年4月）。

接續持地出任臺灣總督府學務課長，同時兼任視學官及國語學校校長。翌年隨著學務課升格為學務部，隈本也就成為學務部長[13]。

大正九（1920）年，隈本離任返回內地。在日本統治臺灣約半世紀的歷史中，能夠連續擔任學務課（部）長之要職長達近十年者，隈本可說是絕無僅有的例子。在離臺之際的大正九（1920）年六月，《臺灣教育》刊出題為〈隈本前副會長を送る〉（〈歡送隈本前副會長〉）的卷頭語，將他評價為「執掌教育行政實權，實地教育的關鍵」人物[14]。當然，評價隈本在臺灣教育史上所扮演角色的重要性，不能僅以其在職期間的長短作為判斷依據。但是隈本任內曾經辦理所謂〈臺灣版教育勅語〉問題、制定修身教育、臺中中學校的設立和同化會等問題，參加「臺灣教育令」制定相關作業，並曾在上述過程中發揮相當大的影響力。從這些經歷來看，談論大正時期的臺灣教育，隈本實係不可忽視的人物。

大正七（1918）年，隈本奉命視察戰爭下的歐美教育，為此在歐美滯留了一年多。返回臺灣後，大正八（1919）年六月隈本出任剛剛創立的高等商業學校第一任校長，唯不久後便因病踏上歸鄉之途。在離開臺灣之前，隈本特地前去參拜芝山巖，並創作了〈芝山巖〉和〈述懷〉兩首短歌。從其內容「轉眼之間十年之春已逝，鏡中白鬢也已斑斑」的詞句來看[15]，我們不難瞭解他為臺灣教育事業而筋疲力盡的心境。

---

[13] 阿部洋，〈隈本繁吉文書──臺灣教育關係資料〉，《特別研究：「文化摩擦」》（1983），頁6。並參見渡邊學，〈隈本繁吉‧（祕）教化意見解題〉，《韓》3卷10號（東京：韓國研究院，1974），頁118-21。

[14] 〈隈本前副會長を送る〉，《臺灣教育》217號（1920年6月），頁1-2。持地六三郎辭職後，轉任朝鮮總督府土木局長；換言之，這項人事異動有互換更迭的意味。

[15] 同前註，頁2。

隈本繁吉

　　轉任臺灣前，隈本曾以第一任朝鮮總督府學務課長之身分，為
朝鮮的教育行政做了奠基工作。就任臺灣總督府學務課長後僅三
個月，也就是明治四十四（1911）年五月，為了解決臺灣教育的學
制，以及教育施設上的諸問題點，隈本做了一份〈（祕）處務上急
要卜認ムル件〉（〈[祕]認為是處務上急要之件〉）。從這份內部資
料中，我們大致可以理解其就任之初的教育構想。

　　在該計畫書中，隈本首先以「時勢的推移」為理由，主張統治
當局應該對公學校教科書的編纂、改訂，以及修業年限等問題有新
的對應和思考方式。除此之外，在〈（祕）處務上急要卜認ムル件〉
的項目中，隈本不滿地表示，「有關留學生的弊根或杞憂之問題
點，原因乃在於內地私立學校濫收臺灣留學生的結果」。因此隈本
希望透過與內地文部省交涉，促其嚴格執行「監督（按：臺灣人）
入學者」之務[16]。再者，以原本學制就相異為由，隈本以強硬的態度

16　隈本繁吉，〈（祕）處務上急要卜認ムル件〉，《隈本繁吉文書》0101，第3項，

主張「作為一個義務教育機關，內地之市町村立小學校及公立中學校，不應該准許本島人入學」。不過在此，他也提出「在嚴格的限制底下」，准許本島人子弟能在臺灣的小學校中就學的解套方案，以便解消教育差別問題等矛盾[17]。這個方案的條件是：入學前必須審查兒童父兄的資產、社會上的信用，以及「不一定要混血兒，但兒童的父兄一定要理解國語」。即使達到這些條件，入學總人數也不能超過內地兒童的二十分之一[18]。至於中學校設置問題，隈本基本上傾向不設立普通中學予臺灣人，只在臺灣學生人數在內地學生人數四分之一範圍以內的前提下，容許一部分臺灣人入學[19]。很明顯地，隈本這些方策提案都僅是一些緩和臺灣人入學壓力的措施[20]，此處看不出他開明或內容的教育態度。

　　隈本在〈（祕）處務上急要卜認ムル件〉內的提案，除了有關留學生監督一案已在明治四十（1907）年立案的宿舍建設計畫中開始執行之外，大部分都未實現[21]。另一方面，具有限定性質的共學方案也沒有落實[22]。

　　1911年5月23日。
[17] 同前註，第4項。
[18] 同前註，第4項。
[19] 同前註，第5項。
[20] 同前註，第5項。
[21] 同前註，第3項。明治四十五（1912）年二月九日，相關當局在東京東洋協會專門學校（現在之拓殖大學）的校區內開始興建以收容臺灣人留學生為目的之高砂寮，並於大正元（1912）年九月九日落成。此後臺灣人留學生便如隈本所主張的，在嚴厲的管制下進住這棟宿舍。高砂寮在第二次世界大戰後曾因為臺日斷交衍生出財產繼承問題，而轟動一時。
[22] 隈本繁吉，〈臺灣教育令制定由來（資料）について〉，頁256。其實不久後隈本曾作成默認日、臺兒童共學的內訓案，雖然獲得佐久間左馬太總督和內田嘉吉民政長官的承諾，後來卻因片山參事官為首的其他部門高官提出有關臺灣教育的法規，並激烈反對之，因而未曾實現。

其實隈本的教育構想相當清楚。他認為一味地普及教育會讓本島人的民度向上，將致使社會中遊手好閒者輩出。因此就任初始，他的「同化」教育理念是「只須在表面上虛應故事，給予臺灣人一個施政者正在重視這些教育問題的印象即可」[23]。總之，與前任持地相比較，隈本的態度似乎較為柔軟；唯以「抑制教育普及」的施政方針來看，二者骨子裏仍是相同的。

2. 繼承持地六三郎的殖民統治觀

就任學務課長之初，隈本的教育構想大致繼承持地六三郎的想法，對擴充教育施設採取否定的態度。例如他在明治四十四（1911）年三月〈(祕) 臺灣ニ於ケル教育ニ關スル卑見ノ一二並ニ疑問〉（〈[祕]有關臺灣教育之一二淺見及疑問〉）一文裏，便將「同化」教育中的文明，只限定在「圖取衣食住之安固時所必須」之物事這個狹隘的範圍；並以胡亂普及教育後反而會讓「難以統御之遊手好閒者輩出」為由，對一些本島人增設教育設施的要求，提出下列對策[24]：

> 作為當局者的立場沒有必要特別宣明任何的教育方針而是要默認意會，以俗話來說，便是在表面上重視教育，但是實際不積極獎勵；只有在最不得已時，才漸進地施行之。我們必要在行動上巧妙的運用這種手段，因此無庸置疑，縱使臺灣人具有小學程度我們也不強制其就學，消極而不挽留讓其離開學校。

23　隈本繁吉，〈(祕) 臺灣ニ於ケル教育ニ關スル卑見ノ一二並ニ疑問〉，《高千穂論叢》32卷1號（1997年5月）；收入上沼八郎整理，《植民地教育史研究ノート・その十》。

24　同前註，頁62。

中學方面，在既設教育機關之外，當局應該盡量避免新設學校，只有以實習作業為主的低度實業教育機關，可視需要考慮設置。

很明顯的，隈本並不企圖以具現「一視同仁」之方式來緩和臺灣人在教育上受到的差別待遇。甚至他對改善公學校不足、解決臺灣人就學問題，幾乎毫不在意。當然，類似伊澤修二般，基於「國體論」試圖以國語教育將臺灣人變成大和民族的構想，與隈本也是無緣的。也因如此，隈本並無以增設公學校的方式來提升臺灣兒童就學率的傾向。

隈本又在〈（祕）處務上急要ト認ムル件〉裏表示[25]：

至於土人教育問題，殖民政策上屬於最重要之案件，其措施只要有一次錯誤的話，就成為國家永遠的貽禍，這種例證不在少數。特別是像普及普通教育以及提升教育水準等，只會徒然助長土人社會之文明意識的發達，在統治上有產生禍害之結果的顧慮。

很清楚地，隈本來臺之初的教育構想基本上沿襲著持地的施政風格，並投射自身在朝鮮期間的教育主張，其明確地視臺灣為一個殖民地。然而筆者在本章前言裏已經提示，大正時期統治當局曾積極增設公學校，使得臺灣兒童就學率急遽上升；「同化」教育在此際劃下過日治時期中最光輝的一頁。這其實預告著：隈本的教育構想後來開始有了很大的變化。更具體說，臺灣初等教育達成高就學率，就是隈本的「政績」。然而，他的態度為什麼會有一百八十度

---

[25]　隈本繁吉，〈（祕）處務上急要ト認ムル件〉。

的轉變？要回答這個問題，闡明臺中中學校之設立經過，以及所謂
〈臺灣版教育勅語〉（以下簡稱〈臺版勅語〉）的意義，是重要關鍵
所在。因為隈本就任後不久，以統治者內部人員為核心之〈臺版勅
語〉起草問題便開始萌發。以此為契機，臺灣的國語「同化」教育
開始迎向轉機。

二、從〈臺灣版教育勅語〉看「同化」教育方針的轉　換背景

　　明治四十四年至大正元（1911-1912）年間，換言之，即隈本
在〈（祕）臺灣ニ於ケル教育ニ關スル卑見ノ一二並ニ疑問〉、
〈（祕）處務上急要ト認ムル件〉等機密文件中記錄其治臺初步構想
大約半年以後，臺灣政壇出現了一連串有關所謂〈臺版勅語〉的活
動。這個試圖在海外領土臺灣另外發布一個教育勅語的活動，由於
受到現階段史料發掘進度之限制，至今仍有許多細節不甚明確；但
是勅語的起草案，以及當時總督佐久間左馬太向總理西園寺公望提
出的〈內申書〉等資料，業已整理面世。除此之外，特別關於此後
〈臺版勅語〉進展的資料，依舊撲朔未明。

　　順帶一提，有關〈臺版勅語〉的資料，大部分都收集在《隈本
繁吉文書》。也因如此，目前日本學者阿部洋、上沼八郎和駒込武
等對〈臺版勅語〉的資料介紹、整理，以及內容特質的研究已有一
些累積。上述研究都指向一個共識，即與勅語起草有關人士其實
不多，而且大半與隈本有深厚的關係[26]；〈臺版勅語〉相關的內部資
料也才因此被收入《隈本繁吉文書》。由於該勅語最終並未正式公
布，所以也被稱為幻影式的教育勅語。

26　同前註。

　　筆者在本節試圖沿襲前人的研究成果，將研究重點抽離勅語內容之解釋，而探究該勅語在國語「同化」教育中的歷史意義。更具體說，筆者希望能解明這個未正式公布的教育勅語，實際上如何投影在大正時期臺灣的國語「同化」教育。

（一）〈臺灣版教育勅語〉起草背景

　　領臺之初，伊澤修二試圖將教育勅語以「準宗教」，也就是說以之作為教化新附民的道具而移植到臺灣；並將與內地的日本人共奉同一道德準則的這個政治措施，宣揚成「一視同仁」統治的具現化。雖然做此決策之際，伊澤的態度極端「慎重」[27]；但是日本國內對於移植這個與異民族統治相互矛盾的國體聖典到臺灣一事，並非全無異議[28]。在被統治者方面，就像第四章所介紹的，連李春生這種被認為是統治協力者的知識分子，對於日本天皇制國家原理都還一知半解；更何況一般的民眾。領臺後十五年，統治者雖然順利推行了「同化於文明」，但是臺灣民眾對於「國體論」的關心，以及理解依然相當薄弱；公學校中我們似乎也看不到教育勅語精神滲透到兒童心裏的跡象。明治末期〈臺版勅語〉起草案便在這樣的時代背景中出現。

　　有關〈臺版勅語〉一連串政治動作中，最初出現的資料文獻是明治四十四（1911）年十二月臺北大稻埕醫師黃玉階和紳商辜顯榮以及地方文士吳德功、林烈堂等十三人向佐久間總督提出的〈勅語宣講會設立稟請書〉（以下簡稱〈設立稟請書〉）。設立宣講會的方

---

[27]　伊澤修二，《樂石自傳教界周遊前記》（東京：伊澤修二還曆祝賀會，1911），頁277。

[28]　駒込武，《植民地帝國日本の文化統合》（東京：岩波書店，1996），頁61-63；詳情並參陳培豐，〈近代日本の國體イデオロギーと臺灣の植民地統治──上田萬年の國語觀を中心に〉《中國研究月報》（1995年9月），頁16-37。

式，基本上沿襲清朝的制度和習慣，但因黃玉階和辜顯榮等人皆是領過總督府「紳章」的協力者型人物，所以這份「稟請書」之提出是否真的出於自願，尚存有疑問。只是就如該〈設立稟請書〉中所述[29]：

> 現今清國正值革命之亂，若不能趁此時期改隸本島，臺灣終究難免遭受同樣禍殃。今日臺灣之所以能避免禍殃，超然於戰亂局外確保生命財產安全，其原因不得不歸結於我帝國的恩惠。

對岸中國政治狀況的變化，尤其辛亥革命爆發，是為〈臺版勅語〉問題發生的主要近因。

其實大正四（1915）年十一月二十三日，第七任民政長官下村宏在就任前夕，曾向當時總督安東貞美提出一份題為〈（祕）臺灣統治ニ關スル所見〉（〈[祕]有關臺灣統治之所見〉）的調查報告。下村認為，與歐洲列強支配下的殖民地相比較，日本統治下的臺灣是一個極為特殊的例子。因為不管在地理上或言語、風俗或人種方面，臺灣幾乎都比日本更接近祖國的「支那大陸」；日本統治臺灣並不像占領朝鮮一般是全部國土和人民的占有，只是支配了支那民族中的一部分而已，所以其統治的困難度較高。根據這些理由，就任之前下村敞開了內心，對於「同化」政策的可能性明白地表示悲觀的態度[30]。

29　隈本繁吉，〈臺灣における教育勅語の宣講について〉，《高千穗論叢》28卷3號（1993年12月），頁124；收入上沼八郎整理，《植民地教育史研究ノート・その五》。

30　下村宏，〈（祕）臺灣統治ニ關スル所見〉（1915年11月23日）。收藏於天理大學圖書館。

　　下村之所以會提出臺灣作為一個殖民地的特殊性，背後的原因
乃是隨著辛亥革命的爆發，臺灣社會再度出現了動蕩不安的跡象。
甲午戰爭後，歷經武力鎮壓、沉靜一時的武裝抗日運動，在1910
年前後又開始活躍起來。基於這些時局的變化，下村宏透露了對於
「同化」政策的不安，並且提出重新省思的建言。

　　甲午戰爭後，清朝在英國、法國、德國和俄羅斯的強制干涉
下，繼膠州灣、旅順、大連和威海衛之後，承認這些國家在九龍
和廣州灣地區的租借權。清國在被列強侵蝕即將面臨崩解之前，孫
文高舉革命的旗幟，經過數次武裝起義失敗，終於在明治四十四
（1911）年打倒滿清，成功達成了辛亥革命，翌年並成立中華民國。

　　以漢民族為中心，以建設近代民主國家為目標的中華民國誕生
後，取代了當時把臺灣割讓給日本的清朝。這樣的歷史變化當然有
可能觸發潛藏在臺灣人心中的漢民族意識，使其抵抗日本的意識更
加覺醒。以統治者的立場來看，辛亥革命的成功，以及下村宏所提
出的臺灣與中國的親緣性等，此時或多或少都讓為政者坐立不安，
甚至疑神疑鬼。就在此際，臺灣中部的資產家、後來成為抗日運動
領導者的林獻堂（1881-1956）與中國改革思想家梁啟超之間的交
流，更讓當局耿耿於懷。

　　明治四十（1907）年，當時二十七歲的林獻堂第一次到東京遊
學。強烈仰慕梁啟超的林獻堂，於是去拜訪了當時流亡日本、在橫
濱經營《新民叢報》的梁啟超。唯因他剛好外出不在，林獻堂面會
梁啟超的心願於是落空。然而，命運並沒有因此阻擾林獻堂達成心
願。因為在回臺途中，他偶然在奈良的旅館遇見了梁啟超。

　　梁啟超（1873-1929），生於廣東省南海縣，甲午戰爭後為了勵
行中國近代化，創立《時務報》，撰寫《變法通義》，極力鼓吹民
權思想。明治三十一（1898）年戊戌政變失敗後，與同為改革者的
康有為一起流亡日本，繼續從事一連串的啟蒙運動。梁曾創立《新

民叢報》、《國風報》和《新小說》，因而被視為近代中國文明開
化的旗手。

　　由於語言的隔閡，林獻堂和梁啟超在奈良乃以筆談交流意見。
林獻堂向梁啟超傾訴臺灣人在日本支配下經濟上和政治上所受到的
差別待遇，特別是日本在教育上的愚民政策實情，並向梁請教對
應之策。對於林獻堂的傾訴，梁啟超明白指出，由於中國內部的
動亂，短期內「祖國」並沒有解放臺灣的能力；為此，臺灣人必須
用自己的力量向統治者爭取自由、平等。然而，由於力量上的差距
甚大，因此梁啟超建議為了對抗在武力上占有絕對優勢的臺灣總督
府，臺灣人應該仿效愛爾蘭人對抗英國統治的方式。換言之，並非
以武力或流血方式抗爭，而是將抵抗重點置於要求參政權、爭取平
等權利方面[31]。

　　明治四十四（1911）年，由於林獻堂的招待，梁啟超完成了長
年以來希望訪問臺灣的願望。三月三日，林獻堂為梁啟超在臺北舉
辦盛大歡迎會。從出席者當中不但沒有日本人，以及歡迎會結束後
出席的臺灣人還受到警方「訪問調查」一事可知，總督府對於梁啟
超訪臺抱有強烈的警戒心[32]。日後林獻堂與梁啟超之間建立了親密的
關係，林獻堂也在一連串抗日民族運動中扮演了非常重要的角色，
建立起臺灣人民族抵抗運動領導者的地位。

　　明治後期，對岸祖國帶給臺灣社會的影響，不僅只於知識分子
之間的人物往來交流。對岸政治運動的影響也波及臺灣社會以及民
眾的心情。根據張正昌的說法，林獻堂在與梁啟超交往之後，加強
了對抗日本差別統治的自覺，也確認了臺灣社會近代化之必要性。
因此進入大正時期後，包括林獻堂在內的一些臺灣知識分子的抗日

31　葉榮鐘、吳三連、蔡培火等，《臺灣民族運動史》，頁14。
32　陳逢源，〈梁啟超と臺灣〉，《雨窗墨滴》（臺北：臺灣藝術社，1942），頁47。

動力開始多元化，積極地推行改善風俗、普及教育、教化民眾和提升民智啟蒙向上等活動。換言之，臺灣人抵抗日本的動力不再只局限在對異民族的排斥，或保護漢民族的傳統文化這種二元對立式的構圖。隨著對近代文明的重視，臺灣人的抵抗開始帶有自省的色彩，逐漸轉換成禁止鴉片、打破迷信、從事婦人纏足解放運動、剪辮髮、改良風俗，盡力於打破舊慣陋習和積弊[33]。

甲午戰爭後，原本在總督府的主導下，臺灣的近代化運動開始有了規模性的啟動。當局除了設置公學校等教育設施外，另在明治三十三（1900）年成立天然足會，試圖以「皇化」的名義和立場改變纏足等臺灣人的舊慣和陋習。然而其成效卻乏善可陳。唯到了明治後期，至此臺灣民眾並不積極響應、成果也乏善可陳的「陋習」改善運動，卻突然出現了明顯的成效。其實，此際對岸祖國利用辛亥革命成功的社會氛圍，也開始推動廢止辮髮、纏足等運動，並收到某種程度的成效；因此隈本繁吉解讀臺灣人對纏足解放運動態度的改變，係一種受到祖國波及影響而萌生出來的「民心變調」癥兆[34]。衍生自這種「人心變調」或社會動搖的警戒心，隈本認為統治當局有強化臺灣人教化的必要。〈設立稟請書〉之提案和成型，即因應上述的時代需求而產生。

（二）〈臺灣版教育勅語〉顯示的新「同化」構想

〈臺版勅語〉到底構想出什麼具體內容？根據〈（極祕）敬擬教育勅諭草案〉這份史料，可以得知其全文內容如下[35]：

33　張正昌，《林獻堂與臺灣民族運動》（臺北：著者發行，1981），頁44。

34　隈本繁吉，〈臺灣教育令制定由來（資料）について（その一）〉，頁257。

35　隈本繁吉，〈臺灣における教育勅語の宣講について〉，頁257。

　　朕茲勑爾臺澎諸島。暨爾百執事。特昭宣教育之旨意。

　　爾臣民唯忠唯孝尚德明道。恭儉執禮誠實修業。成就德器保
持身家。慎終予始。勤勞不倦。殊習國語。以遵國法。而尊國
體。尚一朝有事。唯當忠義奮發。匡補皇猷。以利邦家。此吾
皇祖皇宗教學之遺訓。臣民之所宜恪守而無墜者也。

　　唯吾祖宗繼天極建。光宅日域。協和萬方。聖子神孫。世世
相承。一統無替。寶祚加隆。文教衍敷。德威遠播。由域外歸
化者。皆就軌範。以成禮儀之邦。

　　朕恭膺天命。丕承祖宗基緒。實賴賢良之輔佐。肅協神人。
夙夜匪懈。得恢弘業。

　　唯茲臺澎歸圖。固屬同文同種。唯是言語風俗既殊。教育之
政。尤為至重。朕唯一視同仁。無別內外。因時制宜。以協民
心。

　　爾臺澎爾百執事。上下一心。尚率祖宗之遺訓。而稱朕意。

　　雖然起草這份勅語的執筆者身分不明，但以〈臺版勅語〉作成
的背景來做整體思考，當事者特意起草一份新勅語時，其精神內容
不可能完全與明治二十三（1890）年在內地頒布的〈教育勅語〉相
同。又該勅語如果只設定適用於臺灣這個殖民地，我們在序論和第
二章中提出的：因臺灣統治所衍生的「國體論」的破綻──因為異
民族統治引發的擬血緣制國家原理與「一視同仁」的政治宣傳間的
衝突──理應在此得到某種程度的克服和隱蔽。換言之，新勅語的
旨趣精神當然要比原來的勅語更適合使用於臺灣，應該包括當局對
於臺灣統治的一些新思考，否則便不必起草了。因此在這些前提之
下，如果我們要瞭解隈本等人試圖頒布〈臺版勅語〉之真正原因，
首要之務，便是先比較新舊勅語之間到底有什麼差異。更具體說，
如果我們從〈臺版勅語〉中觀察到底被刪除了什麼既存於〈教育勅

語〉中的綱目，或增加了什麼新的綱目來分析，應該可以得到一些
線索，幫助我們瞭解大正時期統治者試圖描繪的理想臺灣臣民形象
為何？其期待的臺灣人最高精神道德形象又是什麼？

為了讓讀者方便比較，此處錄出教育勅語全文如下[36]：

> 朕唯我皇祖皇宗，肇國宏遠，樹德深厚。我臣民克忠克孝，
> 億兆一心，世濟其美。此我國體之精華，教育之淵源，亦實存
> 乎爾臣民。孝予父母，友予兄弟，夫婦相和，朋友相信。恭儉
> 持以己，博愛及眾，修學習業，以啟發智能，成就德器，進廣
> 公益，開世務常。重國憲，遵國法，一旦緩急，則義勇奉公，
> 以扶翼天壤無窮之皇運。如是不獨為朕忠良臣民，又足以顯彰
> 爾祖先之遺風矣。斯道也，實我皇祖皇宗之遺訓，而子孫臣民
> 之所當遵守，通古今而不謬，施諸中外而不悖。朕庶幾與爾臣
> 民俱拳拳服膺，咸一其德（標點符號為引者所加）。

比較兩個勅語的內容之後，我們發現共通的綱目是「唯忠唯
孝」、「恭儉」、「修業」、「成就德器」以及「遵國法」。〈內地
版〉中「孝予父母友予兄弟夫婦相和朋友相信」，在臺灣版被集約
成「保持身家」。「一旦緩急則義勇奉公以扶翼天壤無窮之皇運如
是不獨為朕忠良臣民又足以顯彰爾祖先之遺風矣」部分，〈臺灣
版〉改為「尚一朝有事，唯當忠義奮發，匡補皇猷，以利邦家，此
吾皇祖皇宗教學之遺訓，臣民之所應恪守而無墜者也」，二者文句
雖不盡相同，但是內容精神則沒有太大的差異。「勤勞不倦」與明
治四十一（1908）年為了因應日俄戰爭後日本國內經濟困境頒布的
〈戊申詔書〉之綱目：「治勤儉產」極類似。再者，為了符合修正

36　同前註，頁140。

勅語的事實，類似「通古今而不謬，施諸中外而不悖」之文句，在新〈臺灣版〉勅語中即不再強調。

　　在此必須注意，舊〈內地版〉教育勅語綱目「啟發智能」、「進廣公益，開世務常」二項，在〈臺灣版〉中取消了。又〈臺灣版〉最初草案原本撰有「重國憲」綱目，但後來遭到刪除，並以「殊習國語。以遵國法。而尊國體」。代替之。再者「教育之政，尤為至重，朕唯一視同仁，無別內外」。這些新添加的文句在〈臺灣版〉中有刻意被強調的傾向；「執禮誠實」這些綱目，也是〈臺灣版〉特意追加的[37]。

　　其實，明治四十四（1911）年十二月十日，總督府學務員石部定曾針對前引黃玉階、辜顯榮構想的勅語宣講會，向佐久間總督提出〈勅語宣講會設立ニ關スル建白〉（〈有關設立勅語宣講會的建白〉）；翌年一月二十三日，代理民政長官高田也表示贊同。透過該建白書的內容，可以略知〈臺版勅語〉最初起草的精神和目的。石部定的陳述如下[38]：

　　　一直到今天為止，臺灣統治過度專注社會安寧和富源開發。教化之事雖然並沒有被忽視，卻無法得到盡善至美之境界。以拓殖之順序而言，此乃屬於不得已之事。唯現今物質上的進步正逐漸趨於鼎盛之狀況，為了確立社會秩序的安寧並促進產業勃興，此際，不可不謂是我們大力從事精神教化時機的到來。

　　石部認為，領臺至今臺灣教育之實施有過度偏重於近代文明之

37　駒込武，〈資料紹介──臺灣版教育勅語案について〉，《異文化教育の研究のための情報システムの構築》（1994年3月）。

38　隈本繁吉，〈臺灣教育令制定由來（資料）について（その一）〉，頁128-29。

嫌。縱使是一件「不得已之事」，但是顧慮對岸革命造成臺灣社會
人心的動搖，從前持地六三郎輕視的精神方面之教化一事，應該是
今後統治的重點。石部定在字裏行間透露了重視臺灣人精神道德教
育的想法，追加「執禮誠實」這些綱目，則相當符合統治者經營
臺灣殖產時所需要的勤勞、儉約之美德。一個具有「禮儀」且「誠
實」的臣民，正是日本政府在臺灣所期待的從順民眾形象。〈臺版
勅語〉具體提示的理想臺灣人形象，與石部等高級統治官僚試圖矯
正的教育方針相當契合。從這個角度看，新勅語其實是歷經伊澤修
二、後藤新平和持地六三郎三個國語教育階段後的時代性產物，如
實反映了臺灣人不關心精神教化、自律性地攝取近代文明的「同
化」歷史情境。

　　另一方面，就像第二章介紹的，明治三十七（1904）年經過所
謂漢文科廢止爭論後，「民族、國家、國語、國體」被一體化，國
語被視為日本人精神血液、保衛國體之道具的觀念，也開始落實在
國語教育裏。這種國語觀也如實地反映在〈臺版勅語〉綱目修改的
過程中。

　　其實佐久間總督為了讓這份新的教育勅語能在臺灣頒布，曾草
擬了一件關於〈臺版勅語〉的「上申書」，擬向當時總理西園寺公
望提出。該上申書中曾經出現：由於臺灣人和日本人「血族不同而
言語亦全然迥異」的敘述，然而卻在內部的修改程序中被以紅筆修
正：將「血族」這在臺灣統治中相當敏感的字眼刪除，替換成「種
族」這個詞彙；與此同時追加了「殊習國語」、「而尊國體」兩項
綱目。上述這些有關上申書與〈臺版勅語〉的內部修改作業，一再
顯示這些文句的修正都具有一個論述軌道，便是承襲著上田萬年的
國語觀、在意識形態上往伊澤修二的「同化」論述邏輯調整傾斜。
刪除「血族」這個字眼，追加「殊習國語」、「而尊國體」這些修
正作業，無疑地有統治者自圓其說的意味；而這些彌縫之說所以能

夠成立，基本上便是建立在「血族、國語、國體」之間的微妙替換
關係上。

　　雖然是〈臺灣版〉，但是勅語起草本身所代表的意義，便是
臺灣統治乃以天皇制國家原理為最高準則和依據。標榜臺灣人必
須「殊習國語」，目的無非希望以使用同一言語為媒介，彌補日、
臺兩民族「血族」相異的矛盾，繼而在邏輯上受掩護的情況下達成
「而尊國體」的最高境界。

　　再者，添加「教育之政，尤為至重。朕唯一視同仁，無別內
外」。這段文字，其意圖應係希望透過學校教育之普及，明示統治
當局實現「一視同仁」的決心。換言之，添加這些文句的目的，其
實是將伊澤修二以往主張的教育構想明文化、勅語化。當然「重
國憲」一句在新勅語中被削除，其目的應該可以推論出透過（臺灣
版）的頒行，統治者有意將「同化」政策的問題癥結從日本憲法未
完全在臺實施所造成的差別待遇，轉移到教育──相對上比較趨於
平等的假象，來緩和統治者在宣揚「一視同仁」時面臨的困擾。

　　由上述狀況來看，〈臺版勅語〉起草案其實潛藏著統治者正在
摸索如何將新領土統治引導向「走向『一視同仁』之中」、「走向
（大和）民族之中」、「走出文明之外」的政治企圖。換言之，大
正初期統治者面臨「以接受（『同化』）為抵抗」的機制萌生，以
及辛亥革命的衝擊後，企圖摸索出一條新的「同化」路線；〈臺版
勅語〉代表的意義，則是統治者形構這個新的「同化」教育方針，
並將之體系化的嘗試。從〈內地版勅語〉中「啟發智能」這條綱目
在〈臺版勅語〉中被削除一事來看，以往伊澤將灌輸近代化知識當
作教化臺灣人之前提條件的教育構想，在此顯已蕩然無存。這個事
實告訴我們：領臺至今，統治者以強化「同化於文明」為重點而
忽視「同化於民族」，但進入大正時期以後，當局認為這種不均衡
的「同化」教育方針業已不符社會的要求，必須進行一些調整和修

正。象徵此一修正動向的新勅語，其起草內容似乎就預告我們：新的「同化」教育方針必然會減縮「同化於文明」的分量，強化日本人的國民精神教育。

雖然，起草案當事者也將「一視同仁」正式放置在勅語文句中，作為治臺基本方針的政治性宣誓；但誠如駒込武所指，以「民度」作為差別根據的統治結構，實際上在大正時期以後依舊被保存著[39]。因此，「一視同仁」的勅語化，基本上還是應該視為統治者企圖消彌殖民地差別待遇之矛盾的一種策略性運用。

到目前為止，有關〈臺版勅語〉的史料只有一部分被發掘出，範圍大致從草案的起擬，到佐久間總督向西園寺內閣總理大臣提出正式頒布的內申書為止。根據現有這些史料顯示，〈臺版勅語〉僅只於構想階段，因此勅語宣講會的設立，以及該勅語下達、頒布等，均未曾實行。〈臺版勅語〉所以被稱為「幻影的勅語」，理由也就在此。然而，勅語的頒布雖然沒有實現，但是〈臺版勅語〉內顯示的「同化」教育新內容的方向──「走向『一視同仁』之中」、「走向（大和）民族之中」、「走出文明之外」，卻如實投射在隈本主導下的臺灣教育界，成為大正時期以後「同化」統治的主流。

三、新「同化」教育構想的實踐
──「同化」重點的轉移和國語教育的擴充

（一）新公學校規則以及國語科的定位

〈臺版勅語〉活動告一段落的大正二（1913）年，臺灣總督府以「時勢的進運和（公學校教育）實施的成績」為由，以明治四十

39　駒込武，《植民地帝國日本の文化統合》，頁163；並參駒込武，〈資料紹介〉。

（1907）年公學校規則為基礎，改訂且公布新的公學校規則。新舊公學校規則到底有什麼不同呢？從這次公學校改正的要旨及施行上的注意事項等相關內訓中，我們可以看出一些端倪。

內訓中曾明言：「國語是我國民的精神居宿之所在。因此和修身相配合，國民性格的養成應該占有特殊的地位」[40]；在此託付在國語中涵養「國民的精神」、「國民的性格」的功能，以「占有特殊的地位」方式強調之。雖然內訓中也規定公學校教育不能偏重「國民的性格」和「實用的智能」的任何一方，必須等同視之，貫徹實施；唯同時卻做了以下陳述：

> 本島改隸後雖然教育逐漸融洽，學風亦有改進。然島民因襲陋習已久，尚不能辨修學之本旨，因此徒然喜好迂闊空疏的言論，卑視日常實際之勞動……為了矯正這些陋習，獎勵勤勞治產之道，據此以誘導島民興起從順奉公之念，以期島民之忠良……。

很明顯的，歷經辛亥革命的動盪，以及〈臺版勅語〉的起草案等「時勢」的變化之後，統治當局對於國語教育有了一些新的期待，希望透過「國民的精神」之涵養，矯正臺灣民眾桀傲不馴的態度，讓這些新附民能夠成為具有「從順奉公」之念的「忠良」島民。

比較新舊公學校規則改正的內容後，我們也察覺新規則第十七條關於知識技能教授的規定中有以下幾項重點[41]：

---

[40]　〈臺灣公學校規則改正せらる〉，《臺灣教育》128號（1912年12月），頁7。

[41]　同前註，頁295。

應該遵守公學校第一條的旨趣教育兒童，要經常留意道德性的涵養以及國語的熟習，務期陶冶身心為國民所必要的性格。

在知識教導方面，則經常要顧及民度及土地的狀況，選擇日常生活中所必須之事項來作為教授題材，並反覆練習務期能適於實用。

此處除強調「德性的涵養」之重要性外，對領臺至今經常以「知識」二字為規範的近代文明化的相關內容，也增列了必須「顧及民度」，以及「日常生活中必須事項」和「實用」等具體限制。

第十九條則規定「國語課程以教授普通的言語文章」，「以兼具啟發智德，特別是國民精神的涵養為要旨」[42]。在此，國民精神涵養的重要性是以「特別是」的方式載記在規定裏。如同大正元（1912）年十二月《臺灣教育》專欄〈臺灣公學校規則改正せらる〉（〈臺灣公學校規則改正了〉）所直陳，這些規則的改訂「比九鼎大呂更重要。應該是這次改正的最主要意義」[43]。上述規則內容的調整，絕對不是施政者的無心之舉。

其實，隨著新公學校規則的改正，國語科成績的評價方式也做了很大的修正。原本公學校教育在開始實施後，不管任何時期，都以滿分十點的方式來計分，因此國語科雖然包括說話、讀文、拼字、寫字等四個內容單元，授課時數在整個公學校教學中占有相當高的比例，但其成績卻與其他科目同樣都只占十點。換言之，公學校中重視國語的政策，雖然反映在上課時數，卻並未投射在計算成績的方式上。然而伴隨這次的規則改正，國語科目中的四個單元，在分數計算上突然被視為四個獨立科目，為此國語科合計評分一下

---

[42]　同前註，頁295-96。

[43]　同前註，頁7。

提升為四十點。這種成績計算方式的改變，與「國民精神涵養」有密切的關係[44]：

> （國語）比從前增加了四倍的價值，嗚呼！教授要旨中重新加入國民精神涵養，其成績考查變成了可與四科目匹敵的價值。國語科的地位愈加重要，教授者的職責也愈形重大。

從這一段刊登在上述〈臺灣公學校規則改正了〉中的這言詞中，我們大概能夠更加具體地理解大正二（1913）年公學校規則的改正「比九鼎大呂更重要」的實質意義所在，便是極端重視「國民精神涵養」的方針。國語科計分方式的變化，其實是一種一體兩面的政策措施，使得國語在所有公學校科目中變成了唯我獨尊的存在。

（二）國語教科書中兩個「同化」的重心移動

伴隨著公學校規則的改正，大正二（1913）年公學校的國語教材編纂內容也做了更改。繼明治三十四（1901）年所發行的《臺灣教科用書國民讀本》後，在公學校教育中登場的，就是這本在大正元、二（1912-1913）年間陸續發刊，一直被使用至大正十二（1923）年的《公學校用國民讀本》。而這本國語教科書的發行與隈本有著密切的關係。

其實在日期為明治四十四（1911）年五月二十三日的備忘書中，隈本在題為〈（祕）處務上急要卜認ムル件〉（〈[祕]認為是處務上急要之件〉）的項目當中，就曾以「時勢之推移」為由，記錄了自己對公學校教科書編纂和改訂的看法[45]。而這本教科書編纂的調

---

[44]　同前註，頁17。

[45]　隈本繁吉，〈（祕）處務上急要卜認ムル件〉。

查便是在同年開始進行的。

同樣是國語教科書，在隈本任內發行的新版本和明治三十四（1901）年發行的舊版本，其內容有很大的差異。其差異之一是，課文教材數量比以前增加了12課。根據蔡錦堂的分析調查，使用於明治三十四年至大正二（1901-1913）年間的《臺灣教科用書國民讀本》，其合計12冊、183課當中，「天長節」、「紀元節」、「皇宮」等關於皇室國家、日本人的精神、價值觀之課，亦即是有關「同化於民族」之文章共有15課，占8.2%。相對地，「郵便」、「火車」、「水蒸氣」、「醫生」、「商人」等具有高度實學性的教材，介紹近代文明和因應近代資本主義經濟體制的合理性與啟蒙性思考的課文則有68課，占37.2%[46]。和有關「德」，也就是「同化於民族」的15課比較起來，「智」的教材——換言之，與「同化於文明」相關課程——大約是其十倍左右。

舊版本教科書忽視「同化於民族」比重方針，與後藤、持地的教育構想其實相當契合。既然隈本就任不久後開始側重「同化於民族」，在其領導下發行的新版教科書，有關「德育」的課文應該大量增加，相對的「智」方面的教材比重必然會減縮才對。新版教科書的實際情況如何？要探討這個問題，除分析數字的比重外，也必須考量修身科這門課程的設立。

大正二（1913）年，隨著新版國語教科書發行，正式的修身教科書也被推出。當然這並不意味前此公學校中就沒有實施修身教育，只是以往修身教育被含括在國語科中，以國語教育的一個環節

---

[46] 蔡錦堂，〈日本據臺初期公學校「國語」教科書之分析〉，收入鄭樑生主編，《中國與亞洲國家關係史學術研討會論文集》（臺北：淡江大學歷史學系，1993），頁241-44。有關地理、博物、物理、化學、科學等內容的課文56課，占30.6%；童謠、寓言、遊戲等則27課，占14.8%。又有關「同化於文明」、「同化於民族」的課程百分比，乃筆者計算的數字。

被教授[47]。隨著修身科課程設立，照道理領臺初期依附在國語教育課程中的「德育」，其任務應該大幅減輕才對。然而實際上的情形並非如此。因為大正二至十二年間（1913-1923）使用的《公學校用國民讀本》，教材量雖然比前期的教科書增加，但是有關科學的知識、近代的生活等教材，卻比前一期教科書少了64課，合計只有60課，占27.3%。相對於此，與皇室、國家關聯的課文反而增加了9課[48]。不但如此，這些課文中以奉仕國家和天皇，或涵養犧牲精神為趣旨的課文，也刻意地放入教材。除了〈水兵の母〉、〈楠公父子〉（〈水兵之母〉、〈楠公父子〉）等，這種以單刀直入方式強調「捨棄一命，為天皇陛下盡微小之力」，標榜將生命貢獻君國的內容之外[49]，一些乍看之下課名與天皇、國家完全無關的教材，其實有許多內容涵攝著天皇制國家思想。

　　舉例來說：第6卷第12課〈芭蕉卜ミカン〉（〈芭蕉與蜜柑〉），便以擬人化方式推出。課文裏的蜜柑與芭蕉，有一段相當有趣的對話。在這段對話中，芭蕉與蜜柑都認為把自己獻上給天皇品嚐是一件非常光榮的事；換言之，暗喻著為天皇犧牲是一種無上的美德。在此摘錄出兩者間精采的對話，以饗讀者[50]：

　　蜜柑：「文旦先生是一種具有高尚味道者，有時被總督閣下
　　　呈獻給皇室品嚐。」

　　芭蕉：「我們確實有時被呈獻給皇室。這是一件無上光榮之

---

[47] 明治四十三（1910）年，山口喜一郎曾以教師使用之參考書的方式發行了三卷《公學校修身教授資料》。在限本繁吉就任學務課長之後，大正二（1913）年開始正式推出修身教科書。

[48] 蔡錦堂，〈日本據臺初期公學校「國語」教科書之分析〉，頁241-44。

[49] 《臺灣公學校用國民讀本》第10卷（臺北：臺灣總督府學務部，1914），頁36。

[50] 同前註，第6卷，頁22-23。

事，讓我們為這個榮幸的事相互勉勵加油。」

　　很清楚的，芭蕉與蜜柑都是臺灣特有的水果，其企圖虛擬的當然是臺灣人。又第8卷第9課〈數へ歌〉（〈數字歌〉）也是一個例子[51]：

　　第一就是，人人把忠義放第一，要尊敬崇高天君的恩國之恩……第三就是樹枝的枝和枝之間，友善和好的好好過日子、兄與弟、姉和妹。……第六就是要儉約無益的浪費，不惜力量的盡力，為了人們、為了國家。

　　〈芭蕉與蜜柑〉、〈數字歌〉這些課文名稱與政治思想可說完全無關，但是內容經常挾帶與天皇、國家相關的意識形態[52]。類似這樣的教材在大正時期的教科書中不在少數[53]。

　　又根據蔡錦堂的分析，這本教科書中合計出現31個人物，其中天皇、軍人、官僚和實業家等日本人占24名；這些人物大部分被認為體現了忠君愛國或犧牲、奉公，擁有強烈的日本精神。以出現次數來說，最多者是明治天皇共8次、大正天皇共7次、北白川宮能久親王以及英照皇太后各3次。與明治二十九（1896）年的教

---

[51] 同前註，第8卷，頁21-23。

[52] 順帶一提的是，〈數へ歌〉原本是長期在日本內地被使用的課文，而被沿用到《公學校用國民讀本》中作為臺灣學童的教材，唯內地版的〈數へ歌〉與臺灣版有非常微妙的不同，那便是原本課文中有關於祖先的文句在臺灣版中被修改成和祖先比較沒有關聯的文句。

[53] 第8卷的第22課〈師の恩〉（〈師恩〉）、第9卷的第15課〈盲啞學校〉（〈盲啞學校〉）、第12卷第24課〈卒業を知らする手紙〉（〈敬告畢業的信〉）、第9卷第22課〈生番〉（〈生番〉）、第10卷第13課〈赤十字社〉（〈赤十字會〉）皆可說是以同樣手法所編纂出來的教材。

科書僅出現過楠木正成、明治天皇兩個人物之情形比較起來，大正
二（1913）年的教科書重視皇國思想的灌輸，以及日本的精神的陶
冶之傾向，顯然可見[54]。

　　順帶一提，在這本教科書中登場的漢民族僅有孔子、鄭成功、
吳鳳、曹謹4人。鄭成功甚至還以日本人後裔的身分登場，吳鳳、
曹謹則以具有犧牲、奉公美德的形象人物被介紹。換言之，這些人
雖然身為臺灣人，但與芭蕉、蜜柑一樣都是擁有理想的臺灣居民形
象，都被渲染為體現日本精神的象徵[55]。與上述類似的傾向同樣可見
於大正二（1913）年的修身教科書。

　　根據當時修身教科書的《編纂趣意書》，這本修身教科書是依
教育勅語之旨趣，再選擇一些被認為適合兒童之德性涵養的教材所
編纂構成的。然而實際上，在編纂過程中最重視的是國民精神、從
順、誠實、勤勞，與〈臺版勅語〉綱目有相當程度的重疊[56]。

　　第三章曾經說過，雖然後藤和持地認為，在培養從順而具有
實用性勞動者的程度範圍內，國語教育有灌輸近代化內容要素的
必要，但實際上一直採取抑制國語教育普及的態度。表面上，統治
者雖然經常標榜、託付在國語教育裏的近代化印象，但是基本上並
沒有針對臺灣人的要求，大刀闊斧地普及近代文明教育。以這個觀
點來看，後藤和來臺初期的限本基本上有志一同，都將國語教育的
實施底線設在：以「實用的」程度之知識為基準，以養成「從順、
誠實、勤勞」之勞動者為目標。然而以〈臺版勅語〉萌芽為分水
嶺，限本開始側重國語教育中的「同化於民族」、減縮「同化於文

---

[54]　蔡錦堂，〈日本據臺初期公學校「國語」教科書之分析〉，頁281-83。

[55]　同前註，頁281。

[56]　〈公學校修身書自卷一至卷四編纂趣意書〉，《臺灣教育》138號（1913年10
　　　月），附錄頁1。

明」。他與後藤的「同化」教育方針，逐漸分道揚鑣。

　　換言之，〈臺版勅語〉雖然沒有正式公布，但其精神卻慢慢地滲透到大正時期的「同化」教育場域。

（三）國語官僚學者芳賀矢一訪臺──「同化於民族」之加強

1. 芳賀矢一的國語觀

　　大正初期國語「同化」方針向「同化於民族」傾斜的現象，不僅投影在公學校規則之改正，以及國語相關教材編纂內容的轉變；國語官僚學者芳賀矢一訪問臺灣，更凸顯了新「同化」教育的意義。

　　芳賀矢一曾與上田萬年並肩建立起近代日本國語意識形態，是日本近代史上的重要人物。明治二十五（1892）年畢業於文科大學國文科，明治三十（1897）年五月曾與井上哲次郎等人共同以「大日本協會」成員的身分，參加標榜國家主義的雜誌《日本主義》之創刊。明治三十二（1899）年五月芳賀當上東京帝國大學文科大學助教授不久後，曾於明治三十三至三十五（1900-1902）年間留學德國。

　　滯留歐洲期間，芳賀和曾經也留學德國的上田萬年，同樣受到當時浪漫主義言語觀的影響，奠定下語言思想基礎。這個語言思想基礎便是將國語和民族、愛國精神聯繫成不可分割的一體。歸國晉升東京帝國大學的教授之後，芳賀一方面擔任國文科和國語教育的重責；另一方面則從事日本國定教科用圖書調查委員會主查委員的工作。從以上經歷來看，芳賀的事業歷程與上田萬年幾乎同出一轍，同樣留學德國、又是言語學者，也是高級官僚。因此當上田在擔任東京帝國大學文學科第一講座之教授並外遊德國之際，代替上田授課的便是當時擔當第二講座的芳賀。又上田兼任文科大學教授後曾擔任文部省專門學務局長，代其分擔博言學講座的就是助教授

的芳賀。二者關係之密切，由此可知。

　　上田萬年和芳賀矢一不但為近代日本最具代表性的國語學者，二人的國語觀也極為相似[57]。明治三十九（1906）年，芳賀發表《國民性十論》一書，強調祖先崇拜、忠君愛國等是日本這個國家的特質，後來成為研究日本人國民性，也就是所謂日本人論的先驅[58]。芳賀的代表作之一：〈國語と國民性〉（〈國語和國民性〉），於大正九（1920）年度被列為東京帝國大學講義的基本教材。從該書內容來看，芳賀思想的主軸便是大和民族的固有精神、文化，全部包含在國語和國文中，主張學習或使用國語就是瞭解或獲得日本人國民性的唯一方法。當然此一主張與上田的國語思想是極為類似的。

　　甲午戰爭勝利前，上田萬年強烈主張所謂的「國語愛」，建構了日本人強固的國語意識形態；而明治後期，把國語聯結至國民性、發展到實用主義的方向，並大肆宣揚、繼而捲起日本人論風潮者，就是芳賀矢一。

　　就在〈臺版勅語〉起草案告一段落、新的教科書編纂完成，以及公學校規則公布之後不久，芳賀在隈本繁吉的策畫之下，訪問了臺灣，並巡迴全島，向公、小學校的教師們大力宣揚他的國語觀[59]。

2. 國語、國體和國民性──全島教員講習會的內容

　　芳賀訪臺的時間在大正二（1913）年一月十七至二十八日，為期十天。招聘芳賀的是臺灣總督府，訪臺名目則是擔任小、公學校教員講習會講師。十七至十九日訪臺最初三天，芳賀主要針對有關

---

[57]　保科孝一，〈芳賀矢一博士と國語學〉，《國語と國文學》14卷4號（1937年4月）。

[58]　山田孝雄，《近代日本の倫理思想》（東京：大明堂，1981），頁206-209。

[59]　雖然是臺灣總督府所舉辦的活動，但招聘芳賀的計畫之決定和實行，與隈本有很深的關係。其從細節可從大正元（1912）年〈（祕）有關部務的日誌〉中清楚看出。

國定教科書讀本編纂的事項，向小學校的教員們做演說。二十至二十三日間，則針對公學校教員進行有關國語和國民性之間關聯之演講。值得注意的是，芳賀從二十四日開始到臺灣中、南部的公學校舉行演講，直到一月二十八日回內地，全程都由隈本陪同[60]。隈本對於芳賀演說之重視可見一斑。

　　隈本在大正二（1913）年一月全島小公學校教員講習會的開會儀式中介紹芳賀，致詞道：明治天皇駕崩之後，改元大正的新學期的開始，公學校規則也做了修改，隨之教科書也做了更新。在此狀況下「日新的時運催促教育改善」的腳步必須更加快速；從「當今的時勢和本島之地位來判斷，透過小公學校教育，我們必須潛心留意的是國民性格的養成。因此在此特地聘請芳賀博士來做有關之講演」[61]。在此，我們可以判斷隈本請芳賀來臺的目的，主要希望透過他對於新國語教科書的內容、旨趣及教導上注意事項的講演說明，讓教師們有更深入的理解，以便確實實施涵養臺灣人國民性格的作業。更具體說，隈本聘請芳賀的動機，就是希望芳賀教導教師們如何有效地教化臺灣人民。

　　芳賀在講習會上的演說到底有什麼具體內容？我們可以從當時雜誌所刊登的文章中找到一些蛛絲馬跡。大正二（1913）年八月號《臺灣教育會雜誌》的〈臺北通信〉記載，芳賀對參加小公學校講習會的教員說[62]：

　　　　國語教育不單只有語言教學目的。因此，縱使學生學會使用
　　　　國語也絕對不能滿足。我們要從國語中讓學生瞭解潛藏其中的

---

[60] 〈臺北通信〉，《臺灣教育》135號（1913年8月），頁46。

[61] 〈隈本學務長の訓諭要領〉，《臺灣教育》134號（1913年1月），頁7。

[62] 〈臺北通信〉，頁45。

我帝國冠絕世界之國體國風，以涵養國民精神，這才是學生學
習國語的真正目的。

芳賀強調，臺灣的國語教育，其根本就在於國民性的養成；
國語中存有國體的精神性。這些講演內容其實就是我們在〈臺版
勅語〉中看到的「殊習國語，而尊國體」等綱目之具體實踐。從當
時《臺灣教育會雜誌》頻繁刊載芳賀的講演內容、有關講演的一些
感想這種現象來看，芳賀的講演在當時臺灣的教育現場中引起了相
當大的迴響。例如擔任大稻埕公學校教諭的中內英夫聽了芳賀題為
〈渡臺所感〉的講演後，便「如痴如狂」，將其演說內容整理、投
稿《臺灣教育會雜誌》，連載於137號、138號。

根據中內英夫的紀錄，芳賀在演說中強調「利用教育來教導知
識雖然是一件重要的事，但還是不能忘記以感情的誘導來促使學童
發展其圓滿的情操」[63]。中內英夫的感想刊載之後，這場講演的全文
再度被連載在《臺灣教育會雜誌》140、141號。〈渡臺所感〉在臺
灣言論界具有相當權威的《臺灣教育會雜誌》連續出現四次相關記
事和介紹，觀察此一事實，我們不難理解芳賀這些講演之重要性，
以及教育現場之相關人員對其重視的程度。

其實芳賀這次訪臺雖由臺灣總督府出面舉辦；但是從大正元
（1912）年限本私人行事紀錄：〈（祕）部務ニ關スル日誌〉（〈[祕]
有關部務的日誌〉）中，我們可以清楚得知招聘芳賀的計畫，以及
實行，幾乎都由限本一手規畫包辦[64]。芳賀訪臺期間，限本曾透露其

---

63 中內英夫，〈芳賀文學博士の渡臺所感を聞きて（一）〉，《臺灣教育》138號
（1913年5月），頁56。

64 限本自大正元（1912）年開始記錄的學務課公務日誌〈（祕）有關部務的日誌〉
裏，頻繁地出現芳賀訪問這樣的預定註記。此外，大正三（1914）年，芳賀回到
東京以後，為了與中央政府交涉臺中中學校設置問題，以及臺灣教育令問題而前

感想：「國語教育應該有的旨趣理想，尚未真正在本島實行」，因此「這次博士的講演印證了，現今我總督府正在採行的教育方針是完全正確的」[65]。芳賀的國語觀念，隈本幾乎全盤贊同。

再者，對於芳賀在臺講演的效果，隈本也相當肯定，並且認為其演說內容對此後本島教育之推動將有極好的影響。因此，為了提升教育工作人員的素養，隈本計畫將在大正三（1914）年舉行的講習會也以〈國民性和教育〉作為主要講義題目，並希望能再度邀請芳賀來臺。順帶一提，由於芳賀訪臺的績效良好，大正二（1913）年以後，舉辦公、小學校教員的講習會成為臺灣教育界每年的例行活動。隈本對於芳賀之信賴和讚賞可想而知。

國語教科書的編纂、國語思想家芳賀矢一的訪臺等活動，說明了隈本的教育構想，正在一步一步走往為將臺灣統治納入「國體論」政治磁場的方向。〈臺版勅語〉之發布雖然胎死腹中，但是以芳賀矢一的論述為媒介，其精神內容卻逐步變成「同化」教育的核心理念[66]。

往東京之際，隈本在寄給臺灣的長官之書信中，關於招聘講習會講師之事，做了如下敘述：

去年，芳賀於國語與國民性的演講中，曾帶給講習員莫大的助益；今年為訓練教育者的修養，關於「國民性與教育」和「日常生活與理化學的關係」，期望能有高等師範學校或高等工業學校教官中人品、學識可以信賴者前來講習。視得到承諾之進展，將致力於人選和本人的交涉。

芳賀來臺訪問與隈本有何等深刻之關係，可從上述日誌內容窺見。

[65] 〈臺北通信〉，頁45。
[66] 駒込武表示，當局為了將此時期教育理念再度構築，於是在〈臺灣版教育敕語〉傳播遭遇挫折後，為填補天皇制國家原理和異民族支配間的空隙，做出了活用滲透於臺灣民間的儒家和民間信仰、以有效地作為代替物加以利用這樣的敘述。具體來說，即提出「吳鳳傳說」和「能久親王」作為教科書教材，主張不只將吳鳳和能久親王當作文明開化的象徵而已，更藉由強調為了移入文明於臺灣而犧牲的觀點，隱蔽日本支配的外來性、他者性印象。的確，從隈本的文章及教科書的

3. 全面性國語教育普及的開始——從抑制到擴張

　　前面業已說明，隈本繁吉從朝鮮轉任臺灣的學務課課長之初，係將臺灣當成殖民地來看待，甚至認為過度的普及教育將造成「國家永遠的貽禍」[67]。換言之，與後藤新平、持地六三郎一樣，他的臺灣統治觀幾乎沒有「國體論」的思考座標。然而來臺不久以後，隈本的教育構想卻開始有了微妙的變化。

　　大正二（1913）年六月，隈本在地方廳長會議中不斷感受到全島各廳長要求增設公學校的聲音。唯針對與會人士提出：在臺灣沒有比「興建學校、普及教化以讓鄉邑無不學之徒，更重要的當務之急」的建議，隈本附和著說：「在牧民之職責上，我認為這是適當的意見。因此當局將比以往稍進一步，盡可能謀求增設公學校，普及初等教育的可能性。因為這是本島百年之長計，也是統治上最緊要而不可或缺的措施」。隈本在面對這些要求增設學校的急切聲音，一改以往之態度，明確具體地表明在「財政的許可下，希望今後將增設公學校作為施政的重點」[68]。

　　隈本這種反應並非只是安撫廳長們情緒的緩兵之計，因為大正四（1915）年以後，他的確開始具體著手增設公學校的計畫。在九月二十三日的私人工作紀錄〈臺灣人教育ノ根本方針及施設ニ就テ〉（〈有關臺灣人教育的根本方針及施設〉）中，隈本提及「公學校教育的普及擴張之問題」，主張由於「民度」和「經費」等之理由，現階段的新領土雖然無法實施義務教育，但是計畫在短期間內

內容，大致可以確認他有意培育出勤勉且身懷實用知識臣民的志向；但是與此同時，也不能忽略為了朝「民族方面同化於民族的同化」而普遍施行的國語教育就是從這個時期正式開始的。

[67]　隈本繁吉，〈（祕）臺灣ニ於ケル教育ニ關スル卑見ノ一二並ニ疑問〉，頁62。

[68]　隈本繁吉，〈臺灣總督府學政大要〉，《高千穗論叢》26卷4號（1992年3月），頁105；收入沼八郎整理，《植民地教育史研究ノート・その二》。

在臺灣全島455個街、莊、社區域中，每區設立1所公學校。雖然當時全臺灣已設置了284所公學校，然而隈本強調必須再「增設二百七十餘校，因為急速的普及擴張公學校是燃眉之急」[69]。

明治四十四（1911）年隈本就任當初，對學校設置的主張是「表面上重視教育，但是實際不積極獎勵，只有在最不得已時，才漸次施行之」。然而這種構想僅僅四、五年就有了極大的轉變。

其實，如同表格5.2「大正時期臺灣公學校就學狀況」所示，在隈本來臺以後的大正時期，以往一直沒有顯著上升傾向的公學校就學率，卻突然有了明顯的變化。從數字來看，明治時期公學校就學增加率從來沒有一年超過1%以上；然而進入大正時期，幾乎每年都增加1%以上。特別在大正四（1915）年以後，公學校的就學增加率幾乎每年都超過2%。大正元（1912）年公學校總數248所，就學率也只有6.63%；然而到了隈本離開臺灣的大正九（1920）年，公學校就學率已衝到25.11%。這個數字是持地六三郎離開臺灣時，也就是明治四十四（1911）年的四倍以上。迨至大正十（1921）年，公學校數量更增加到531所，隨之就學率也達到27.2%。

另外，隈本任內，在「同化」的名目下，除公學校數量大幅增加外，國語教育普及設施甚至也擴張到社會各角落，觸角也延伸到社會一般民眾。大正四（1915）年臺中廳長在轄內設立國語夜學會，嘉義則設置了國語研究夜學會，臺北廳也成立了風俗改良會、國語普及會，翌年桃園廳亦隨之設置國語練習會。此後改良風俗、獎勵國語和國語普及運動的氣氛日益升高。以一般居民為對象的國語普及活動，隨即在全島各廳的主導下展開，臺灣民間的國語教育設施也開始有計畫地被組織起來。

---

[69]　隈本繁吉，〈臺灣人教育ノ根本方針及施設ニ就テ〉（1915年9月23日）。

表格5.2　大正時期臺灣公學校就學狀況

年次（大正）	學校數	出席百分比	就學百分比	出席百分比增加率
1（1912）	248	87.35	6.63	—
2（1913）	260	89.36	8.32	1.69
3（1914）	270	90.19	9.09	0.77
4（1915）	284	90.90	9.63	0.54
5（1916）	305	92.67	11.06	1.43
6（1917）	325	92.67	13.14	2.08
7（1918）	394	92.00	15.71	2.57
8（1919）	438	92.48	20.69	4.98
9（1920）	495	94.23	25.11	4.42
10（1921）	531	94.23	27.22	2.11

資料來源：持地六三郎，《臺灣殖民政策》，頁316, 404。就學成長率數值係筆者自行算得。

　　依據臺灣總督府囑託山根勇藏的調查，在大正八（1919）年十一月這個時間點，以一般民眾為教學對象的國語普及機關共有：國語普及會、國語練習會、國語獎勵會、國語講習會、國語夜學會、國語研究會，以及國語傳習會等。又在上述同樣的組織名稱上冠上「婦人」二字的類似組織，全島合計也有887所。順帶一提，這些機關中以公學校為教學會場者有277所，利用民屋者有180所，使用保甲事務所者有162處，利用寺廟者有132處，以特設會場進行教學者有24所，這些國語普及教育的會員合計高達44,302人[70]。大量增設公學校、有績效地把國語教育普及到一般民眾之間，提升臺灣人的就學率，可以說是隈本任內最重要功績之一。

---

[70] 山根勇藏，〈國語普及に關する施設調查〉，《臺灣教育會》213、215號（1920年2月、4月）。

　　進入大正時期後，「同化」教育的重點相對從「同化於文明」開始往「同化於民族」的方向轉移。此一「同化」方針變化的背後，潛藏著一個統治者的意圖，便是矯正至今過度偏重「智育」的「同化」教育方針，安定臺灣社會人心，平撫社會秩序的動搖。伴隨著該意圖動機，隈本的教育構想也開始產生變化。就任當初，他原對公學校增設問題採取消極態度，但在很短期間內，已轉變為開始積極地盡力於國語教育的普及工作。

四 從「抑制教育普及」到「以普及（教育）作為抑制」的手段──「同化」教育戰略的轉換

　　然而，臺灣的「同化」教育果真可以說在隈本的主導下往平等化的方向靠攏、傾斜嗎？答案恐怕不那麼簡單。其實大正初期臺灣的教育問題狀況百出，除了〈臺版勅語〉和國語教育普及、芳賀矢一訪臺等活動和問題外，在時間上與這些活動呈平行狀態、正在醞釀中的還有臺中中學校設置問題，以及臺灣教育令制定問題。在此，筆者試圖以這些尚未正式浮上檯面的問題為切入點，一方面分析隈本對這些問題的態度和對應方式，一方面探討致使隈本改變其初衷──從抑制教育轉變到普及教育──真正的原因及目的。

（一）臺中中學校的設立和「同化」構想的轉換

1. 臺中中學校設立經過

　　相較於持地六三郎，渡臺後不久的隈本繁吉雖然對於增設公學校、增加留學生、日臺兒童共學、設置中學校等問題多了若干妥協，但是基本上仍然遵循持地的既存方針，承襲後藤新平抑制教育普及的做法。只是浮現在臺灣的教育問題，似乎遠比隈本想像的更為複雜，也更加嚴重。為此，隈本開始意識到這些問題並非只沿襲

自己在朝鮮的經驗、以單純的政治手段便可以壓制。

辛亥革命爆發後，明治四十四（1911）年四月，也就是隈本繁吉剛上任不久，臺灣北部著名商號林本源的人便來拜訪，目的是為了讓自家子弟能進入內地的學習院大學就讀，而請求隈本協助。這件事後來因為佐久間總督出面，請求學習院院長乃木希典的幫助而如願以償，暫告一個段落。但是實際上，臺灣人對於學校的熱切要求並不會因某一特定人物之問題獲得解決而如此就落幕。

其實，臺灣資產家來陳情或請求幫忙入學，林本源並非首創之例，稍早明治四十四（1911）年三月隈本視察中南部時，林獻堂等有識之士便曾為請求當局容許日、臺兒童共學前來陳情[71]。以身分家境來看，林本源、林獻堂這些人所受的差別待遇程度原本應該較一般民眾少，因此這些屬於臺灣上層階級者的陳情抗議行為，正代表著臺灣人在教育上所受到的不平等待遇——例如公學校數量的不足，以及日、臺兒童的差別問題——正要從以往被抑制在水面下的情況中一鼓作氣地噴出。在這個節骨眼上，英國人Run kin訪臺，更使局面變得曲折複雜。

大正元（1912）年，當時在對岸中國經營高等普通教育的英國人Run kin來臺訪問總督府。Run kin所以會來臺灣，基本上是受到臺灣一些社會賢達的邀請。當時臺灣的鄉紳、知識分子預測日臺共學的實現路途遙遠，因此邀請Run kin，希望探聽其來臺設置廈門英華書院分院的意願。Run kin為了上述事情，也曾經與隈本做過一番接觸。根據隈本的說法，廈門英華書院與當時既存於臺灣社會的小規模、具濃厚宗教性質的教會學校不一樣，其學校本身宗教色彩稀薄，以及在經營上乃以近代化「教育為主要宗旨」。因此隈本在與Run kin的交涉過程中顯得格外慎重。其雖曾提出只要按照正

71　隈本繁吉，〈臺灣教育令制定由來（資料）について（その一）〉，頁258。

規辦理學校的設立手續，基本上該校設置是沒有問題的見解；但卻堅持一個要求，便是學校課程必須遵守以國語教育為主的教授方針。隈本認為，對於身為日本國民的臺灣人實施的教育，理所當然要使用國語，不能用英語或漢文。

隈本的條件對原本計畫以英語實施高等教育的 Run kin 而言，是難以接受的苛求。由於雙方意見相左，這個在臺灣設置一所與廈門英華書院同樣教育機關之方案，最後胎死腹中。

翌大正二（1913）年，林獻堂為了慶祝母親八十歲生日，以十萬元祝賀金計畫與中部有力人士共同設置「勸學會」。根據林獻堂親自對隈木所說，日本占領臺灣業已十七年，「雖然產生了大量的公學校畢業者，但是這些人卻無處可繼續升學，為此只有少數資產家的子弟在不得已的情況下留學內地，但是多數人卻無法留學⋯⋯為了讓更多人得以留學，因此設立了這個勸學會」[72]。原本「勸學會」的設立旨趣便是獎勵貧困的本島人學生留學，唯後來林獻堂接受兄長林烈堂的勸告，以為這種獎勵、資助失學者方式過於消極，因此進一步轉往設置私立中學的方向。

由於林獻堂登高一呼，短期內便網羅了包括李春生等在內的各地資產家、名望家和204名「捐獻」者一共捐了25萬元。林獻堂等將這一筆為數不少的獻金提送總督府，要求當局以這筆錢作為中學校設置和營運的資金，為臺灣人設置一所中學校。

此際，正逢西本願寺臺北別院番紫雲玄範，希望作為在臺布教活動之一環，在臺灣從事教育事業。林獻堂等察知紫雲的意圖後，便向總督府提案，希望能以那筆寄付金讓西本願寺在臺北大稻埕設立一所中學校。由於總督府部分高官也贊同此一建議，因此由西本

72　隈本繁吉，〈公立臺中中學校設立の經緯〉，《高千穗論叢》28卷1號，頁169；收入上沼八郎整理，《植民地教育史研究ノート・その三》。

願寺設置私立中學校之事便有箭在弦上的態勢。然而不久以後，總督府方面的態度卻開始變得曖昧模糊；再加上李春生的兒子、也是基督教徒的李景盛，因為信仰上的種種因素對此事有異議，臺灣人內部之間也出現了雜音。林獻堂因此向佐久間總督提議，希望將設置中學校之事與西本願寺之間的關係劃清界線。從此以後中學校設立問題的交涉主導權，便轉到隈本的手上。

針對中學校設立問題，隈本接受佐久間總督的指示，以公立中學的方式來設置，修業年限為五年，入學資格亦以公學校六年級以上為條件，開始與內地的法制局進行交涉。對於上述條件，法制局則以為了保持與朝鮮中等教育機關之間的平衡為理由，首先主張修業年限必須與朝鮮同為四年；接著又以「同一帝國之內不能接受有同名異質的學校」為理由，對於臺灣這種內容、學制均與內地學校不同，卻一併使用「中學校」這個名稱，表示異議。並提出以畢業後不得晉升上級學校為前提，要求臺灣使用代表著已經是最高教育機關的名稱；換言之，就是讓臺灣使用「高等普通學校」的名稱。總之，有關中學校如何設立這個問題，在內地的法制局、拓務局和臺灣總督府以及林獻堂等之間，持續地做了一番折衝和協調。

然而，隈本從大正三（1914）年起便與中央政府進行交涉，後因雙方的立場和意見均不合，呈現觸礁狀態。雙方之間的交涉持續一年以後，結果是「中學校」這個名稱雖被接受，但入學年齡則規定為十三歲以上，修業年限較內地和臺灣總督府的中學校短縮一年，也就是變成四年。入學資格也比原來設定的基準低，降為公學校四年修畢。至於授業科目方面，最後也以「變則」方式達成妥協。具體地說，國語和實業的時間數最多，英語被列為隨意科目，只限於高年級，每週也只有兩個小時授課時數[73]。

---

[73] 若林正丈，〈總督政治と臺灣土妖資產階級——公立臺中中學校設立問題（1912-

　　大正四（1915）年五月一日，這個與內地的中學校看似相同、卻有相當差異的臺中中學校終於創校了。當然，這種四不像的中學校在學制上與內地是沒有連接的，其授業內容也與朝鮮的「高等普通學校」同樣都受到制約。不僅如此，由於整個中學的設立旨趣側重於國語的熟練、國民性的涵養和實業知識的習得，因此學校方面以「為了讓學生能在日常生活中涵養國民性，並修得作為一個日本國民所必備的知識」為理由，規定全部學生必須寄宿校內，以便薰陶臺灣學生吃飯的姿勢、說話的方式、穿著和服的方式等禮儀規範。換言之，這些學生都被強行在學校中過著純日本式的生活[74]。臺灣人好不容易才爭取到的中學校，實質上變成了「同化」教育的延長機構。

2. 來自設置教會學校的心理威脅

　　從臺中中學校的設立過程中，我們似乎看到臺灣總督府認真爭取、熱心地與臺灣人並肩作戰，繼而與中央政府交涉的一面。然而根據若林正丈的研究，設立臺中中學校的背後其實暗藏著兩大因素。遠因乃是辛亥革命的發生；近因則是所謂的「理番」事業。當時的佐久間總督為了開發潛藏在新領土高山地區的龐大資源，須對原住民進行征服戰爭，於是在任內將「制番」或「理番」事業當作主要工作目標。因此，佐久間總督規畫了為期五年的討番事業；唯因原住民頑強抵抗，進行得並不順利。為了完成「理番」的心願，統治當局希望獲得漢民族在金錢方面、人力方面的協力，開始提出一些交換條件，與一部分本島人進行交涉。

　　領臺之後，統治當局在某種程度剝奪了漢族社會中舊有領導階

　　1915）〉，《アジア研究》29卷4號（1983年1月），頁18-19。

[74]　臺灣教育會，《臺灣教育沿革誌》，頁745。

層的權力，以及在社會上的權威；然而對他們以從佃農榨取高倍率
收入為主的經濟基盤結構，卻無法完全掌握或奪取一空。非但如
此，統治當局往往為了維持近代的法律制度或增進治安能力，反而
保護這些舊有領導階層的經濟權益。當局企圖利用這些「有資產有
名望」的人士，將其對臺灣社會的影響力轉移到統治上，讓自己的
殖民地支配能圓滑地進行或維持。在相互利用的結構下，統治者經
常視其資產、名望，以及對日協力的程度而賦予一些權益。為此，
下至派出所的警察，以及具有線民任務的保甲役員（保正、甲長）
或區長、莊長，上至參事官或地方行政末梢的職役，都是酬庸這些
舊有領導階層的籌碼。在這種協力關係下，這些舊有領導階層往往
較有機會更早適應近代化體制。

　　當然，雖為協力人士，但既為被統治者，也不可能完全跳脫
「同化」教育的差別範圍或對象之外。因此為了自己的子弟或其他
臺灣人，這些「有資產有名望」的「本土地主資產階級」往往打起
頭陣，向總督府要求增設教育機構或改善教育內容，在此相互利用
的情況下，這些人往往成為統治者「討伐生番」時經常邀請的協力
對象。在「聯漢制番」的結構前提下，總督府對於本島人寄付獻金
要求設置中學校，幾乎沒有拒絕的理由和空間。臺中中學校就是在
這樣的時代背景和統治結構下，順利設置成功[75]。

　　然而，除了「本土地主資產階級」資金力量豐厚外，左右臺
中中學校設立的還有其他外在因素，便是當時對岸祖國的政局，
以及教會系統學校之存在。持地六三郎在離臺不久後的明治四十五
（1912）年出版了《臺灣殖民政策》一書，其中曾從教育的觀點，
說過以下一段令人玩味的話[76]：

75　同前註。

76　持地六三郎，《臺灣殖民政策》（東京：富山房，1912），頁303-304。

近時土人（按：臺灣人）向學心勃興，其對於教育施設的要求之所以炙盛，乃是由於當局者對於土人的教育過於細心顧慮，以致不能滿足今日土人對於教育的要求。或許由於土人逐漸瞭解新教育之價值。或許是清朝覺醒開始振興其國家教育施設，本島人民可能受此刺激，因此以修學來作為立身階梯的思維，存在於土人青年的野心當中。然儘管如此，這種思想發展的潮流是不能以政治上的勢力加以克制或壓抑。

持地在臺任職期間實施抑制教育普及的政策，不過在離開臺灣前夕，卻開始擔憂本島人的向學心會波及政治，反而動搖其初衷。持地甚至以述懷的口氣說：「當局必須巧妙的解決這些教育問題，以期緩和衝突、為同化的前程開拓一條坦蕩大路。這是我個人最期望的事。」不僅如此，他還提出了在統治允許的範圍內，開放教育門戶，巧妙解決臺灣人的教育問題，這種妥協式的見解[77]。

持地對「同化」教育的主張所以會有一些微妙的改變，主要的原因在於他判斷臺灣人的不滿幾近臨界點，如果繼續壓抑他們的向學心，反而會造成對統治者不利的結果。持地這麼判斷的依據，除了前述本島人旺盛的向學心和辛亥革命外，還有一項重要因素，便是對岸教會系統學校之存在。他甚至認為對岸教會系統學校，便是讓臺灣教育問題更趨嚴重的要因。

筆者在第四章已說明，明治時期臺灣教會系統學校對於「同化」教育的影響並不很大，因為這些學校的規模基本上都不大，且教育的對象通常只限於基督教徒；傳教士對於「同化」教育不但沒有明顯的抵制行為，反而有協力的態度傾向。在教會學校這個西洋近代文明「本尊」的配合與「謙讓」之下，明治時期「同化於文

---

[77]　同前註，頁304。

明」的主導權，幾乎都被日本當局所獨占或掌控。為此，當明治末期對岸政局在歷經辛亥革命後有漸趨安定的傾向，歐美人士將在福州、廈門、香港等增設教會學校的消息流傳於臺灣時，當局者便開始為了失去臺灣社會的近代化主導權而緊張起來並憂慮不堪。譬如持地等人便擔心，如果歐美各國在大陸沿岸地區設置教會學校，對於向學心旺盛、但升學途徑受到統治者封鎖的臺灣人而言，無非代表了突破統治者「抑制教育普及」的包圍，也就是新就學管道之出現。更具體地說，對於臺灣人而言，除了日本內地外，他們在選擇留學地區時多增加了一個選項；這新選項的出現，必然會打破以往日本獨占近代化教育市場的統治優勢。

　　喪失近代文明教育主導權的優勢，對於當局而言，勢必造成統治上的威脅。因為就如同下村宏所言，福州、廈門、香港和臺灣同樣屬於中華文化圈，不管在語言文化上或地理上都比日本內地更接近臺灣，因此對於臺灣人來說，留學對岸的教會學校比留學內地更方便、更經濟。況且歐美本來就與日本不同，是近代文明的創始者而非模仿者，對於臺灣人來說，這些地方都是直接可以學習到近代文明的選項。在此狀況下，持地因此認為當局如果還一直警戒著臺灣人的向學心，抑制增設教育機關的話，許多臺灣人必然會到對岸教會系統學校去留學。

　　鑑於上述傳言，持地憂心以大陸沿岸為中心，臺灣人留學的地區可能會擴散而遍及中國全土，「將來甚至連青島都會輩出臺灣的留學生」[78]。為此，持地還由衷地建議[79]：

---

[78]　同前註，頁303。

[79]　同前註，頁303-304。

如果讓土人（臺灣人）青年到日本或外國去修學，必然會開擴視野而激發思想上衝突，此係得策乎？既然如此，那麼不如考慮有限度的在臺灣島內開放教育施設，讓土人在教育要求上暫時得到滿足，在這個緩衝期間當局再去思考調和之措施，這或許才是適當之策。對於這個問題當局實有慎重考究的必要。

很明顯的，持地在辭職前夕已經察覺到隨著對岸情勢的變化，以往在島內一昧封鎖臺灣人修學之路的統治方策，在不久的將來會走到山窮水盡的地步。其實類似持地這樣的危機意識，也可見於隈本的「同化」構想。

就如同臺中中學校設立問題所顯示的，進入大正時期以後，後藤、持地的時代以財政困難為由壓抑臺灣人增設學校的要求，或拒絕教育內容的改善，這種手法很明顯地已經到達了崩壞的臨界點。Run kin來臺訪問總督府、希望設置學校一事，不得不讓隈本敏銳地感受到時代潮流的變化。臺中中學校的設立問題之發生，更使得隈本不得不毅然做出和持地相同的決定，開始調整「同化」教育構想。

（二）「以普及（教育）作為抑制」的手段 ──「同化」教育構想的調整

本來在臺中中學校設立問題表面化之初，隈本還曾畏懼著說：本島人「對於法律、經濟等形而上學的知識欲望」將成為統治上的阻礙，因而對臺中中學校的設置採取了並不是那麼友善的態度。然而時代的變化是無法抵擋的。不久後隈本便改口，表示統治當局如果一昧壓制、警戒臺灣人，將導致臺灣人萌生「非國民的感情」，造成其「深切的怨嗟乖離之念」；如此，反而形成統治上的不安。隈本所以會支持設置臺中中學校，其實是在這種居安思危的考慮下

做出的不得不然的決定。[80]

　　大正五（1916）年六月一至六日，隈本繁吉為了制定臺灣教育令，前往東京與內務省交涉相關事宜；其國語教育構想之變化在交涉內容中一目瞭然。在記載這次交涉內容的〈次田拓殖課長意見抄及之ニ對スル批評〉（〈次田拓殖課長意見抄本及對此之批評〉）中，內地拓殖課長次田大三郎舉出許多殖民地教育的事例，並以這些殖民地統治幾乎全部失敗的事實為根據，反對在臺灣實施積極的教育政策。並舉出古斯塔夫・黎朋（Gustave Le Bon）以及保羅・S・芮恩施（Paul Samuel Reinsch, 1869-1923）等人反「同化」殖民地政策研究的學說，建議新領土的教育不要使用國語，應可考慮以臺灣話來為之。在與隈本的對談交涉中，次田明確地反對國語普及，甚至主張「同化」教育應該降低內容程度，緊縮實施範圍。

　　唯針對次田的建議，隈本強烈地反駁，其反對理由相當值得我們注意。隈本認為將臺灣與歐美支配下的殖民地混為一談，「同視為一物」，是不恰當的。最大的理由在於臺灣住民對於國語教育的「教師並沒有敵愾之心，不避諱學習國語」，「因此如果讓其知道我們採取的態度其實是不給與教育、不教授國語的話，反而會引起臺灣人不平，成為其反抗的原因」[81]。再者，根據隈本的說法，統治當局既然不能在經濟面、社會面徹底「征服」本島人，那麼抑制公學校普及的結果，反而會逼迫那些有向學心的本島人子弟逃到總督府較難看管的內地，或往根本無從看管的對岸教會系統學校去。放任這些人毫無規範地接受教育，結果將導致統治上發生危機。與其如此，不如「讓他們學習國語，以便吸收一些帝國想要讓他們適應，

80　隈本繁吉，〈大正五年六月一日至同六日　內務省卜交涉概要〉，《隈本繁吉文書》，「教育令關係04」。

81　同前註。

以及帝國所能容許之程度的教育內容」。換言之，隈本所以贊同增設公學校、設置中學校，真正的目的並非在於廢除臺灣人在教育上所受到的差別待遇，乃係因其已察覺：以往在島內一昧封鎖臺灣人就學之路的統治方策，幾乎已經到了山窮水盡的地步。在這種狀況下，唯一的統治妙策便是：不如順勢地利用教育來教化臺灣民眾。此一妙策便是積極地普及「同化」教育。

其實大正五（1916）年為了交涉有關臺灣教育令制定等問題，隈本曾出差東京。在交涉活動之前的五月十八日，隈本曾訪問國語學者上田萬年，這已經是隈本第二次拜訪上田了。第一次在大正三（1914）年六月十九日，是為與中央政府交涉臺中中學校設立事宜，出差東京之時。當時由於擔任文科大學長的上田剛好外出，所以無法達成面會之願望，怏然歸臺。因此對隈本而言，此次訪問代表的意義乃是達成多年來的心願。雖然，隈本訪問上田的動機和對談的詳細內容，因為史料的限制，迄今仍然不甚明朗；不過會談後隈本的感想卻出乎意外地冷淡[82]：

　　失望極了。國語有神祕力量、有心靈的生命，語學方面則充滿機械性。僅有形而上的思想，意猶未盡。作為帝國的國語之價值，意義不徹底。（對）普及的方法，希望國語學校能致力於國語研究等等……。

從上述面談後隈本留下的筆記和感想來看，我們可以確定：明治末期，身為新領土教育掌舵者的隈本在面對〈臺版敕語〉起草事件、公學校不足問題、臺中中學校設置問題，以及對岸辛亥革命後

82　隈本繁吉，〈部務ニ關スル日誌〉，《高千穗論叢》31卷4號（1997年2月），頁102；收入上沼八郎整理，《植民地教育史研究ノート・その九》。

的威脅等種種試煉之後，試圖向上田請益的應該不僅是國語如何神聖、具有神祕的力量等意識形態的宣揚和說明。他熱切關心的恐怕是應如何將這些國語觀從「形而上的思想」，延伸到實際上的「同化」方針等運用策略。依據筆者的推測，隈本造訪上田可能在其與內地官員交涉觸礁之際——更具體說，在類似拓殖課長次田大三郎等內地官員極力反對在臺灣實施國語教育時，希望這位國語思想的先驅者、本身也是高級官員的上田，能夠仗義直言幾句。

總之，隈本造訪上田的插曲，顯示了國語教育在意識形態和現實政策之實施間仍然存有距離，甚至是矛盾的。

透過隈本與中央政府交涉有關臺中中學校、臺灣教育令制定等問題，我們發現一件重要的事，那便是在內地孤軍奮鬥的隈本其「同化」教育統治主張，不同於以往的後藤新平。相對於後藤、持地那種為了防止「高等的遊手好閒者」輩出、因而利用「抑制教育普及」來維持臺灣社會治安的方式；隈本反而希望以國語教育的普及，來作為抑制臺灣人的手段，繼而去確保統治上的順利。針對這種「以普及（教育）作為抑制」的手段，隈本自身曾有一段相當完整的詮釋。在〈內務省卜交涉概要〉（〈與內務省的交涉概要〉）備忘錄裏，他記錄了大正五（1916）年六月一至六日與內地官僚交涉的內容和感想，記載如下[83]：

> ……換言之，賦予臺灣人適當的教育才是（按：維持社會治安）的安全閥，在統治上無害的前提下（萬一他們避諱學習國語或我國的教育的話，那就另當別論，然而現今臺灣人所反對、怨嘆的是政府設置的學校太少）。與其讓臺灣人接觸他國的言語養成其思想，不如讓他們接受國語教育。雖然我們也多

---

[83] 隈本繁吉，〈大正五年六月一日至同六日　內務省卜交涉概要〉。

少自覺實施國語教育會產生一些弊端，但是至少這些弊端不至
於讓臺灣人因為接觸他國言語養成他國思想，陷入非國民的感
情。

……現在既然臺灣人因為認為政府吝於賦予其教育機會，懷疑
政府愚化人民；此際這種念頭如果愈加深刻，則民心將愈趨乖
離。這便是當今為政者所必須考慮的大問題。

　　從上述紀錄中，我們知道隈本其實並不否定普及國語教育後可
能也會釀成臺灣人「非國民的感情」；但是他更確信這總比「讓臺
灣人因為接觸他國言語養成他國思想」，在社會安全上的禍患要來
得少。以時間點和情勢來看，隈本所謂「他國」應指前述 Run kin
所代表的西洋。而「非國民的感情」應該指辛亥革命在臺灣社會引
起的「人心變調」之反應。

　　總之，為了防止臺灣人「非國民的感情」，隈本不僅繼承了持
地離任前的構想，希望以開放實業教育來消解本島人向學心的問
題，也毅然開始增設公學校，以及一般民眾的國語教育設施。當
然，這些教育開放政策，都是以統治當局實現「一視同仁」的德政
來作為宣傳。

　　隈本這種重視國語教育的統治構想，乍看之下和伊澤修二的主
張有些類似；唯與後者最大不同處在於：致使隈本「同化」統治構
想大轉彎的原因，與其說是天皇制國家原理或國語思想等意識形
態，不如說是他對臺灣的「同化」教育之局限產生了強烈的危機意
識。他的構想乃為阻止所謂「本島人的民族運動」之擴大和影響，
不得不然的方策。

　　大正二（1913）年，坊間流傳臺灣人武裝抵抗事件中有一名參
加者是公學校畢業生的傳言。得知這一情報後，隈本大吃一驚。因
為據其在日誌記載，他深信受過國語教育的精神「征服」後，臺灣

人應該會變成比較馴良的日本國民[84]。換言之，他的教育構想是建立在「同化於民族」可能達成的前提之上；國語教科書內容比重向「德育」傾斜做調整，便是這種思考下的產物[85]。隈本理想的「同化」教育的構圖，便是以其矛攻其盾，利用本島人的向學心，將臺灣人需求的學校空洞化，使其成為培養馴良臣民的機構。更具體地說，把臺灣人希求「同化於文明」的願望巧妙地加以過濾，置教育重點在「同化於民族」的強化方面，讓學校盡量壓制「同化於文明」之實施。擺脫了「抑制教育普及」這個既存的統治態勢後，隈本將臺灣的統治方向轉換到「以普及（教育）作為抑制」手段的路途上。

在此，讓我們不厭其煩地再整理一下思緒。持地六三郎時代，對增設公學校的態度相當消極。換言之，他是以抑制教育機關的數量作為統治本島人的方針。隈本則一改這個方針，「積極主動」地增設教育機關，同時極力控管教育的品質內容，把學校變成培養馴良日本國民之場所。在以調整教科書內容比重作為配套措施的前提下，大正時期這種以增加學校數量來作為「一視同仁」具現化的教

---

[84] 隈本繁吉，〈部務ニ關スル日誌について（その三）〉，《總合研究》（高千穗商科大學總合研究所，1994），頁B95。

[85] 大正五（1916）年六月，結束了與拓殖省的交涉，在返回臺灣的「信濃丸」船中，隈本大略記錄下這樣的交涉感想：

　　民族間「同化」的可能性及成功所需的時間，因接受方面的民族而有所不同。但「帝國往昔的歷史，是各民族由南方向北方，集合雜處而來，最後終於在日本的精神之下，得到渾然同化；先不論高天原族、國神族的事蹟，像那熊夷族也好、東夷也好，經過長久的歲月，終究也成了帝國治下的忠良之民」。與歐美所支配的殖民地之下的被殖民者不同，日本視為「同化」對象的臺灣人不但文化、風俗、習慣上都與日本類似，而且，帶有膨大使命的大和民族，「擁有絕對特異同時也是偉大的同化力」，「同化」必定是可能的，因此，與北海道、琉球同樣，臺灣會是日本帝國的一部分。（〈大正五年六月一日至同六日　內務省卜交涉概要〉）

育體制，便被樹立了起來。

更具體說，這種將抑制臺灣人的策略重點從教育上「量」的壓縮移轉到「質」的劣化上，是隈本「同化」政策的縮影和精髓。這種兼具「教育普及」假象和「壓制」被統治者平等權利的統治方式，不但延續了「同化」政策的正當性，也形塑日本帝國式殖民地統治的特殊性。這種特殊性不只停留在決策者的思考層次，而且投射在日後臺灣教育令的條文，以及其制定運作過程中。

五、新「同化」教育構想的法制化
　　——臺灣教育令的制定以及改定

其實原本隈本繁吉與法制局在交涉有關臺中中學校設立問題時，法制局曾以同意「高等普通學校」之名稱為交換條件，要求以勅令的方式在新領土發布臺灣教育令[86]。

占領臺灣雖已二十年，國語教育也一直在進行，但是很意外地，作為日本第一個海外領土，關於臺灣的教育令的立法程序卻比第二個殖民地的朝鮮起步還要晚。因此就如同隈本自己所記載的，在堅持「六三法」的後藤、持地之主導下，「對於新附民教育實施之取捨得宜，都在默契中」，「因故有關臺灣人的教育，在權宜上都由臺灣總督去設定規程運作，從來就沒有規畫要公布一個能顯示教育之根本的學制」。換言之，甲午戰爭後臺灣總督府一直都是以其權限頒定律令，以個別處置的方式維持「同化」教育之運作[87]。

然而進入大正時期，很明顯地總督府內部、內地統治當局和臺

86　隈本繁吉，〈（祕）對本島人中等教育問題〉，《隈本繁吉文書》，1913年4月30日。

87　隈本繁吉，〈臺灣人教育ノ根本方針及施設ニ就テ〉，頁136-37。

灣人鄉紳三者的「默契」幾乎已經脆弱到搖搖欲墜的地步。在此時代背景下，大正初期臺灣當局必須派遣代表至日本，與中央政府進行協商、交涉有關臺灣教育令之制定。臺灣方面的代表不是別人，正是隈本繁吉。

（一）臺灣教育令之制定——臺灣特殊性的忽視

1. 與朝鮮之間維持均衡的考量

內地中央政府到底基於什麼動機要制定臺灣教育令？有關這個問題，大正七（1918）年內務省拓殖局提送的〈臺灣教育令參考書〉，可以告訴我們一些答案[88]：

> 隨著近時臺灣時勢的進步，士人的向學心勃興，針對教育施設的要求甚為熾烈。現今如果同朝鮮一樣的，教育沒有一定規範的話，會造成臺灣教育將來無法抑止。茲臺灣教育令案的起草蓋可謂是時勢當然之歸趨。其直接的動機實際上為公立中學校的設置。

從上述資料來觀察，對於本島人旺盛的向學心，內地當局其實也一直抱持警戒。因此，當隈本為了臺中中學校設立的協商事宜，頻頻與中央政府交涉，內地法制局突然在大正三（1914）年五月二

---

[88] 大正十二（1923）年，當時身為皇太子的昭和天皇前往臺灣訪問。根據若林正丈的研究（〈1923年東宮臺灣行啟與「內地延長主義」〉，收入《近代日本與殖民地》第2卷 [東京：岩波書店，1992]），頁87-121），所謂「東宮出巡」這樣歷史性「儀式」的目的，是要謀求維持「作為理念的國體」。從此一行程的內容來看，從四月十八至二十六日的九天內昭和天皇巡視了七個地方的國語學校，可以窺見國語教育對臺灣統治的重要性。

十七日提出希望制定臺灣教育令的要求[89]。從這個時間點起，隈本與法制局之間的協商和折衝，便以「綁案」的方式同時將兩個問題一起來商討。大正四（1915）年臺中中學校的設置正式被認可後，法制局便要求臺灣總督府也快馬加鞭進行教育令之制定工作；為此，以總督府官僚為主要成員，臺灣當局設置了臺灣教育調查會。此際，學務部長隈本以主查委員身分，開始進行教育令案的起草工作。不久之後，順應中央政府的邀請，隈本便攜帶著臺灣總督府所作的相關草案上京交涉[90]。

由於資料上的局限，關於教育令案的內容，以及修正審議的經過或具體的內容，至今仍不甚明瞭。但是臺灣當局提出原案後，卻因法制局、拓殖省持有異議而未被接受，交涉至此進入膠著狀態。協商之所以不順利的原因之一，便是朝鮮的存在。

第四章已經說明，雖然同樣都是日本的殖民地，但是日本在占領臺灣和朝鮮的過程、統治方針，以及臺灣、朝鮮兩地的歷史或社會構造，甚至包括教會系統學校在內的教育情事等大環境，均不盡相同。更不一樣的是，相對於臺灣民眾很早便開始對書房之價值有一些存疑，繼而積極地接受公學校，朝鮮對於自己的傳統的教育機關一直懷有驕傲和堅持，並且還擁有在數量上、近代化功能上都比臺灣要完備的教會系統學校。為此，一般朝鮮民眾對於就讀日本的學校經常抱著恥辱感，他們拒絕「同化」教育的傾向也較明顯。因此，至少在一九二〇年代以前，朝鮮社會中是看不到類似臺灣社會中所出現的一些增設學校、要求日臺兒童共學的現象和聲浪。

然而，朝鮮當局在明治四十四（1911）年卻「先馳得點」地制定了第一次朝鮮教育令。該教育令制定時，當時身為朝鮮第一代學

---

[89] 隈本繁吉，〈臺灣教育令制定由來（資料）について（その一）〉，頁268-69。

[90] 同前註，頁299。

務課長的隈本，不但直接參與，並且擔任了重要的角色[91]。在朝鮮教育令的制定過程中，隈本起草了〈學制ニ關スル意見〉（〈有關學制的意見〉）意見書，其中慮及朝鮮的「民度」實情，特別是當地的民族運動，主張應以更慎重的方式進行「同化」教育，漸進地實施之。為此，隈本認為在朝鮮暫時沒有增設高等教育機關的必要。

在統治當局和民眾都不熱衷的情況下，較之臺灣，朝鮮初等教育的就學率、修業年限和中等學校授業內容等都有「落後」的傾向。因此，如果以既存的朝鮮教育令作為制定臺灣教育令的基準，事實上會把臺灣的教育現況或水準往下拉低。臺灣教育令的交涉會遲遲沒有進展，原因就在於內務省、法制局，以及樞密院等這些本國政府官廳之間對上述問題有見解上的分歧，或這些政府官廳對於臺灣現狀理解的程度有所差異。如何與朝鮮之間維持均衡，不至於制定出「一國兩制」式的教育法令，這個問題，是讓臺灣教育令制定問題複雜化的主因。

2. 對於臺灣之特殊性理解的深淺

根據大正四（1915）年民政長官下村宏的說法，有關制定臺灣教育令的具體的課題有：如何一方面順應被統治者的時勢和民度，一方面基於教育勅語的旨趣去實施教育；如何制定高等普通教育的修業年限及入學資格；如何制定高等普通教育機關的名稱和學科目；以及如何制定公學校（初等教育機關）的修業年限；如何設定專門教育的種類和範圍等多項課題[92]。針對上述課題，與隈本之

---

91 參照阿部洋，〈舊韓末的教育與日本人學務官僚〉（上）、（下），《福岡縣立大學紀要》4卷1、2號（1995年12月、1996年1月）。據阿部的研究，指出隈本提出的「學制案」曾被朝鮮總督府內部檢討過、並成為寺內正毅總督的發給案《朝鮮學制案之要旨》。

92 隈本繁吉，〈臺灣教育令制定由來（資料）について（その二）〉，頁289-90。

間存有對立主張的法制局，其基本構想便是以朝鮮教育令作為制定
基準。因此法制局主張：一、將公學校的入學資格降低為滿八歲；
二、將公學校的修業年限由現行的六年降低為四年、甚至隨著地區
狀況之不同還可以短縮之；三、廢止臺中中學校；四、公學校畢業
後如果有升學之必要時，設置一種修業年限為二年的高等公學校，
這種高等公學校是以實業學校的方式設置的[93]。

　　針對法制局將公學校入學年齡降低為滿八歲的構想，隈本則面
有難色。他認為當局應該考慮：近年來臺灣民眾的向學心旺盛，各
公學校入學志願者經常是實際入學人數的數倍。為此，臺灣總督府
只好採取優先讓身心比較成熟的兒童入學的措施，在這個狀況下，
在臺灣大部分的實際入學者其年齡都超過八歲。如果降低入學年
齡的話，將會使本島人誤解當局要抑制教育，繼而導致統治上的困
難。再者，隈本以自己曾經在兩個殖民地服過勤務為由，強調臺灣
與朝鮮是兩個不同的領土。

　　隈本認為臺灣和朝鮮在貧富和生活水平上均有差異，與朝鮮比
較起來，臺灣在「學習的資質、經費負擔的能力」方面均比較優
越。又在民族關係方面，臺灣人與日本民族之間的差異，比朝鮮人
和日本人之間的差異更大；因此臺灣人在「國語的熟練、國風的浸
染上較為困難」。因此同樣學習國語時，臺灣人必須花費比朝鮮人
更長的時間。而臺灣社會到對岸歐美人士經營的學校，以及內地留
學的風潮頗為興盛，考慮到這種留學風潮，隈本主張將修業年限定
為6年，基本上就有將臺灣兒童挽留在公學校、以便當局能更長期
管控的意義和作用。又因為內地的尋常小學校的修業年限為6年，
所以降低臺灣的修業年限後，兩者間的學制便無法銜接聯絡；臺灣

93　同前註，頁297。

人也無法參加中等教育考試，勢必會引起本島人的反彈[94]。

　　基於上述理由，隈本主張與其牽強地統一臺灣和朝鮮的修業年限，不如承認其間的差異性，這在政策上反而比較妥當。在此，他站在臺灣人的立場，公開與法制局唱反調。隈本甚至認為臺灣「與朝鮮不一樣，並不立即需要教育令」，提出了制定教育令在臺灣並非緊要事務的見解[95]。對他來說，如果依據朝鮮為基準制定臺灣教育令，結果必然干擾到自己正在構築的新「同化」教育政策。或許基於這項理由，他認為臺灣教育令應該暫緩制定。

　　在此必須注意，隈本對於法制局的見解並非全盤反對。例如針對教育必須以教育勅語為之的方針條文，隈本是同意的。臺灣在明治二十九（1896）年，也就是乃木希典總督時代，已將教育勅語下達至教育現場，從此以後便被默認為是本島教育的根本。前述〈臺版勅語〉最後無法成立，原因應該在於：具有「本尊」地位的教育勅語擁有神聖不可撼動的地位。隈本認為如果在臺灣刪除了這一條項目，將使包括臺灣人和日本人教育工作者之信念有所動搖，更可能導致民族之間產生「一種不安的龜裂」感覺。因此，雖然曾經歷過〈臺版勅語〉起草案的活動，但他並不反對在條文上明確規定臺灣教育與教育勅語之間的關係。

　　基於相同的理由，隈本對於臺中中學校的廢止也持反對意見。隈本反對的理由是：在剛剛才設立「中學校」不久的這個時候，如果又將它廢除，政府必然會讓本島人產生不實施教育的誤解，增加他們的猜疑心，造成施政上不良的影響[96]。

94　同前註，頁293-94。

95　同前註，頁269。

96　隈本繁吉，〈敕令案臺灣教育令說明〉，《隈本繁吉文書》，「教育令關係04」，第五條。如果中學校這樣的名稱，會使本島人有聯想到高等學校、大學等高等教育的疑慮，那麼所有的教育就以完成目標為準改成高等普通學校；將本島人的學校

　　其實在交涉過程中，隈本經常在意的是「一視同仁」如何盡量落實在教育現場之問題。對於臺中中學校更改名稱事宜，他甚至認為：由於當局「屢屢將『一視同仁』一語掛在口中，因此在不妨害統治前提下，給予其（中學校）名稱應該有緩和民心的作用」。隈本對統治上宣揚「一視同仁」、現實中又實施差別制度，兩者之乖離愈發明顯的現象，感到畏懼。在這種危機感下，他主張給予本島人一些希望，將有助於安定社會人心。因此，為了賦予臺灣人「一視同仁」的展望，中學校的名稱不應該有所變更[97]。

　　很明顯地，統轄指揮臺灣教育大任的隈本，是比這些內地法制局的官僚更準確、敏感地理解到臺灣人的需求和不滿。他與內務省交涉時，甚至還在備忘錄中提出了自己認為理想的教育方針[98]：

　　　為使（臺灣人）懷抱著（當局）可能會興設中學以上學校的希望，我們應該說（統治者）在為政上必要讓他們得到精神上的安慰。對於他們而言，如果感覺到當局的政策方案會讓自己處於不平等，而且與內地人之間存有永遠不可能同等的界線時，我相信這樣的心理狀態以及社會狀態均是不適當的。

　　備忘錄中，隈本一方面強調為了防止「高等遊手好閒者」輩出，贊成在教育內容方面還是應該極力抑制經濟、法制等知識；一方面卻明確主張，當局有必要賦予本島人一種讓其精神安寧的印象，那便是日、臺之間的平等化在將來的某一天會實現。他在備忘錄中甚至批判法制局根本就忽視了臺灣的一些特殊性和現況[99]。

　　有系統制定為公學校、高等普通學校、實業學校、專門學校，便無須為此擔憂。

[97]　隈本繁吉，〈教育令修正案ニ對する意見〉，《隈本繁吉文書》，「教育令關係04」。

[98]　隈本繁吉，〈大正五年六月一日至同六日　內務省ト交涉概要〉。

[99]　隈本繁吉，〈臺灣教育令制定の由來（資料）について（その二）〉，頁291。

3. 樞密院的介入和臺灣教育令的誕生

大正五（1916）年九月，臺灣總督府為了因應中央政府的要求，起草了一份臺灣教育令案，並向內務省提出。然而後來內務省提出的立案內容，並沒有參照這份草案，幾乎都依照朝鮮教育令擬寫。日後，臺灣總督府舉行臺灣教育調查會，再次審議以遵照中央政府之意見所做的教育令草案。唯雙方重新開始進行協商，卻是兩年以後的事情。

正當隈本繁吉與中央政府的交涉陷入膠著狀態，卻因內地樞密院的介入，使得臺灣教育令的制定問題逐漸迎向得以收拾的局面。大正七（1918）年八月十九日，正值隈本與法制局對臺灣教育令內容僵持不下時，來自樞密院的諮問也捲入了這場爭論的漩渦[100]。就像久保義三指出，樞密院是天皇的最高輔弼機關，是依據帝國憲法所設置的天皇制國家之特權機構。樞密院的功能雖然只是「因應天皇的諮詢、審議重要國務」，但是掌握了有關法律、勅令的審查和修正權；其掣肘著近代日本的議會，在政治上甚至比內閣更有影響力[101]。

大正五（1916）年四月，隈本拿著一些資料目錄渡海上京，為了讓樞密院一些議員們能理解或支持自己提出的臺灣教育構想，開始進行遊說的工作。或許是這一事先打點的工作奏了效，有關臺灣教育令案的制定，後來便峰迴路轉，開始傾向於總督府的提案。

大正七（1918）年七月，經內閣會議的請議，臺灣教育令案中有關公學校的修業年限由六年制降低為四年制，臺中中學校維持廢校決議，在中等學校方面依然只准許以實業學校的方式繼續存在。但是閣議決定後約半年，即十二月十八日，樞密院舉行會議，在審

---

100 隈本繁吉，〈臺灣教育令制定の由來（資料）について（その一）〉，頁276。

101 久保義三，《天皇制國家の教育政策》（東京：勁草書房，1979），頁2-4。

教育會公布祝賀會

查報告中金子堅太郎顧問官所提出的決議卻是：廢止公立中學校以
及短縮師範教育年限等雖然是「這次改正的基礎主軸」，但這似乎
並不是個好的決策。而縱使公學校以及師範學校之修業年限，最後
維持原議而有了短縮，但廢除臺中中學校一事，絕非是一個穩當的
處置。因為，為政者必須考慮到朝鮮也有中等學校程度的所謂「高
等普通學校」。此際廢除臺中中學校，必然會讓同為帝國新附民的
臺灣人感覺到「這些海外領土之間彼此有差別」。至於公學校的入
學年齡，雖然金子顧問官提出了以「維持滿七歲為妥當」這種與隈
本稍微不同的看法；但是重要的是，樞密院對於法制局堅持的縮短
公學校修業年限，也採取了反對立場。有關此點其說明如下[102]：

　　　有關這方面改正的理由，依據當局者的說明，是將國語普及

102〈臺灣教育令ニ關スル件〉，《樞密院會議筆記》，1918年12月18日。

列為最重要的重點；盡可能採取讓臺灣人將來能就實業教育方
面發展的方針，……唯據吾等的聽聞，臺灣的一般島民抱有濃
厚希望能同化於日本國民之念。果真如此的話，吾等覺得按照
原本的規定，以六年作為公學校教育修業年限乃為一得策。

金子認為「以上三點大體上皆以維持原本規制為妥當之策，對
於這些修正，當局者並沒有特別之異議」。換言之，樞密院表明了
支持臺灣總督府版計畫的態度。在此必須注意，樞密院在表明支持
隈本版本之同時，附帶了一個非常重要的條件，便是「各級學校必
須提倡有關德性的涵養，以及德育的振興，並宣明這個旨趣。這亦
是本案修正的主要軸心」；「在盡可能的範圍內，善用島民希望同
化」之情緒。在此前提下，樞密院審查委員會最後以全體一致通過
的方式，對臺灣教育令的修正事項，以及希望事項做出決議[103]。

經過一番折衝，最後樞密院採決修正案的主要內容是：存續修
業年限為六年制的公學校制，有關臺中中學校則以公學校六年為接
續並改名為高等普通學校。臺中中學校雖然改為與朝鮮同樣的名
稱，但是與內務省提案的臺灣教育令案比較起來，其教育水準事實
上提高了。樞密院以下關於中學校問題的見解，幾乎與隈本的主張
一模一樣[104]：

如果廢止臺灣的公立中學校，吾等便無法制止島民到對岸外
國人所經營的中學校去就學，當然也不能制止臺灣人跑到遙遠
的內地去遊學。臺灣留學內地者大概都進入私立中學校，事實
上成績也並不良好，為此，毋寧將其留在島內父兄之膝下，官

---

[103] 同前註。

[104] 久保義三，《天皇制國家の教育政策》，頁298-99。

憲監督底下實施適當教育，繼而善導其向學的精神以造出善良
的人民。

　　基於這個理由，樞密院主張高等普通教育機關應在官憲監督底
下實施不偏重「抽象的理論」，以免其「文明意識向上」的「適當
教育」，並「善用島民希望同化」的情緒，透過教育的普及，全面
性地強化「德性」。這種想法實質上就是對隈本「以普及（教育）
作為抑制」臺灣人之主張的呼應與聲援[105]。

　　樞密院所說強化德性的附帶條件，並非只是書面建議而已，具
體附帶了七條有關高等普通學校的項目，樞密院均對一些相關條文
做了若干修正。特別是在有關設置公學校及其他各學校目的之規定
中，樞密院均修正添加了關於「德性涵養」的文字。第十七條實業
教育的規定，則在有關教授實業知識技能文句之句尾，曾以紅筆添
加「兼以養成德性為目的」這樣的文句。同樣地，規定專門教育
的第二十二條條文，樞密院也在以教授高等的學術技藝為目的之句
尾，用紅筆追加了「必須留意兼備德性的涵養」這些文句。第二十
六條有關師範教育的條文，也一樣被附加了「特別必須盡力於德性
的涵養」[106]。由於樞密院介入，隈本強化「德育」的教育構想，在法
律上獲得了實現。

　　大正七（1918）年九月，即臺灣教育令公布之前的三個月，寺
內正毅內閣因「米騷動事件」下臺，原敬組織的政友會內閣登上
了中央政府舞臺[107]。對於樞密院有關臺灣教育令的決議，曾經主張

---

[105] 〈臺灣教育令ニ關スル件〉，《樞密院會議筆記》。

[106] 同前註。

[107] 隈本繁吉，〈臺灣教育令制定の由來（資料）について（その二）〉，頁300。又
　　原敬曾經在明治二十八（1895）年擔任臺灣事務局局長時，明確地主張臺灣並非
　　日本的殖民地，呼籲統治當局應該把臺灣當作日本領土的一部分來看待。明治三

「教育一事應以彼我同一為方針」的原敬，以「全然同意」的方式加以支持[108]。根據大正七（1918）年十二月二十三日原敬內閣會議的決議，臺灣教育令在同年十二月二十六日被裁可，大正八（1919）年一月四日——即隈本歸朝後不久，以勅令第一號正式公布。全文二十七條文中，彰顯臺灣教育令之旨趣精神者為第一條至第四條：

第一條　在臺灣的臺灣人之教育依照本令（實施之）。

第二條　教育應基於教育勅語的旨趣，以育成忠良國民為本義。

第三條　教育應期以適合時勢及民度而為之。

第四條　教育應該分為普通教育、實業教育、專門教育，以及師範教育。

從條文來看，剛設立不久的公立臺中中學校雖被改名為臺中高等普通學校，但當局又新設了公立臺北女子高等普通學校。另一方面，改編以前的公學校實業科，當局設立修業年限兩年的公立簡易實業學校。國語學校雖然廢止，但以設置臺北、臺南兩所師範學校取代之，另增設農林和商業專門學校。

在此值得注意的是，樞密院審查委員會以紅筆所修正、添加的有關涵養「德性」的文句，全部都以重要旨趣的方式，正式成為條文的一部分。換言之，在臺灣教育令中有關各種學校的條文中，均出現了涵養「德性」的規定[109]。

由於臺灣教育令的公布，雖然一些教育機關的整備比以往更周全；但是臺灣的各種學校比起同等位階的內地學校，其教學內

十九（1906）年，他在貴族院內又因「六三法」延長問題，曾對臺灣的民度進步問題，與後藤新平有過激烈的爭辯。原敬擁有「內地延長主義」的臺灣統治觀一事，更為許多研究者所熟知。以時代的背景來看，樞密院在臺灣教育令制定過程中扮演的角色，某種程度上應該是受到原敬內閣登場的影響。

108 同前註。

109 久保義三，《天皇制國家の教育政策》，頁300-301。

容程度均較低落。又因學制不同，縱然是同一位階的學校，但其資格在內地並不被承認。具體地說，臺灣人依然無法以島內的學歷到內地的高等學校就讀或進修。這個現象說明：基本上臺灣教育令鋪設的是一個與內地學校體系沒有任何聯繫、也不能相互流通的教育制度。又，雖然加強了普及國語教育的一些措置，但針對如何解決臺灣人在教育上所受到的差別待遇，繼而向「一視同仁」的目標邁進？這項問題在臺灣教育令中並沒有任何具體對應。為此，隈本看到臺灣教育令的內容之後，在其記事簿中寫下「頗為遺憾」的感想。[110]

（二）臺灣教育令的改定
——「一視同仁」與「同化於民族」的追認

1. 臺灣教育令改正的經過

　　一般臺灣人對臺灣教育令的反應如何？從當時民政長官下村宏的陳述中可窺之一二：「當然本島人中，有很多是抱有不同意見的異議者」[111]。其實，臺灣教育令對於臺灣人在教育上所受的差別待遇，並沒有太多具體的善意回應；又由於日臺學童共學等問題並未獲得解決，因此臺灣人子弟如果試圖到上級學校就讀，仍舊必須遠赴海外[112]。這顯示了此一教育令基本上並未反映出臺灣的特殊性，也無法有力地化解臺灣人的不滿。

---

[110] 隈本繁吉，〈臺灣教育令制定の由來（資料）について（その二）〉，頁300。

[111] 下村宏，〈臺灣教育令に就て〉，《臺灣時報》1919年9月號（1919年9月），頁7。

[112] 根據大正十（1921）年九月臺灣總督府內務局所進行針對臺灣人前往內地留學的調查結果，顯示共計699名留學生的分類中，學籍在初等學校者77人，學籍在中等學校者243人，實業學校者57人，專門學校者162人，升學預備學校及其他者160人。實際上，臺灣教育令公布後，前往內地留學的臺灣學生還是一如往常地增加。臺灣學生的出路問題，尤其是升學上的方便，最終還是沒有得到解決。

　　或許為了補救這些缺點，大正八（1919）年十二月二十七日，在臺灣總督府的許可之下，開始推行實驗性質的日臺兒童共學計畫。唯其入學條件是兒童本人的國語須達熟練程度，以及擁有國民性格；再者，家族成員的教育程度、地位和家庭資產也都有嚴格的限制。根據總督府學事第十九、二十各年年報，大正九（1920）年經由許可而獲得共學許可的兒童人數是57人，大正十（1921）年則增加為215人；而進入中學校和專門學校等高等學校的學生僅21人。以當時臺灣社會的狀況來看，這些數字都只是杯水車薪[113]。

　　大正八（1919）年十二月二十七日，總督府提出臺灣教育令改正的內訓。由於這件內訓之出現，以《臺灣日日新報》為主的各方輿論蜂擁而起，特別是關於日、臺兒童共學的議題，臺灣人表示了莫大的關心[114]。大正十（1921）年，總督府便開始著手審議有關臺灣教育令改正的一些方案。相關官僚在討論後大致認為：共學有促進內臺人融合，以及相互理解、又可節省教育經費等好處。然而話雖如此，初等教育階段內地人兒童與臺灣人兒童的國語能力、水準有相當大的差距，生活習慣風俗不同的兒童也有各自實施適合於自己的教育的必要性；再者，由於臺灣人學生人數遠比內地人學生來得多，實施共學後「內地人學生反而被臺灣人學生同化」，可能會致使日本人兒童的學力降低。基於這些考量，當局最後做出結論：贊同中學校以上共學，但初等教育共學窒礙難行[115]。

---

[113] 弘谷多喜夫、廣川淑子，〈日本統治下の臺灣、朝鮮における植民地教育政策の比較史の研究〉，頁55。

[114] 古山榮三郎在〈關於再度實施共學〉（《臺灣教育會》213號）一文中，做出下列指摘：「自從內訓發表以來，在臺灣社會中引起非比尋常的反應。隨手拿起報紙或雜誌所看到的、側耳傾聽附近人們口中所說的，都滿是關於共學的意見及批評。」

[115] 臺灣教育會，《臺灣教育沿革誌》，頁350-56。

　　另一方面，內閣也立案進行臺灣教育令之改正。大正十
（1921）年十一月二十九日，提出〈臺灣教育令改正ノ件〉（〈臺灣
教育令改正的案件〉）向樞密院請議。請議文中附帶改正理由書，
當時內閣總理大臣高橋是清在理由書裏明言：在必須與內地教育做
區隔的前提下，第一次臺灣教育令雖然完成制定，但「有鑑於臺
灣人向學心（旺盛）的現況」，現行臺灣教育令並未反映出臺灣的
「民度」和「時勢」。因此，高橋是清表示[116]：

> 　　臺灣的進步發達特別顯著、差別教育致使臺灣人產生了種
> 種不便的感覺。因此為了適應民情，除去臺灣人的不便，經
> 過了種種調查後，吾等認為有徹底改正現行教育令的必要。由
> 於國語程度的關係，今日初等教育制度中的差別待遇是不得已
> 之事，唯中等程度以上的諸學校，大體上依據了內地的教育制
> 度，可以與內地人適用同等之教育。蓋這些旨趣不但在內臺人
> 教育上不會造成障礙之慮，並可以讓臺灣人感得真正之一視同
> 仁的聖旨，促進同化之效用。吾等對此深信不疑。

　　高橋基本上承認了本島人在教育上受到差別待遇。為了消除臺
灣人在升學上的不便，實現「一視同仁」的宣傳，在促進「同化」
之名義下，他展現出改善臺灣人待遇的意願。高橋是清雖然與總督
府當局一樣，以國語程度的差異為由，並不贊成無條件地實施初
等教育的共學；但是對於中等學校以上的共學，則顯示了積極的態
度。又在該請議文中，高橋認為，以往居住臺灣的內地人兒童之教
育以內地的教育制度為準據，本島人則依臺灣教育令之規定，這種
二元區分的教育制度，使臺灣人有被歧視的感覺而產生不信任感。

---

[116]《公文類聚》46編卷22（1922）。

為此，他甚至主張在臺內地人的教育也應利用這次教育令改正的機會，併入臺灣教育令加以設計、規定[117]。不過高橋這種看法，是建立在把臺灣當作一個獨立政治個體來處理的前提上，因此最終並沒有付諸實現。

　　大正十（1921）年十二月五日，依閣議決定，臺灣教育令改正案和朝鮮教育令一同在樞密院中接受諮問。為了這兩個教育令的修正案，樞密院審查委員會在十二月十四至二十八日期間，共計召開了五次會議進行討論。會議中除有關初等教育裏日臺兒童共學、學校的名稱等問題被提出討論外，也裁決了在臺灣、朝鮮兩地開設官、私立大學之相關事宜和方針。以先設立官立大學為前提，在樞密院的審查中，首先進行設置帝國大學的檢討案；至於私立大學、單科大學設立之討論，此次審查會議暫時擱置[118]。再者，不同於朝鮮的是，在臺灣方面的審議過程中同時也裁決了中等教育以上的共學方針。

　　大正十一（1922）年一月三十日，依樞密院的決議，內閣會議以勅令第二十號通過新臺灣教育令，四月一日施行之。改正後的臺灣教育令共27條文，支持其基本構造的則是第一至第三條：

第一條　在臺灣的教育依本令實施。

第二條　國語常用者的初等普通教育依小學校令實施。

第三條　非國語常用者的初等普通教育學校為公學校。

---

[117] 大正十（1921）年十一月二十九日，〈臺灣教育令改正ノ件〉提出請議。當時內閣總理大臣高橋是清在附呈請議文的改正理由書內陳述：「而且，至今敕令並無任何規範，是以關於內地人教育也應一併比照規定。採取從根本將教育令改正的方針，是為本令修正之旨。」

[118] 明治三十七（1904）年學務課長木村匡為了是否應該在臺灣實施義務教育，曾與持地六三郎有過激烈的爭論，當時設置大學的問題雖然也被提出討論，但最後卻不了了之。而在大正時期，這個課題終於又露出曙光。

　　新教育令頒布後，以往必須得到臺灣總督許可才能通過的本島人兒童進入小學校就讀案，以及內地人兒童就讀公學校案，今後則改由經過校長、州知事或廳長許可便可入學。又教學科目中追加了日本歷史、手工科目，實業則變成隨意科目[119]。再者，實施貧困兒童的授業費減免優待制度；針對有兩人以上子弟在公學校就讀的家庭，也實施了學費減免的政策。在一些有關公學校的獎勵措施有了法制保證後，當局對於教育普及的態度變得更為具體、積極[120]。有關公、小學校的入學資格則明確地規定在第二條和第三條中，這兩條條文被認為具有開放日臺學童共學的意義。

2. 向〈臺灣版教育勅語〉傾斜的教育體制

　　新臺灣教育令中，詳細規定公學校設置意義的條文是第四條，內容是：「公學校留意兒童身體的成長，以傳授德育和生活上必須的普通知識技能，涵養國民的性格以習得國語為目的」。除了「留意身體成長」這一點外，其精神大致與以往規則大同小異；有關公學校以上的教育情事或規定也幾乎都以內地法規為依據。整體上臺灣教育的實施範圍變得比較寬廣，換言之，比較趨向平等化的方向。

　　針對這樣的趨勢，《臺灣教育會雜誌》在臺灣教育令改正後特別製作了特輯，將日、臺共學一事定位成臺灣教育史上劃時代的改

---

[119] 新規定開設歷史科的第二十七條這麼記載：

　　　　日本歷史，是以知曉國體的大要，有助於國民精神的涵養為要旨。日本歷史是要傳授建國體制的無窮、歷代天皇的偉大事業、忠良賢哲的事蹟、文化的由來、與外國的關係等等，使自建國之初以至現代的事物來歷，廣為人知。

　　加上國語，歷史科之新設，可說是更加強化「同化於民族」的志向性。

[120] 臺灣教育會，《臺灣教育沿革誌》，頁356-78。

變、民族的融合的象徵、「一視同仁」的實現，加以大肆宣傳[121]。
然而我們換一個角度來看，臺灣教育令改正顯示的意味，不僅在
於「一視同仁」的具現化，其實也凸顯出統治當局標榜「同化於民
族」。

其實，在舊的臺灣教育令第一條中，對於象徵著海外領土和民
族的文句部分，有相當慎重而微妙的形容。例如原本全文為「在臺
灣的臺灣人之教育依照本令實施」的舊條文，在新教育令中則被修
正為「在臺灣的教育依本令實施」。比較兩項條文，我們可以很清
楚地察覺：舊條文內容係以承認臺灣在帝國中地位具有特殊性、異
民族性為前提而擬定；新教育令條文雖然依舊保持了「臺灣」這個
地域概念，但是「臺灣人」這個代表異民族存在意義的字眼卻被刪
除。這種刻意消弭臺灣人之異民族性的意圖和用心，在新令制定的
過程或結果中都可看見。

例如，在中等以上學校的規定裏，原本基於民族不同所實施的
學校體制之區別，在這次修定便被撤消。又在大正十一（1922）年
一月二十五日樞密院審議新教育令改正案，從下列有關這次改訂的
審議說明裏，我們也可以觀察到統治者「苦心計較」地消弭臺灣人
之異民族性的企圖。該段決定日臺學童入學之精神所在的審議，其
主要說明如下[122]：

---

[121] 日、臺兒童共學實現了。關於這項「創舉」，《臺灣教育會雜誌》238號（1922年
3月10日）出版特輯，刊載來自各界的賀詞。華麗的祝賀詞中，因支配者與被支
配者的立場不同，環繞著「一視同仁」和「文明化」的同化這兩種不同的意見，
都一起被記錄下來。臺灣總督府評議員林熊徵、藍高川，臺南州協議會員陳冠
英，臺灣總督府學務課長生駒高常、總務長官賀來佐賀太郎、鐵路部長新元鹿之
助，臺南師範學校長志保田鉎吉，彰化女子高等普通學校長前川治等等的投稿都
被刊載。這些投稿，幾乎都將教育令的改正，評價為「一視同仁」的聖恩。

[122]〈朝鮮教育令臺灣教育令ニ關スル件〉，《樞密院會議筆記》，1922年1月25日。

　　二原案（朝鮮教育令原案以及臺灣教育令原案）皆使用內地人及朝鮮人或臺灣人的稱呼以殊別，並規定兩個不同的學校系統，其實並不恰當。蓋於如此重要的法制中，依民族之類別來區別待遇設置條項，並不符合以一視同仁為統治要諦的旨趣。況且兩者（按：異民族）之間並不存在相互轉籍之途徑。因故，以此方式作為區別學校之系統的準繩不能說是精確。為此，在修正案中將「內地人」的文句以「國語常用者」代替之；「朝鮮人」或「臺灣人」的文句則以「非國語常用者」取代之。

　　從審議內容來看，對於「民族之不同」所產生的差別待遇，樞密院的改善方策並非獎勵或開放當時被禁止的日、臺雙方住民的轉籍或結婚，而是選擇異民族中的「國語常用者」，將這些人當作日本人來看待；並賦予這些「國語常用者」在教育上等同於內地人的「優遇」。換言之，在審議過程中樞密院的議員們並非以與生俱來的「民族之不同」作為判別或定義日本人的根據，而是以是否具有使用日本語的習慣和能力，來界定日本人。在此，把日本語當作日本人精神血液的思考觀念油然可見。

　　雖然「國語常用者的初等普通教育依小學校令實施」、「非國語常用者的初等普通教育學校為公學校」的規定，只出現在有關初等教育的規定，但從這個規定中，我們可看出「臺灣人」與「內地人」之定義的分界線是在「國語」。

　　由於在實施日、臺兒童共學之際，被當局拿來當作「一視同仁」實現的政治宣傳，以及「同化於民族」的手段，因此國語教育扮演的角色也就水漲船高。為此，與國語教育處於對峙地位的漢文科課程，也隨著新教育令的發布，從必修課目變成隨意課目，並被多數公學校排除在教授課目以外。另一方面，由於日、臺兒童

共學的「實施」，以及學制內地化，舊臺灣教育令第三條：「教育應期以適合時勢及民度而為之」，被認為已失去實質上的需要而遭撤除。又舊令第二條：「教育應基於教育勅語的旨趣，以培育忠良國民為本義」，被認為是把天經地義之事條文化，有多此一舉的感覺；並顧慮到這多此一舉又「往往引起朝鮮人的反感，反而對統治不利」[123]，因此也遭到刪除的命運。

針對臺灣教育令改正，隈本繁吉則認為，這次「新領土中的臺灣人教育，以一視同仁為根基，基本上是一個妥當的解決，余箇人竊有達成素志之酬的感覺」[124]，表達了贊同之意。特別是對於日、臺兒童共學之實施，他認為是第一代文官總督田健治郎的「明斷」，給予相當高的評價。

隈本所以正面肯定這次教育令修正案，有其原因。因為新教育令不但保持了舊教育令的基本精神——也就是慮及臺灣人的特殊性，而有「走出文明之外」的意涵；並彌補了舊教育令的缺點——針對「一視同仁」的具現化，以及臺日民族的融合問題，有比較具體的對策和規定。經過這次修正，臺灣教育令更趨近隈本的「同化」統治構想。

當然，新教育令刪除了舊令中「臺灣教育應基於教育勅語的旨趣」之條文，以及其「走出文明之外」、「走向民族之中」、「走向『一視同仁』之中」的傾向，再再均提醒我們：大正時期的國語「同化」教育真正反映出來的並不是〈內地版勅語〉，而是〈臺版勅語〉中的精神和理想。

---

[123] 臺北師範學校，〈教育勅語ニ關スル調查概要〉，《教育：御真影と教育勅語》（現代史資料10）（東京：みすず書房，1996），頁428-29。

[124] 隈本繁吉，〈臺灣教育令制定の由來（資料）について（その二）〉，頁301。

六、新構築的「同化」統治實態

（一）向「同化於民族」做重心移動的差別理論

　　大正時期公學校的增設或就學率提升，經常被當局宣揚成「一視同仁」的具現化；日、臺共學便是民族融合的象徵。為此，臺灣教育令改正後，《臺灣教育會雜誌》也特別做了專輯，歌功頌德一番。然而，法律上的平等化並不盡然反映在現實中。事實上，大正時期，相對於小學校到處林立、連山間僻地都普遍設置，公學校數量不足的狀況卻依然存在。雖說「實施」了日、臺兒童共學，但是實質上獲得許可可就讀小學校的本島人兒童人數仍然很少。昭和七（1932）年十月，林獻堂等人渡海上京，曾向當時的總理大臣齋藤實上呈《建議書》，其中便明言：「現在的臺灣共學制度是有名無實，事實上對於我島民沒有任何裨益。」就像林獻堂等人所說，在新臺灣教育令頒布後的大正十四（1925）年，本島人兒童能進入小學校就讀的人數僅100人；迨至昭和五（1930）年就讀小學校的6,177名兒童中，只有215名本島人，不過占3.5%。臺灣人經常批判新教育令發布後本島兒童事實上並沒有受到「一視同仁」的恩惠，其原因也在於此[125]。

　　對於臺灣人而言，臺灣教育令的改正雖非全然無意義，但其改善差別待遇的效果實在有限。舉例來說，中學校以上的共學在制度上可能具有實現平等化的意味，但是實質上對於臺灣學生來說，毋寧說反而處於升學競爭的不利狀況。因為，中學校入學考試的試題主要出自於小學校的教科書，為此，以往並不存在於公學校課程中的歷史等課目，也成為考試的範圍對象。臺灣學童為了進入中學

---

[125] 林獻堂等107名，《建議書》，1932年10月31日。

校，必須與日本兒童進行一番立足點不公平的競爭。又雖說是臺灣高等教育的考試，除醫學校、臺南高等商業學校外，當局為了獎勵日本人到臺灣移民，因此也將內地學生列為招生對象，有時甚至連考試都在內地舉行。

分析1932至1934年期間，臺灣中、高等學校學生的分布比率，我們發現在人口比例方面日本人只占不到本島人的十分之一，但是本島人在中高等學校的學生人數，卻反而不及日本人的十分之一。大正十一（1922）年臺灣教育令修改後，高等教育的資源反倒有被內地人獨占的趨勢，本島人的升學機會反而有減少的現象[126]。

然而透過臺灣教育令的制定、修正過程，我們發現了，「同化」教育一個重要的面向，那便是不同於明治時期「同化」教育方針幾乎都由統治者單方面決定，進入大正時期以後，這些方針卻在統治者與被統治者力量拉扯的狀況下所產生。更具體說，原本後藤單方面設計的「同化」原理──平等待遇的實現與「同化於文明」的進展程度成正比例，因臺灣人旺盛的向學心，面臨崩解的地步，因此隈本才構思出新的「同化」方針。唯隈本「以普及（教育）作為抑制」臺灣人手段的策略，主要目的在於牽制或稀釋臺灣人所接受近代文明的內涵或濃度。換言之，這是一場統治者為了持續維持殖民地差別支配而必須壓制被統治者的政治攻防戰，在這場戰鬥中雙方所攻防的是近代文明，也是平等待遇。在此，我們好奇的是，當臺灣人以「民度」進步為由向統治者要求平等待遇時，隈本如何應對？

其實就像前文所說，新「同化」教育方針出現後，國語教育中的差別歧視現象原本應該從激烈漸漸往緩和的方向改進才對。然而現實上卻不是如此。統治當局雖然增設公學校，也提升本島兒童的

---

126 葉榮鐘、吳三連、蔡培火等，《臺灣民族運動史》，頁40-41。

就學率；但是以「同化」為名的差別待遇結構，不但沒有改變，反而以更加巧妙的方式被包裝或隱蔽而重新登場。換言之，隨著大正時期教科書中兩個「同化」比重的移動，差別統治的正當化依據也開始有了微妙的變化。

例如大正三（1914）年，內地的自由民權運動大老板垣退助來臺組織同化會，催促總督府盡速履行「一視同仁」之約束政策，以提升臺灣人「同化」的績效。對於板垣退助的舉動，隈本繁吉在大正三（1914）年十二月二十八日舉行的總督府國語學校第二學期結業典禮中，便以訓話的方式反駁說：「『同化會』的旨趣誠然正確，但真正的『同化』之達成必須要具備國民的要素，『此國民之要素，絕對不是一朝一夕便可具有』。」繼闡明「同化」的意義後，隈本還強調：作為一個日本國民，不能「不獲知忠良國民的心得，體會國民性；因此我們不得不統一言語、習慣、風俗等」作為一個日本人應該具備的因素[127]：

> 思考淺薄者認為只要有錢、有知識，在形式上和內地人過同
> 樣的生活，就可獲得與日本人同等無差別之待遇。然而，這是
> 大大的錯誤，如果要得到平等，除了這些之外，還要具備身為
> 母國人國民、與日本人完全一樣的國民精神。

隈本並不否認臺灣人在近代文明上有長足的進步，但或許正是因為如此，為了牽制落實平等化的時限快速到來，隈本在提出落實「一視同仁」的條件時，就加上了「風俗習慣」、「體會大和（民族）之心」、「和日本人完全一樣的國民精神」等後藤、持地任內

---

127 隈本繁吉，〈本島人の同化に就いて〉，《臺灣教育》154號（1915年2月1日），頁13-14。

不曾被認定的平等化條件和要求[128]。

　　其實，大正時期擁有類似隈本之政策思考者不在少數。在當時民政長官下村宏的「同化」構想中，我們也可以看到與隈本相同的想法。大正八（1919）年，臺灣知識分子因不滿臺灣教育令內容而提出一些批評，下村一方面針對這些批判辯解：「『同化』這個名詞，本身就已經代表了實行者的日本人與接受者的臺灣人之間在能力、程度上存有落差」；一方面也具體地解釋在這種情況下臺灣人達成平等化的前提條件。他說[129]：

　　　　大體上而言，同化就是必須先努力於體會，並獲得身為日本國民之精神。因此，同化的意義不能單從形式上來看，也不應該只急進於從事外形上的改造。必須經年累月地熟習國語，醇化風俗習慣。

　　與隈本一樣，下村提出落實「一視同仁」的條件不只是「外形上的改造」，而是透過「經年累月」地學習國語，並以之為手段去體會習得「身為日本國民之精神」，以便「醇化風俗習慣」。

　　對於「一視同仁」的實現條件，下村與隈本相同地提出必須體會習得「日本國民精神」的前提條件。在此，我們也可以清楚地看到兩位執掌統治大任的總督府高官向臺灣人提出差別統治正當性時的根據，明顯地從「同化於文明」轉移到「同化於民族」。

　　為了延遲臺灣人平等化的快速實現，後藤、持地任內不曾被要求的道德情操等因素，在大正時期後被不斷地以實現「一視同仁」

---

[128] 順帶一提，板垣因其活動遭到臺灣當地日本人官吏以及居民的反對，被在臺日本媒體一陣砲轟批判，甚至被臺灣總督府列為不受歡迎的人物後，悻然離開臺灣。
[129] 下村宏，〈臺灣教育令に就いて〉，頁7。

的必要條件之方式提出。當然，這種新的平等條件對於因渴望近代
文明而進入國語教育機構的大部分臺灣人而言，絕對是不利的。
因為在第四章筆者業已說明，相對於一心一意地追求「同化於文
明」，臺灣人對「同化於民族」幾乎漠不關心，也沒有什麼值得一
提的成效。因此，以體會習得「身為日本國民之精神」作為臺灣人
獲得平等的條件，結果只是把「一視同仁」的實現期推往更遙遠的
未來。

　　隈本在新「同化」構想中標榜的「一視同仁」精神，此處昭然
暴露了欺瞞性。然而這種具有欺瞞性的政策邏輯，卻一直被延續到
昭和時期，成為所謂皇民化運動的主要政策精神。

（二）大規模民族改造運動的開始

1. 大力宣導作為大和民族化的「同化」

　　明治時期，「民族」這兩個字對一般民眾來說並非那麼有親近
感的詞彙，因此在國語教育的相關論述或規則中，甚少出現將「民
族」二字直接使用在文章當中的例子。然而臺灣教育令制定後，在
新的「同化」統治體制下，國語、「同化」這些詞彙便頻繁和「大
和民族」這個概念連結在一起而被討論。

　　例如大正八（1919）年十一月，臺灣總督田健治郎在對直轄學
校校長會議的訓示中，曾對「同化」方針做出下列說明[130]：

　　　　本來，新領土的同化大業就是要薰陶新附之民，使其與母國
　　　的文明渾然融合……體奉教育勅語之旨趣，實行民族同化之
　　　時務，在去除弊害，涵養良俗時應該讓新舊人民能渾然成為一
　　　體。

---

[130]〈田總督の訓示〉，《臺灣教育》212號（1919年12月）。

　　同樣在臺灣教育令發布後，下村宏民政長官便曾明言：「正就是因為從學生時代可以共學，學生們畢業後的社會生活才可以有良好的溝通。由於有共同生活的緣故，臺灣人才能以日本民族的身分去體會相互間的思考。[131]」在此，下村宏認為日、臺兒童共學是「同化」政策的必然結果，並把「同化」最終極的目的定位成日本民族化。這種將「同化」直接視為日本民族化的思維，不僅可見於官方，更頻繁地出現在民間論壇上。

　　例如大正九（1920）年四月，日後曾任學務部長的平塚佐吉在題為〈共學と本島人兒童の幸福〉（〈共學和本島人兒童的幸福〉）一文中，便將同化定位成具有臺灣人「與日本民族渾然融合」為一體之意義的政策[132]。再者，大正九（1920）年二月臺北師範學校助教授矢田篤也在《臺灣教育會雜誌》213號發表〈共學に就いて〉（〈就有關共學〉）一文，並引用上田萬年的話，主張脫離日本語大和民族就無法成立，「國語是吾等大和民族的精神生活食糧」，「吾等所以大聲呼籲，要將國語普及當作臺灣教育的第一要義，本意便是唯有透過言語意識的統一，吾等才能期待民族的連貫與統一」[133]。類似這種主張利用國語教育將臺灣人改造成為大和民族的論調，並非只是內地人的特許專利，本島人之間同樣也存在著這種思考和言論。

　　筆者業已說明，明治時期如李春生般對於「國體論」不關心或不理解者比比皆是，對於這些人的存在，當局經常以睜一隻眼閉一隻眼的態度對待之。然而，伴隨著「同化」教育的普及，這樣的情

---

[131] 下村宏，〈臺灣教育令に就いて〉，頁8。

[132] 平塚佐吉，〈共學と本島人兒童の幸福〉，《臺灣教育》215號（1920年4月），頁6。

[133] 平塚佐吉，〈言語意識の統一〉，《臺灣教育》217號（1920年5月），頁13-14。

況進入大正時期後便慢慢的消失；臺灣知識分子中開始出現一些以
國語教育為論述觀點的「國體論」者。大正十一（1922）年收入在
新竹州出版的《教育論文集》中，關西公學校臺灣人教諭劉家均所
發表的論文〈國民性の涵養と臺灣教育〉（〈國民性的涵養和臺灣教
育〉），便是一個代表性的例證。在這篇論文中，劉家均套用「國
體論」的公定說法，首先將日本統治下的臺灣與歐美列強的屬領或
殖民地做了明確的區隔；認為臺灣不是日本的殖民地，而是領土的
一部分。並針對「同化」教育發表下列意見[134]：

> 在普及教育、特別是普及國語，務期能啟發智能德操之同
> 時，我們一方面必須讓臺灣的臣民感念我朝廷蒼生的撫育精神
> 以及一視同仁的聖旨。特別是針對感化臺灣人成為帝國臣民一
> 事，必須誠心誠意奮鬥努力；據此，將居住在臺灣的島民以及
> 其後代的島民，永久變成世界上獨一無二的大和民族……如
> 此之後，以萬世一系皇室為中心而延伸出枝葉般的國民，便可
> 形成所謂的血族國家。吾等國民基本上是抱持著同一血族之信
> 念的國民，這些國民再以皇室為中心去組織成一大家族……
> 我國是完完全全的血族國家。我們必須讓島民充分理解我國是
> 以萬世一系的皇統誇耀於世界，必須要養成愛國心。

從劉家均的論調中，我們可以看出大正時期「同化」教育的目
的，很明顯地便是希望改造臺灣人，將這些異民族「永久變成世
界上獨一無二的大和民族」，並將新領土收納到「國體論」的範疇
內。以劉家均的論文被收入新竹州編纂的《教育論文集》這一件

---

[134] 劉家均，〈國民性の涵養と臺灣教育〉，《教育論文集》（新竹：新竹州，
1922），頁93-94。

事來看，其言論基本上具有「同化」教育體制之代言者的意味。在
利用國語教育養成「獨一無二的大和民族」之前提下，新附民的言
語、文化的保持，理所當然會與大和民族化的方針產生衝突，必然
會成為達成這個目標的障礙。因為，國語既然是身為大和民族獨一
無二的根據，那麼臺灣語必然變成否定日本民族的因素。在「同化
於民族」掛帥的大正時期，國語教育的普及終究會演變成抹殺臺灣
人言語、文化的趨勢。換言之，國語教育將逐漸地變成具有明顯暴
力性的制度。

2. 以明顯暴力性抹殺臺灣文化的開始

> 　外國資本主義的帝國主義搾取殖民地的膏血，在殖民地的人
> 方面看起，是經濟被剝削，而民族卻可保安全，而同化政策
> 呢？則不但是經濟被剝削，而且要滅種亡族。……可見公學
> 校不是學校簡直是人種變造所，是要將臺灣兒童變造成日本兒
> 童；不是要教他學問、啟發他的知識，僅僅是要使他變種，變
> 成日本人種[135]。

　　以上這一節文章是刊載於昭和二（1927）年四月二十四日的
《臺灣時報》，題為〈《臺灣日日新報》の社說に駁す〉（〈駁臺日
社說的謬論〉）的一節話；作者是筆名唯漢的臺灣人。這一段話對
統治當局抑制「同化於文明」，將「同化」教育傾注向「同化於民
族」提出了強烈的批判。這些批判告訴我們：當時臺灣知識分子敏
銳地察覺到「同化」教育的欺瞞性，並對於隱藏在「以普及（教
育）作為抑制」臺灣人手段、這種文化的掠奪行為，提出控訴。

---

[135] 唯漢，〈駁臺日社說的謬論〉，《臺灣時報》（1927年4月24日）。

其實，唯漢對於「同化」所以會提出激烈的批判，背後有一個重要的原因，即大正十一（1922）年伴隨著臺灣教育令的修改，當局以減輕臺灣兒童的學習負擔為由，將公學校中漢文科從必修科目變更為隨意科目，並從許多公學校中排除。在此時代背景下，唯漢才會義正辭嚴地發表前述對「同化」教育有深刻解析的批判文章。

重複強調一次，領臺不久後伊澤修二雖然極力推行公學校教育，但是在「混合主義」方針下，漢文卻被保存著。明治三十七（1904）年前後經過了漢文科教授爭論後，國語被認定是實行「同化」唯一的手段，漢文被看待成與對岸貿易的手段或一種技藝。從此以後，公學校中漢文科授業的時數雖然漸次減少，但並未完全廢止。然而大正二（1913）年，當局廢除了原本為了方便本島居民而附在官廳命令、告示、諭告等的漢譯文。大正七（1918）年三月公學校的法規經過修改，為了更深層地去貫徹國民精神涵養的目標，公學校的教育重點更加傾注於國語能力的增進；為此，一年級到四年級國語授課時間數每週均增加兩小時，隨之各學年漢文課程時數則由每週五小時減至兩小時。學務當局原本計畫修改公學校法規時全面廢止漢文科，也曾在全島學務係長會議中提案，獲得全場人員一致的贊成而成為決議；不僅如此，該提案也得到當時一部分教育界人士和輿論的贊同。唯因為當時決議之通達並不徹底，教育界人士的見解不能一致，因此最終只有一部分學校減少漢文課程的時數，無法達成原來全盤廢止的計畫[136]。

大正十一（1922）年臺灣教育令的修改，對於已經處於苟延殘喘狀態的漢文科，無疑是一個重擊。大正後期當局為了將國語教育滲透到社會各個層面，不僅在學校機關中打擊漢文，甚至在一些政府機關中也開始禁止本島人使用臺灣話。例如為了獎勵國語，大正

---

136 臺灣教育會，《臺灣教育沿革誌》，頁322-24。

十一（1922）年臺南州規定在官衙服勤務的本島人不能在職場中使用臺灣話；州當局除鼓勵臺灣人在家庭中講國語外，也開始檢討在公學校、中學校校園中禁止本島學生使用臺灣話的必要性[137]。在此，「同化」統治的印象明顯地從天皇制國家賜予臺灣人的一種恩惠，變成掠奪被統治者言語的暴力性措施。在漢文逐漸被排斥的情況下，國語一元主義的色彩也愈形濃厚。

大正十五（1926）年十月十二日，在「本島以往的施設中，精神方面以及教育教化方面尚需改善之處眾多」的旨趣下，總督府修改了部分官制，以勅令第321號設置專司本島人教化的管轄機關──文教局。其實在此之前，掌管本島人教化重責的是學務局，唯編制官員為數甚少。因此文教局設立後，教化臺灣人的工作便轉由這個新組織來擔任，其編制乃以局長級的人才為中心，並擁有數名視學官和社會教育事務官，組織相對地較龐大[138]。文教局的設置意味著以權力來統治臺灣人思想的機關之誕生，並象徵著統治當局對於「同化於民族」的重視。

另一方面，大正時期以後，隨著「同化於民族」之企圖升高，對於新附民「大和民族化」的要求也隨之多樣化。除了學習國語、涵養國民精神外，「同化」的項目更加入了姓名、服裝、心性方面的日本化。例如大正九（1920）年二月，臺北師範學校助教授矢田篤在《臺灣教育》213號刊登〈共學に就いて〉（〈就有關共學〉）一文，他便認為「同化」的最終理想是將臺灣變成一個「結合民族的合成社會」。由於在精神上達到日本國民水準的臺灣人為數尚少，為了讓這些臺灣人與內地人渾然成為一體，除普及國語教育外，日後必須積極地加速實施臺灣住民姓氏、風俗習慣的內地化，

---

[137] 美谷生，〈國語普及策〉，《臺灣教育》21年247號（1922），頁26。

[138] 臺灣教育會，《臺灣教育沿革誌》，頁120-21。

並獎勵公學校兒童穿著內地人的衣服。矢田篤強調這些措施的實行，對於當局而言應是「甚為重要的急務」[139]。

又大正九（1920）年從歐美視察歸臺的隈本繁吉，在當年《臺灣時報》1月號發表〈大なる日本と同化問題〉（〈大日本和同化問題〉）一文，指出如果能透過義務教育的實施、女子教育的獎勵和學校官憲之間的協力，「同化」其實並不是一件那麼困難的事；當局也應該提倡臺灣人使用國語、改善風俗。針對什麼是當局應該實施的「同化」運動之內容項目，他則明白地表示[140]：

> 獎勵使用國語一事就不用再多說明了，從舉止、應對、娛樂、遊戲等開始至看護、衛生、裁縫諸種作業，還有讀書、談話等都要指導誘導。我們要與臺灣人歡歡喜喜地往來，讓其在不知不覺中熟悉國語，引導其走向善良的風俗，要做到讓其體會習得作為一個日本人的趣味和氣氛。

隈本認為，為了達成「同化」政策，以國語為主，從「舉止、應對」等生活方式至「趣味氣氛」等方面，都應該日本化。

第二次世界大戰爆發前，日本在臺灣推行了皇民化運動。如果皇民化運動的定義是──統治者以國家行政權力來抹殺被統治者在文化上的自主性，以及政治社會上的權益，並以帶著暴力性的手段和全面普及性的規模進行臺灣住民的日本化；更具體地說，如果皇民化運動的主要內容是極力強制臺灣人學習和使用國語，實施殖民地義務教育、抑制或禁止臺灣人使用自己的母語，還有強制臺灣人

---

[139] 矢田篤，〈共學に就いて〉，《臺灣教育》213號（1920年2月），頁4-5。

[140] 隈本繁吉，〈大なる日本と同化問題〉，《臺灣時報》1920年1月號（1920年1月），頁61。

改姓名、參拜神社，要求臺灣人在精神上、信仰上接受日本人之同質化——的話，那麼所謂皇民化運動，其實在大正時期已經開始醞釀、萌芽。從隈本一連串國語教育構想中，我們可以清楚地觀察到皇民化運動的雛型。換言之，在他主政下新的「同化」教育，其實已明顯地具有「準皇民化運動」態勢。

七、小結

透過第五章冗長的論述，我們應該可以將明治時期持地六三郎主導下的國語教育，與大正時期的「同化」統治來做一個比較，其變化整理如下表格5.3。

領臺初期伊澤修二建立的「普及教育」之「同化」教育方針，到了後藤、持地的手中被修改成「抑制教育普及」。依據後藤的「同化」政策邏輯設計，臺灣人取得平等待遇的條件，與其近代文明方面的進步——即接受國語「同化」教育的積極程度成正比。因此，「同化」教育愈普及，結果將愈不利於殖民地統治。更具體地說，明治時期的「同化」統治中隱藏了一個「以接受（『同化』）為抵抗」的機制，以及「因普及（『同化』）而導致統治崩壞」的政治危機。

然而大正初期因為臺灣人旺盛的向學心，以及當時對岸政治局勢的波及，「抑制教育普及」的「同化」方針很快地便陷入困境。為了化解這些政治危機，隈本繁吉一改繼承後藤、持地教育構想的初衷，利用臺灣人強烈希求近代文明的欲望為餌食，一方面大幅度地開放教育門戶、撫慰民怨，一方面則稀釋國語教育中近代文明的要素，強化教學成果不彰的日本精神，並試圖將落實「一視同仁」理念的條件從原本的近代文明轉移到日本精神。這個政策上的調整，不但具有大規模愚民政策的意味，更矮化了過去臺灣人因為向

表格5.3　明治後期和大正時期的「同化」教育方針比較

	明　治　後　期 （持地、後藤的統治體制）	大　正　時　期 （隈本繁吉的統治體制）
針對於「一視同仁」的矛盾	關心比較稀薄	擁有危懼感
針對「同化於民族」	持否定的態度	由否定轉向肯定
對於國語教育機關增設的意願	消極的	由消極轉向積極
統御本島人的方策	教育機關的數量	教育內容的品質
「同化」的實際重點所在	「同化於文明」	「同化於民族」
差別統治的正當化論理	主要在「同化於文明」	增加了「同化於民族」
對於漢文的態度	混和主義、保存	壓抑、抹殺
「同化」統治的戰略	「抑制教育普及」	「以普及（教育）作為抑制」的手段

出處：筆者製表。

學心而累積起來的近代化成果之政治意義，讓平等待遇實現之時日更形加遠。換句話說，隈本的「同化」統治之精髓，在於將抑制臺灣人的重點從教育上「量」的壓縮，轉移到「質」的劣化。

　　在此必須注意，大正時期國語「同化」教育依然是在「國體論」的政治磁場下思考和運作的。在整個政策轉換的過程中，我們發現臺灣人在殖民近代化過程中具有強烈的自律性和影響力，而這其實就是造成統治者在一九二〇年代不得不調整其「同化」政策的主要原因。隈本的國語教育構想穩固了開始動搖的「同化」政策，並且利用臺灣教育令將這些措施法制化，延續殖民地統治的正當性。

　　大正時期「以普及（教育）作為抑制」臺灣人手段的「同化」戰略，在世界殖民政策史上是一個特例。這種兼具有「普及教育」之事實、實際上卻「抑制」被統治者的平等權利，以及試圖馴化受教者的「同化」方式，在逐漸穩固後便迅速步上掠奪臺灣人語言和

文化的路途。在國語一元主義的色彩日趨濃厚的大正末期，它實質上成為皇民化運動的雛型。在隈本新的「同化」原理之下，國語教育作為獲得平等化條件的色彩開始褪色，反而轉化為「維持社會治安的安全閥」。因此，對於臺灣人來說，國語普及設施機關愈多，其所象徵者與其說是文明進步，不如說是漢民族存在價值的抹殺，以及自己文化的否定。

明治期間臺灣人試圖利用「同化」教育這種「依賴他者」的方式來尋求近代文明，唯大正時期這種可能性被削弱後，為了達成追求近代化的願望，以及證明自民族存在的意義，臺灣人必然要走上以「自力更生」的方式達成追求文明的路途。大正時期為了對抗這個新的「同化」統治體制，臺灣人的抵抗運動必定會以「文明」和「民族」，這兩個對應於新「同化」政策的思考座標，開始進行抵殖民運動。此際的焦點，必然就是語言。

第六章

臺灣人追求自主性近代化的軌跡
——一面抵抗一面接受國語教育

　　反思前面五章論述以後，我們很清楚地看到：日治時期臺灣人在渴望文明之下，對國語「同化」教育抱持的，與其說是「漢賊不兩立」的態度，不如說是愛恨交錯的複雜情結。對臺灣人來說，國語在文化上雖是一個「政治上的敵性語言」；但在攝取近代文明方面，卻經常被當成一個「工具上的友性語言」來利用。

　　最初在「同化」的設計上，臺灣人接受國語教育不僅可以走向進步之路，更可啟動「由於普及（『同化』）而崩壞」的機制，顛覆「同化即差別」的統治策略。然而進入大正時期後，在新「同化」方針下，依附在國語教育中的「同化於文明」逐漸空洞化，而「同化於民族」卻開始強化。隨著政策變化，對臺灣人而言，接受國語教育也逐漸地失去「以接受（『同化』）作為抵抗」的意義。再者，由於統治者對於本島人語言、文化的壓制力道漸漸增強，在新的「同化」統治形態下，臺灣人與統治當局之間同床異夢的基礎空間也開始萎縮。在大夢初醒、相互間開始有了正確理解的狀況下，臺灣知識分子如果要抵抗「同化」統治，必然需要調整對國語教育的態度，提出新的對策。當然，所謂的抵抗，必然會與國體論出現交集。

　　本章筆者希望探討：大正時期臺灣知識分子以什麼樣的語言觀、基於什麼理由去抵抗隈本繁吉的「同化」統治？又如何看待國體論？在論述時間設定上，筆者以明治末期至昭和十五（約1910至1940）年這段時間為主。理由在於臺灣人開始對國語教育提出明確輪廓的抵抗主張，其實係辛亥革命左右的事；而在昭和時期第二次世界大戰爆發前後，因統治者強化對臺灣人思想的控制，一些抵抗主張幾乎消聲匿跡。

　　具體來說，本章以林獻堂、黃呈聰和蔡培火這三位人物為主要論述對象。雖然三人均為日治時期臺灣代表性的知識分子，然而以是否有系統地受過近代化教育為基準，本文將沒有受過國語「同化」教育的林獻堂等，稱為舊世代的知識分子；受過「同化」洗禮、擁有留學日本經歷的黃呈聰和蔡培火等，則歸類為新世代臺灣知識分子。

一、在「認同近代化」與「屈從殖民主」之間徘徊 ——林獻堂、梁啟超與漢詩文

　　針對筆者以是否受過國語「同化」教育為基準來區分新、舊世代知識分子的做法，讀者或許會存有一些疑慮。這種區分方式或許不甚精緻，但卻是基於現實考量的權宜之策。其實，筆者提出「以接受（『同化』）作為抵抗」的思考觀點後，雖然提供讀者一種理解日治時期臺灣人積極接受國語教育的方向，也賦予了接受國語教育者一些意義；不過這種建立在以接受「同化」為前提的分析概念，卻無法觀照到當時曾經拒絕或沒有機會接受國語教育者，使我們失去了觀察他們在「同化」體制裏行動、思維之意義的機會。為了彌補這些缺陷，以下論述臺灣人對國語「同化」政策的抵抗時，特別將這些沒有受過國語教育者，也就是舊世代知識分子也納入我們的

視野中，作為分析對象。其中，林獻堂就是該類型的代表性人物。

（一）林獻堂、梁啟超與漢詩文──艱難兄弟自相親

　　林獻堂（1881-1956），生於清光緒七（1881）年，是臺灣中部阿罩霧（今臺中縣霧峰）屈指可數的望族林家第六代。清末臺灣巡撫劉銘傳抱著將本島建設為近代化模範之志願，試圖建構近代化基礎，林獻堂的父親林文欽曾積極幫助劉銘傳從事設立學校、救濟貧困和建設橋梁道路等工作。林文欽通過科舉考試，三十歲為秀才（生員），三十九歲為舉人。由於對慈善事業具有貢獻，林文欽受過清朝許多官爵，甚至還取得樟腦專賣權。

　　在富裕家庭中長大的林獻堂，從小便被家人細心栽培。七歲開始在自家設置的家塾「蓉鏡齋」接受以儒家為主的教育。馬關條約（1895）後，林文欽為阻止日軍上陸占領臺灣，率領義勇軍與日軍打仗，結果慘敗；後來又因臺灣治安惡化，不得不到福建地區避難。為此，林獻堂十五歲時便體驗到逃亡生活的苦頭。明治三十

林獻堂

（1897）年林文欽回臺，開始失去對政治的關心，轉而投入事業，在香港設立樟腦相關公司，林獻堂從此便成為林家的頂梁柱。明治三十一（1898）年，林獻堂十七歲，開始努力求學念書，在白煥圃底下學習了詩經、歷史，並培養了漢民族意識[1]。此際，由於社會秩序恢復，實驗性的國語傳習所也達成了階段性使命，開始進入公學校教育體制；縱使如此，林獻堂仍未進入國語教育機構求學。

其實，明治二十八（1895）年設立的國語傳習所中年紀最長的學生是二十八歲，最幼的則為十三歲，準此，林獻堂應該不是被國語教育機關排除的教育對象[2]。迨至明治三十三（1900）年，後藤新平主導的揚文會開始產生效應，傳統知識分子對「實學」的重要性也漸有新認知，儒家的價值觀隨之也逐漸受到質疑和挑戰，但林獻堂依然拘泥於傳統教育[3]。

因此，大正三（1914）年板垣退助來臺設立同化會時，為了設立臺中學校，林獻堂與有關當局從事交涉時的談話，均須透過祕書翻譯。不僅在語言上，他連生活上都執意排除日本要素，這種執著如今仍讓人津津樂道[4]。對林獻堂而言，固守傳統的語言文化應該可說是對「同化於民族」的一種反抗，也可以說是彰顯漢民族意識的表現。這從林獻堂與臺灣三大「詩社」之一的櫟社，以及梁啟超之間的關係，也可看出一些端倪。

據松永正義的研究，自明治二十八（1895）年至日俄戰爭後的

1　張正昌，《林獻堂與臺灣民族運動》（臺北：益群，1981），頁21-45；吉田莊人著，彤雲譯，《從人物看臺灣百年史：改變臺灣歷史的13位傑出人物》（臺北：武陵，1998），頁39-56。

2　杜聰明，《回憶錄》（臺北：杜聰明博士獎學基金會，1982），頁16。

3　張正昌，《林獻堂與臺灣民族運動》，頁41-42。

4　葉榮鐘、吳三連、蔡培火等，《臺灣民族運動史》（臺北：自立晚報社文化出版部，1971），頁73。

明治四十三（1910）年間，奮勵於使用文言文從事創作的漢「詩社」，是支撐當時臺灣文學的實質主角[5]。所謂舊文學時代的舊世代知識分子，對日本統治的反應大致有下列幾種類型。其一是明治二十九（1896）年選擇國籍時返回對岸大陸者，臺灣民主國副總統丘逢甲是代表性人物。還有一些人則被編入日本統治的體制中，在御用報紙如《臺灣日日新報》等媒體上發表迎合總督府施政的文章。也有積極抵抗日本統治者，例如一輩子都不想斷辮髮、不想跟日本人打交道的詩人洪棄生便是一個代表性例子。在舊世代知識分子之政治立場分歧不一的情勢中，櫟社算是比較具有反體制色彩、民族意識較強烈之舊文人結社團體，而林獻堂便是主要成員之一。

甲午戰爭後因總督府採取武力鎮壓，臺灣人武力抗日運動遭到挫折。隨著「同化」統治體制之確立、科舉之廢止，清代以來牢固的社會階層之移動性在某種程度上變得可能。這意味著傳統知識分子過去的社會優勢，在新式學問的沖刷下，逐漸有動搖的跡象。因此，舊世代知識分子設立的「詩社」，除了是一個創作漢詩的集會組織外，尚有疏解對異民族統治之不滿或怒氣的作用。

明治後期臺灣有三大「詩社」：北部的瀛社、南部的南社，以及中部的櫟社。櫟社創立於明治三十四（1901）年，由林獻堂的堂兄弟林朝崧和姪子林幼春發起。「櫟」意指「廢材」，即被廢棄的木材；社如其名，櫟社乃是一些失意知識分子的集合團體[6]。從「維持斯文於一線」這句創立要旨中的詩詞來觀察，我們可以明確地看出：櫟社是一個舊世代知識分子試圖用自己的語言、文章與統治者劃清界線，以保衛傳統漢文為宗旨的團體。漢文和漢詩對大部分

5　松永正義，〈臺灣の文學活動〉，《近代日本と植民地》第7卷（東京：岩波書店，1993），頁214。

6　張正昌，《林獻堂與臺灣民族運動》，頁57-62。

的櫟社成員而言，是反抗「同化」、確認自我認同，堅持民族意識的象徵，同時也是否定國語教育的一種手段。昭和六（1931）年，櫟社發行創立三十週年紀念文集，卻遭總督府查禁處分；由此，便產生「櫟社是中部的資產階級交換民族運動意見的地方」[7]這樣的評價。

明治四十四（1911）年清朝啟蒙思想家梁啟超訪問臺灣時，櫟社的知識分子便扮演了重要的角色，接待梁啟超的林獻堂便是櫟社的主要成員。由於梁啟超訪臺，舊世代知識分子之間的漢民族意識更加高漲。就如同「以詩代言」一詞所象徵的，當時梁啟超與臺灣知識分子間的交流，幾乎均以漢文、漢詩來溝通。從梁啟超吟贈林獻堂的漢詩：「破碎山河誰料得，艱難兄弟自相親」[8]二句來看，我們不難體會同為漢民族，卻因甲午戰爭戰敗而不得不分離的苦難心情。當然，透過漢詩進行對話也不盡然全為溝通。因為使用自己的文學除了可以避免總督府的監視之外，在主觀意識上也可襯托櫟社與梁啟超在認同上的一致性[9]。

對林獻堂而言，漢文和漢詩是作為一個漢民族的依據，猶如洪棄生堅持留辮髮的行為，是表現自我認同的一種方式。這應該就是林獻堂長期拒絕接受國語教育的原因。

（二）繞過「政治上的敵性語言」去攝取近代化

1. 作為漢民族文明象徵的梁啟超

就像張正昌在《林獻堂與臺灣民族運動》一書中指出：「林獻堂持有傳統知識人的氣質，也有近代知識人的想法」，林在執著於

7　葉榮鐘、吳三連、蔡培火等，《臺灣民族運動史》，頁12。

8　陳逢源，〈梁啟超と臺灣〉，《雨窗墨滴》（臺灣：臺灣藝術社，1942），頁48。

9　葉榮鐘、吳三連、蔡培火等，《臺灣民族運動史》，頁12-13。

漢文、徹底主張漢民族自尊心之際，同時對近代文明也持有強烈的渴望[10]。這種志向在其他櫟社成員身上也很容易看到。例如櫟社成員林幼春在寄給梁啟超的信中，曾提及臺灣的「公學校程度甚低，文明開化前途遙遠」這種批判總督府愚民政策的話[11]。另一方面，由設置臺中中學校的捐款者中有許多櫟社成員一事來看，一些舊世代知識分子之所以反抗統治者的「同化」，主要原因並不在於反對近代化，而是不滿統治者實施近代化的誠意不足。

林獻堂二十二歲曾擔任霧峰區區長，隔年因自認不適任而辭職，爾後又受到日本當局的邀請再次就任。明治三十八（1905）年他擔任臺灣製麻公司的重要職位。後來隨著近代化的發展，林獻堂在治學態度上面有了變化，開始脫離中國的古典、經、史、漢詩，逐漸對近代政治、經濟、學術和思想等表示強烈關心[12]。

其實甲午戰爭後，與提倡「混合主義」的伊澤修二一樣，後藤新平也採取保存漢文的方針，甚至邀請清朝漢學家章炳麟來臺擔任《臺灣日日新報》漢文欄的總編輯。不過在普及國語的方針下，漢文欄畢竟只是一種籠絡本島舊知識分子之附屬性存在，所占篇幅也較小。況且雖然漢文欄有宣傳總督府政策、布告政令的作用，並還是提供臺、日文人發表漢詩的園地。但有關近代文明知識的介紹，卻不是漢文欄設立的主要目標。當然，這樣的漢文欄是無法滿足林獻堂的知識欲望。

時值清末，對岸祖國為了達成富國強兵的近代化目標，以梁啟超及其師康有為為首，開始進行所謂的戊戌維新洋務運動。維新的任務之一，便是翻譯西洋文明相關著作。此際，沒有受過國語教育

10　張正昌，《林獻堂與臺灣民族運動》，頁31-42。

11　同前註，頁64。

12　同前註，頁41-42。

的林獻堂為了獲取一個足以迴避「依賴他者」的方式去攝取西洋文明，其所選擇通往文明的路徑，便是與祖國剛剛起步的洋務運動合流共進。透過林幼春之介紹，林獻堂接觸了若干梁啟超的著作，也開始閱讀上海《萬國公報》、橫濱《清議報》、《新民叢報》，以及梁啟超的《民報》[13]。從此時期開始，林獻堂便崇敬梁啟超，視他為中國近代化的先鋒。林獻堂所以在日本造訪梁啟超，並招待他來臺訪問，原因不只因民族情感的召喚，也因自己對於近代文明的強烈憧憬。

梁啟超訪臺期間，除了與臺灣傳統文人進行一些漢詩唱和外，也介紹近代化相關知識和思想概念給臺灣知識分子，並提倡實學的重要性。為此，舊世代知識分子之間還曾一度流行「主義」、「思想」、「目的」和「計畫」等與近代化有關的新式漢語[14]。梁啟超訪臺，提示這些清朝「遺老集團」利用「祖國」為窗口攝取西洋文明的可能性。為此，臺灣知識分子之間甚至還抱持一種希望，期待這種既可排除日本、又可與祖國合作的近代化方式能夠成功。

可是期待與現實之間，卻存在著很大的矛盾。原因在於：雖然同為漢字，但是這些因梁啟超訪臺而流行一時的新觀念、新用語，嚴格來說都不是固有的中國話，而是近代日本明治維新攝取西方文明時創造的「和制漢語」。換言之，乃是中國反過來向日本借用的新「中國語」。梁啟超訪臺期間，舊世代知識分子之所以會接受這些「和制漢語」，就是因為有這位祖國人士的仲介所致。

2. 國語對於「艱難兄弟」的不同意義

明治四十四（1911）年三月二十八至四月九日，梁啟超訪問臺

---

[13] 葉榮鐘、吳三連、蔡培火等，《臺灣民族運動史》，頁10。
[14] 同前註，頁13。

灣目的有二：一是以身為中國立憲運動要員的身分，向臺灣資產家們尋求經濟上的援助；二是考察日本統治臺灣之狀況。當時流亡於日本的梁啟超，對於內地大肆宣傳的臺灣統治成果，感到強烈的興趣。尤其針對於甲午戰爭後日本政府在短期內確立了臺灣的貨幣制度、警察行政，並普及教育、實行土地調查，繼而增加歲收等「偉業」，抱著欽讚的態度[15]。有趣的是，梁啟超的第一個目的，是以同胞的身分向臺灣資產家們尋求經濟上的援助；但第二個目的，卻又站在肯定日本治臺績效的立場。換言之，雖然被奉為上賓招待，但是梁啟超訪臺期間並非完全站在臺灣人的立場來行動。

　　然而，相對於梁啟超這種左右逢源的態度，林獻堂和其他詩社成員企圖從他身上追尋的身影卻一直堅定不移，那便是漢民族族群認同的向心力。雙方的盤算和想法有某種程度的乖離。

　　梁啟超抵臺當日，林獻堂等櫟社成員在基隆港迎接。抵達臺北站後梁氏還受到一般人民的歡迎。然而在停留臺北的五天裏，梁啟超雖在晚間傾聽了詩社遺老們的怨氣，也吟詠了漢詩，有時甚至也傳授一些抗日運動的方法。但是白天的大部分時間，他卻經常前去考察總督府的機關和臺北的近代化建設[16]。梁啟超與林獻堂之間出現認知上的差距，似乎是遲早會發生的事。促使此一裂縫浮上檯面的導火線，便是國語。

　　訪臺翌日，梁啟超接受林獻堂的招待，到其霧峰家中。梁氏訓誡林獻堂及林幼春莫用「以文人終身」的儒家世界觀終老一生，並勸告他們廣泛攝取近代政治、經濟和社會知識，為此梁啟超還介紹一些近代文明相關書籍的目錄給林獻堂。對熱衷於近代化的林獻堂而言，這些書籍目錄當然很珍貴；不過非常諷刺的是：他介紹的書

15　張正昌，《林獻堂與臺灣民族運動》，頁66-67。

16　同前註，頁68。

大部分都是從歐美文獻譯成日文的著作。得知林獻堂不擅日文後，梁啟超還特地贈授一套自己發明的日文拾讀法——《和文漢讀法》給他。這套特殊簡易的日文讀取法，其實是梁氏滯日期間為了閱讀與近代化相關的日文書籍研發出來的日文解讀捷徑，其解讀方法基本上利用日文與中文的近似性、重疊性，將日文分解成漢字與假名兩大部分，將日文的文法類型化，並將名詞或動詞中占大部分的漢字直譯為中文，繼而推敲其意義[17]。

梁啟超所以傳授這個方法給林獻堂，乃是他認為這種有先驗式效用的日文讀取法，對於林獻堂來說應該是一條攝取文明的便利捷徑。也就是說，此係梁啟超基於「日文相對於漢文是攝取近代文明的利器」這個前提認知所做的善意行為。這種認知其實也告訴我們：連梁啟超這位祖國的近代化先鋒，都承認漢文作為「同化於文明」的手段有很大的限制，不如日文。

相對於日本，中國正式推行近代化的時間較晚，而當時境內足以有效對應西方文明的統一語言尚未固定成形。因此，為了盡速吸收西方文明，梁啟超迂迴選擇日文作為簡便的語言媒介。然而雖為「艱難兄弟」，但林獻堂與梁啟超的身分、立場或歷史遭遇不盡相同。由於身居被「同化」立場的林獻堂具有抗日菁英的身分，因此對他來說，日文或許具有獲得「同化於文明」捷徑的實質意義，但使用日文卻也同時讓他陷入「同化於民族」的漩渦中。更具體說，日文對梁啟超不過是一種利用「同文」之便、攝取近代文明時之「工具上的友性語言」；但對林獻堂等詩社的舊世代知識分子來說，卻是威脅臺灣人文化、語言和認同的元凶，是「政治上的敵性語言」。更進一步來說，日文對梁啟超是接近無色透明的工具，但

---

[17] 從葉榮鐘、吳三連、蔡培火等著的《臺灣民族運動史》來看，此後梁啟超陸續提供給林獻堂世界名著的清單，計有一百七十餘種。

對林獻堂等卻是威脅自己漢民族認同之異民族的國語。同為「艱難兄弟」，但是二者對國語感受的差異卻歷歷可見。

對於將漢文作為對抗「同化於民族」之工具、藉此保持漢民族驕傲的林獻堂而言，梁啟超的日文拾讀法──《和文漢讀法》其實是一種難以賡受的善意。根據同為民族抵抗運動的重要人物，亦與林獻堂親近的蔡培火所述：林獻堂的書房中擺有日文版盧梭（Jean Jacques Rousseau）《民約論》（*Contrat Social*）、斯賓塞（Herbert Spencer）《社會平權論》，但似乎並無閱讀過的痕跡[18]。總督府編纂的《臺灣列紳傳》介紹林獻堂為向學之士，是好讀內外翻譯書籍者[19]，他曾在上海買過嚴復翻譯赫胥黎（Thomas Henry Huxley）的《天演論》（*Evolution and Ethics*），「雖然沒受過正式的近代教育，但其以自學的方式，不僅通曉中國的古典，並廣泛的利用漢譯，涉獵了許多西歐的近代思想」[20]。根據上述資料，應可推測「日文拾讀法」顯然不是林獻堂接受西洋文明的手段。從林獻堂執著於漢文的傾向來看，他經常閱讀的書籍應為中國近代思想家的著作。在攝取近代化時，林獻堂雖然捨棄了梁啟超的建議──利用最方便的日文書籍，但這種繞道而行的方式，卻讓他保全了作為一個漢民族的驕傲。

在此必須注意，林獻堂並不是一個冥頑不靈的民族主義者。雖然他在生活中排除日本的因素，但卻將兒子送到日本去留學；不僅如此，還盡力於臺中中學校的設置運動。然而儘管如此，為了保全作為漢民族的認同，作為一個舊世代知識分子，林獻堂選擇以漢文作為近代化工具。他這一抉擇暗示我們：臺灣人在「以接受（『同

---

[18] 葉榮鐘、吳三連、蔡培火等，《臺灣民族運動史》，頁10。

[19] 臺灣總督府，《臺灣列紳傳》（臺北：臺灣日日新報社，1916），頁24。

[20] 葉榮鐘、吳三連、蔡培火等，《臺灣民族運動史》，頁60。

化』）作為抵抗」時早晚會遇到的阻礙和矛盾，便是如何擺脫「認同近代化」與「屈從殖民主」之間的糾葛問題。此一問題不只存在於林獻堂身上，也可見於新世代知識分子中。

二、新世代知識分子登場後的「同化」課題
──創出對抗兩個「同化」之語言的必要性

無庸否認，林獻堂等所屬的櫟社具有鮮明的民族色彩。然而，由於時代潮流的推進、「遺老集團」的凋零，櫟社成員卻逐年減少。另一方面，又因包括櫟社在內的若干詩社均由階層較特殊者建立，係封閉性的文人組織，以吟唱漢詩來確立漢民族意識的活動，不免又流於無病呻吟、迂腐矯作。因此，在以新世代知識分子為主成立的「臺灣文化協會」這個抗日組織誕生後，詩社便開始地被批評為「封建主義」、「貴族文學」，其活動層面及影響力也逐漸減弱。在時代的沖刷之下，固守漢詩文而拒絕國語教育之形式的抵抗，慢慢地淡出臺灣政壇。唯新世代知識分子浮出政壇後，針對於如何擺脫「認同近代化」與「屈從殖民主」之間的這項矛盾問題，卻有更多元的看法和對策。

（一）創出近代媒體邁向文明之道

明治末期由於中等、高等學校的不完善，臺灣社會的上層人士間出現了將自己兒女送往內地留學的風潮。這些留學生一方面接觸內地文化，一方面又受到第一次世界大戰後民主思潮的影響，開始關心臺灣的社會政治問題。此外，受同受日本殖民支配的朝鮮人民族獨立啟蒙文化運動之刺激，臺灣知識分子開始成立自己的政治組織團體，並發行近代的雜誌報刊媒體。

　　大正九（1920）年一月，以蔡惠如為主，一些在日的臺灣人醫生、記者和律師等成立「新民會」。同年七月，「新民會」以改革臺灣社會、文化向上為旨趣，創立《臺灣青年》雜誌月刊。《臺灣青年》編輯陣容相當浩大，擔任編輯發行人的是當時留學東京的蔡培火，明治大學法律系的林呈祿、早稻田大學政治系的黃呈聰則為主筆。再者，為了抵抗殖民地同化政策，大正十（1921）年林獻堂等人設立「臺灣文化協會」[21]。為了啟蒙臺灣民眾，喚起民族意識，臺灣文化協會設置夏季學校，獎勵體育、推展女子教育。不僅如此，為了改善社會風俗，臺灣文化協會還舉辦了許多話劇、寫真展覽和音樂會等啟蒙性活動，為臺灣社會注入一股活潑的生氣，也使得抗日運動逐漸迎向新局面[22]。

　　有異於林獻堂世代的抵抗方式，新世代知識分子開始積極透過文字媒體對「同化」政策提出批判。我們不難在若干刊物中發現：新知識分子的大部分抵抗論述之基本精神與出發點，經常圍繞於近代文明。例如《臺灣青年》的發行旨趣書（大正九 [1920]年七月）中便提到[23]：

---

[21] 臺灣文化協會創立初期主要會員經歷：

姓　名	出生年份	學　歷	職　務
蔡培火	1889	東京高等師範學校	專務理事
謝春木	1902	同上	會員
蔡式穀	1884	明治大學法科	理事
林呈祿	1890	同上	理事
鄭松筠	1891	同上	理事
王敏川	1889	早稻田大學法科	理事
黃呈聰	1886	早稻田大學政治科	理事

[22] 葉榮鐘、吳三連、蔡培火等，《臺灣民族運動史》，頁295-319。

[23] 〈卷頭之辭〉，《臺灣青年》創刊號（1920年7月），頁1。

矢內原忠雄訪臺時合影（前排右二：蔡培火、左二：林獻堂，居中：矢內原忠雄）

　　諸君可以把到今天為止，各自在日常生活中的一些經驗、感
想，還有所學到的許多中外文明學識公開發表，這本雜誌的目
的就是評論一些在本島中所進行的各種改革運動和改善事項。

　　在此，我們可以看到《臺灣青年》對臺灣社會啟蒙進步和文明
化的強烈關心；這種關懷在《臺灣青年》停刊後，仍被其他雜誌所
承襲。例如，大正十二（1923）年，《臺灣民報》創刊號設置書籍
評論欄，用意便在於介紹大正時期日本的自由思想。另外，大正十
三至十五（1924-1926）年間，臺灣文化協會一共在島內舉行三次
為期一週以上的夏季講習會。綜觀其教授內容，我們不難發現大部
分都是哲學、憲法、經濟學、經濟思想、西洋文明史、中國古代文
明史、科學概論、新聞學、社會學或自治問題等，與近代文明相關
的課題。此處也不難發現這些知識分子嘗試以較自主性的方式追求

近代文明的意圖[24]。

　　《臺灣青年》、《臺灣》、《臺灣民報》等臺灣人所創辦的近代媒體誕生後，許多圍繞著語言「同化」問題的新主張和論爭便出現了。這些年輕一代對於日本治臺的批判開始跳脫出單純的對立思考，也就是「漢賊不兩立」的情緒性框架，讓臺灣人新的抵抗方式和主張更多元化、具體化。例如，反對當局一再打壓漢文教育的論文便頻繁地出現在這些雜誌媒體上。其中，蔡培火的論文可為代表。他在《臺灣青年》1卷2號（大正九 [1920] 年八月）發表〈吾人之同化觀〉一文，對當局企圖廢止漢文一事批評如下[25]：

> 　　總的來說，由日本來討論廢止漢文是（但廢止日本式的漢文則是日本的權限）甚為僭越之事。一國的文化精粹之符牒即文章應該只由當國人來創造和改廢，其持有不能允許他國人的置喙之性質。這與和文是由大和民族的發意所創，英文就該是由英國人之意志來處理的是同樣道理。豈能只有具有四千多年歷史的漢民族之漢文能脫逸於此道理乎。

　　又林呈祿於《臺灣》（3年4號）發表〈臺灣教育に関する根本主張〉（〈有關臺灣教育的根本主張問題〉）一文，同樣批判以國語為主的教育體制，並主張統治當局「必須認可一些特殊的學識，特別是漢文應該成為必修科目」[26]。此處他與蔡培火一樣，表明了支持自己傳統語言的立場，並批判國語教育之不當。

　　很明顯地，這兩位代表性的新世代知識分子，均有與日文相對

24　葉榮鐘、吳三連、蔡培火等，《臺灣民族運動史》，頁296-308。

25　蔡培火，〈吾人の同化觀〉，《臺灣青年》1卷2號（1920年8月）。

26　林呈祿，〈臺灣教育に關する根本主張〉，《臺灣》3年4號（1922年4月），頁58。

崎的漢文共同體意識。唯不同於「清朝遺老」集團，蔡培火和林呈祿雖然反對統治者壓迫漢文，卻也都承認漢文不能夠充分地對應近代化社會，主張必須改革漢文。換言之，新世代知識分子在表明固守傳統之際，還兼具邁向近代文明的強烈企圖心和視野。

（二）創生具有「同化」功能語言的必要性

1. 使用國語來批判國語教育的困境

　　由於新世代知識分子和近代媒體雜誌之誕生，促使臺灣人民族抵抗運動的形態有了改變，也使臺灣社會追求近代化的聲音能夠有效率地傳播出來。然而非常諷刺的是，蔡培火和林呈祿等人意氣凜然地發表上述保護漢文之論述時，並不像林獻堂般以漢文作為表達方式，反而使用他們在論文中批判的國語作為書寫工具。

　　其實，一直到大正十二（1923）年發行《臺灣民報》為止，《臺灣青年》、《臺灣》這兩種刊物都是「和文本位」，也就是以和文／漢文並用的方式編輯出版。包括〈卷頭言〉在內，每一輯分量平均大概在一百頁上下，當中以日文——也就是和文發表的文章經常占大部分，漢文反而屈居輔助或附屬地位。除了少數投稿和報導外，漢文書寫的文章大半都只是當期日文文章之漢譯。眾所周知，《臺灣青年》和《臺灣》均有鮮明的抗日民族色彩，因此使用壓迫臺灣人語言的日文來作為抵抗的論述工具，與林獻堂為了保持漢民族認同、將國語定位為「政治上的敵性語言」的一貫邏輯相比較，似乎有自相矛盾的現象。

　　許多人或許會認為：這些矛盾可能是臺灣人試圖利用國語這共同的語言，將自己遭遇的不平等對待和生活苦境向內地的民主進步人士控訴，以獲得他們的共鳴和支援；係一種戰略應用考量。然而，這種說法看似具有說服力，卻不一定能夠成立。因為大正時期，漢文在日本社會依舊被認為是一種高級學養，熟知漢文的日本

政治家、知識分子比比皆是，例如臺灣總督田健治郎便習慣以漢文書寫日記。因此，在「同文」這種語言近似性的條件之下，以漢文控訴總督府的暴政，不但可以暢達溝通，還能維持漢民族的堅持，應係一舉兩得之選擇。由此觀之，這些雜誌將漢文視為附屬性存在的理由，應該不在於取得內地人士的共鳴和支援。

　　實際上，如果我們觀察這些雜誌文章的內容和性質，很容易可以發現「使用國語來批判國語教育」的現象，對於臺灣人而言應該是一種不得已的妥協手段。以《臺灣青年》為例，合計19冊雜誌中，署名主筆林呈祿的論文共12篇。雖然論文的長度從7,000字到20,000字不等，但大都與教育或法律相關。換言之，這些內容並非漢詩文世界中那種福至心靈、無病呻吟一番便可完成的風花雪月文章，而是具有高度的思想性、抽象性和專門性要求的近代化議題文章。這些文章無法完整地以漢文表達，必須借用日文作為寫作工具。類似林呈祿這種因為議題內容具有高度近代性，而必須使用國語為溝通工具的現象，也可見於文字媒體外的其他抗日活動。

　　大正十二（1923）年七月二十三日，由東京臺灣青年會組成的第一次文化講演團回臺。在臺期間，這些年輕留學生受到島內民眾的歡迎，經常做一些即席性的演講；為了表達一些觀念性、思想性和哲理性較高的內容，也常以音譯的方式將所謂的和制漢字（按：明治維新後日本所大量創出的新漢語詞彙）以臺灣話唸讀，甚至直接借用國語作為表達的工具[27]。在此我們也看到了臺灣人在自己同胞面前批判日本統治時，也不得不依靠日文的諷刺場景。

2. 以漢文作為抵抗「同化」之工具的局限

　　其實，一個社會的近代化運動要能夠成功，必須建立在擁有一

27　葉榮鐘、吳三連、蔡培火等，《臺灣民族運動史》，頁93。

個近代語言的前提上。也就是說，除了所謂「言文一致」外，還必須整理一套可以因應一些新事物，以及進步思考或概念的語言體系，如同明治維新初期，日本政府為了攝取近代文明而設立了東京帝國大學。由於當時日本語言的近代化尚未完成，這所肩負國家富強使命的大學在設立之初，大部分的課業不僅由歐美人教師直接以英語教授，就連日本人教師擔任的課業中，也有許多直接以歐美語言來進行。

　　同理，一九二〇年代臺灣正處於近代化的萌芽期，島內並不存在一種速度上、大眾普及效率上可與國語同步而論的語言。梁啟超訪臺期間曾試圖傳授日語拾讀法給林獻堂的插曲，其實凸顯出臺灣人在近代化萌芽期的無奈和矛盾。在此情境下，大正時期臺灣人要迅速吸收西方近代文明，或批判統治者在近代化措施上的不當，最好的途徑便是與明治維新初期的日本一樣，先利用別人相對先進的語言——國語去進行。

　　漢文，是自古以來支撐所謂「支那」文化的古老語文體。如果只限於創作漢詩、傾訴心境，或只是凸顯保持漢民族認同，漢文毫無疑問能夠充分發揮作為漢民族傳統化身的任務。不過漢文作為一個「同化於文明」的工具時，其適切性卻令人質疑。例如，明治時期日本的國語國字問題爭論，便是由前島密的漢字廢止論揭開序幕；伊澤修二渡臺前也曾以日本的假名是表音文字，比較接近西洋的語言為由，主張假名的優越性、方便性，並認為漢字將來勢必走上被淘汰之命運[28]。這兩件事顯示：在攝取西洋文明的命題下，漢文或漢字一直被認為是缺乏效率的工具。

　　因此，明治時期日本許多知識分子和政治家經常有一種語言觀，即決定語言優劣的評判標準或觀點，在於其對應西洋文明時的

28　伊澤修二，〈本邦語學ニ就テノ意見〉，《伊澤修二選集》（長野：信濃教育會，1958），頁662-704。

效率性、大眾性和方便性。按照這種語言觀，臺灣社會中書面的文言文，以及口語體的臺灣話，均不是方便的語言。換言之，對於臺灣人來說，漢文雖是一個具有政治上「我性」、足以勝任「同化於（漢）民族」任務的工具，但至少當時並不是一個充分具有「同化於文明」功能的語言文字。在「同化」的二元功能中，漢文只有前者的能量或條件，卻不具備後者的功能，是一種「二缺一」的語言。

因此，蔡培火在〈吾人之同化觀〉一文中雖然批判統治當局的國語政策，卻也承認漢文不足以對應近代化社會，主張必須加以改革。因為他清楚地體認到：漢文在準確且迅速的表達或吸收近代思想時，不但常有局限，其本身更有言文一致的課題尚待解決。更具體說，如果臺灣人只為了保持漢民族認同，只要拒絕國語，將漢文當作自己的傳統來保護，便能達成目標；然若對近代文明抱有渴望，希望邁向世界潮流時，便不能只死守著漢文。蔡培火、林呈祿等以國語創辦雜誌，並主張改革漢文，便是基於上述考量和理由。

以國語創立雜誌，某種程度可以達成臺灣人宣揚近代化理念的目標。不過大正時期以後，只依靠國語或國語教育已無法滿足臺灣追求「同化於文明」的願望。正如第五章說明的，大正時期後因當局的設防，依附國語教育去達成近代化的路徑，已開始阻塞。為了應付臺灣人積極的向學心，隈本繁吉設計了「以普及（『教育』）作為抑制」臺灣人的教育方針，並將國語教育的品質空洞化。在新的「同化」體制下，臺灣人如果仍然抱持著「以接受（『同化』）作為抵抗」的想法，只是一昧地要求統治當局擴充教育規模，便陷入隈本繁吉設計的陷阱，將自己變成統治者「同化於民族」的對象，也無法形成平等待遇的正當性。

在當局的封鎖政策下，對於臺灣人來說，既然欠缺「同化於文明」功能的漢文和具有「政治上的敵性」色彩的國語都不是鋪設抵抗之路，若要滿足追求近代化的願望，爭取「一視同仁」，新世代

知識分子便有必要創出一條新途徑。就在這種時代需求下，中國白話文運動（以下簡稱白話文運動）便以有別於漢文和國語——也就是新路線的姿態出現在臺灣社會。

三、首創自主性「同化」之路的中國白話文運動

（一）挑戰新「同化」統治體制的語言運動

1. 在近代文明的聲浪中起步的白話文運動

　　以「文學革命」為契機，中國大陸在1917年以後，由胡適、魯迅等提倡所謂白話文運動；並以反封建主義、反貴族文學和反古典文學為主要精神，主張文學應該屬於民眾，必須要講究通俗。因此，該運動主張以白話文作為工具，以便創作國民文學、寫實文學和社會文學。白話文運動反對文學由一部分使用漢文的社會上層所獨占，因此在改革書面體之同時，賦予口語積極的評價。因此，該運動的目標之一便是言文一致。

　　1920年以後，白話文逐漸在中國各地扎根，以口語體創作的風潮擴散各地，白話文也獲得了新生中國之國語的地位。白話文運動之成功，對於當時正渴求有一個足以對應近代社會之語言的新世代知識分子而言，是一個充滿著光明和希望的震撼。大正十（1921）年九月，蔡培火在〈關於臺灣教育的根本主張〉一文中，便提出復興漢文的建議。從文章脈絡來看，蔡培火主張的漢文並不是林獻堂以前所執著的書面體文章，而是經過五四運動後「今後中國本土將使用的現代漢文」，即口語體的白話文。蔡培火的論文可能是日後臺灣社會中一連串有關白話文運動議論的嚆矢[29]。

29　蔡培火，〈臺灣教育に關する根本主張〉，《臺灣青年》3卷3號（1921年9月）。

　　大正十一（1922）年一月二十日，《臺灣青年》又刊載了一篇以近似文言文的「現代漢文」所書寫、題目為〈日用文鼓吹論〉的論文。這篇廣為人知的論文為陳端明所撰，他認為「所謂文明各國，多言文一致，唯臺灣獨排之」。漢詩文是艱深舊套的文藝或詩歌，與日常的語言既有隔閡，亦難學習，在意思溝通上又晦澀曖昧，普及上也經常有困難。為此，陳端明鼓勵民眾以白話文代替漢文，以便「啟發智能，同達文明之域」[30]。

　　大正十二（1923）年一月和二月，《臺灣》（4年1號、2號）刊載黃朝琴的〈漢文改革論〉。黃氏留學早稻田大學後，曾停留中國，他認為漢文是世界上最麻煩的文字，甚至是使中國社會停滯不進的元凶，因此提倡白話文。他在文中雖然批判總督府鎮壓漢文，但也給予國語教育正面的評價。黃朝琴最後主張以白話文代替漢文科作為學校的必修科目，還鼓勵臺灣同胞在日常生活中勿再使用日文交談，甚至建議臺灣人模仿總督府的國語講習會，自己也設置一些夜間的白話文講習會[31]。

　　除上述主張外，以最明確的態度倡導白話文運動者便是黃呈聰[32]。大正十二（1923）年黃呈聰在《臺灣》發表〈論普及白話文

---

[30] 陳端明，〈日用文鼓吹論〉，《臺灣青年》3卷6號（1922年1月20日），頁31-34。又同樣內容同一篇名之陳端明的這篇論文，曾再度刊載於《臺灣青年》4卷1號。

[31] 黃朝琴，〈漢文改革論〉，《臺灣》4年1、2號（1923年1月、1923年2月）。

[32] 大正時期推行白話文運動的功臣首推黃呈聰。他與黃朝琴一樣，都是早稻田大學政治經濟系的留學生。1888年3月25日黃呈聰出生於彰化近郊的線西，是地主黃秀兩之次男。明治三十六（1903）年公學校畢業後，進入總督府國語學校實業部就讀，畢業後從事與商品農作物相關事業。其後在故鄉被任命為末端行政的區長。大正六（1917）年總督府授予黃呈聰「紳章」，大正七（1918）年以三十歲的年齡留學早稻田政治經濟系，並被選為「新民會」的幹部。大學畢業當年，《臺灣民報》創刊，他擔任該雜誌發行人兼編輯主任。此後，黃呈聰便以抗日運動家的身分活躍於臺灣的政治圈。

的新使命〉一文。文中表示：儘管臺灣人有進步合理的教育思想，但是如果沒有一個有效率性、代表性、大眾性和方便性的近代語言，我們就不能推行教育，建立近代文明社會。他甚至以英國、法國和德國等已經完成言文一致的先進國為根據，指出這些國家所以能富強，乃是因為他們有一個能迅速普及文明的語言。因此他興奮地說，由於中國普及了白話文，所以將「一日千里」地邁向進步之道；三十年內中國將會變成世界最強的國家。不過黃呈聰認為，相對於充滿希望的中國，臺灣卻長期處在舊漢文的束縛之下，社會停滯文明落後，甚至停留在民眾沒有辦法看報紙、寫書信或文章的情況之下。因此，如果臺灣人學習白話文，接觸中國近代的新刊書籍、報紙和雜誌，便能與中國以同一步調獲得進步和文明。有了白話文以後，停滯中的臺灣社會必將覺醒，也可以過著與世界人民一樣的生活[33]。

　　綜觀有關白話文運動的提倡經過，我們發現該運動基本上是漢文改革運動相關的產物。進一步說，其在歷史脈絡中具有連續和傳承的意味。從「同化」的角度來觀察，該運動所以被提倡，主要原因乃是新世代知識分子們認為白話文足以讓臺灣人解脫漢文這種落伍的語言傳統之束縛，繼而奔向世界，擴展文明的視野。換言之，白話文運動被認為可以補足漢文在作為「同化」工具時只具有「政治上的我性」，但卻欠缺「同化於文明」功能的「二缺一」遺憾；其具有以自主性方式去進行「同化」的意圖和色彩，並非只是臺灣人心向中國的一種現象。

大正十四（1925）年黃呈聰經過中國廈門後，先後在南京、上海寄居，在這段期間其接觸「真耶穌教會」並接受洗禮。回臺後的昭和五（1930）年，黃呈聰被任命為臺中州協議會議員，在協議會上他曾向統治當局提出，公學校必須充實漢文課並採用中國白話文課本、承認書房教育等建議。

33　黃呈聰，〈論普及白話文的新使命〉，《臺灣》4年1號（1923年1月），頁12, 13。

2. 對於公學校教育空洞化的焦慮

其實我們仔細觀察，便會發現包括黃呈聰在內，蔡培火、陳端明和黃朝琴等人在主張白話文運動時，背後都有一個共同的目標和意圖，便是要改善臺灣的「同化」教育。蔡培火在〈關於臺灣教育的根本主張〉中，便曾批判當局的普及教育不徹底；黃朝琴也曾強調教育是帶給人類幸福的必須制度，主張應該解放學問和教育，不能讓其成為特殊階層的專有物，應該關照到一些失學的民眾。

黃呈聰對於臺灣的教育更是保持強烈的關懷。在正式提倡白話文運動之前，他已多次在雜誌中表達關注教育的意見。大正十（1921）年七月、八月《臺灣青年》（3卷1、2號）連載黃呈聰的〈臺灣教育改造論〉，他在文中明言「世界永遠在進化的過程，萬物都現滅變遷而不止」，因此改造運動是世界的潮流，而且必須依靠教育，從個人知識的普及開始改造，否則不可能達成[34]。

黃呈聰與黃朝琴一樣，均對近代文明有敏感的觸角；不僅如此，二人也都承認普及國語教育的重要性。同時也都認為：由於制度上的不平等，臺灣教育之普及出現了問題，致使「公學校的內容空洞」，在教授上存有機械性的填鴨式弊病。再者，其他學校也存在著教授水準甚低、不能聯結到日本內地學制等問題。在這種教育管道閉塞的狀況下，臺灣人民無法「知道自己的立場，瞭解世界的大勢」。據此，黃呈聰斷言在日本統治下前述改造運動是無法在臺灣推展的。因為[35]：

> ……我們現在的臺灣，雖有公學校教育的國民教育，總是用日本語做為中心用語，自七歲入學堂，每天便教他兩三句的日本

---

[34] 黃呈聰，〈臺灣教育改造論〉，《臺灣青年》3卷2號（1921年8月），頁14, 22。

[35] 黃呈聰，〈論普及白話文的新使命〉，頁22。

語、日本音的漢文讀法和用最淺的算法而已。經過到五六年的時候，方曉得幾句普通的日本話，到這個時候，纔教他多少的科學和一般的知識，不上一兩年就卒業了。所以現在公學校的卒業生雖是多的，還沒有器用，也是難怪得。這是臺灣統治的方針，要用日本固有的文化來同化我們的緣故，這豈不是我們的社會不發達的原因麼？

　　基於上述理由，黃呈聰甚至認為因為公學校的教學內容偏向於日本精神文化，輕視近代文明內容，臺灣人只好變成奴隸，努力工作，或諂媚權勢，不知道自己的人權和天賦的使命，更無法認識世界的文化。此處他對失去近代文明的危機感和焦慮表露無遺。懷著這些危機感和焦慮，他最後呼籲臺灣人必須盡快普及「科學與一般知識」[36]。

　　上述言論其實告訴我們，支持蔡培火、黃朝琴和黃呈聰提倡白話文運動的主要動力，來自他們對「同化」教育的不滿。在體認國語「同化」教育不能滿足臺灣社會，不能為臺灣人帶來幸福的前提下，黃呈聰認為臺灣民眾必須擁有一個有別於操控在統治者手中、並具有「同化」之功能的語言工具。這些現象基本上顯示：一九二〇年代以後，新世代知識分子普遍對隈本繁吉形構的新「同化」教育存有強烈的焦慮感。對於國語教育內容空洞化的憂慮和危機意識，應是催生白話文運動的一個重要因素。

　　當然在鼓吹白話文的過程中，國語存在的必要性勢將被稀釋或邊緣化。這意味著黃呈聰等人在推動臺灣的近代化過程中試圖盡量迴避或減低國語教育的介入程度。在此我們可以說，白話文運動最重要的意義在於擺脫總督府獨占的教育途徑，擴展臺灣人的文明

36　同前註，頁23。

視野，繼而奔向世界。更直接說，白話文運動和漢文改革的主張一樣，都是一個具有自律性的「同化於文明」之運動。

（二）以「我手寫他口」的方式「走向祖國之中」

關於黃呈聰提倡白話文的動機和認同上的意義，日本學者若林正丈已有精細的研究成果。若林的主要觀點是：大正時期臺灣人在面臨日本、中國、世界、臺灣四個交錯糾纏的文化環境下，其認同意識陷入混亂；此際黃呈聰等人提倡白話文運動的目的之一，便是試圖透過這具有近代性的新語言來聯繫祖國和臺灣民眾的思考脈絡，繼而以啟蒙或改造的方式，在島內進行防衛民族文化之工作。更具體地說，若林正丈認為黃呈聰等人在面臨多元文化的衝擊下，企圖以擁有共同語言文字作為基礎媒介，培養臺灣人得以懷抱一個可以與「中國民族主義共振的精神」。這種策略背後，存在著希望將來能與祖國統合的「待機」之意涵[37]。

正如若林正丈所指，黃呈聰除對教育在近代化路途上的萎縮感到焦慮外，對於統治者強化「同化於民族」的措施也抱持警戒心。在〈論普及白話文的使命〉一文中，他便以明治時期的日本為例，主張「所有國家或社會都需要一個統一的語言，以此語言普及民眾的知識，才能將特別的民族性格團結起來」。他特地以同等地位的方式，將日本與臺灣社會相對化，並且認為臺灣應該要「拒絕以日本民族的『個性』為根的文化」，繼而「必須努力建設臺灣獨特的文化」。抱著對臺灣「將來文化的危懼」感的心情下，黃呈聰主張「民族文化保衛」的必要性。

很明顯地，對黃呈聰等人而言，白話文被認為是「建設臺灣獨

37　若林正丈，〈黃呈聰における「待機」の意味──日本統治下臺灣知識人の抗日民族思想〉，《臺灣近現代史研究》2號（1979年8月），頁69-77。

黃呈聰

特文化」之最佳媒介，具有凝聚包括臺灣人在內的漢民族之團結力量。因此，該運動明確地有對抗統治者「同化於民族」的目的性。將臺灣人帶向「走出（日本）民族之外」，其實就是該運動主要的意圖之一[38]。

黃呈聰為了推行白話文，不僅在理論上備戰，也在實際上付諸行動。其實踐方法之一，便是發行臺灣文化協會機關報：《臺灣民報》。大正十一（1922）年四月，《臺灣民報》創刊，黃呈聰任總編輯。與《臺灣青年》、《臺灣》不同，《臺灣民報》從創刊號起便將日文書寫的文章減到最低限度，改以白話文取代日文發表文章。不僅如此，《臺灣民報》還刊登「白話文研究會」的創立要旨，並發表普及白話文運動的一些具體方法[39]。

---

[38] 黃呈聰，〈應該著創設臺灣特種的文化〉，《臺灣民報》3卷1號（1925年1月），頁7-8。

[39] 〈臺灣白話文研究會暫定簡章〉，《臺灣民報》創刊號（1923年4月25日），頁29。

　　該運動雖在黃呈聰的主導下積極地推行，但其本身在臺灣卻隱藏著很大的矛盾。因為白話文運動具有言文一致的目的性，其本身被定位成一個語言的近代化運動，因此必須有「我手寫我口」的實質功能和意涵。然而對一部分對岸的中國人來說，使用白話文或許可達到「我手寫我口」的境界；但是對大部分臺灣人來說，由於其日常用語的音源並非白話文的北京話，因此越是以白話文創作，反而越凸顯出白話文與臺灣話在口語體之間的落差。以言文一致的觀點來看，使用白話文對臺灣人來說其實還是「我手寫他口」，與臺灣人使用國語的情境，基本上並沒有太大的差別。

　　因此，在「我手寫他口」的情況下，臺灣人雖然在心境上企圖努力寫出標準的白話文，但他們發表的白話文作品，卻與標準的白話文有很大的距離。更具體的說，當時臺灣人所寫的白話文經常夾雜著臺灣話甚至日文，文法上也不盡然正確，乃是一種「臺灣式的白話文」。因不滿此現象，大正十三（1924）年一月，張我軍這位大力支持白話文運動者在《臺灣民報》發表〈糟糕的臺灣文學界〉，文中針對以「臺灣式的白話文」書寫的文章提出批判，後來引發所謂新舊文學論戰，並成為日後臺灣近代文學的出發點。這個結果恐怕是黃呈聰、張我軍等人所始料未及的吧[40]。

40　黃呈聰的白話文普及運動，並未涉及文學領域。說起來，白話文運動是中國新文學運動的一環。以國民文學、寫實文學、社會文學為目標的新文學運動精神，被臺灣文化協會的成立所繼承，而且新世代知識分子對封建主義、貴族文學、古典文學的批判必然會到來，白話文普及運動推展到文學上，只是時間的問題而已。隨著《臺灣民報》的創刊，中國新文學運動的介紹頻繁，創刊號一口氣轉載了胡適的〈終身大事〉（劇本）、趙經世的〈賢內助〉（小說）、青柳的〈不倒翁〉（兒童文學）等三個中國新文學作品。此外，《中國語法講義》，將〈胡適文存〉作為白話文練習文本來介紹。此後，魯迅、冰心、郭沫若等中國作家的作品也陸續被介紹。而且，在北京留學的張我軍，也在《臺灣民報》介紹有關中國白話文的文法書，以及新文學的代表性雜誌《創造週報》、《創造季刊》、《小說月報》等。

　　不過，對張我軍來說，未曾料及的結果可能不只新舊文學論戰，而是當他在批判臺灣人寫的白話文不正確、不純粹之同時，也暴露了該運動在臺灣推行時的矛盾和破綻，並預告了其遲早要受到其他語言改革運動挑戰的命運。理由在於：因為音源上的差異，白話文運動雖然在某種程度解決了臺灣人在「認同近代化」與「屈從殖民主」的糾葛，但是實際上與臺灣社會的需求仍有一段距離。在缺乏語言之效率性、方便性和大眾性的情況下，該運動對島內大部分以臺灣話為母語的民眾來說，經常是一種又具有貴族性，且「無緣」的存在。

　　在此必須注意，為了對抗以國語教育為核心的「同化」統治，黃呈聰試圖將對岸祖國的白話文移植到臺灣。但很令人意外的是，對於受到國語壓制而逐漸式微，甚至面臨被消滅危機的臺灣話，黃呈聰卻否定進行改革的必要性。他認為臺灣話的共同使用地域僅限於廈門、泉州，漳州等地，由於這些中國沿岸地域也將逐漸被納入白話文運動的支配範圍，臺灣將無法脫離該運動的影響。況且，縱使臺灣話被正式文字化，如果背後沒有勢力較強的文字存在，很容易會受到其他強力語言的打壓而消失[41]。黃呈聰提倡白話文運動的背後，有明顯的「抗日」和「中國」兩個思考座標軸[42]。唯此情形下，臺灣話的定位便顯得模糊而難堪。

　　從語言的觀點來看，白話文運動只能算是一個將北京話移入臺灣知識分子社群的運動，嚴格說不能算是臺灣人自己的語言改革運

　　對此，舊漢文派以臺灣總督府御用媒體的三大報紙之漢文欄為據點，供舊式文人提出反對言論。該論戰被視為臺灣近代文學的實質出發點。以該論戰為契機，被稱為臺灣近代文學之父的賴和開始以白話文創作。結果，漢詩受到批判，其影響力漸式微。一直為特殊階級層所支持的「詩社」也逐漸衰落。

41　黃呈聰，〈論普及白話文的新使命〉，頁20-21。

42　若林正丈，〈黃呈聰における「待機」の意味〉，頁84。

動。日治時期真正實踐自己語言之近代化的先驅者，與其說是黃呈聰，不如說是提倡一連串臺灣話表記改革運動者──蔡培火。

四、臺灣話羅馬字運動與近代日本的言語觀──挑戰國語作為「同化」工具的優越性

（一）蔡培火──提倡臺灣話羅馬字運動

1. 蔡培火的生平

　　甲午戰爭爆發前五年，即1889年，祖籍福建晉江的蔡培火（1889-1983），誕生於雲林北港的漢儒家庭。七歲時，蔡培火的哥哥因參加初期抗日運動被通緝，為此一家曾逃亡到福建。蔡培火曾就讀於專門培養公學校師資的國語學校，畢業後被任用為臺南第二公學校教師。大正三（1914）年，以板垣退助為中心設立的同化會在臺舉辦各種活動，蔡培火不但曾擔任板垣的通譯，並參加同化會

蔡培火

的活動；後因此被革除公學校老師的職位。此後，他曾接受林獻堂等人的援助赴日本留學，在東京接受一年的補習教育後，進入東京高等師範學校夜間部物理化學系就讀[43]。

大正五（1916）年，就學中的蔡培火受到東京富士見町教會著名基督教牧師植村正久的知遇，開始關心基督教。經過植村的介紹，與田川大吉郎等內地的自由主義政治家往來。大正八（1919）年，蔡培火擔任鼓吹朝鮮獨立運動的《アジア公論》（《亞細亞公論》）之董事；大正九（1920）年師範學校畢業後，皈依基督教。在日期間，他以東京臺灣留學生領導人的身分，為設立啟發會、新民會等抗日運動團體奔波，並擔任這些團體的機關雜誌《臺灣青年》之編輯兼發行人[44]。

大正九（1920）年十月，《臺灣青年》1卷4號遭到查禁。這是該雜誌第一次被查禁，起因即蔡培火寫的〈我島與我們〉這篇文章。他在這篇文章中訴說臺灣住民係以「內地人與山內人（番人是他人所叫的）和我們本島人構成」，主張廢除這三者之間的差別待遇。他還主張將臺灣定位成「我島」，將臺灣人定位成「我們」，並強調「臺灣是帝國的臺灣，同時也是我們臺灣人的臺灣」。這些言論被當局認定為不穩當、不適切。後來《臺灣青年》雖然改名為《臺灣》、《臺灣民報》或《臺灣新民報》等，但蔡培火依然在這些雜誌中擔任重要的角色。在此我們可以體認到蔡培火作為抗日運動

---

[43] 在殖民地統治底下，留學國外尤其是支配宗主國的殖民地原住民之知識分子，在殖民地解放運動中經常擔任重要的任務。日本統治下的臺灣當然也不例外。大正十一（1922）年居住在東京的臺灣留學生已達到2,400人以上。這些留學生大部分是都市資產階級子弟且有年輕化的跡象，蔡培火在當時算是比較特殊的存在。

[44] 吉田莊人，《從人物看臺灣百年史》，頁129-39；並參見蘇進強，《風骨嶙峋的長者：蔡培火傳》（臺北：近代中國，1990）。

家之重要性[45]。

　　蔡培火的抗日活動並不只限於言論方面。自大正十（1921）年起，他開始從事臺灣議會設置請願運動，並擔任重要任務，還曾為此在東京被警察逮捕過[46]。附帶一提，田川、矢內原、黃呈聰和蔡培火都是基督教徒，他們抵抗日本統治的共通點是否與基督教教義和國體精神之相剋有關，是一件引人深思之事[47]。

　　令人出乎意料的是，臺灣學界對蔡培火的抗日運動之評價似乎不高，經常認為他的民族獨立意志稀薄，或有「御用紳士」色彩，是抗日運動中最保守、最封閉的存在；其抗日行動甚至被批判成一種只是「為了一般大眾所提倡的啟蒙，但卻沒有打破殖民地體制的態度」[48]。蔡培火的語言運動是否真的保守，或只是一種「啟蒙主義文化運動」？針對這些疑問，筆者希望將他的臺灣話羅馬字運動、臺灣白話字運動放置於「同化」統治的座標軸下，繼而探討其時代意義。

2. 臺灣話羅馬字運動的推行經過

　　大正十一（1922）年，即白話文普及運動正準備開始推行期間，蔡培火在《臺灣》3年6號發表〈新臺灣的建設與羅馬字〉一

45　蘇進強，《風骨嶙峋的長者》，頁165-69。

46　同年蔡培火結集了臺灣知識分子設立「臺灣文化協會」，而他自己則擔任董事長。大正十二（1923）年設立「新臺灣聯盟」，這是殖民地統治下臺灣人政治結社的濫觴。蔡培火的著作《與日本國國民》、《東亞之子思斯》，其內容主要是向內地日本人訴說殖民地統治下臺灣所受到的不公平和非人道的待遇，這兩本書的序文分別由矢內原忠雄、田川大吉郎撰寫。

47　由於矢內原與田川在訪問臺灣時，曾由蔡培火擔任翻譯和導遊，訪臺期間其結成莫逆之交。

48　進藤純子，〈蔡培火のローマ字化運動——日本語教育史の一研究〉，《國際交流研究》1號（1985年4月），頁57。

文，正式將羅馬字運動推上臺灣社會檯面。

　　所謂羅馬字表記是日本領臺前英國傳教士甘為霖（Rev. William Campbell）、巴克禮（Rev. Thomas Barclay），以及加拿大傳教士馬偕（Rev. George Leslie MacKay）為了傳教上的需要，思考出來的臺灣話表記法。甲午戰爭後不久，蔡培火為了與避難對岸的兄長聯絡，便曾經利用這種表記法來書寫信件。據他表示：「臺灣羅馬字是將羅馬字來表記臺灣話的固有發音，按照這種特別的拼寫法來表示我們臺灣的話。」這種表記法在十七世紀初由荷蘭人教士傳給「山內人」，「其後1865年英國教士馬雅各（Dr. Maxwell）為了傳教再教授給本島人。後來島內基督教會便幾乎都使用此文字來出版聖經、讚美歌和教會會報」[49]。

　　雖說同樣以羅馬字作為表記符號，但是蔡培火認為，臺灣話羅馬字表記法比明治時期國語國字問題爭論時，內地的日文羅馬字推行者所提倡的發音拼字法，更為簡便，且平易近人。利用這套表記法，縱使沒有上過學的農民，一天只要學二、三個小時，四個禮拜後就能熟悉使用[50]。為此，蔡培火深以臺灣羅馬字表記為傲。

　　大正三（1914）年，蔡培火參加板垣退助「同化會」時，便曾嘗試提倡臺灣話羅馬字運動。但因為被認為與國語教育有衝突，當時未被接受。大正十二（1923）年，即臺灣文化協會成立兩年後，他不顧協會內部漢文復興派的反對，將羅馬字運動變成文化協會正式的工作之一，並展開推廣工作。同年，文化協會第三屆總會會議中也決定編纂、發行一些與該表記法相關的書籍；會員張洪南則撰寫《羅馬字自修書》。其次，為向民眾示範，文化協會若干幹部間

---

[49] 蔡培火，〈母國人同胞に告ぐ〉，《臺灣民報》11號（1923年11月），頁11。

[50] 蔡培火，〈新臺灣の建設と羅馬字（一）〉，《臺灣民報》13號（1923年12月11日），頁15。

甚至以羅馬字通信聯絡[51]。

　　大正十三（1924）年，蔡培火第一次向當局申請舉行羅馬字講習會，卻未獲得批准；翌年募集男女學員大約一百名，想要再度舉辦，又被總督府阻止。昭和四（1929）年的講習會，也同樣無法獲得批准[52]。為此，蔡培火向內地日本知識分子訴說臺灣話羅馬字運動被打壓的情形，獲得矢內原忠雄等人的支持。不過因當局認為羅馬字運動是推行國語教育的障礙，受到總督府干預的程度也越來越強烈。為此，昭和六（1931）年他在東京接受前總督伊澤多喜男的勸告，研發了一套以羅馬字加上日本平假名等表記符號來表記臺灣話的新方法，即所謂臺灣白話字。從此以後，蔡培火表記臺灣話的方法，便從羅馬字轉移到以平假名表音的臺灣白話字。

　　第二次世界大戰後，一九七〇年代，業已八十高齡的蔡培火再度提倡以注音符號臺灣話表記的相關活動，唯即使脫離了日本殖民政權的魔掌，但在國民黨政權下，依然沒有實現[53]（按：蔡氏始終以「白話字」作為語言運動的名稱，對其而言羅馬字運動也是臺灣白

---

[51] 同前註，頁15；蔡培火，〈灌園先生與我〉，《林獻堂先生紀念集》（臺北：文海，1974），頁470-71。

[52] 依據昭和四（1929）年四月十四日《臺灣民報》的記事「民眾俱樂部羅馬字成績良好」，昭和四（1929）年四月，蔡以由《羅馬字課本》一冊和自作的〈羅馬字宣傳歌〉三曲而來的「羅馬白話字研究會」名稱，申請舉辦講習會，順利獲得許可。一期為兩週，募集會員約60名，同年3月12起至4月22日為止，在臺南市舉辦過三期的講習會。因為反應頗佳，5月蔡再度向臺南市當局申請舉辦大規模講習會的許可，本次便遭駁回。

[53] 第二次世界大戰後，在中華民國的體制下，蔡培火嘗試復興臺灣話羅馬字運動。但是，因為和國民黨有對立關係的對岸中國共產黨政權採用北京話的羅馬字表記，所以導致蔡的嘗試受挫。依據臺灣當局的方針，蔡的臺灣話表記不得不由羅馬字變更成注音符號。1965年編纂《國語閩南語對照詞典》，1972年編纂《國語閩南語對照初步會話》、《國語閩南語對照普通會話》。

話字運動的一種。參見其1929年3月11日的日記）。

（二）企圖打破國語作為「同化」工具的獨占性

蔡培火一再於鼓吹臺灣話羅馬字運動的場合公開表示，此一運動基於社會連帶理念而設立，是拯救臺灣人中無學識階層的一種「補助手段」；因此該表記法本身不過是一種符號的推展，其目的也只「不過是幫助本島人到達文明之彼岸的過渡工具」[54]。然而，此一臺灣史上首次真正符合「我手寫我口」精神的語言運動，真的只能以「過渡工具」的地位和角度去觀察、理解嗎？下節筆者希望提供另一個角度供讀者思考該運動的新意義。

1. 爭取屬於自己的「同化於文明」工具

其實臺灣話羅馬字運動的動機和旨趣，大致上與黃呈聰的白話文運動類同。兩者對日本的教育政策均強烈不滿，也都有打破總督府獨占臺灣人攝取近代化知識手段的意圖。

大正十二（1923）年十二月，蔡培火發表〈新臺灣的建設與羅馬字〉（《臺灣民報》13、14號）一文，批判道：臺灣統治中的「學校教育始終以國語教育為重點，不靠國語不能獲得智能。因此本島人兒童只會做機械性的默記，缺乏理解以及推測能力」。這種拘泥於國語、重視形式的公學校教育，導致臺灣人的思考能力更加鈍化，並且將大部分不能進入公學校的臺灣人排除於文明世界之外[55]。因此為了臺灣，我們必須要「謀求啟發島民精神、充實內面」的教育，臺灣話羅馬字確實是建設文明之「唯一無二便宜又有效的

---

[54] 蔡培火，〈新臺灣の建設と羅馬字（二）〉，《臺灣民報》14號（1923年12月21日），頁13。

[55] 同前註，頁14-15。

手段」[56]。文中我們可以理解：促使蔡培火主張羅馬字運動的主要動力，是他對國語教育空洞化的危機感。

蔡培火對臺灣社會缺乏一個既有明確自主性、又具備「同化於文明」的功能語言，強烈地感到焦慮。大正十四（1925）年，他便以臺灣羅馬字撰寫《十項管見》小冊子。書中分成四個項目收入有關〈新臺灣的建設與羅馬字〉的論述，其中第一項〈世界如川〉說道：世界日新月異地不斷進步，不能跟上時代潮流者就被淘汰，這便是人類生存競爭的狀況。再者，在自問自答的第二項目〈臺灣是否有進步？〉中，他說，雖然臺灣文明有進步，但是其進步不是臺灣人自己推動的力量，而是在總督府掌握主導權之下依賴別人的一種表面上、形式上的結果。臺灣這種依賴別人的進步，等於完全沒有進步；不進步的原因則歸於教育普及之不足[57]。在日本統治之下，臺灣人舉行的演講、音樂、戲劇和體育等活動雖然有助於提升一般民眾的民智，但若要讓臺灣人從愚鈍之世界中解放，最大的課題還是在於近代文明的教育。因此，他認為普及羅馬字是臺灣社會的當務之急。

雖然蔡培火在許多羅馬字運動的論述中均表達了對國語教育的不滿，以及對臺灣社會文明停滯的強烈焦慮，不過他卻經常在公開場合主張自己所提倡的運動不過是拯救一部分無學識階層的「補助」手段。換言之，羅馬字不過是一種語言表記的符號工具而已。但從若干跡象看來，蔡培火這種自我矮化的說法，應該是為了迴避當局壓制的一種說詞和算計，與他真正的意圖有些差距。

在稍早發表的〈吾人之同化觀〉中，蔡培火便曾明白指出：就像「和文是大和民族的發意所創」一樣，漢文是漢民族的「文化精

---

[56] 同前註，頁15。

[57] 蔡培火，《十項管見》（臺南：新樓書房，1925），頁1-14。

粹」。他明確地表示，語言具有文化意涵，是表明自己民族存在的最好方式。另外，〈新臺灣的建設與羅馬字〉一文中，他更明言：「普及羅馬字真是臺灣文化的基礎工作。有識者依此才能將其思想和友情傳達給一般的本島人，無識者則可依此迅速的享受現代文明的恩惠」[58]，在此我們可看出，羅馬字運動之真正目的不只是為了替一部分失學階層開設一條接近文明的路徑，更要為包括「有學識者」、「無學識者」在內的所有臺灣人提供一個創造語言文化共同體意識的機會。

總之，蔡培火提倡臺灣話羅馬字運動時，除有明顯地擺脫國語教育箝制、開拓一條具有自主性的「同化於文明」路線之企圖外，更抱持著建構「臺灣文化的基礎工作」之展望。此中我們看到他對抗當局，希望將臺灣引導向「走向（日本）民族之中」的志向。

2. 民族意識的形成與文化運動

建設新臺灣是蔡培火提倡羅馬字運動的主要目標。所謂新臺灣便是要「營造一個足以順應新時代、新思潮的新生活之臺灣」，是相對於日本統治下以「形式性、表面性」文明顯現出的臺灣[59]。為此，蔡培火認為新臺灣必須以比較具有自主性的「同化」路徑來建構，其基礎必須要依附在臺灣的民族之上。從以下蔡培火關於文化和民族的論述來看，他提倡羅馬字時提及的文化，明顯地具有「同化於民族」之意涵。

昭和六（1931）年十一月，蔡培火在言論自由和媒體檢閱標準都較臺灣寬鬆的內地發表了〈臺灣の民族運動〉（〈臺灣的民族運

---

[58] 蔡培火，〈新臺灣の建設と羅馬字（二）〉，頁14。

[59] 蔡培火，〈我在文化運動所定的目標〉，《臺灣民報》138號（1927年1月2日），頁10。

動〉[《教育》2號（1931）]）一文。他認為民族絕對不是一種固定的東西，民族「猶如陰影一般，在實體的人類社群中只要再加入某一些條件」「這些陰影便會產生」。繼而指出[60]：

　　然而，我相信在實體的人類社會群中形成民族陰影存在的本質性要素，即是社會群之間創建的諸文化。因此，沒有任何文化的社會群彷彿是無色透明的物體，縱使光線射進來也不會產生陰影。無論加入任何條件也絕不會產生民族存在的症候。……總之，具有真正意義的民族存在，經常總是在指涉一個具有文化創見能力的社會群。

　　很明確地，蔡培火此處將所謂民族的內涵定位在創造同一文化的共同體之上。從他企圖創造自己的文字以便推動臺灣文化運動的事實來看，其理當具有這種形構自己「民族」的視野。因此，他在鼓吹羅馬字之同時，也提倡臺灣人的文化運動；因為既簡便又易習的羅馬字，在臺灣人創造自己的文化時必須肩負重要的任務。還說：「無有文字的社會，那一處有好的文化存在」；「在文化運動最得力量最重要的武器，就是要有好的文字」[61]。不僅如此，蔡培火並展望在達成文化運動後[62]：

　　我臺人同胞的生存，就會安全，我們的生活，就可以和他人並肩比立，那麼，彼時我們就會做成頂天立地的自由人矣!!

60　蔡培火，〈臺灣の民族運動〉，《教育》2號（1931年11月），頁27。
61　同前註。
62　蔡培火，〈我在文化運動所定的目標〉，頁10。

對於蔡培火而言，鼓吹羅馬字很明顯是建構臺灣文化的一種手段；而臺灣文化這個基本概念通常排除日本的要素。因此，就像引文中「我們」、「我臺灣人同胞」頻繁出現一樣，他在論述裏經常使用「我」這個主詞。換句話說，其所描繪的近代化臺灣人是從「同化」傘下解脫而形成的文化共同體。

在此可以明確指出，蔡培火推行羅馬字運動的目標在於透過自己語言的創造，將擔負「建立臺灣文化」的任務奪回至臺灣人的手裏，繼而形成一個有別於日本的共同體。從這一點來看，黃呈聰的白話文運動與蔡培火的羅馬字運動，在形成自己民族意識上乃具有某種程度的共識。不過較之黃呈聰對中國有強烈的想像，蔡培火在提倡羅馬字運動時描繪的民族形象，則以等身大小的臺灣、即以受到日本統治的本島為實際範圍去思考形構的。

（三）以近代日本的語言觀挑戰國語之優越性

在內容方面，黃呈聰的白話文運動與蔡培火的羅馬字運動雖然明顯不同，但卻有一致的目標，便是對國語「同化」教育都提出了不滿和批判。儘管如此，總督府對這兩個運動卻有不同程度的反應。對於白話文運動總督府的態度是，在不阻礙統治的前提下，就給他們某種程度的活動空間和認可；因此雖然受到干預、經營艱難，但《臺灣民報》實際上一直到昭和五（1930）年都被允許發行。唯針對羅馬字運動，統治者則以相對積極或激烈的態度攻擊、打壓。

造成這兩種不同應對態度的原因之一，在於大正時期以後日本政府企圖「進出」中國，對之擬定了若干「親善」政策；內地甚至有獎勵人民學習中文的漢學振興方案[63]。因此，統治者對臺灣知識分

---

[63] 〈倡設白話文研究會〉，《臺灣民報》創刊號（1923年4月25日），頁29。

子學習中文，有傾向於放寬抑制的政治考量。

　　另一個原因則在於實踐羅馬字運動的手段主要透過舉辦講習會，這種聚集群眾的方式將帶給統治者直接威脅，因此提供了總督府從維持治安的觀點予以禁止之藉口。相對而言，普及白話文運動主要以《臺灣民報》為核心進行；為了避免統治者的壓制，他們也採取迂迴的戰略性措施，在出版規定較寬鬆的內地發行後再進口臺灣。這些措施將來自統治者的阻礙減到最少。

　　再者，黃呈聰與蔡培火在對應國語教育這個「聖域」時的不同態度，也是決定兩個運動的命運之要素。黃呈聰鼓吹白話文時雖然詳細說明該運動的意義，然而為了避免傷害國語在意識形態上的優越性，經常採用比較保守、迂迴的論述態度。更具體說，針對國語是攝取近代文明之利器這種說法，黃呈聰與蔡培火雖然均不否認，但後者卻經常嚴厲批判國語教育，時常質疑以國語為手段進行「同化」教育的效率。這些疑問均直接挑戰國語的優越性，或動搖國語作為「同化於文明」之利器這種既定印象。可想而知，當局當然回應以較白話文運動更嚴厲的壓制。

　　蔡培火所以能闖入國語教育之聖域，其依據便是以其矛攻其盾的思考策略。如同序論所言，日本在明治時期創造國語的過程中曾引發所謂國語國字問題爭論，確立了決定一個判斷語言優劣的觀點和標準，這個標準便是該語言優越與否，乃取決於攝取近代文明時有無效率性、方便性和大眾性。這場爭論最重要的課題，即如何透過教育去攝取和普及西洋文明。經過一番激烈討論後，羅馬字在制度上雖然被排除在國語書寫形式之外，但其攝取西洋文明的高效率性仍受到廣泛的承認。換言之，一般普遍認為羅馬字表音在文字表記效能上優於以漢字為主的表意文字。

　　國語國字問題爭論時，羅馬字被建構的優越印象，後來也投射在臺灣話羅馬字運動上。例如，蔡培火便在〈新臺灣的建設與羅馬

字〉一文明言，臺灣話羅馬字不僅在學習上或普及上均較夾雜著漢字、平假名和片假名的國語更為便捷，與內地日文羅馬字表記法相較之下也更為平易、簡便。沿著日本近代史的軌跡，他以比較的方式凸顯了臺灣話羅馬字作為攝取文明的手段之優越性[64]。

為了證明表音文字的優越性，他還表示：「英國、美國、法國和德國等世界文明國家都以表音文字表現自己的語言」，因此質疑總督府過去二十八年雖然強力主導國語教育，給予公學校學生繁重的負擔，然而當局到底「培養過多少能以國語讀寫的人？」並諷刺道：當局為了將來要在臺灣實施義務教育花了 4,000 萬圓預算；如果使用羅馬字，卻只要花費 40 萬圓就能達到同樣的目的[65]。在此他以羅馬字表記法的優越性和進取的印象，凸顯國語在「同化於文明」上的不適合性。

蔡培火立足於近代日本語言觀來批判當局的策略，讓統治者有些進退失據。大正十一（1922）年，臺灣話羅馬字運動正式成為臺灣文化協會事業之一環。對此，同年五月十六日《臺灣日日新報》便在社論〈羅馬字論——國語の習得は其第一義〉（〈羅馬字論，習得國語為其第一義〉）中批判[66]：

　　……現今支配著世界優勝國家的是英語。可能是為了形構習得英語的要素或幅地，有些人在鼓吹羅馬字。當然，為了要學習英語從羅馬字開始下手，可能不是一個錯誤的想法。然而身為日本的國民不知母語（按：日本語）卻又想一躍而學習英

---

[64] 蔡培火，〈新臺灣の建設と羅馬字（一）〉，頁15。

[65] 蔡培火，〈臺灣社會改造管見（二）〉，《臺灣民報》182號（1927年11月13日），頁8。

[66] 社論，〈羅馬字論——國語の習得は其第一義〉，《臺灣日日新報》（1922年5月16日）。

語，這到底有什麼好處？……我們不能把不講國語或欠缺學習
國語意志者看成日本國民……身為本島人倘若有鼓吹羅馬字
的工夫，就必須先學會國語，鼓吹學習國語。

在此必須注意，這篇社論基本上默認羅馬字擁有進步性的印象
和優勢，因此其批判蔡培火的根據，幾乎只集中在國語是接受日本
文化的利器，具有「同化於（日本）國民性」的功能等；絕口不提
與羅馬字相比較，國語作為「同化於文明」工具時的不適切性[67]。該
報係總督府之喉舌，因此可以看出當局批判羅馬字運動時的立場顯
得尷尬，力道也甚薄弱。

蔡培火這種應用羅馬字優越進取的印象來貶抑國語教育的策
略，也見於其他地方。大正十四（1925）年八月二十六日，《臺灣
民報》67號創業五週年紀念號刊載他的感言，又是一例[68]：

如說同化是要臺灣人全然與內地人同樣，這是大大的錯誤
罷。我從衣食住三方面看，臺灣人比內地人站在優秀的地位較
多，豈有臺灣人必要過與內地人同樣的道理嗎？臺灣人的基督
教徒，自好久以前就用了羅馬字著書，我怕在這點內地人趕不
上他們，我希望內地人的羅馬字論者和政府當局，需抱有聰明
雅量幫助這事情發達纔是。

在這篇感言中，蔡培火一方面表示自己認同近代日本的語言觀
──即國語作為「同化於文明」之媒介時具有優越性這種官方既成

67　同前註。

68　蔡培火，〈創業五周年和發行一萬部所感〉，《臺灣民報》67號（1925年8月26
日），頁39-42。

意識形態，但同時也順應此一邏輯，要求同樣賦予臺灣話羅馬字合理的待遇和正當性。另外，他甚至還徵求內地曾鼓吹或贊成日文羅馬字表記法之有志者的支持。

另一方面，蔡培火也質疑國語與「同化於民族」之間的關係。他在〈我在文化運動所定的目標〉一文中說：「不管鸚鵡如何巧妙的模仿人類說話，然畢竟其還是鸚鵡而不是人。」文中明確指出，日文絕對不可能發揮提升臺灣文化的作用，為了提升臺灣文化，讓臺灣同胞變成「自由人」，非使用臺灣話羅馬字不可[69]。另一篇〈新臺灣的建設與羅馬字〉裏，他也明言：日本的臺灣統治雖然包含了文明的要素，不過因為一些「形式主義者」盲信使用同一語言會帶來統一的國民思想，使其統治中的文明要素被扭曲。他並以德國支配下的亞爾薩斯和洛林二省的語言政策為例，斷言強制實行形式主義的語言政策終將失敗[70]。

無庸置疑，蔡培火的斷言有指桑罵槐的意味，其實際上也否定了上田萬年提倡的思想——國語作為日本人的「精神血液」之特殊性和優越性。不僅如此，他還說：由於過度信仰這種語言可以同化他者的「形式主義」，國語政策使「本島人的人智發達在停滯狀態中」。造成這種結果的原因，就是統治者過度牽強地強調「同化於民族」所致。

---

69 蔡培火，〈我在文化運動所定的目標〉，頁10。
70 蔡培火，〈新臺灣の建設と羅馬字（二）〉，頁13。

五、受到國體論攻擊的臺灣白話字運動

（一）臺灣白話字運動興起的背景與精神

　　相較於黃呈聰的白話文運動，蔡培火的羅馬字運動在抵抗統治者時更有謀略，批判起「同化」教育也更猛烈。然而，相對於白話文普及運動透過《臺灣民報》和《臺灣新民報》逐漸滲透到若干臺灣知識分子中，羅馬字運動的反應卻不那麼熱烈。

　　根據蔡培火的說法，當時臺灣社會中能使用羅馬字者雖然約有五萬人，但大部分都是基督教徒或相關人士。雖然與白話文運動一樣都是特定階層的局部性普及，不過這樣的結果應該與他最初的期待有些落差[71]。在此情形下，他於昭和六（1931）年接受伊澤修二的弟弟、即曾擔任臺灣總督的伊澤多喜男之勸告，毅然將臺灣話的標記方式由羅馬字轉換為新式白話字，這就是所謂的臺灣白話字運動[72]。

　　臺灣白話字基本上由28個字母構成，其中6個字母是中華民國注音符號、2個字母是新創符號，其他20個字母則是日本假名。為了標記臺灣話的聲調，白話字的標記法也附了平仄記號[73]。由於資料上的局限，到底伊澤多喜男給了蔡培火什麼樣的建議和勸告，至今

---

[71]　王錦江，〈臺灣新文化雜誌始末〉，《臺北文物》3卷3號（1954年12月）。

[72]　蔡培火，〈臺灣白話字普及に就き內地人士に訴ふ〉，頁21-22。本資料是東京大學總合文化研究科若林正丈研究室的收藏物，蓋有「帝國圖書館藏」藏書章。由和「臺灣白話字普及の趣旨及び島內贊成者氏名」、矢內原忠雄的〈臺灣白話字問題に就いて〉等印刷資料一起收集保管的事情來看，本資料被推測為，或許是蔡培火在昭和六（1931）年依據伊澤多喜男的建議，將臺灣話改革運動羅馬字轉換成白話字時，為獲得內地政治家或文化人的支持所作的手冊。

[73]　蔡培火，〈臺灣に於ける國字問題〉，《教育》4卷8號（1936年8月），頁1235。

尚未明朗；唯綜合周邊信息後，我們大概可以推測他從主張羅馬字轉變成白話字的背景原因如下[74]：

一、由於歷史上種種因素，臺灣人普遍抱持著一種先入為主觀，那便是將羅馬字理解為西方國家的文字，視之為基督教的傳教工具，而聯想到宗教行為。這種先入為主的觀念覆蓋了羅馬字的進步印象，成為推行上的負面因素。

二、大正時期，在隈本繁吉的主導下，當局進行「以普及（『同化』）作為抑制」手段之國語教育。隨著「同化」教育的普及，臺灣人以國語作為書寫工具的情形逐漸一般化、日常化，無形中削弱了臺灣人對羅馬字的需求。

三、大部分抗日運動家都有強烈的民族意識，以羅馬字這種誕生於西洋的文字來表記臺灣話，幾似意味著作為漢民族象徵的漢字書寫將被忽視或取代。換言之，對於臺灣人而言，羅馬字雖然有攝取文明時的「工具上的友性」，但並不具備「政治上的友性」。使用羅馬字很容易衍生出漢民族自我否定的聯想，在印象上與使用國語並沒有太大的差別。

由於上述內外在因素，當羅馬字運動受到挫折時，白話字便是將其精神活用、改良的一種妥協性產物。雖說如此，為了保持攝取近代文明時的效率性，白話字重視表音文字的精神依然不變。蔡培火採用中華民國注音符號，背後有讓這種表記法更容易被臺灣人理解、接受的願望。加入日本假名之目的，應係為了迴避當局的壓制。只是這種策略性考量，最終還是沒有讓他達成心願。

據蔡培火稱，白話字是一種更加簡易的臺灣話表記法，如果「學會羅馬字需要四個星期的話，那麼新式白話字只需要兩個星

74　王錦江，〈臺灣新文化雜誌始末〉。

期。公學校畢業的孩子只需要三天就夠了」[75]。無庸置疑，繼承了羅馬字運動的精神和宗旨，提倡白話字的意義也在於打破國語獨占了兩個「同化」工具之地位，以及教育內容低劣化和教育資源被壟斷的局面[76]。

　　蔡培火提倡白話字運動之同時，除了仍以表音文字在攝取西方文明時的優越性作為理由之外，更明確地將批判「同化」教育的矛頭指向「日本文化國民性的強制學習」。甚至表明當局的「同化」是一個不可能達成的目標，「領臺至今的臺灣教育，可謂是為了灌輸新附人民國民精神而全力去普及國語」；可是「要實現培養國民精神的教育，必須要從謀求生活安定化的教育開始，把人民生活放置於不安定，卻要求人民去體會國民精神，等於是緣木求魚」[77]。蔡培火這種主張是否與伊澤多喜男的勸告有關，不得而知；但是將充實「智育」視為涵養「德育」前提的觀點，則與領臺初期伊澤修二的「同化」構思同出一轍。

　　或許因為在鼓吹臺灣白話字運動時，蔡培火經常質疑「同化於民族」之適切性和可能性，因此臺灣輿論界中開始出現一些將這個運動定位成民族運動的批判聲浪。然而，蔡培火針對這些批判卻不避諱地說：如果因為提倡臺灣白話字運動「我的行為被內地人諸君視為過度激烈，我本人被認為是民族主義者，那也是一件不得已的事」[78]。從上述近似於默認的文句裏，我們應該可以體認：沿襲了羅馬字運動的精神，臺灣白話字運動「走出（日本）民族之外」的意

---

[75]　蔡培火，〈臺灣白話字普及に就き內地人士に訴ふ〉，頁21-22。

[76]　同前註，頁17, 24。

[77]　同前註，頁19。蔡培火曾經說：「可是為了涵養國民精神，一直忽略島民日常生活要素的臺灣話，而硬是堅持普及國語。其結果便是把大部分的島民置於無力無智的困境於不顧。」

[78]　同前註，頁26。

涵更加清晰。

（二）受制於「國體論」的白話字運動

1. 文教局的強烈干涉

為了爭取更多臺灣人的理解和支持，並迴避總督府的打壓，蔡培火試圖以白話字表記臺灣話並鼓吹之。然而縱使如此，白話字運動卻仍然無法避免當局的非難，也未獲得臺灣人民廣泛的理解和支持。

為了推廣普及，臺灣白話字也舉行講習會。不過與羅馬字運動相同，這些講習會都逃避不了官方的監視和刁難。昭和六（1931）年六月，臺南當局不允許臺灣白話字講習會舉行，但是蔡培火卻強行計畫舉辦第二期講習會，後來全部遭到禁止[79]。統治者到底用什麼理由打擊臺灣白話字？整理同年八月十五日《臺灣新民報》刊載的文章，我們發現總督府文教局就是抨擊白話字運動的打手。

第五章業已說明，文教局設置於大正十五（1926）年。該機關奉國體論精神為圭臬，主要功能便是教化臺灣人、管控島內民眾的精神道德。換句話說，這個機構本身有強烈的意識形態，以箝制臺灣人思想為主要目的。因此文教局介入、干涉白話字運動一事，反而證明了：白話文運動在當局眼中並非單純是援助失學文盲的語言活動，而是一個違反「同化」精神的抵抗運動。

昭和六（1931）年六月，蔡培火為了申請白話文相關講習會，拜訪文教局長大場鑑次郎；因大場不在，於是在學務課長赤堀鐵吉、社會課長江藤昌之和另三名視學官列席下，說明運動的目的和趣旨。後來文教局方面便質疑：「你宣傳白話文會不會阻礙總督府的國語普及方針？」蔡培火答：根據得自日本人前輩的認知，我

---

[79] 蔡培火，〈臺灣に於ける國字問題〉，頁1235-236。

認為當局的國語政策並不那麼有排他性，所以應該不會阻礙國語普及方針。文教局則回覆：「本問題在詳細研究後，會有慎重的考慮。」雙方的交鋒便暫告一段落[80]。幾天後蔡培火前去詢問協商結果，文教局回答因為茲事體大，必須召集學者與總督府做綜合性檢討，因此需要再過一段時間才能得到結論。根據蔡培火日後述懷，經過一段時日，後任文教局長杉本良不但沒有批准講習會，還將他訓斥一頓。杉本良說[81]：

> 大和（按：日文發音ヤマト）魂的ヤ意味著無限，マト意味著誠；亦即，大和魂是具有無限熱誠的生命，將此生命獻於君則成為忠，獻於親便成為孝。……國語本身持有特別的意義，唯爾（按：指蔡培火）不論是以假名或類似奇怪的文字來書寫臺灣話，這都跟國民精神無法產生任何的關係。況且爾所想要教導的（按：指社會上失學的農業民）對象在幾年後都會消逝的，我們要關注的對象應該是將來能純粹使用國語的年少國民，因此當局不能同意你的計畫。

杉本良反駁蔡培火時，也幾乎避開國語與臺灣話白話字在擔負「同化於文明」時功能性的優劣問題，批判的焦點和根據仍然集中在國語有培養國民精神的任務。白話字所以應該予以禁止，乃因其不像國語般具備能作為國體精神之權化的神聖意義[82]。

---

[80] 同前註。

[81] 《臺灣新民報》385號（1931年10月10日），頁4。

[82] 據蔡培火所述，昭和六（1931）年八月，為申請白話字運動普及的講習會而拜訪文教局的大場鑑次郎文教局長，在留守的赤堀鉄吉學務課長、江藤昌之社會課長，以及三名視學官列席下，說明運動目的及趣旨。儘管如此，蔡寫道：文教局長對白話字運動普及目的及趣旨的反駁文章，被刊載於三年後的昭和九（1934）

　　國語「同化」教育實施後，臺灣人從事各種形式的抵抗活動；其雖然都有實質的反抗意涵，卻也均未觸及最敏感的統治意識形態。明治期間，「以接受（『同化』）作為抵抗」的方式雖然迫使當局必須積極擴充實施教育的層面和範圍，不過並未直接對國體論本身構成威脅或挑戰；在意識形態方面，「同化」教育與臺灣人的抵抗幾乎都呈平行狀態。換句話說，在「同床異夢」的情境下，臺灣人抵抗的矛頭和力道一直都未與「國體論」產生明顯的交集。然而，蔡培火鼓吹臺灣話羅馬字或白話字運動，同時質疑了「同化於民族」、「同化於文明」之適切性和可能性，而這其實已經間接波及國語教育的精神核心——國體論。文教局抨擊臺灣白話字的動作告訴我們：進入大正時期，臺灣人一連串語言表記運動改變了抵抗的形態和性質，逐漸超脫原先只局限在廢除差別待遇、反對教育資源壟斷和教育內容空洞化等議題，業已明確地進入民族運動的層次。

　　昭和九（1934）年，為了得到臺、日兩地知識分子和政治人物的支持，蔡培火撰寫《普及臺灣白話字之趣旨》小冊贈呈他們；甚至親赴東京，爭取到包含曾任朝鮮總督的齋藤實在內50位著名政治家和文化人的連署支持。十一月，他繼續向總督府申請舉辦講習會許可[83]。然而時不湊巧，當時總督府正在訂定「國語普及十年

　　年十二月二日《大阪每日新聞》的臺灣版，文教局長由大場鑑次郎卻變成杉本良。依筆者調查，杉本良任文教局長是昭和五（1930）年，在翌年的五月替換成大場鑑次郎。昭和九（1934）年的時間點，杉本身為現職的文教局長不可能寫反駁文章給蔡。此處的經緯，一般認為是蔡記憶有誤。

83　蔡培火的《臺灣白話字普及の趣旨》，獲得原總理大臣齋藤實、原農林大臣岡崎邦輔，原臺灣總督太田政弘……社會大眾黨委員長安部磯雄、前帝國教員會會長永田秀次郎、慶應大學總長小泉信三、明治大學總長鵜澤聰明、貴族院議員嘉納治五郎、東京日日新聞社社長岡實、原臺灣總督府民政長官下村宏、東京文理科大學教授保科孝一等，五十位知名人士贊成簽署。

計畫」，準備全面性大力普及國語。在國語掛帥的時代氛圍中，他受到《臺灣日日新報》等御用媒體激烈的攻擊。最具代表性的批判為文教局長杉本刊載於昭和九（1934）年十二月二日《大阪每日新聞》臺灣版的文章，文曰[84]：

> 　　對臺灣人而言，白話字或許比較具有親密感；但是普及了白話字將會造成臺灣人怠忽普及國語的努力。而且吾國語中的字語本身留駐著國體精神，例如大和魂便是一種無限的真心，也具有八尺瓊（按：國體傳說中的三種神器之一）的曲玉之意，這些文字本身代表著尊貴的精神。如果以羅馬字或白話字來表達這些尊貴的精神，其精神必定死滅無疑。我們只希望堅持一個方向，那便是使用國語。否則，我們便無法期待為同化政策這個臺灣統治的傳統主張做出奉獻。

　　上述這段話讓我們再度確認：以國語教育為核心的「同化」統治政策，本質便是基於「國體論」實行「同化於民族」。蔡培火臺灣話改革運動或相關論述，在「國體論」的政治磁場中，不可能有太多的生存空間。

2. 來自「國體論」者的攻擊與防禦

　　類似前述以「國體論」的方式批判蔡培火的論調，在當時臺日本人的論壇中四處可見。昭和九（1934）年十二月，《臺灣》月刊6卷1號社論〈白話字運動を排擊〉（〈抨擊白話文運動〉）便明言：白話字「等於是外國話」，這種福建話的存在將使臺灣人忘掉國語教育的本質。結語引用中川健藏總督在全島國語演說會的訓

---

[84] 《大阪每日新聞》（臺灣版），1934年12月2日。

示：「國語是國民精神的發露，是國體精神的顯現，是我國歷史的所產也是國民文化的溫床，透過國語才能碰觸到我國體之神髓，體會到作為一個國民的個性。」並以彈劾口氣說：「國語是國民的血液，如同國家有國旗一般，國語是所有國民應該愛護的語言。白話字運動將根本地破壞以國語教育為生命之臺灣的教權，無論如何必須否定之。[85]」

　　另外，昭和十（1935）年二月《臺灣》6卷2號刊載〈國語普及運動と白話字〉（〈國語普及運動與白話字〉）一文，著者佐藤眠洋說：「國語普及是臺灣統治之根本大方針」，最終的目標就是要「將異民族的本島人渾然融合同化，變成為一心一體的日本國民」。由於佐藤認為「說國語這件事，追根究柢便是要讓臺灣人持有和我們祖先同一想法、同一感覺、同一信念」，因此這篇論文的主要論述便在強調臺灣人常用國語便「不知不覺地抱持日本精神」，自然而然地成為大和民族。當然文中也不忘彈劾蔡培火[86]：

　　　　本來臺灣便潛伏有民族意識，具有保存臺灣話運動的這些白話字出現後，將使臺灣人更加一層地去確認其民族意識。換言之，白話字運動會轉為臺灣話保存運動，繼而助長民族運動。總合以上諸點，白話字可說是一種國賊……。如果把臺灣當成為一個殖民地那也就無話可說，然而我們按照仁慈的聖旨，把臺灣人平等的當作是天皇陛下之赤子、日本的國民，而在教化過程的途中，卻出現了這種會阻礙教化，徒然增長民族意識的文字；因此無論提倡者為何方人物，我們都該斷然的排除之。

85　〈白話字運動を排擊〉，《臺灣》6卷1號（1934年12月）。

86　佐藤眠洋，〈國語普及運動と白話字〉，《臺灣》6卷2號（1935年2月），頁6-7。

　　此處值得注意：佐藤眠洋的批判基本上立足於臺灣是日本的一部分、不是殖民地的思考前提。這篇論文攻擊蔡培火的目的，很清楚地是為了捍衛「國體論」。

　　為了維持白話字運動的生機，受到這些攻擊和非難以後，蔡培火試圖採取新的妥協措施。昭和十一（1936）年八月，他在日本內地《教育》雜誌投稿一篇題為〈臺灣における國字問題〉（〈臺灣的國字問題〉）之論文。文中他將針對白話字運動蜂擁而來的批判視為語言改革運動中必然發生的現象，並說：「無庸置疑，臺灣是日本帝國的一個地方。也因此在這個地方發生了與日本國內國語國字問題相同性質的論爭，是理所當然的事。」在此，蔡培火一方面將白話字運動定位為日本國語國字問題的一環；一方面則強調臺灣與日本之歷史的相異處，繼而主張「在臺灣的國字問題具有其獨特性」。很明顯地，蔡培火將白話字定位為日本帝國中的地域性語言，試圖利用國語／方言兩者間的隸屬印象，賦予白話字運動的正當性。

　　將自己提倡的白話字定位為日本的方言，這種作為看似非常不當，甚至已超出抵抗的定義範疇；但從蔡培火在該文結尾抬出伊澤修二這位國語「同化」教育的先驅者來為自己背書這一節做觀察，應該可以體會到他獨力面對「國體論」者猛烈攻擊，使出渾身解術的無奈和用心。蔡培火說，領臺當初伊澤修二曾為獨力救助臺灣的文盲，應用音韻學創造一種中國白話字，並發行《中國語正音發徵》一書。伊澤擔任學務部部長時，便應用該書研發以日本的假名來表記臺灣話的方案，這種假名式的臺灣白話字還曾被應用在公學校教科書的課文對譯上。據此，蔡培火認為臺灣白話字真正的先驅者其實是伊澤修二，至於自己只是繼承這個歷史潮流的追隨者而已。很明顯地，他抬出伊澤修二之目的，就是要利用伊澤在臺灣教育界的權威和地位，再次辯明、強調白話字並不是什麼洪水猛獸，

也不應該是大逆不道之事，只不過是日本近代語言運動的一條支流罷了[87]。

　　然而蔡培火這種言行，不久後便遭到臺北師範學校教授國府種武強烈的反駁。在〈蔡培火氏《台湾に於ける國字問題》を読みて〉（〈讀蔡培火氏《臺灣的國字問題》〉[《臺灣教育》（1936年10月號）]）一文中，國府指出：伊澤修二是臺灣國語教育之創設者，其教育臺灣人的構想具有「『利用國語』非把本島人變為日本人不可的強烈信念」，這是「天下皆知」的事。對於蔡培火稱「伊澤修二先生曾以一種類似臺灣白話字企圖進行本島人教育」，國府斷言其為「一篇夢話」，並說：「從拿這種具有一身中國臭味的白話字試圖讓本島人使用這件事來看，這個運動應該被視為一種偽裝式的民族運動。[88]」國府在當時臺灣國語教育界有相當高的地位，其一再批判蔡培火的行為不但歪曲了伊澤的信念、更是暗藏著鼓吹臺灣民族運動的居心和謀略，這個反應顯示了蔡培火的主張對於統治當局的衝擊非同小可。

　　對於國府種武的非難，蔡培火則辯解：自己毫無藉伊澤的權威來欺瞞社會的企圖，並以國府忽視伊澤重視漢文之事實為由，反過來駁斥其語言觀念「狹小的、壓制的、排他性的、唯我獨尊的，根本不管其他人和窮人」，這才是歪曲伊澤修二之「一視同仁」的本意和精神。另外，對於自己的主張被視為民族運動，蔡培火則以曖昧的態度說道[89]：

87　蔡培火，〈臺灣に於ける國字問題〉，頁1237。

88　國府種武，〈蔡培火氏《臺灣に於ける國字問題》を讀みて〉，《臺灣教育》1936年10月號（1936年10月），頁34-37。

89　蔡培火，〈《臺灣教育》十月號に於ける國府氏の所論に就て〉，《教育》5卷1號（1937年1月），頁139。

民族運動如果有正當的根據和無害的手段，是正大光明的話，不應該被排擠；有時也是一件不得已的事吧。

在此，蔡培火並未辯明或否認白話字具有民族運動的色彩，只是強調民族運動的正當性。他甚至說：「當局死心塌地、一心一意只想實施國語教育，但國語可以解決日本和臺灣的人口問題？……閣下若想把我的行動定位成民族運動的話，那麼爾是否說我是為日本民族而在進行民族運動。如果這樣的話，蔡培火沒有必要替這個運動偽裝。」他的口氣有一種爾奈我何，甚至疾言厲色的意味[90]。

國府種武與蔡培火的議論，在雙方交鋒兩次後便不了了之。隨著太平洋戰爭的爆發，統治者壓迫言論自由、檢查雜誌出版的標準更加嚴格，蔡培火的臺灣話表記運動也不得不劃下休止符。

六、從同床異夢式的接受到知彼知己式的抵抗

蔡培火從事一連串語言運動之際，其論述的出發點和重心幾乎都放在近代文明。相對於此，統治當局對羅馬字或白話字運動的批判，卻大都偏重於語言在文化或國族認同上。我們在前述以文教局以及國府種武、佐藤眠洋的論述觀點中，幾乎看不到任何關於語言在攝取近代文明時之效率性的論述。在雙方思路互為平行線的情況下，統治者的反擊顯得有些招架無力。類似蔡培火這種充分利用近代文明為抵抗論述主軸的模式，經常可見於其他抗日分子。林獻堂與日本文壇聞人佐藤春夫的對談，以及謝春木與前川治的爭論，便是其中代表性例子。

90　同前註，頁139-42。

（一）圍繞著文明與平等的「同化」爭論

1. 佐藤春夫與林獻堂的對談

　　大正九（1920）年七月，以〈田園的憂鬱〉揚名日本文壇的小說家佐藤春夫以私人身分到臺灣旅行，歸國後發表一些與訪臺有關的作品。關於佐藤訪臺之始末，以及此次旅遊如何投影在其作品上，河原功和藤井省三的論文中都已有精緻的解說，在此不再贅言。不過，如果我們把佐藤春夫訪臺的意義放在「同化」統治這個政治座標上來分析、觀察，將會發現佐藤在為期近三個月的旅行中，最受矚目者係其與林獻堂的談話。

　　這場對談的地點據推測是在臺中州阿罩霧莊（現在的霧峰），也就是林獻堂自宅。談話的內容在佐藤歸國後十二年後，即昭和七（1932）年九月至十月，被整理成旅行散文，以〈殖民地の旅〉（〈殖民地之旅〉）為題刊載在《中央公論》。文章中訪談的對象也由林獻堂被「誤植」為當時擔任總督府評議會議員的林熊徵。據河原功推測，佐藤將抗日色彩較鮮明的林獻堂「誤植」為協力人士林熊徵，用意可能是為了保護林獻堂，避免他受到困擾[91]。以對談係在當局派遣的警察監視之下進行這件事實來看，河原功的推測相當具有說服力。當然在這種狀況之下，兩者的談論必定會受到一定程度的制約。儘管如此，林獻堂對總督府的批判卻極為激烈，而當時議論的焦點就是文明、「同化」和臺灣人的平等。

　　訪談從林獻堂詰問佐藤春夫開始。首先林獻堂提出自己對於臺灣統治的見解：歷代總督一方面高舉著「平等」旗幟，將「一視同

---

[91]　河原功，〈佐藤春夫《殖民地の旅》の真相〉，《臺灣新文學運動の展開》（東京：研文出版，1997）；藤井省三，《臺灣文學この百年》（東京：東方書店，1998）。

仁」當成臺灣統治方針，一方面卻又在不知不覺中將統治的重心偷天換日成「同化」。這種「朝令夕改」的統治態度，證明當局其實將平等、「同化」「這兩者的價值視為同等之物」；這就是臺灣居民不安和不平的根源。為此林獻堂凜然陳述道[92]：

> 所謂「同化」如果是統治者強迫本島人要內化成內地人，那麼本島人是不會容易接受和承認的。因為人類原本便具有向上的心性，容我無忌憚的說，臺灣人比來此地的一般日本公務員、商人等都還擁有更高的文明。……我充分的尊重在臺灣的內地人，但內地人在政治地位上的優越，並不就意味著其在文明上就比較優秀或有成就。

從上述話語裏，可以得知林獻堂雖然掌握了後藤新平所立的「同化」原理，但他對日本人將自己吹捧為近代文明領導者的傲慢主張，卻持否定態度。林獻堂對當時臺灣人文明程度的陳述或許言過其實，但是以他曾經主導臺中中學校創立的經歷來看，可以理解他之所以對臺灣人的文明程度有強烈的自負，應該建立在臺灣人一向都有高昂的向學心這個事實基礎上。而臺灣民眾這種對於近代化的渴望和精神，賦予林獻堂反對「同化」統治的正當性。

明治時期，「同化」統治原理中彌補「一視同仁」之「國體論」與殖民地差別統治之間裂痕的原係「同化於文明」的原理。在近代化的進展程度與平等待遇成正比例之政策邏輯下，臺灣人只要不拒絕國語教育，隨著時間流逝，差別統治理應逐漸獲得改善。然而，在要求增設學校、提倡一連串語言改革運動均被壓制的情形下，臺灣人發展近代文明的路程事實上遭受了統治者的阻礙和干

---

[92]　佐藤春夫，〈殖民地の旅〉，《中央公論》，1932年10月，頁162-63。

擾。「同化」統治為此充滿了欺瞞性和壓榨性。就如林獻堂所說，統治者基於「文明之高下」所宣揚的平等化原理，與臺灣人實際上的認知和觀感存有差距。

林獻堂對佐藤春夫的詰問，反映出臺灣人內心的不滿，及對「同化」原理敏銳的洞察力，同時也凸顯出：進入大正時期以後，以「同化於文明」作為差別統治正當性的政策允諾業已顯露破綻。覺察到統治者的弱點和困境，訪談過程中林獻堂隻字不提「同化於民族」在落實平等化時的意義，卻緊咬著近代文明這條軸線，對佐藤猛攻直打。

爾後林獻堂又問佐藤：「內地人與本島人親和的基礎應該是在於同化還是平等？」並追問他到底贊成「同化論」或支持「平等論」？困惑不已的佐藤只好答以：為了促進雙方的親和，廢除本島人與內地人之間的區別，除了「同化論」和「平等論」外，我們應該著眼臺灣人與內地人「同樣是立足於人類的這個共通點，強調人類之間的友愛，……現在無法達到這個境地，乃是因為本島人與內地人都有處於過渡時期的未開化文明，雙方又互相急著固守這個文明」，敷衍應對。佐藤還說：「文明的高下」不是一元價值的判斷，即文明不是以日本為中心去定訂基準的[93]。

透過這種多元性文明的辯論後，佐藤提出日本與臺灣其實在文明上都未臻成熟這樣的結論，企圖以雙方各打一大板的方式解套。然而對佐藤的回覆，林獻堂則追問：「那麼兩個未臻成熟的文明到底會朝向什麼方向發展？」佐藤答覆：「應該是按照各自可以適應的方向去發展。[94]」

很清楚地，林獻堂和佐藤春夫論戰的焦點便是文明、「同化」

---

93 同前註，頁65-166。
94 同前註，頁166。

和平等，雙方的爭論一直在下列邏輯上推演：近代文明的進步，應與臺灣人享受的平等呈正比例關係。林獻堂之所以堅持將議論焦點鎖定在文明，係為譴責當局將差別制度的正當性推託於臺灣人近代文明程度；不過他真正關注的是臺灣人的平等化何時實現。由於這個問題並未得到佐藤明確的答覆，林因此繼續追問：「文明到底是五十年後會實現？還是一百年後？」從談話的脈絡來看，該問題的真意在於：如果臺灣社會達到更成熟的文明階段，是否意味著「一視同仁」具現的時機到來？針對林獻堂的質問，被逼迫得無所遁形的佐藤只好答以：「或許這是一百年、兩百年或三百年、五百年之後的事。」他的答案暗示著此時機之到來可能在非常遙遠的未來，為此佐藤立刻補上「以全體人類文明的發展過程來看，一世紀、二世紀或許相當於（人類文明的發展）的一年、二年」之說詞來搪塞。林獻堂因此諷刺[95]：

> 原來如此。這真是顧全大局的「奇論」。不過非常抱歉，對於在現實生活中背負著苦惱的臺灣人而言，這種日子不要說一世紀、二世紀，就連一年、兩年甚至一天、兩天都覺得冗長難耐。我們期望這種重擔能早日減輕。

佐藤的說詞實際上擱置了臺灣人最急切想得知的答案，因此林獻堂對他的「堂堂正正」的「珍貴之言」，最後以「最遺憾」的態度結束談話。對林獻堂而言，佐藤雖然譴責、否定了官方在「同化」統治中強調日本在近代文明發展上有絕對性優位這種態度，但是這種否定論述如果不能投射到實質的政治意義上，即迅速解放臺灣人的不平等待遇，那麼其文明論只不過是一種牽強而苦澀的辯明而已。

95　同前註。

這次對話雖在警察監督之下進行，唯佐藤基於一個知名作家的良知，又不能明確與統治者劃清界線的苦衷也躍然流露。對談以後，佐藤覺得林獻堂一連串質問像是「短劍一閃，將我所論的致命點一扎而去，令我覺得自己的怪論像大蛇的屍體般橫臥在胸中」，不得不自慚形穢[96]。佐藤的感想明白道出這場論戰的勝負，更透露出自己幾經掙扎的滿腹苦衷。

其實佐藤春夫的「致命點」，不只在於他身為日本人於訪臺期間接受總督府的照顧，因此在警察監督下有必須為統治者辯護的窘境；更在於佐藤的辯護一直都缺乏著力點。因為在這場對談中，林獻堂一直居於主動出擊的地位，所主導的論述也都鎖定在「同化＝『同化於文明』＝平等」的軌道上。這種論述邏輯意圖迴避的，便是大正時期隈本繁吉構築的新「同化」理論，換言之即「『同化』＝國民精神、國民性＝平等」的政策陷阱。林獻堂的策略讓雙方的談話陷入僵局，同時也暴露出日本統治臺灣最脆弱的部分，更反映出臺灣人對於近代文明的急切關注。

當然，這種迴避「同化於民族」的「同化」論，實際上與統治者的政策有一段距離。不過也就是因為維持了這段距離，佐藤春夫才得以固守作為一個知識分子最低限度的良心與堅持。

2. 前川治與謝春木的爭論

林獻堂與佐藤春夫的對談，結果是身為作家的佐藤敗北。三年後，另一場有關國語「同化」與文明問題的爭辯也在臺灣發生。這次論爭的結果，雖是作家一方得到勝利，不過這名作家卻是有左翼色彩的臺灣人。以議題和立場來觀察，這場論辯的敗方仍然是鼓吹「同化」政策的統治者；爭論的主軸仍舊是近代文明。

---

96 同前註，頁166-67。

　　大正十一（1922）年臺灣教育令才修正後不久，《臺灣教育》238號（1922年3月10日）以紀念號刊載各界許多讚揚「一視同仁」皇恩的祝辭，其中一篇作者為總督府鐵道部長新元鹿之助。新元承認近年來臺灣人的文明程度有向上的跡象；卻又強調在比較之下，臺灣人與日本人之間的文明程度還是存有差距。當然，這種說法明顯地有牽制臺灣人爭取教育平等的意圖。唯引人注目的是，他在文章中同時透露出自己對臺灣社會的憂心，其理由乃是當時臺、日知識分子經常圍繞著文明和「一視同仁」這爭議性議題，衍生出感情上不協和的現象[97]。新元的憂心很快地便應驗了。不過諷刺的是，應驗新元憂心的導火線，就是紀念號中彰化女子高等普通學校校長前川治所寫〈新教育令の公布と本島婦人の將來〉（〈新教育令的公布和本島婦人的將來〉）一文所引起的論戰。出馬應戰前川治者，即筆名追風，當時擔任《臺灣》雜誌記者、同時也是臺灣第一篇現代小說創作者的謝春木。

　　在〈新教育令的公布和本島婦人的將來〉一文裏，前川治首先認為文明有普遍性也有高低程度之差，在臺灣高等文明者要啟蒙低等文明者，促進其近代化。前川對統治當局如此迅速地取消臺灣人在教育制度上受到的差別待遇表示驚訝，因為他認為：由於臺灣社會長期被棄置於無文化、無教養的狀態，至今本島人在性情上尚存有野性；提升本島人的民度「正是現今我們教育者的責務所在」。結論強調：陶冶本島人、使其民度提升到「比現在更高的狀態」之時代已經過去了，當今統治者被賦予的任務是提升本島人的近代文明水平，「使其民度達到『與更進步的日本人完·全·同·樣·』

---

[97] 新元鹿之助，〈新教育令の發布に就いて〉，《臺灣教育》238號（1922年3月10日），頁27-29。

的水準」[98]。

　　前川治就職彰化女子高等普通學校前，曾擔任國語學校副教授、總督府視學；換言之，他始終置身於國語教育的體制核心內。因此，身為高級官僚，他提出的近代文明論述反映了當時統治者的思想。然而該論文發表後不久，便引起謝春木的強烈反駁。謝春木投書《臺灣》，首先同意前川提出的近代文明論述；對於高等文明者要啟蒙低等文明者以促進其近代化的說法，也沒有異議。唯在推論前川書寫該文的動機和居心後，謝春木認為這篇文章真正想要強調的乃是「相信自己的民族才是先天性的優秀民族」的思想，並在此前提下試圖貶低臺灣人的民度，以凸顯在文明的發展過程中臺、日「兩者間的距離總是一樣」而不變。換言之，謝春木強烈批判的是前川以「先天性」為藉口、採固定的視角，完全否定某個族群的文明有朝一日可以超越另一族群之可能性[99]。

　　更具體的說，謝春木不滿前川治的真正關鍵，在於他那種永遠將日本人定位成文明、卻認定臺灣人一直是野蠻的歧視觀點。謝春木的質疑並非憑空杜撰。前川治發表該篇論文後翌年，即大正十二（1923）年一月一日，這篇文章又以同名刊載於《臺灣新聞》。比較前後二文的論點以後，謝春木發現後者刪除了一段非常微妙且重要的文字，即統治者必須陶冶本島人「使其民度達到『與更進步的日本人完全同樣』的水準」之中的「完全同樣」四個字。謝抓住此點，批判前川其實視臺、日雙方之文明差距為恆常固定不動的狀態，其真正企圖乃一方面宣撫「一視同仁」的德政、暗中卻為繼續實施差別制度預設正當性；其手法便是捏造一個既定前提，排除臺

---

[98]　前川治，〈新教育令の公布と本島婦人の將來〉，《臺灣教育》238號（1922年3月10日），頁56-59。

[99]　謝春木，〈前川女學校長の所論を讀む〉，《臺灣》（1923年3月），頁55。

灣人的民度進步到與日本人「完全同樣」水準之可能性。

在〈前川女學校長の所論を讀む〉（〈讀前川女學校長所論〉）一文內，謝春木不僅揭露前川的意圖，更不忘批判國語教育。基本上，他承認臺灣人理解事物和文明方面的能力的確較日本人薄弱，唯謝春木強調這不過是在國語「同化」政策下、雙方立足點不同的比較結果。謝春木認為在思考文明程度時，應該關注到臺灣人是否與日本人一樣使用自己的母語──這個「立於同一標準」的條件上與對方競爭？這才是論述基礎的關鍵。據此，謝繼而訴說：由於受到後天的語言政策之束縛，臺灣人在起跑點上便處於不利的困境。此處謝還順著前川的論點，尖銳地提出一個統治上的矛盾，並對國語「同化」政策的欺瞞性揶揄一番[100]：

> ……統治當局花費了那麼多的教育費，竟然是只為了教育一些只能創造低級文化，而無創造更高級文化之能力的臺灣人，這不是個可笑而愚蠢的事？既然臺灣人愚不可教，那麼當局不如乾脆就毀掉所有的學校，將其費用帶回日本，使用於救助本國的農村經濟，這不是一件聰明而有功德的事嗎？給一些無能力者超過其能力範圍之教育，這種奇蹟式的義舉是連釋迦、耶穌基督也都做不成的事。如果他（按：指前川治）所主張的內容是真實的話，臺灣人就須進行臺灣教育的撤廢運動。這好像比較符合人道主義。

謝春木這番充滿反諷的論述，一刀插入依附在國語教育中的差別政策，更揭穿了前川治的企圖。謝春木對統治者「同化」統治的欺瞞、矛盾和罩門，可謂瞭若指掌。

---

[100] 同前註，頁56。

　　前川治對謝春木的反駁一直保持緘默，不久後便因病去世，該
論辯也隨之結束。不過謝春木揭露的「同化」矛盾──一方面以實
施國語教育作為實現「一視同仁」的表象和約定；一方面卻又將
臺、日雙方的文明差距固定化，繼而正當化差別統治，應該對統治
者產生了一定程度的動搖作用。

（二）分界抵抗與妥協的觀點

1. 依附在「同化於文明」上的抵抗優勢

　　林獻堂和謝春木的論點幾乎刀刀扎進「同化」原理的核心。這
種辛辣、準確而具要領的攻擊，一再告訴我們：進入大正時期以
後，統治者和被統治者之間的相互關係，已經從過去「同床異夢」
的情境進入「知彼知己」的狀態。換句話說，不同於明治時期李春
生時代的臺灣人只對近代文明充滿了憧憬和渴望；大正時期新時代
的知識分子對近代文明在日本統治中的意義，以及國語「同化」教
育的精神原理、目標架構，開始有了充分的理解。他們不但開始批
判「同化」的欺瞞性和矛盾，並試圖透過一連串語言改革運動擺脫
以往那種寄生式的近代化，爭取臺灣社會近代化運動的自主權。

　　由於已相當程度地掌握了統治原理，蔡培火、林獻堂和謝春木
等人對統治者的抵抗，不但有了機巧的算計和對應，也都能找到對
臺灣社會較為有利的戰略位置──在「同化於文明」的主軸上，為
自己爭取應有的平等待遇。這些活生生的事蹟，清楚地告訴我們有
別於過去「漢賊不兩立」的歷史詮釋，本島人的「抵殖民」不但有
高度的能動性、自律性甚至充滿機巧的策略性，其抵殖民的軌跡明
顯地表現出臺灣人對於近代文明的關注和渴望。

　　筆者不厭其煩地再次提醒讀者：行至大正時期，統治者對臺
灣人實施差別待遇的根據，開始從文明落後轉移到國民精神面之

不足；在新的「同化」原理設計上，達成「同化於民族」被視為實現「一視同仁」的條件之一。換句話說，臺灣人如果要爭取平等待遇，強調自己在精神觀、道德觀或價值觀上業已日本人化，也是一種談判的籌碼。只是儘管如此，許多知識分子仍然選擇堅持、拘執「同化於文明」的抗日路線。

在日本統治之下，臺灣人對於包含兩義性、流動性等多重性格的「同化」原理，大致有下列幾種對應或選擇：

一、以「漢賊不兩立」的態度，完全拒絕國語「同化」教育；

二、以接受近代文明和社會進步為根據，向統治者要求平等；

三、以領悟日本精神，願意作為日本臣民為由，向統治者要求平等。

對於臺灣人而言，選項一的對應方式或許能夠避免受到日本精神文化的侵略，但相對地也可能失去攝取近代文明的契機，使自己在爭取平等權益時較無著力點。另外，掌握臺灣人是否可以享受「一視同仁」的要素既然也包括領悟日本精神，對臺灣人而言，接受國語「同化」教育、繼而順著「同化（純血化）＝平等」的政策邏輯，當然也是一種爭取平等待遇的選擇。至於對當局來說，最不樂見的統治結果應該是臺灣人急速、積極地接受「國語」教育中的西方文明，並以達成近代化為理由，爭取自己的平等權益。

倘若臺灣人選擇了選項二的對應方式，對西方文明漠不關心，將給日本政府不廢除差別統治的藉口，使其可以一方面進行「一視同仁」的政治宣傳，一方面實施不平等的殖民統治。如果臺灣人以選項二之方式接受教育，並在近代化方面有明顯進步，便帶給統治當局沉重的政治壓力，逼迫其必須落實平等化統治。此際，如果日本政府仍然拒絕實行「一視同仁」之約定，就會暴露其宣揚天皇制國家原理的欺瞞性，使其統治失去正當性，進而造成「國體論」的動搖。

　　當然，統治者在臺灣人高度領悟日本精神後，也必須要面對廢除差別待遇的政治壓力。然而很明顯地，對當時的臺灣人來說，以文明進步為理由向統治者爭取平等，對自己較為有利。原因在於：借用國語「同化」教育將西方文明引入臺灣社會，這種寄生式的近代化運動或許有損民族自尊，可能也會對臺灣傳統文化造成某種程度的衝擊或副作用；但近代文明是脫離封建落後的基本動力，是當時許多臺灣知識分子渴望的夢想，對於臺灣社會也比較有正面的價值。

　　何況在平等與兩個「同化」的成果呈正比關係的情形下，臺灣人以近代文明作為爭取「一視同仁」的根據，至少在理論上可為自己爭取到較多的平等，爭取過程也有較高的籌碼，甚至反擊的力道。就像前文已說明的，臺灣人在攝取近代文明方面展露了強烈的企圖心，其成果始終也較體會日本精神更為顯著；反之，如果以選項三之方式，即以習得日本精神為由向日本政府爭取平等待遇，就沒有上述優勢和附加價值了。況且依附日本精神的管道向統治者要求平等，必須付出相當的代價。因為習得日本精神只是讓臺灣人領悟天皇制國家原理的價值觀、秩序觀，結果只會愚化臺灣人，使其成為忠君愛國的日本臣民。生產這些日本次等臣民，對臺灣社會的改革和進步並無直接的貢獻。所以對統治當局來說，選項三比較有利於臺灣社會安定的維持。更進一步說，面對業已高度文明化的臺灣人，以習得日本精神之成效為基準來決定或衡量臺灣人應該獲得的平等程度，當然對日本政府較為有利。

　　包括黃呈聰、蔡培火、林獻堂和謝春木在內的新世代知識分子，當然都很明白上述「同化」原理對臺灣人的利弊得失。因此，他們提倡的主張或運動雖然不盡相同，卻都有一個共同認知，便是以近代文明為主軸來進行抵抗對統治者較具殺傷力，是一種務實有效的抵殖民行為。也就在這種「知彼知己」的認知下，以近代文明

為著力點的抵抗方式不僅限定於言說、論辯的範疇，實際上也被奉為非武裝抵抗運動的主要精神來進行、實踐。

　　舉例來說，大正十四（1925）年臺灣議會設置請願書中就曾主張：領臺初期由於施政者為了「啟導民心歸向」、「維持地方安寧」，所以有暫時抑止本島人參政權的必要；然而「如今百政既已整序，民度業以相當進步，已與世界五大文明國為伍的日本帝國，其在臺灣實行這種違背現代立憲制度的根據，存續這種以獨裁政治為伍的正當性，業已全然消失」[101]。臺灣抗日菁英要求統治者設置臺灣議會時，經常以臺灣人近代化水準的進步為理由根據。文明可以說是大正時期臺灣知識分子攻擊統治者「同化」理論的主要利器[102]。

2. 在近代文明的誘惑下「一面抵抗一面接受」

　　在殖民地支配底下，被統治者的抵抗行為，其定義是相對於統治形態之存在，彼此關係是相對性的而非絕對性的。在這種互為變數、互相定義的前提下，所謂抵抗經常有多義性和流動性。如果大正時期抗日運動的主要目標是爭取臺灣人的平等待遇，那麼承襲了明治時期「以接受（『同化』）作為抵抗」的政治架構，當我們在思索臺灣人抵殖民問題時，關鍵應該不在於臺灣人到底有沒有拒絕國語教育；而在臺灣人以什麼動機、態度和目的去看待或接受「同化」教育。更具體說，臺灣人接受「同化」教育或使用國語時，其目的與動機到底傾向「同化於文明」，或「同化於民族」？他們接受國語教育或談論國語教育問題時，是否有自律性？更進一步說，他們接受國語教育後，究竟有沒有以自己獲得的近代文明向統治者

---

101 林獻堂等，〈臺灣議會設置請願理由（第六回）要目〉，《現代史資料》（臺灣2）
　　（東京：みすず書房，1971），頁135-36。
102 同前註。

要求「一視同仁」？還是只願做一個從順的日本臣民，任人宰割？

　　以臺灣文化協會成員陳逢源為例。根據他的說法，以前在國語學校讀書時，不但學習經濟、政治、地理、歷史和博物等學校科目，更利用流利的國語能力，在臺北書店街涉獵各種課外書籍和雜誌。陳逢源幼年曾上過書房，但因具有日文能力，因此得以克服漢文的限制，迅速、大量地攝取近代思想。他認為當時許多臺灣人學生在學校裏想要學習的是關於近代化的知識，並非想要當「走狗」去研習日本精神。他還說：由於自己在學生時代就對經濟、理科、世界地理和歷史等新學問抱著強烈的關心，所以才能明確地意識到日本政府是個外來政權；並自覺到臺灣原來與印度一樣，都是別人的殖民地[103]。另外，著名臺灣左翼作家楊逵曾經留學日本，雖然他的作品幾乎全部以日文撰寫，但是利用其所學的日文來創作的作品，內容卻充滿抵抗強權和不公的精神。國語對楊逵的意義是宣揚抗爭理念，以及啟蒙民眾思維的工具，而非歸順成為日本人的管道。

　　當然，《臺灣青年》、《臺灣》甚至《臺灣民報》等與臺灣文化協會有關的雜誌，雖然都曾使用國語，唯內容卻幾乎都在介紹或標榜近代文明，或替臺灣人爭取平等權益，或批判統治者。上述這些事例都建立在接受或承認國語教育的前提上，不過都有爭取近代文明和平等待遇的目的性，因此將之視為一種抵殖民現象較為適當。令人玩味的是，相對於臺灣人經常應用國語進行抗日行為，從事漢詩文創作的傳統文人反而經常是統治者攏絡、懷柔的對象；甚至許多文人本身便是當局的協力者。在「同化」統治之下，臺灣人的抵抗／協力行為經常與其慣用的語言無直接或必然的關聯。非但如此，國語和漢文在政治上呈現的「敵性」／「我性」，甚至經常

---

[103]《陳逢源傳》，頁10-13。本書係口述紀錄，由陳逢源家族陳秀容氏提供，未刊稿。

與使用者的政治立場呈現出「倒錯」的現象。只憑語言在政治上的「敵性」／「我性」，或其對國語「同化」教育之接受與否，是無法劃分出臺灣人在殖民統治下抵抗或妥協的界線。

日治時期，接受國語教育既然不必然是協力行為的構成要素，那麼這種統治結構似乎已向我們預告：黃呈聰、蔡培火提倡的語言運動，必然將會化為一縷燃燒不完全的歷史雲煙。因為黃呈聰、蔡培火等提倡的語言運動雖然替臺灣人「走向文明之中」的理想鋪設一條具有自主性的實踐路徑，然而作為一個攝取近代文明的工具，國語遠比臺灣話或中國話要更早整備完成，也更具便利性。在黃呈聰提倡中國白話文的一九二〇年代前後，國語業已攝取西洋文明一段相當長的時間，也已取得成果。因此，大正時期中國出版的許多西洋翻譯書籍，大部分均非直接從歐文書譯為中文，而是將業已譯成日文者轉譯為中文，再輸入臺灣出版、販售。

若依黃呈聰的構想透過這些中文書籍攝取近代文明，其實是透過繞道三次之程序的近代化。這些現象說明當時臺灣社會接受近代文明的效率方面，中國白話文落後於日文；進行近代化時選擇日文，比中國白話文更具功能性、大眾性和效率性。如果當時有《臺灣民報》雜誌做後盾的中國白話文都處於這種窘境，那麼藉由臺灣羅馬字的近代化程序更加緩不濟急。

理由在於：一九三〇年代蔡培火提倡的語言運動，雖在論壇上引發一陣騷動，但是缺乏大眾媒體作為普及的管道，實際上能夠使用羅馬字的臺灣人畢竟居於少數。日本治臺之前，歐美傳教士雖然在臺灣創立羅馬字表記，但其主要目的是為傳教，不是為了近代化運動。因此除了翻譯聖經、讚美歌等與布教直接相關的書籍外，教會人士對整體臺灣社會的近代化問題，並不那麼熱心、積極。實際上，一九三〇年代以臺灣羅馬字書寫的西洋文明相關書籍，也未有令人側目的累積或流通管道。

　　大正時期後，國語「同化」教育的內容開始空洞化，因此臺灣人開始摸索若干具自主性的「同化」路徑。然而，沒有一個新創或從外部移植而來的語言能替代日文足以使臺灣人盡情、快速地走上近代文明之路，接受國語仍是臺灣人的選擇。這就是黃呈聰、蔡培火等提倡語言運動時主要的困境和局限。

　　臺灣的知識分子對這種限制並非沒有自覺。昭和二（1927）年八月一日《臺灣民報》創刊七週年的社論〈本報島內發刊と言論の自由〉（〈在發刊和文民報之際〉）一文內，該誌主筆便將開設日文欄之意義和精神定位為[104]：

　　　　在謀求臺灣全民的幸福，促進社會發達的精神之下，把民意忠實地傳達給讀者，嚴格的批判百般事情，並精確且迅速地報導內外的事情。

　　就如《臺灣民報》這本抗日運動雜誌所說，日文在傳達世界知識、消息時有「精確且迅速」的功能性和優位性。從固守中國白話文的《臺灣民報》「淪陷」一事來看，隨著時代潮流的進步需求，進入昭和時期後，臺灣人對國語的依賴程度其實有增無減。這種進退失據的現象，甚至也反映在林獻堂身上。

　　昭和時期以後，曾經拒絕梁啟超之勸告以「日文拾讀法」接受近代文明的林獻堂，在書寫日記時除漢文外，也開始頻繁使用「注文」（訂貨）、「步合」（百分比率）、「株主」（股東）、「組合」（工會）、「コンクリ」（按：即コンクリート，水泥）、「ホテル」（飯店）等和制漢語或日本平假名[105]。他的日記裏的日文大部分是與

---

[104]〈本報島內發刊と言論の自由〉，《臺灣民報》（1927年8月1日），頁9。

[105] 參見林獻堂，《灌園先生日記》第1卷（臺北：中央研究院臺灣史研究所，2000）。

近代西方有關的概念現象或事物，由此可知，隨著近代化腳步之逼近和對西方文明的憧憬，昔日拒絕學習或使用日語的林獻堂，此時心態上已經做了若干調整。因為隨著時代的進展以及日文的普及，此時如果繼續拒絕使用國語，那麼他記述或表達日常生活中關於近代化的思想概念——特別是關於近代資本主義活動之事物時，必然產生障礙。林獻堂對於使用日文態度的變化，表示他已逐漸擺脫國語是「政治上的敵性」語言的思考，開始正視其作為近代化生活的「工具上的友性」之事實。

　　林獻堂記述日記時的變化告訴我們：黃呈聰、蔡培火等提倡語言運動時除須面對來自統治者的打壓，更要接受自己同胞積極追求近代化之欲望的衝擊和挑戰。這種現實環境的因素，無疑壓縮了黃呈聰和蔡培火提倡語言運動的空間，也讓這些具有自主性和保留傳統文化意義的語言運動，逐漸步上類似書房般的凋零命運。也就在這種強烈憧憬近代文明的情況下，林獻堂、黃呈聰和蔡培火雖然均曾嘗試對抗國語「同化」教育，讓自己的語言得以復權，以便樹立漢民族意識；然而非常諷刺，這些知識分子提倡或支持前述運動時，都曾主動向當局提出要求，希望能夠徹底實施國語教育。更具體的說，三人皆頻繁地主張普及公學校、提升授課內容，甚或要求及早實施義務教育。

　　大正十二（1923）年十月，即中國白話文和臺灣羅馬字運動正熱烈進行時，黃呈聰、蔡培火和林獻堂等人曾向伊澤多喜男總督提出要求改善施政的建白書。在共計十一項以普及教育和改善教育內容為主要訴求的建議項目中，他們具體提議應在質和量方面充實公學校教員，增設中等學校機構，落實臺、日之間的教育機會均等原則等要求[106]。其中黃呈聰雖然極力提倡中國白話文運動，但基本上

---

[106] 林獻堂、黃呈聰等，〈建白書〉，《現代史資料》（臺灣2）（東京：みすず書房，1971），頁141。

仍承認國語「同化」教育在近代化過程中對臺灣社會具有正面的意義，甚至主張臺灣如果能在日文和白話文共存的狀態下，擁有「折衷的文化」，則是再好不過的事[107]。

一方面提倡自己語言的改革運動以抵抗國語「同化」教育，一方面卻要求普及國語「同化」教育、增設公學校，這種「錯亂」的現象在臺灣文化協會代表成員的言論裏屢見不鮮。例如日治時期臺灣第一位律師鄭松筠撰寫〈臺灣と義務教育〉（〈臺灣與義務教育〉[《臺灣青年》2卷3號]），便曾一面批判國語教育，一面要求實施義務教育[108]。再者，蔡培火鼓吹羅馬字運動時自己也曾表示：「國語就是國語，其依然和千歲之岩一樣永遠地存在。[109]」他雖提倡一連串臺灣話表記運動，卻從來沒有從統治者手中立即奪回「同化」工具的意圖。一方面批判「國語」教育，一方面卻又希望能夠更加改善、普及，毋寧說就是大正時期，臺灣知識分子的共同態度。

不過如果以前文劃分抵抗與妥協的觀點來進行檢驗，即臺灣人接受或承認國語「同化」教育時是否具有以文明撤廢差別待遇的意圖，我們應可明確理解蔡培火、林獻堂和黃呈聰等人主張接受國語教育的背後，其實帶有以此為根據向統治者施加壓力、要求廢除差別待遇的目標和動機。此點從昭和七（1932）年十月三十一日蔡培火、林獻堂、林呈祿和黃呈聰等107名臺灣知識分子一同向當時的內閣總理大臣齋藤實提出的建議書中，便可得到驗證。該建議書中曾經強調[110]：

---

107 黃呈聰，〈應該著創設臺灣特種的文化〉，頁7-8。

108 鄭松筠，〈臺灣と義務教育〉，《臺灣青年》2卷3號（1921年3月），頁32。

109 蔡培火，〈新臺灣の建設と羅馬字（二）〉，頁12。

110 蔡培火、林獻堂、黃呈聰等107名，《建議書》，1933年10月31日。

臺灣的初等教育之就學率在男子方面已達到近百分之五十，
女子方面也已經將近百分之三十。這樣的成績和施行地方自治
制度與當初的日本內地相比較雖然還嫌不足，但是和現在已經
施行地方自治制的樺太、朝鮮等比較起來則有過之而無不及。

緊接著他們主張：統治當局「以教育程度低落為理由，拒絕讓
臺灣人享有實施地方自治等應有的權利，實在是令人意外之事」[111]。
從這一段論述的辯證邏輯來看，很清楚的，他們除了將國語教育視
為接受近代文明的手段外，更將接受國語教育的成果作為向統治者
索取平等和自治的籌碼。此處可以得知，這些知識分子的抵抗策略
是利用國語教育、逼迫統治者盡速實現「一視同仁」。

相對於明治時期「以接受（『同化』）作為抵抗」，大正時期為
了拮抗隈本的「同化」統治，臺灣人的抵抗則有「一面抵抗一面接
受」的傾向。在新「同化」統治之下，不可諱言這種奇妙的抵抗模
式使得「認同近代化」與「屈從殖民主」的界線依然曖昧、模糊。
但在混沌複雜的「同化」統治結構中，接受國語的目標到底是為
了提升近代文明水準使臺灣人「走向一視同仁之中」，還是「走向
（日本）民族之中」？這個思考方向或許是我們判斷抵抗與妥協的
一個有效觀點。

（三）在抵殖民過程中被再現的「國體論」

大正時期臺灣人對隈本繁吉「以普及（『同化』）作為抑制」
的教育方針，採取「一面抵抗一面接受」的應對態度。在統治者和
被統治者彼此各有盤算、各取所需的情形下，接受國語教育幾乎成
為臺灣社會一種共識，或政治抗爭中的一個平衡點；在此平衡基礎

---

111 同前註。

上，公學校就學率扶搖上升。不過有趣的是，臺灣知識分子一方面提倡自己的語言改革，試圖削弱國語對臺灣社會的影響力，一方面又爭取增設國語「同化」教育設施，此間幾乎未曾視「國體論」為攻擊的對象。非但如此，國體論的「一視同仁」政治宣傳經常被選擇性地利用，成為催促當局撤除差別待遇的工具。例如前述臺灣議會設置請願書中便陳述：「在一視同仁聖旨的恩澤下，我們鑑於臺灣的現狀、帝國的政體和世界的思潮」，才去催促統治者盡早設置臺灣議會。臺灣的知識分子一方面爭取「同化」中的近代文明，以作為批評統治當局的理論根據；一方面又將「國體論」衍生出來的「一視同仁」之政治允諾視為廢除差別的根據，加以利用[112]。此種現象在蔡培火身上歷歷可見。

　　蔡培火鼓吹臺灣白話字之際，無論統治者如何提出「國體論」加以攻擊，他的反擊幾乎都不曾涉及「國體論」。不僅如此，大正十三（1924）年十月，蔡培火、黃呈聰和林獻堂向伊澤總督提出施政改善的建議書，其中廢除差別待遇一事，蔡培火甚至以「臺灣人也是天皇的赤子。因此依據一視同仁的精神，臺灣統治不該存有差別制度」為由，向伊澤提出臺灣人在權利義務上必須與日本人同一化、平等化的要求[113]。他在《日本々國民に與ふ》（《給日本國的國民》）冊子中更直接明言[114]：

　　　　天皇居於其大御心，所給與我們臺灣島民的是一視同仁，這
　　個事實比日月還要明確。關於此點，就連臺灣的為政者，無論

112　林獻堂等，〈臺灣議會設置請願理由（第六回）要目〉，頁123。

113　蔡培火、林獻堂、黃呈聰等107名，《建議書》。

114　蔡培火，《日本々國民に與ふ：殖民地問題解決の基調》（東京：臺灣問題研究會，1928），頁40。

如何都無法掩藏。唯為政者有時只將聖旨宣明給我們島民，卻只將其當作一種官樣文章來看待，一視同仁到底是什麼？事實上我們島民都尚未看過。……我們的存在雖渺小，但是卻也具有天賦的人性，因此之故，當我們在敬仰一視同仁的聖德之際，並無抱持著和你們不同心意之道理。[115]

此處被視為「國體論」精髓的「一視同仁」，顯然不是蔡培火批判的對象，反而被用來作為解放臺灣人的正當性。當然，他提出「國體論」，視之為臺灣人脫離不平等待遇的理論根據，有其戰略性的企圖。因此他對於「一視同仁」的認知和解釋，與原來的「國體論」並不全然一致。

如果我們仔細觀察，將發現包括蔡培火在內，許多臺灣知識分子經常有意無意將「一視同仁」解釋為一種任何文明人都可以追求、享受的普遍價值和目標。例如蔡培火就在《給日本國的國民》小冊子中將自由、平等和「天命」視為「人性共通的鐵則」，主張「如果沒有完整的人性，就沒有值得特別強調的國民性」。「日本國民其實也只是個普通的人」，因此「若到處強調和誇示所謂大和魂這種特殊的國民性，不顧普通的人性的話，諸君陷入僵局」的時期，將很快到來。他之所以提出「人性共通的鐵則」，用意就在凸顯所謂人性應該建立在普遍價值之基礎上，不應有特殊性或優劣之分。這種認知和解釋雖然相當符合他信奉的基督教教義，但第四章已說明，「上帝之下人人平等」的思考與「國體論」中基於共同血緣關係而建構的「一視同仁」政治原理或日本精神、國民性的優越性，其實是存有對峙的關係[116]。

---

[115] 同前註，頁156。
[116] 同前註，頁40。

當然，蔡培火相當理解日本近代思想或語言觀，且與矢內原忠雄、植村正久和田川大吉郎等日本的基督教領袖們有深厚交情，對於上述對峙關係，不可能一無所知。所以他將「天賦的人性」當成人類共有的價值，將自由、平等視為近代化政府應有的理想，視其為近代文明的一環，置於天皇制國家原理裏談論，雖與第四章李春生的主張有些類似；唯以其在一連串臺灣話表記運動中對日本的理解程度來看，他的行為應該解讀為一種策略性的「再現」較為適當。經過這道程序，天皇與赤子的關係，即原來應是「一視同仁」之前提依據的家族國家原理，事實上已被稀釋、顛覆，變得殘缺不全。

就在「一視同仁」被「再現」為一種並不一定只有天皇才有的特殊恩典之前提下，統治者要宣傳的國體精神被模糊化、空洞化，繼而成為臺灣人走向近代化的橋梁。更具體的說，蔡培火將「國體論」中的「一視同仁」視為追求平等化待遇時一種「工具上的友性」理論；至於帶有濃厚「政治上的敵性」之擬血緣制國家原理，他則利用「再現」的策略，瓦解其意義的特殊性。

同為基督教徒，蔡培火關於「一視同仁」的論述與李春生思考的道理有相互通融之處，不過都偏離了統治者的原意。只是，相對於李春生對平等的看法是「同床異夢式的偏離」，蔡培火對「一視同仁」的解釋則應是一種「知彼知己式的策略性再現」。二人微妙的不同之處，正反映出其行為在抵抗意義上成分的純度。

七、小結

談到日治時期臺灣人的抵殖民運動，許多人都習慣性地以「漢賊不兩立」的觀點作為思考的基礎。綜觀本章的論述，我們發現明治、大正時期支持臺灣人抵抗「同化」政策的基礎動力，除了身為

漢民族的意識外，更有臺灣民眾對近代文明的強烈需求和欲望。在此狀況下，漢文並不被大多數臺灣人認定為自己民族認同的唯一象徵或途徑。臺灣人追求近代化之際，其過程、動機和策略均複雜，無法只用「排斥他者」的單純框架或角度來解釋。

相對於明治時期以「依賴他者」方式接受文明，大正時期在隈本繁吉新「同化」政策下，臺灣人攝取近代化的態度則從「依賴他者」逐漸轉換為「自立更生」；對應國語「同化」統治的情境也從「同床異夢式的接受」，趨向「知彼知己式的抵抗」。

大正時期在隈本繁吉的主導下，一些臺灣知識分子對於強化「同化於民族」的教育體制抱持著強烈的危機感，並且開始進行多樣的語言改革運動。這些運動或許不夠勇敢、壯烈，甚至帶有些妥協的嫌疑，更沒有明確而宏亮的國家民族主義之聲；但是一個具有自主性的近代化主體意識之萌芽，在臺灣歷史上有其重大的意義。當然，由於臺灣社會缺乏一種在攝取近代文明時，功能、效率均可與國語匹敵的語言，在強烈渴望近代文明的情境下，前述語言改革運動的發展受到極大限制；臺灣抵殖民運動連帶地也只能建立在承認國語教育為前提的「一面抵抗一面接受」之抵抗方式上。而由於這些運動有濃厚的妥協性和燃燒不完全的色彩，關於「同化」統治的協力與抵抗之劃分，也不得不隨之曖昧、模糊。

以獲得近代文明為優先前提，臺灣人接受國語「同化」教育時自主性之強弱，以及有否根據近代文明的進展爭取平等待遇之意圖，似乎是我們劃分抵抗／協力的一個有效觀點。透過這種觀點，可以察覺在「同化」教育之對應上，類似蔡培火這種知彼知己、以其矛攻其盾的策略，以及李春生那種同床異夢式的協力姿態，在動機和方法上雖然不盡相同，但瞄準的目標——迅速讓臺灣「走向文明之中」——卻相當一致。在國語「同化」政策的實施過程中，一個具有近代文明的臺灣社會，是許多知識分子殊途同歸的終點。

另一方面，實現臺灣人「一視同仁」待遇的主要條件雖然也被制約在「同化於民族」之實踐成果上；但是至少大正時期，並無太多證據可以說服我們抗日菁英有陷入這個圈套的跡象。臺灣人對形塑國語「同化」政策原理的「國體論」雖然幾乎未曾正面抵抗，但卻採取迂迴的策略性「再現」手段，將「一視同仁」作為文明國家的普遍價值，對執政者施加壓力。

臺灣知識分子對「同化」統治的抵抗方式，可謂相當巧妙。唯以這種過度務實的抵抗形態，卻使臺灣人在熱烈追求近代文明之餘對傳統文化的保護意向趨於消極淡泊，甚至有怠忽的傾向。臺灣人雖然有透過創造自己語言來凝聚自己族群認同的欲望，但此一目標之實現卻被延遲到更遙遠的未來。而一個明確事實是：在日本統治下，臺灣人所渴望、而統治者所戒懼的「近代文明」，藉著「同化」之名帶著剛發芽的自主性，一步一步地浸透本島。

附記

臺灣話的語言改革除了臺灣話羅馬字運動、白話文運動之外，尚有連溫卿的臺灣話世界話、臺灣話文論爭。連溫卿於大正十三（1924）年十月一日《臺灣民報》（2卷18號）發表〈語言的社會性性質〉時寫道：「語言之起源一致於民族之起源。人類為保衛自己的存在，語言逐漸帶著社會性質，其範圍重疊於經濟活動，又一致於擴大著的民族之輪廓。」「語言的社會性質是，一方面保持自己的民族的獨立精神，又包含排斥他民族的語言，並企圖站在世界性之優越地位的矛盾。就是說，排斥他民族的語言，企圖強迫他民族使用自己的語言。德國將國家的觀念和民族一樣看待，企圖讓同一民族必須要使用同一語言，以及使國家的範圍和語言的範圍一致。這樣否定而消滅他民族語言的語言觀就是民族紛爭的原因，很大的錯誤，又是帝國主義國家自己造成的崩潰之輓歌。」和蔡培火一

樣，連溫卿強烈地批判德國的國家觀與語言觀，也批判沿襲德國的語言觀而再生產的日本語言改革與國家觀。

同年十月十一日，連溫卿又於《臺灣民報》（2卷20號、21號）發表〈將來的臺灣話〉，批判語言的侵略：「語言，是表現社會觀念的工具。因此，其是從日常生活所產生的，而不是從天上下來或從國外帶來的。」連溫卿的這篇論文在連載中被中斷。身為共產主義者的連溫卿，反對臺灣的中國白話文普及運動和臺灣話羅馬字運動，主張臺灣話應該以世界話表記。

另外，昭和四（1929）年十一月二十四日《臺灣民報》上，著名的漢學者連雅堂發表〈整理臺灣話之端緒〉一文，稱讚「臺灣話」是「高尚優雅」的語言。連雅堂寫這篇文章的意圖不在於批判日文教育，而是對於提倡中國白話文者攻擊臺灣話的駁論。連雅堂說：臺灣話的衰敗可能帶來「民族精神」之萎縮，所以保存臺灣話是臺灣人的重任。同年十二月一日《臺灣民報》（289號），對臺灣話的絕滅懷抱著危機感的連雅堂，發表〈整理臺灣話的責任〉，提出了保存臺灣話的呼籲。接著，他從保存，再進一步提倡獎勵以臺灣話進行文學創作的「臺灣話文運動」。

其實與臺灣話文運動大相逕庭的中國白話文運動，涵括了民族與民眾的契機。民眾契機的必須條件，是「民眾得用自己的語言說出意見打倒舊社會，抵抗帝國主義之侵略」。然而，若如胡適所言，將基於白話文新文學的方向集中於「國語的文學、文學的國語」之建構上，白話文運動也有連接中國「國語」理念的面向。再者，取代封建王朝、形成近代國家，才是唯一應付帝國主義侵略之道，而背後有中國近代國民的形成意圖和認識；即是民族的契機。但是昭和二（1927）年前後中國爆發內戰，中國民族主義逐漸混沌不明，民族的契機也不得已遭受挫折。對倍感孤立的臺灣知識分子而言，與可視為「抗日」之槓桿的祖國取得聯繫也變成了遙遠的理

想。在這樣的時代背景之下，所謂的臺灣話文也浮現於新世代臺灣知識分子的思考層面當中。昭和七（1933）年一月，即臺灣留學生以日文為創作語言刊行文藝雜誌《福爾摩沙》的前一年，臺灣島內成立了文藝結社「南音社」，並發行機關誌《南音》。如上所述，純粹中國白話文和臺灣話之間，隔有很大的距離；中國白話文支持派於創作文學時，有企圖盡量忠於中國語法，不過報紙上的白話文文章卻常顯示出臺灣話甚至摻雜日本話的漢語及文法。

　　就言文一致的觀點和語言的大眾性而言，中國白話文支持派對舊世代漢文的批判，也反諷地適用於中國白話文文學本身。因此，認為與其使用不諳書寫的白話文將中國作為創作對象來寫作，倒不如立腳於臺灣，寫出臺灣人的文學的知識分子逐漸變多。於是，在這些知識分子之間，掀起了使用不純粹的中國白話文，或是善用臺灣人的口語，寫出臺灣獨特的白話文之議論，而成為時代的潮流之一。一九三〇年代鄉土文學及臺灣話文的摸索，成為這些知識分子的新討論課題。於是，《南音》背負兩個課題的探求、解決的使命及目標，終於創刊。

　　相對《臺灣民報》、「白話文研究會」，《南音》作為臺灣話文的實踐空間，實行民歌、民話的發掘，開拓再評價民間文學的時機，為此經常開闢「臺灣話文嘗試欄」等，以達成嘗試、發表和討論臺灣話實作園地的任務。由此，顯現出其臺灣話創作的自覺。又「臺灣話文嘗試欄」上大部分討論的議題，大都是相關於是否製造新漢字作為臺灣話的表記，以及如何創造出新字的技術問題等，而這可視為臺灣話文表記問題的契機。一九三〇年代臺灣的文藝雜誌叢生，《南音》為先驅性的存在，也可以說以臺灣話文派的實踐為目標而創刊的雜誌。也因此，隨著《南音》創刊及關於臺灣話文的積極討論，臺灣話文論戰如火如荼地展開。

　　臺灣話文論戰，從外部而言，指涉臺灣話文贊成派與反對派的

論戰；內部來講，則是指贊成派成員之間的論戰。外部論爭，是以左翼色彩濃厚的《伍人報》上黃石輝的論文為契機開始。以《臺灣新聞》、《臺灣新民報》、《昭和新報》和《南瀛新報》為主要的舞臺，提倡臺灣話文的黃石輝、郭秋生及黃純青等等，以及反對臺灣話文的中國白話文派廖毓文、朱點人和林克夫之間，反覆地進行一連串的論爭。兩者的主張與議論可以概括如下：

據廖毓文所述：一、臺灣話還粗雜幼稚，不能夠為文學的工具；二、臺灣話文是所謂「臺灣話」，就是指占臺灣住民多數的福建系居民母語的閩南語，因為不包括客家語和高砂族的諸語言，所以不具代表性；三、以臺灣話寫作，中國人無法看懂。由於這些理由，廖毓文對臺灣話文採取批判的態度。

另外一方面，黃石輝雖然認為中國白話文比書面體的漢文平易，但對於白話文小說是否得讓臺灣大眾感動提出質疑。黃石輝指出其大眾性的闕如說：「不管現在的新文學在中國是大眾的，不過不見得臺灣也如此。」對臺灣人而言，跟和文同樣，中國白話文也是「貴族式」的語言，換言之，以白話文而寫的新文學畢竟成為部分特殊階層之專有物。我們與其擔憂臺灣的文學是否通用於中國，不如專心致力於寫出臺灣大眾會閱讀的文學。

郭秋生感嘆說：「臺灣人向何處去？無到國外留學的能力，在本地公學校待六年也沒有意義。畢竟臺灣人不外乎是從現代知識被絕緣的人。不僅如此，連保證自己最低限生活的語言都無法學會。」郭秋生提倡臺灣話文之目的，也同時包含以打破日文獨占「同化於文明」功能的企圖。郭秋生等，並不贊同蔡培火的臺灣話羅馬字運動，是因為其認為已有漢字可作為臺灣話的表記。代替漢字使用簡易的符號，雖然理論上可實現，然而漢字是漢民族的民族性展現，是漢民族的語言符號，絕不能放棄。郭主張說：為了解決與中國「聯絡」的問題，把臺灣獨特文字的使用程度減到最少，而

不是以表音文字來取代漢字。如此，可保持跟中國白話文的連接。也就是說，跟重視「同化於文明」、「同化於民族」的語言思想比較，連雅堂與郭秋生等臺灣話文派有更傾向於「同化於民族」的傾向。無庸置疑，對抗日文的姿態是這些運動的共同點。

整理臺灣話文的支持者之間的論爭，即是有關臺灣話文表記的主張，大致如下：一、「屈文就話」，就是說以口語為主用臺灣話讀漢文；二、「屈話就文」，跟前項相反，以文言文為主來讀漢文；三、創造新文字，即是說把中國話文裏不存在的臺灣話以新的漢字來表記。

臺灣話文與臺灣話羅馬字運動一樣，在「國語普及十年計畫」的潮流之中，走向煙消雲散的命運。但是透過語言的議題與思考，其顯示出臺灣文學的位置之新見解（以上參考：松永正義，〈鄉土文學論爭（一九三〇年──一九三二年）〉，《一橋論叢》101卷3號；李南衡，〈北部新文學‧新劇運動座談會〉，收入李南衡主編，《文獻資料選集》（臺北：明潭，1979）。

＊本章在中譯過程中做了重新整理的工作。期間國立清華大學臺灣文學研究所的張安琪曾惠賜寶貴的意見，在此表示感謝。

第七章

拖著自我認同混亂的腳步走向近代化
——過濾日本化之功能的磨損

研究臺灣殖民統治時，許多學者經常喜歡把外在因素拿來作為解釋內部變化的依據，因此大正時期「同化」教育的政策調整，以及臺灣人抵抗運動傾向非武裝路線等，經常就被認為受到日本內地大正民主風潮、第一次世界大戰後民族自決，或中國五四運動所影響的結果。這種說法固然沒有錯，但凡事都只朝歷史的橫向軸——即外部的大環境來尋求普遍性答案，這種研究方法和態度似乎忽略了臺灣作為一個殖民地，除與世界局勢有密切互動外，更有自己縱向軸的歷史發展脈絡。僅以外部因素來解釋內部變化，往往造成臺灣人在臺灣歷史研究中經常出現「不在場」或「缺乏在場意義」的困境。

同樣道理，針對昭和時期皇民化運動的發生原因和形成的歷史意義，許多研究者也常為我們準備了一個觀察角度——第二次世界大戰的爆發；並認為皇民化運動是造成大量臺灣人被「奴化」之最大變數。筆者在本章除說明：進入昭和時期內地的經濟、思想、社會狀況，以及對外戰爭等「時局」要素，如何對國語「同化」政策產生影響外，也沿襲第六章的論述，試圖探討統治當局如何對應大正時期臺灣知識分子的抵抗？以及這種時代背景下臺灣居民對國語

教育的接受態度又產生了什麼變化。

因此，筆者擬在本章分析一些臺灣人作家的思想及其文學作品。進入昭和時期，臺灣社會中出現許多文學作家；在這言論受到嚴格箝制的昭和時期，這些受過「同化」教育的作家之作品，成為臺灣人發聲的一個重要且稀有的管道。作為一個殖民地，臺灣人作家們從事文學活動，通常也都具有明顯的政治身分和色彩，所以文學能夠成為我們分析知識分子對於「同化」之看法，或理解臺灣人精神性的重要題材。

一、國語普及運動狂熱化的實態

（一）一連串國語普及運動的再出發

明治末期，臺灣人對於在教育上所受到的差別待遇、壓制之不平和不滿情緒大量湧出。這種不滿、不平的情緒，使國語「同化」教育中「以接受（『同化』）作為抵抗」的架構和意義得以實現。為了抑制臺灣人對教育制度的要求，防止武裝抵抗運動復燃，並且平息這股造成臺灣社會動搖的能量，統治者普及了以「德育」為主的國語教育，以便強化「以普及（教育）作為抑制」臺灣人的措施。在此「走向（日本）民族之中」，「走出文明之外」的政策導向變得明顯而強烈。對此，臺灣人知識分子為了獲取自主性的近代化，引發了一連串的語言改革抵抗運動。到了昭和時期，為了壓制這些抵抗運動，統治者在強化國語普及運動之同時，也走向更加激烈的「同化於民族」之路途。

1. 明治時期、大正時期的國語普及運動

所謂國語普及運動，其實在日本領臺初期便已開始實施；唯較

特殊的是，這個以學校教育體制外的臺灣人為教學對象的國語運動，進入昭和時期後有明顯被強化的現象。把歷史回溯到明治時期來看，明治三十一（1898）年七月公布的公學校規則第二條規定：「公學校依照土地的情況得以另外設立速成科，在夜間、休息日或其他一般教學外之時間，從事以教授國語為主要內容的課程」[1]，將公學校學生以外的一般住民也列入國語教育普及之對象。基於這條府令，明治三十八（1905）年至隔年，統治者在臺灣各地設立附屬於公學校的國語夜間學校、國語普及會和國語練習會，試圖將國語教育滲透到一般民眾之間。但因設備不足、募集情形和出席率等問題，這項措施沒有得到彰顯的效果，最後不得不停止[2]。

　　在後藤新平和持地六三郎體制下，公學校教育本身傾向於抑制的方向。明治三十八（1905）年整體本島人的國語熟練者比率僅達0.38%，迄至大正四（1915）年也只不過1.63%。在此狀況下，大正三、四（1914, 1915）年在隈本繁吉主導下，以始政二十週年紀念為契機，統治當局試圖於臺灣各地積極設置國語社會教育機構，加強社會教化。然而大正九（1920）年隈本離開臺灣時，全島住民的國語熟練者也僅只於2.68%。隨著隈本辭職，總督府對社會教育的熱情雖一時有減退的跡象，不過大正十二（1923）年地方制度修正，隨之，國語普及的問題再度受到當局重視；只是從下列資料我們可以判斷這波國語普及運動的盛況並未持續太久[3]。昭和二（1927）年五月，由久邇公殿下教育獎勵金出資舉辦的國語教育研究論文募集活動，在全島各地展開。該活動以普及國語運動為目

1　臺灣教育會，《臺灣教育沿革誌》（臺北：編者，1939），頁229。

2　吳文星，《日據時期臺灣社會領導階層之研究》（臺北：正中，1992），頁323。

3　中越榮二，《臺灣の社會教育》（臺北：臺灣の社會教育刊行所，1936）。

的，卻僅募集到27篇論文，而且沒有選出符合第一名條件的作品[4]。這個結果如實反映出：包括內地人在內，當時一般社會大眾對國語普及運動的觀感和氣氛。

其實之前在限本體制下，雖然一些國語普及設施不斷設立，但相較於公學校兒童就學率逐漸提高，在社會教育方面，大多數社會大眾卻仍然處於與國語教育無緣的狀態。

依據限本繁吉的思考，這些跟國語無緣的臺灣居民是無法體會日本精神的偉大和國體的精髓，因此也不具備作為天皇臣民或赤子的資格。因此，除非以一般居民為對象的國語普及運動大規模地實行，否則從限本的政策邏輯來看，這些非特定大多數者之存在，代表的政治意義便是統治者棄這些可能會引發臺灣社會治安問題的因素於不顧。無庸置疑，這對日本的統治乃是一種威脅。

其實，作為社會教化之一環的國語普及運動，成果所以不振，原因應該與募集參加者的方式、設備不周全有關。此外，國語普及運動本身經費支出大都依賴民間的寄付，也是造成這個運動效果不彰的原因。舉例來說，大正四（1915）年統治者以「始政二十年紀念事業」的名義，企圖對一般居民進行大規模的國語教育普及，此時所需費用其實大部分依靠臺灣的名望家、士紳的捐贈而來[5]。根據吳文星的研究，大正八（1919）年全島887所國語普及設施中，494所由「地方有志之士」捐贈設立。其中以會員會費支持而得以運作者159所，由公學校支付經費者56所，營運經費由國語普及會自己負擔者僅43所。針對大正初期的國語普及運動，桃園簡朗山、中部辜顯榮和北部林徵熊等本島名望家和資產家，在提供經濟援助或人才方面，都扮演了相當重要的角色。因此，這些運動在

---

[4] 〈教育研究論文〈國語普及に關する研究〉に就て〉，《臺灣教育》297號（1927年3月），頁80。

[5] 臺灣教育會，《臺灣教育沿革誌》，頁1017-1020。

表面上都有某種程度的「民間」自發性色彩[6]。

　　相對於明治時期公學校教育逐漸設立、整備，社會教育設施卻幾乎被忽略，這也使得臺灣全島居民的國語理解程度停滯不前，而這個現象連帶地也投射在臺灣統治的實際運作上。明治三十五（1902）年二月，內地貴族院進行第十六回「六三法」修正案討論時，男爵北垣國道質詢自治制度相關問題，連帶也問及實施自治制度主要成員的街長、莊長對國語理解的現況。兒玉源太郎對此問題回答：擔任維持臺灣治安的「巡查補」——即巡查的輔助人員和街莊長「幾乎都不是學校（按：國語相關學校）畢業者；基本上我們錄用的大都是在當地有名望、上年紀者，所以沒有採用學校的學生」[7]。從上述問答我們大略可以知道，明治時期受過國語教育的臺灣人擔任地方基層行政人員者，其實並不多。

　　明治四十二（1909）年，地方末端的行政制度從街、莊、社長制改成區長制；區長任用資格規定為公學校畢業生或「國語熟練人士」。然而，由於全島居民理解國語者極少，因此實際上全島444名區長中，「國語熟練者」僅36人，「稍微通曉（國語）者」57人，「不通者」竟高達308人。區書記796人中，國語熟練者308人，只占全部人員不到一半；相對於國語通曉者212人，不通國語者竟然也有276人[8]。

　　由於國語教育普及成果不佳，統治者描繪的自治制度無法完全落實，因為擔任地方自治要員的臺灣人如果不能熟達國語，當然是不利於政策傳達或推行。這些自治要務由上述無法體會「日本精神」之精髓、不具「國民性格」者來擔任，更不是統治者能夠放心

6　吳文星，《日據時期臺灣社會領導階層之研究》，頁324-25。

7　〈第十六回貴族院議事速記錄〉（明治三十五[1902]年二月），《後藤新平文書》，頁123。

8　吳文星，《日據時期臺灣社會領導階層之研究》，頁323。

或期待的結果。

大正二（1913）年一月二十日，為了擴大國語普及運動此一社會教育政策，使之成為統治上重要課題，領臺以來一直施行的總督府府令、公示和諭告附帶漢譯文的措施遭到廢止[9]。大正九（1920）年九月，統治者甚至規定市、街、莊協議會議員在議會上應以國語發言，並將這規定歸為「地方制度改革」工作之一環。不過由於當時仍然極少國語熟練者，當局不得不允許在議長特別認可下，議員們得用臺灣話來發言。這種慣例一直被維持到昭和時期[10]。

昭和三（1928）年三月，圍繞著協議會會員遴選方式這項政治議題，主張直接選舉的臺灣民眾黨與堅持「官選」——即由當局選出——的總督府之間，出現強烈的對立。為此，臺灣民眾黨幹部洪元煌晉見總督上山滿之進時，一度出現了當場向總督質疑的場面。洪元煌認為，依規定市、街、莊協議會議員理應熟練國語，然而實際上總督府選派的「本島人協議會會員卻幾乎都不懂國語，為何這些人能被選任」[11]？他的發言一方面揭發了依附在國語教育之「一視同仁」——即「同化等於平等」之統治原理的欺瞞性；一方面糾舉出因國語教育機關不足，導致本島人獲得平等的權利被壓制、原本被賦予的參政權被剝奪之不公平現況。

原本協議會會員、區長和街、莊長等肩負臺灣統治末端任務的本島人，大部分都有所謂「御用紳士」的色彩。可是由於年齡和社會背景等關係，他們卻又經常被排除在國語教育的對象外。這些人在臺灣社會上享有權利的程度雖說不如內地人，但在本島人中他

9　周婉窈，〈從比較的觀念看臺灣與韓國的皇民化運動〉，收入張炎憲、李筱峯、戴寶村主編，《臺灣史論文精選》（下）（臺北：玉山社，1996）。

10　吳文星，《日據時期臺灣社會領導階層之研究》，頁327。

11　臺灣總督府警務局，《臺灣社會運動史》（東京：龍溪書舍，1937），頁3。

們可是一群受到禮遇的被統治者，換言之即受到「一視同仁」之恩惠、享受較近於內地人權益的「協力者」。因此，如果依「同化」的原理，即平等與國語能力成正比的原則來看，這些人的「同化」程度或國語能力應該在最高階段才對。然而，實際情況卻非如此。我們看到：許多沒有達成「同化」者卻因為統治上的種種考量，優先蒙受「一視同仁」的恩惠。統治當局宣揚的「同化」原理與現況的乖離現象，在此暴露無遺。

　　大正時期作為社會教化事業之一環的國語普及運動，之所以被統治者視為緊急課題加以實施，背後應有彌補上述統治破綻的意圖和意義。具體地說，讓簡朗山、辜顯榮等率先參加國語普及運動的舉動，除了有讓這些名望家們充當臺灣居民的模範、發揮意見領袖在社會教化上影響力之意圖外，還有落實「同化」統治原理、平衡國語教育之意識形態與實際政治局勢間，不均衡的實質作用。換言之，國語普及運動擔負著追認或整合「同化即平等」統治意識形態的任務，其實是統治當局一石二鳥的政策。

2. 昭和時期社會教化的強化

　　進入昭和時期，因為受到臺灣知識分子一連串語言改革運動的影響，強烈依賴民間力量的社會教化活動逐漸改變風貌。昭和三（1928）年，總督府為了改善並振興社會教育實務，首次在各州設置社會教育機構；且為管理社會教化綜合事務，還在文教局中新設社會課。在這些新措施下，以往由地方管轄、帶有濃厚任意性質的社會教化事業，逐漸被總督府有組織地統御；隨之總督府也開始給予各州廳、市街莊有關國語普及運動的補助經費[12]。「國語講習所」之設置，便是最明顯的例子。

12　中越榮二，《臺灣の社會教育》，頁64-65。

　　國語講習所是以教育國語為主的簡易國民教育設施。昭和四
（1929）年臺中州首先在各郡、市設置一至兩所國語講習所，此後
設置之風便立刻擴散全島。雖然名稱不同，但國語講習所基本上是
由地方廳將大正三、四（1914, 1915）年限本繁吉主導下的國語演
習會、國語夜間學校等設備加以改善、充實設備及授業內容，繼而
以較為完備的法規管理的機構。在總督府的獎勵下，國語講習所便
以一部落設置一所為目標，急遽地在島內各地發展起來[13]。由於國語
講習所獲得意外的好成績，昭和六（1931）年十二月總督府遂以府
令七三號發布公立特殊教育設施規定，開始支助國語講習所實施經
費[14]。

　　國語講習所主要以約十二至二十五歲的青少年為主要會員，刻
意避開農忙時期、以無法進入公學校者為對象，進行全年式的夜間
國語授業。修業年限主要是兩年，但依實際情況，部分機構也有一
至四年的課業設計。國語講習所雖以國語為主要授課內容，但課程
也包括修身、算數、唱歌、遊戲和縫紉等科目。教授這些科目的意
圖是促進國民的自覺，讓會員們能愛用國語，將國語與國民的感情
或生活態度融合在一起。此外，也傳授一些實用性的知識技能。國
語講習所主事通常由小學校或公學校校長擔任，講師則以小、公學
校職員等來充當。雖然不收授業費，但在制度上卻不與任何正式上
級學校機關有銜接關係。傳習國語是這個講習機構的主要目標[15]。

　　昭和七（1932）年，統治當局制定「國語普及十年計畫」。這
個龐大的計畫，顧名思義，其目標便是打算從昭和八（1933）年開
始至十年後——即昭和十八（1943）年截止，將全臺灣理解國語者

---

[13]　吳文星，《日據時期臺灣社會領導階層之研究》，頁323。

[14]　臺灣教育會，《臺灣教育沿革誌》，頁1053。

[15]　中越榮二，《臺灣の社會教育》，頁68-98。

提升到50%以上。在此目標下，總督府更積極地在各州廳、市、街、莊增設國語講習所。結果，短期內包括農漁村在內的臺灣各個角落，幾乎都看得到國語講習所的蹤影[16]。

　　為此，當局在每個市、街、莊都為國語講習所編列數百圓補助經費。其實受到九一八事變爆發及昭和恐慌的打擊，日本政府緊縮預算，這時從國庫補助市、街、莊教育設備是極罕見的特例。況且令人感到驚訝的是，全島補助金額從昭和六（1931）年度13,400圓、昭和七（1933）年度15,470圓，昭和八（1933）年度一舉提高近三倍，高達44,270圓。昭和九（1934）年度竟又增加到12萬圓；昭和十（1935）年度還追加一倍，共24萬圓。自昭和六至十一（1931-1935）年，五年內國庫共計補助國語講習所達36萬圓之多。從補助的金額和增加的趨勢來看，可知國語普及運動之盛況，以及當局對國語普及的決心[17]。

　　國語演習會則是國語獎勵活動之一環。從大正三（1914）年開始，國語演習會以獎勵國語普及為要旨，每年舉辦；補助經費則來自伊澤修二財團[18]。進入昭和時期後不久，該演習會分別從各州廳市、街、莊挑選了一些公學校本科學生、畢業生和國語講習所裏國語較熟練的學員，讓他們參加國語演習競賽，並讓競賽成為社會教育中重要的活動[19]。在國語教育倍受重視的時代氛圍下，每次與國語演習會有關的內容，報紙和雜誌都以相當大的篇幅加以介紹、

16　同前註，頁65-69。

17　同前註，頁67-94。

18　伊澤財團是昭和三（1928）年六月，為表揚伊澤修二的功績而設立。此財團的事業目的為「同化輯睦」，將四萬七千圓基金的利息的一部分當作補助金交給臺灣教育會，以利用於臺灣國語普及事業（臺灣總督府文教局，《臺灣社會教育概要》[1935年9月]，頁114）。

19　中越榮二，《臺灣の社會教育》，頁91。

報導。

昭和九（1934）年三月，總督府設立臺灣社會教化協議會；並在文教局長安武直夫主導下成立臺灣教化團體聯合會，於臺北、臺南、高雄和新竹各州舉行教化座談會。關於座談會的實況，《臺灣教育》都有詳細的報導[20]。同年四月，「鑑於本島現時的社會情勢及時局的推移」，總督府總務長官向各州通告〈臺灣社會教化要綱〉（〈臺灣社會教化綱要〉）。該綱要主要實施項目包括崇敬神社、表揚社會教化功勞者和篤行者、國語家庭、國語部落和優良市、街、莊之選考等。在當局以行政資源為後盾極力推行下，國語教育普及更加如火如荼地滲入臺灣社會各個角落[21]。

總督府注入大量經費補助國語普及運動，獎勵普及國語講習所，結果昭和時期全島國語熟練者比率急速提高。從昭和五（1930）年的12.36%，實施「國語普及十年計畫」後，到昭和十（1935）年突然上升為29.7%，翌年又升為32.9%。其後因受第二次世界大戰爆發的影響，社會教化活動的必要性愈來愈形急迫。昭和十四（1939）年全島國語講習所、簡易國語講習所共計高達15,136所，學生人數也達到891,660人，本島人日文熟練者終於達到48.78%[22]。這項數據告訴我們：原本預定昭和十八（1943）年將本島人日文熟練者提升為50%的「國語普及十年計畫」，比預定時間提早了三、四年便達成目標，國語普及運動如火如荼的「氣勢」可想而知。順帶一提，昭和十四（1939）年本島人熟練日文者

---

[20] 關於臺北州教化座談會的記事內容刊載於昭和九（1934）年6月號的《臺灣教育》，臺中州教化座談會的記事內容刊載於該雜誌同年8月號、9月號，臺南州教化座談會的記事內容則刊載於該雜誌同年10月、11月號，新竹州教化座談會的記事內容亦刊載於該雜誌同年12月號。

[21] 中越榮二，《臺灣の社會教育》，頁67。

[22] 同前註。

表格7.1　昭和時期國語熟練者的推移狀況

年度	全島人口	國語熟練者	百分比
昭和 7（1932）年度	4,496,870	1,022,371	22.7%
昭和 8（1933）年度	4,612,274	1,128,509	24.5%
昭和 9（1934）年度	4,759,197	1,287,147	27.0%
昭和10（1935）年度	4,882,288	1,451,340	29.7%
昭和11（1936）年度	4,990,138	1,641,063	32.9%

資料來源：中越榮二，《臺灣の社會教育》（臺北：臺灣の社會教育刊行所，1936），
　　　　　頁65-67；筆者製表。

表格7.2　昭和十七（1942）年全島國語講習所的普及狀態

州廳別	國語講習所		簡易國語講習所		合計	
	所數	學生數	所數	學生數	所數	學生數
臺北州	365	20,881	120	4,193	485	25,074
新竹州	323	23,197	89	2,230	412	25,427
臺中州	769	38,558	199	7,089	968	45,647
臺南州	388	23,269	96	5,256	484	28,525
高雄州	208	16,665	123	5,422	331	22,087
臺東廳	8	310	28	245	36	555
花蓮港廳	22	2,012	—	—	22	2,012
澎湖廳	11	816	9	330	20	1,146
合　計	2,094	125,798	664	24,765	2,758	150,563

資料來源：中越榮二，《臺灣U社會教育》；筆者製表。

為全人口48.78%，乃是大正九（1920）年隈本繁吉離開臺灣時的
十六倍。

　　其實，國語教育普及的風潮有其歷史連貫性，普及的對象層面
也有擴散性。大正八（1919）年總督府視學官平野象一便說：「有
本島人兒童在學的幼稚園，需要特別留意國語的正確講法，並讓

（臺灣兒童）能練習。[23]」國語君臨臺灣社會各角落的風潮不僅只於婦女、失學青年等社會人士，甚至波及正在牙牙學語的幼童。

就在國語至上的熱潮充斥整個社會時，前章所述黃呈聰、蔡培火等人的語言改革運動在當局龐大行政力量和預算經費之下，其承受的壓力不言可喻，幾乎注定失敗的命運。唯與國語同處於對立地位的漢文或書房，命運又是如何？為了讓讀者對昭和時期的書房之情況有初步的理解，雖然年代上有些出入，但是筆者仍以比較方式收集有關書房和幼稚園的相關資料，供讀者參考。昭和十五（1940）年四月，臺灣全島公立幼稚園2所，本島人幼稚園學生159人；私立幼稚園86所，臺灣人幼稚園學生7,036人[24]。相對於此，一路走向凋零之途的書房在昭和十六（1941）年僅17所，學生也只有996人。換言之，在昭和十五、十六（1940, 1941）年，書房學生人數稀少，甚至不及幼稚園學生的七分之一。領臺初期，伊澤修二曾豪邁地宣稱：要讓所有臺灣人都受到日文教育，這個夢想在昭和時期正邁向實現之路。唯伊澤以「混合主義」為名義、希望保留的漢文，此際幾乎面臨存亡的危機。

二、昭和時期國語普及運動和「國語純正運動」

（一）國語普及運動的精神性
——「走向民族之中」、繼而再「走向民族之中」

昭和五（1930）年十二月制定的國語講習所規則，第一條寫

---

23 平野象一，〈臺灣に於ける幼稚園の價值〉，《臺灣教育》212、214號（1919年12月、1920年2月）。

24 臺灣總督府，《臺灣統治概要》（臺北：編者，1945），頁45-50。

著：「本會以練習國語兼涵養國民精神為本旨。[25]」與以往公學校規則相比較，很清楚地兩者的目標和精神系出同源。根據《臺灣の社會教育》（〈臺灣的社會教育〉）的說法，國語講習所設立的趣旨在於提升國民意識之自覺，以及確立作為一個日本人應有的生活方式。所謂國民意識的自覺，即「一定要體認國體的精華，燃燒讚仰國體的念頭，充滿國民的愉悅」。確立日本人應有的生活方式則是：「在經營作為個人的生活的同時，還要積極地進行為社會為國家效勞的實力。」試觀其重點所在，我們發現：作為一個日本臣民，臺灣人不只被要求提高個人的資質或生活水準；更被強迫必須學習國語，以養成為國家犧牲服務的能力[26]。南部鳳山國語講習所主事白潟保的論述，與此趣旨有異曲同工之妙[27]：

> 涵養國民精神、明徵國體觀念是島民教化的根本意義所在。三十幾年來我們前輩走過的足跡實實在在的刻印在這個根本意義上。……在國民精神涵養的意義上，再也沒有什麼可比國語教育以及愛用國語更具有重要使命。……國語就是國民精神的血液，也是我們的母體。世界上無以類比的我皇國精神，是由三千年來一貫跟我們國民一起生存的國語，其力量所培養起來的。

白潟保對國語講習所的經營與國民精神之間關係的見解，反映出一個事實：即使到了昭和時期，上田萬年的國語思想仍然在臺灣被反覆引述，並被奉為圭臬。根據白潟保所言，鳳山國語講習所會

25　臺灣教育會，《臺灣教育沿革誌》，頁1047。

26　中越榮二，《臺灣の社會教育》，頁76。

27　白潟保，〈國語講習所的經營〉，《臺灣教育》382號（1934年9月），頁40-41。

員過半數都是婢女、貧困家庭的婦女和低層勞動者。我們可以從這個現象看出：當局利用國語將「同化於民族」的實施對象從公學校進一步滲透到下層階級的策略企圖。這種強烈傾向「走向（日本）民族之中」的策略企圖，從國語講習所規則內容裏便可一目瞭然。規則中雖然提及「智育」之養成，但是除了「生活上必須的智能啟發」這一段有前提條件的文句外，完全就沒有再碰觸到任何有關「同化於文明」的文句。很明顯地，涵養「德育」就是國語講習所最重視的目標。

　　國語講習所重視「德育」涵養的傾向，更表現在全島國語演習會等，其他國語普及運動相關的地方。舉例來說：昭和八（1933）年十二月，在基隆市壽公學校所舉辦的第二十屆全島國語講習會中，總督中川健藏在訓告中便有這麼一段話[28]：

　　　我想，國語是國民精神的發露，也是國體精華的顯現。一國歷史的所產也是國民文化的溫床。領會國語後才能接觸國體得到國民的個性。故新附民如果希望能當一個真正的國民，則非先努力學習國語不可。

　　第二十屆全島國語講習會舉辦後，翌年四月，統治當局公布指導綱要：〈臺灣社會教化綱要〉，同樣強調確認「皇國體的精華」，「讓常用國語的習慣能普及，確實保持國民的性格與態度」，「使人民能感銘於一視同仁的聖旨和公明仁愛的皇國精神」[29]。

　　如上所述，昭和時期的社會教育更加強化了統治者「走向民族

---

[28]　中越榮二，《臺灣の社會教育》，頁59。

[29]　臺灣總督府，〈臺灣社會教化要綱〉，《臺灣時報》1934年5月號（1934年5月），頁96。

之中」的志向。然而對統治者而言，花費了那麼多國庫的補助來實行國語普及政策，目的當然不可能只為了擴大原本便存在的「同化」統治方針。在新的時代，為了因應新的國內外局勢，雖然同為國語普及運動，但其必然有新的課題和新的意涵。下文筆者即試圖探討國語普及運動隱藏在「同化」統治背後的一些意義。

（二）國語普及運動實施的背景

1. 內外時局的變化與國體論的復甦

　　昭和初期，為了應對日本國內外政治局勢的重大變化，作為近代日本建國精神所在的「國體」，其論述和思考也不得不做出調整。此際日本內地社會主義運動勃興，勞工運動和農民運動頻仍，原本存在於知識分子間所謂「思想問題」則從大學逐漸擴散到整個社會。內部不僅日本社會動盪不安，對外也爆發了九一八事變。雪上加霜的是受到昭和經濟恐慌的打擊，全國都籠罩在一股不穩定的氣氛中。為了穩定社會，挽回低迷的時代氛圍，昭和七（1933）年文部省以文部大臣為委員長，設立學生思想問題調查委員會。委員會經過調查以後，認為昭和時期學生思想所以會左傾，主要原因在於「我國固有文化研究的萎靡不振，有關國體觀念之教育的不徹底」。為了改善這些弊害，當局提出了一些對策，重點在於「闡明我國國體以及國民精神的原理，發揚國民文化並批判外來文化」。除此以外，同年統治者也設置國民精神文化研究所，企圖對教師進行再教育[30]。換言之，就像模仿江戶末期的幕府政權一樣，當局提出的對策便是再度強化國體精神；此際，國體論又進入另一個高峰期。

　　昭和十（1935）年，美濃部達吉與新內閣之間發生所謂「天皇機關說」的爭議。以此問題為契機，日本政府體認到批判自由

---

[30] 《日本近代教育百年史》第1卷（東京：國立教育研究所，1974），頁311。

學術思想、樹立新學問體系的必要性，繼而展開所謂「國體明徵」運動。翌年十一（1936）年二二六事件後，內閣改組，閣揆廣田弘毅首相在五月六日的施政方針演說中明白表示：「要排除跟國體不相容的思想」，「在日本固有的精神之下確立我國教育的教學，努力發展我國獨特的文化」。另外還說，「立足於廣義的國防之見地」，「將全面性地、總合性地樹立所有國策，使其能有組織性、計畫性地實行。這是現在日本的當務之急」。爾後，日本政府更加強化了在學術、教育和思想上對人民的箝制[31]。這種將發揚日本精神、日本文化作為維持社會秩序的手段，並將「國體論」奉為國民統治的圭臬、無限上綱地神聖化的做法，讓我們回想起大正時期臺灣的「同化」教育政策。當時隈本繁吉為了臺灣社會治安的穩定，強力推行具有「走向民族之中」之志向性的國語教育政策；此時日本內地這種政局走向，應該可被視為是一種由殖民地逆流回本國的政治現象。

不過與當時的臺灣明顯不同的是，昭和時期內地在極端地強調日本固有文化的優越性之同時，也全面否定因戰爭爆發而關係惡化的西洋文化或文明。這種批判、否定西洋的時代氣氛，也逐漸影響到臺灣。昭和九（1934）年六月《臺灣教育》的社論便是例證之一[32]：

---

[31] 昭和十二（1937）年文部省親自編纂可說是正統國體論的國定教科書《國體本義》。同年，身為東京帝國大學教授、亦是贊同蔡培火語言改革運動的矢內原忠雄，由於校內國家主義的「革新派」教官的批判而被迫離開大學。

[32] 〈大和一體の結合と躍進臺灣の建設〉，《臺灣》5卷6號（1934年6月），頁2；相同旨趣並見慶谷隆夫，〈臺灣の民風作興運動〉，《臺灣時報》1934年5月號（1934年5月），頁4-5。

　　明治維新以後，我國忘我地奔命於吸收泰西文化，結果在極短的時間內，社會各方面達到令人瞠目的進展，得到國力的充實及國際地位的提升，但另

……現在的日本是應該把注意力集中於日本固有文化之創造。以往日本的精神太過於陶醉在歐美的世界，……明治以後，日本所強烈憧憬並企圖要追上的西洋文明之祕訣，其實已經內藏在日本文化的內部。這些祕訣不是只存在於西洋文明，……徒然憧憬歐美文化的現象，乃是我們沒有強烈意識去理解日本自己本身的結果。

　　在此，這份在臺灣教育界執牛耳的刊物，對於日本文化中「內藏」有西洋文明一事做出熱烈的謳歌。其一方面暗示著雖然西洋強大，但日本卻具有吸收這些強大文明的優越「同化」能力；一方面則批判民眾一面倒地模仿，或盲目地褒讚西洋文明之謬誤。甲午戰爭之後，「同化於文明」曾是臺灣統治的重點之一；但是隨著時代的變化，尤其是與歐美敵對關係明顯化，曾幾何時，日本政府又回到百年前江戶末期的時代氛圍，強辯自己文化、國民精神的神聖性、優越性，以否定西洋文明的優越性，並作為團結或振作人心的手段。
　　統治當局強化臺灣人的日本精神、國體觀念，目的當然是企圖盡早將新附民「同化」化為帝國臣民的一員。為了實踐這臺灣統治緊要的課題，方法就是普及和強化國語教育。進入昭和時期，臺灣的國語教育愈來愈帶有灌輸日本人精神的色彩，也就是「同化於民族」的志向性。從類似上述引文的一些例證裏，我們也可以觀察到：戰爭時期有關國語普及運動的言說或論述，鮮少強調國語是一

　　一方面，忘卻自國的個性而一味歌頌外來文化的餘弊，釀成諸多思想的矛盾和物質主義的毒害，並導致社會的混迷。然而，至今我國逐漸發覺其獨特的使命。得知在建國理想的昂揚之下，建設新日本文化是透過消化且同化一切的外來文化如此身為大國國民的自覺，以及對於世界人類獨特的使命之認識而達成的。

個具有擷取「同化於文明」功能的語言，反而一面倒地宣揚「同化於民族」的作用。這就是昭和時期順應日本內外局勢的變化，而逐漸變形的「同化」之樣態。

2. 追認「一視同仁」之統治邏輯的整合性

　　昭和十五（1940）年，臺灣社會中國語熟練者更達到51%；不過這項數字被認為無法充分反映當時臺灣居民的國語熟練能力。根據周婉窈的研究，所謂「國語熟練者」的定義包括了：一、在於公學校和有關教育機關的兒童；二、公學校及其有關教育機關的畢業生；三、參加國語普及活動的學生；以及四、國語普及機關修畢者。上述四點中，第一、二項或許可說是國語熟練者，但第三、四項到底可否歸類為國語熟練者，實在仍有疑問。原因是國語講習所基本上一年只上課六十至一百天，一天的授課時間才兩、三個小時。正因如此，國語講習所在學制上不同於公學校，也不能銜接到上級學校。若將透過這種簡易且短期的教授方式培養的社會人士之國語聽講能力，與公學校學生或畢業生等同視之，顯然過於粗糙有灌水嫌疑。

　　針對這種將國語熟練者灌水的現象，輿論上並非全然沒有質疑。例如昭和十五（1940）年四月十日，《臺灣日日新報》曾刊載某位臺灣人少年的匿名投稿，他寫道：我母親去國語講習所已經一年了，可是至今卻連一句國語都不會講；因此希望當局能強化講習所的授課內容。我們可以從這篇投稿的內容訴求中感受：昭和時期臺灣社會的國語熟練者之統計數字有誇大的傾向，應與當時的實況有一段距離[33]。

　　其實前文已經說明，大正時期以後總督府所以必須積極推行國

33　周婉窈，〈從比較的觀念看臺灣與韓國的皇民化運動〉，頁171-72。

語普及運動，有其時代背景和原因。例如在臺灣議會請願運動中，統治當局經常表現出拒絕賦予臺灣人參政權力的態度；再加上國語教育機構又長期不足，再再顯示日本統治下臺灣人的權利經常受到抑制，距離「一視同仁」其實相當遙遠。積極推行國語普及運動，似乎帶有一種調整政治承諾與實際上參政權之間不均衡的意味。以商場上的話來說，當局進行的其實是一種統治印象上的「作帳」：將擴張、賦予國語教育受教權，即統治印象上的資產，「沖銷」參政權帳目上的負債來調整收支平衡，以便讓統治者所宣揚的「國體論」──這本治臺方針上的帳冊能夠吻合。因此，大正時期以後偏重於「同化於民族」的國語普及運動，經常被統治者大肆宣揚為「一視同仁」的具體化，其實便有追認「同化」統治之政策邏輯的整合性意味。而當局推行國語普及運動的另一種「作帳」的意義，便是在彌補前述民眾黨幹部洪元煌質疑上山滿之進總督的統治矛盾；此際「作帳」的意義便是讓享受較多政治權力、但卻不會說國語的臺灣人透過國語普及運動「漂白」。更具體說，當局在「作帳」過程中試圖形構追認的，便是「同化即平等」的整合性。

　　昭和四（1929）年三月九日《臺灣日日新報》刊登一篇記事，更讓我們明顯看到當局這種追認「一視同仁」之統治邏輯整合性的意圖。這篇記事的旨趣與國語普及運動有關，刊載於以臺灣人為主要讀者對象的漢文欄中。文中首先確認領臺三十年以來作為國策最重要之一環的是實施國語教育；接著話鋒一轉，開始擔心近年來臺灣人對於國語普及的熱情急速地變得冷淡，也沒有出現令人滿意的成果[34]：

　　　　國語普及之運動，不如往年之熱，或迷於同化政策而然，如

---

[34] 《臺灣日日新報》（1929年3月9日）。

　　將臺灣視為特殊地域。使其地其民，不論何事，下一級於內
　　地，則不可言。欲等之於內地，等之於母國民，渾然為新大和
　　民族，如今日對國語問題之不熱心，不統一，百無一成哉。

　　很明顯的，該記事基本上以利害關係的角度鼓勵國語普及運
動，以「鞭子與胡蘿蔔」這種軟硬兼施的方式，試圖激發民眾積極
參加國語普及運動的熱情。報導中提示的「胡蘿蔔」，也就是具現
「一視同仁」的條件，便是學習國語。這應該就像石田雄在〈「同
化」政策と創られた觀念としての「日本」〉（〈「同化」政策與作
為被創出觀念的「日本」〉）一文指出的：「同化」的誘因經常是統
治者賦予平等化的承諾或約定[35]。

　　學會國語等於獲得了實現平等化的資格，這種思考運作邏
輯，不單止在言論上或思考上的層次，也反映到制度上。昭和五
（1930）年十月，總督府在〈國語普及獎勵ニ關スル件〉（〈關於國
語普及的事〉）一文中，便禁止臺灣人在官公署、銀行、公司說臺
灣話，並「勸告」在公私立機關不會說國語的本島人上夜校「主動
學習」。又在公司等公共團體中，給予學會國語者比較優越的就職
錄取條件資格；甚至以有無具備國語能力來規定官公衙、銀行、公
司的人事採用基準，或直接給予會講國語者就職上的優先權。猶有
甚者，子女在進入小學校或中學校時，其父母的國語能力也成為優
先考慮的因素。進入戰爭時期以後，當局經常對常用國語的家庭實
施種種優惠措施，若干說國語者還可以享受食品等配給的優先權等
等[36]。昭和時期國語終於成為臺灣人獲得社會地位，或過比較優渥

35　石田雄，〈「同化」政策と創られた觀念としての「日本」〉，《思想》（1998年
　　10、11月）。

36　臺南廳，《國語普及獎勵ニ關スル件》（1930年10月），頁53-54。

生活的最佳手段。國語普及運動之實施，也就這麼將追認「一視同仁」統治邏輯整合性的功能發揮得淋漓盡致。

　　昭和時期國語普及運動再度加溫，幾乎要變成一個全民運動。除了大正時期隈本繁吉設定的精神和理由外，此時日本國內外局勢的變化，以及「一視同仁」之統治邏輯整合性的追認，都是這個運動所以實行的原因。

（三）「國語純正運動」──上田萬年國語觀的再凸顯

1. 重視日本精神的國語普及運動

　　較之大正時期，昭和時期以後的「同化」教育更加強化國語教育與政治意識形態之間的關聯性。學習國語的精神和目的，幾乎都集中在本島人日本民族化或國民精神，被大肆宣揚著。更具體說，在臺灣教育界中主張將國語視為日本人的「血」、「肉」，強調其與「日本人（的祖先）」之間關係的論述，比比皆是；政界、學術界中到處充滿這種上田萬年思想式的國語觀。由於這些文章實在不勝枚舉，此處只能列舉幾個較有代表性的例子，供讀者參考。

　　昭和九（1934）年九月前述鳳山國語講習所主事白潟保，便曾在其〈國語講習所の經營〉（〈國語講習所的經營〉）一文中明言：「國語正是國民精神的血液母體。世界上絕無僅有之我皇國精神，便是由三千年來我全體國民在一貫生活中所使用過的國語之力量所培育出的」[37]。在白潟保的文章出現之前，昭和二（1927）年五月臺灣教育會舉行過教育研究論文的徵文比賽，勇奪二等首席（一等賞從缺）者係新竹州視學鈴木利信投稿的〈國語普及問題〉，後來刊載於《臺灣教育》299號。論文開頭鈴木將國語之使命定位為：「國語的力量是民族的力量，國語是異民族教化唯一且最好的武

---

[37]　白潟保，〈國語講習所の經營〉，頁41。

器。」並且慨嘆：儘管在身分上擔當國語教育的公學校老師原本就有自己先熟悉、使用國語的必要性，但是事實上本島人教員回家、或校長不在時，經常有說臺灣話的習慣，「就是因為這種外部的變動因素，使得國語永遠不能成為自己的血肉，這個血肉便將一直處於不完全的狀態」[38]。從鈴木利信身為視學、得到教育研究徵文比賽大獎等這些事來判斷，其言論在當時應該頗有代表性。白潟保文章的內容與鈴木利信幾乎同出一轍，說明了這些論述、主張在當時的主流地位。

其實，此時本島人教師筆下的文章中也有類似的主張。昭和六（1931）年，臺灣教育會會員、新化郡楠西公學校教師李炳楠便在〈國語普及問題に就いて〉（〈就有關國語普及問題〉）一文中強調，語言並非單單只是一種符號工具，一個語言在誕生的過程中，擁有了人類「心靈的無限定性」；此「心靈的無限定性」是一個語言展現其真正形態的基礎。日本的國語是同一國民共有之物，國家固有的文化資財，「長期間習慣使用之後，會變成國民的血肉。至今它便是國民精神的象徵」。李炳楠也強調國語普及運動的主要任務在於國民性、國民精神的涵養，真正的目的在於「培養善良的日本國民，以便讓其和母國融合在一起，並培育一些能擁護金甌無缺國體的國民」[39]。在此很清楚，抽掉上田的國語觀，李炳楠的論述根本是無法成立的。

昭和時期，上田萬年的國語觀念並不只局限在教育現場中一部分工作者的思考裏。從下面這個例子來看，我們可以進一步得知：以國語為媒介來達成所謂純血緣化之目標的思考，其實正是臺灣總

---

38 鈴木利信，〈國語普及問題〉，《臺灣教育》299號（1927年5月），頁1。

39 李炳楠，〈國語普及問題に就いて〉，《臺灣教育》347號（1931年10月），頁69-
   70。

督府推行國語教育的精神所在。昭和十六（1941）年四月由臺南師
範學校國民學校研究會所編成的論文集《國民科國語》（《國民科國
語》）中，全書一再重複出現大和魂、祖先、日本人的「血」「肉」
等字眼；全書542頁的論文裏，至少有六處直接引用上田萬年的談
話。大部分都在論述國語與「國民如同一身一體」，「不是因為爾
是日本人，所以才必須使用日本語；而是因為使用了日本語之後，
我們才能變成真正的日本人」[40]。

　　昭和時期學習國語後就可以變成大和民族，這種後天式血液的
民族論幾乎支配了整個臺灣教育界。就在這樣的局勢下，昭和十四
（1939）年前後當局開始展開「國語純正運動」。

2. 優越的日文和國語純正運動──外來語和漢文之排除

　　所謂「國語純正運動」，是以要求臺灣人必須學習、使用純正
的國語，並在使用國語時表情、神態和動作都必須日本化的運動。
昭和十四（1939）年在所謂的「左翼羅馬字運動事件」中，內地一
些主張世界話語、羅馬字論的知識分子等被日本當局視為宣傳「普
羅思想」，以違反治安維持法的嫌疑遭到檢舉[41]。這些主導世界話
語、羅馬字運動者被檢舉除了因為其思想有社會主義傾向，也與羅
馬字本身便是歐美的象徵和產物有關。隨著戰爭激烈化，日本國內
不斷出現「擊滅英美」、「打倒英美」、「膺懲英美」和「英美鬼畜」
等等口號。這意味著：日本的政界、學術界將告別以往那種一面倒
讚揚西方「同化於文明」之時代，走向一味宣揚日本獨特精神之優
越性的路途。所謂國語純化運動，就出現在這種時代的局勢中。

---

[40]　臺南師範學校附屬國民學校，《國民科國語》（臺南：臺南師範學校國民學校研究
　　　會，1941），頁530。

[41]　安田敏朗，《帝國日本の言語編制》（東京：世織書房，1997），頁19。

　　既然日本獨特的精神被視為一個絕對優越的存在，那麼與日本語處於敵對位置的其他語言，當然都可能遭到被攻擊、排斥的命運。其實國語純正運動的主要目的之一，便在排除國語中的西方語言要素，換言之，即排除混語化（creole）；不僅如此，也攻擊日本語「洋涇浜化」（pidgin）的現象。更進一步說，國語純正運動就是以濃厚的政治意識形態作為動力，排斥或批判因文化接觸交流而產生的「雜燴語」式日本語，特別是有西洋味道或成分的國語，是一種排他性的語言復古運動。在這種時代氛圍下，上田萬年的國語觀再度以這種閉鎖性、孤芳自賞色彩的方式被狂熱地抬上論壇，似乎是勢在必行的趨勢。

　　然而諷刺的是，一面高唱國語在精神層面上優越性之同時，上田萬年的國語主張卻也遭到批判。批判之一例，便是大西雅雄的〈日本國語道〉。在這篇當時備受矚目的文章裏，大西雅雄批判：「上田博士著書之中，最不可思議的是同一本書中有相反的論述。一個是尊重國語的美辭麗句，另一個是批評國語的言論。[42]」在第一章和第五章筆者已大略提過，上田萬年雖然強烈地提倡國語愛，但作為一個留學德國、學習現代語言學的學者，他絕非單純只是一名國粹主義者。因為在合理的思維下，上田對當時日本的語言改革採取相當積極的態度；更直接地說，從明治時期以來所謂的國語國字爭論裏，他也經常將視野放在「同化於文明」上，因此不但反對國語中大量充斥漢字，也一直積極主張將日文的表記由假名、漢字混和的方式改變為羅馬字。上田這種一方面聲嘶力竭地提倡國語精神的優越性，一方面卻試圖放棄日本傳統假名的表記方法，被認為心口不一、相互矛盾，因此經常遭到各方的批判和質疑。然而上田的主張對其本人而言是沒有矛盾的，因為他受過西方語言學訓練，

---

[42] 大西雅雄，〈日本國語道〉，《國語の尊嚴》（東京：國民評論社，1943）。

看待或定義什麼是語言時，通常著重於聲音這基本要件，而不是文字符號這些表記工具。對於上田而言，只要作為聲音的日語內涵不變，那麼將國語表記羅馬字化，並不會否定日本語存在的價值或意義，更不會損壞或詆毀日本語作為日本人精神性血液的說法。在此思考前提下，上田萬年的國語思想中的確有相當大的空間，足以讓「羅馬字」與「日本人的精神血液」兩者並存不悖。

當然，如果拿「國體論」作為一個抵抗西洋的思想概念，作為支撐「國體論」工具的國語所涵攝的「同化於民族」和「同化於文明」之間，便會呈顯出涇渭分明的敵對關係，不可能有太多共存空間。換言之，上田萬年所以會在進入昭和時期後被批判攻擊，與此時日本和歐美間的對抗關係，以及「攘夷式」的「國體論」之高漲，應該有密切的關聯。

昭和時期，「國體論」逐漸高漲，日本社會所以將國語視為日本人的「血」、「肉」、「祖先遺產」，背後有宣揚日本精神優越性的意圖。更具體的說，上田的國語觀念所以會被奉為圭臬，背後存在一個構思：在日本和歐美關係惡化的狀況下，企圖否定日本在物質文明方面劣於西洋的不利狀況。此一構思在最為猖獗的戰爭時期，將西洋文明所有的羅馬字或外來語當作國語的一部分，或改革的表記方式，便被認為是肯定西洋文明而遭受到批判和彈劾。更簡單的說，此時在日文中摻雜外來語，便被認為是一種改造國語、污染日本人精神血液的行為；而改造國語即是變更國體，是罪不可赦的行為。

其實在國語國字爭議之際，伊澤修二曾以日本的假名以音譯方式對應西洋一些語言時發音較「支那語」更能正確地反映原音為由，強調日文在語言上的優越性[43]。唯經過四十餘年後，同樣是針

43　伊澤修二，〈本邦語學ニ就テノ意見〉，《伊澤修二選集》，頁662-83。

對西歐，日本社會卻出現了完全相反的思潮，而這些思潮也波及臺灣。因此，在戰爭氣氛濃厚的時代之下，英文看板氾濫的現象不再像大正時期般被認為是一種時髦，反倒被批判為一種「崇拜西洋的病態。帶有一些西洋腔似的發音，被指責是輕率崇洋的『外國語病』；在此所提出的語言上的國防運動，正是要掃蕩、撲滅這種外國語病。這也就是文化上愛國威信運動的發動」。喜歡使用外來語的所謂「外國語病」，便是破壞「愛國威信」的行為，應該被彈劾、譴責。再者，針對「最近流行的看板」上所寫的那些話，「如果你是日本人的話，便不可能去做那樣的事」，「語言如果紊亂，思想就會雜亂。為了達成皇道思想的統一運動，我們應該先從這些紊亂國語的純粹化開始著手」[44]。

由於對中國戰爭爆發，統治當局對於漢文、漢字的排斥便也更加地嚴格。與西洋外來語的命運一樣，日文中對漢字使用的限制也日趨明顯。隨之，設置在公學校中的漢文科也面臨被廢除的命運。領臺之初，在「混合主義」方針底下被伊澤修二認可的漢文，經過所謂漢文科廢止爭論後成為隨意科目；隨著大正十一（1922）年臺灣教育令修正，漢文科成為選修科目，被排除在許多公學校的課程外。在第六章中已經稍稍提到，臺灣人對這種排斥漢文的做法，頻繁出現反抗的聲浪，建議公學校回復漢文科的聲音此起彼落。大正十三（1924）年臺南州137所公學校中有86所，而48所分校中也有27所學校，均向當局提出回復漢文科的請願書，要求不能排斥漢文[45]。

大正十五（1926）年，「臺灣文化協會」設置了漢文委員會，以便研究漢文普及的方法和編纂簡易的漢文教材。由於這些反對

---

[44] 《皇民鍊成讀み方教育の諸問題》（臺北：新高堂，1941），頁10-11。

[45] 《臺灣民報》（1924年11月1日），頁13。

聲浪和運動，昭和二（1927）年總督府不得不著手重新編纂漢文教材，再度回復一部分地區學校的漢文科課程[46]。然而在政治掛帥的昭和時期，漢文科之存續畢竟不是一些臺灣人的抗議或請願所能左右。因為從昭和二、三（1927, 1928）年開始，代表統治當局立場的《臺灣教育》雜誌廢止了創刊開始便附有的漢文欄，只在文藝欄上刊登漢詩[47]。昭和六（1931）年公學校規則中，雖然規定除了縫紉及家事之外「作為隨意科目得追加漢文」一科；但昭和十二（1937）年全島625所公學校中保留有漢文課程者卻僅僅臺北州13所、臺中州24所，共計37所[48]。同年一月十五日，總督府以府令第二號修正公學校規則，新規則中以漢文會「喚起支那人意識」、妨害「國民精神的涵養」，以及「在局勢的進步以及各方面狀況的進展中，必須徹底普及國民意識和國語」為由，廢止漢文科[49]。隨之，從昭和十二（1937）年五月開始，漢文欄也從報紙、雜誌等大部分媒體中消失。

　　一方面臺灣總督府在昭和五（1930）年公布了〈國語普及ニ關スル件〉（〈有關國語普及獎勵〉）。在說明如何獎勵民眾說國語時，當局明顯地表示：施政的重點便是以使用國語為誘因，提升臺灣人的社會地位；換言之賦予臺灣人平等化的條件，正式地反映在習得國語的制度上。唯此處值得我們注意的是，統治當局提出的條件與以往有些不同；更加具體地說，如果臺灣人要獲得平等，前提不只是要說國語，而且必須說得一口流暢而「正確的國語」。以針對臺灣白話字問題與蔡培火打過論戰的臺北師範學校教員國府種武

---

[46]　臺灣總督府，〈本島現時ノ社會情勢ト時局ノ推移トニ鑑ミ〉，《臺灣教育》（1934年4月）。

[47]　加藤春城，〈本誌の歩みを顧みて〉，《臺灣教育》（1935年9月），頁65。

[48]　〈公學校の漢文科廢止〉，《臺灣教育》416號（1937年2月），頁1。

[49]　臺灣教育會，《臺灣教育沿革誌》，頁388。

為例，昭和十二（1937）年二月他便發表〈臺灣に於ける國語普及上の諸觀點〉（〈臺灣在國語普及上的諸觀點〉）一文，主張：「如果要透過國語來涵養國民精神，那麼必須是純純正正的國語。[50]」國府強調的「必須是純純正正的國語」，其實如實反映了當時統治者在國語意識形態上的要求和變化。

　　無獨有偶地，幾乎同一時期，前述臺南師範學校研究會雜誌中也有許多文章討論類似的現實問題。這些文章的重點大致上是：隨著時代的變化，進入昭和時期後，國語教育漸漸滲透到社會各個角落；同時「變態式的國語」也開始在臺灣社會流行，成為一個普遍的臺灣人現象。所謂「變態式的國語」便是在使用國語時，其發音或輕重音運用之臺語化；或受制於臺灣話的音韻系統而產生的日語變調聲腔。具體來講，例如日本語五十音當中的「ダ」（da）行發音變成了「タ」（ta）或「ラ」（ra）行聲音、「ラ」行發音變成了「ダ」或「ナ」（na）行等變調。換言之，就是一種日本語音的變形現象。再者，例如忽視了國語原有的習慣，自己隨便去省略一些應有的字音，或不會使用敬語；或將臺灣話的慣用語法、文法套加在日本語當中，自己發明變形的直譯式日本語；還有，移花接木地在日本語語尾中加上臺灣話的語尾感動詞等等[51]。

　　針對上述「變態式的國語」，也就是「洋涇浜」日語充斥臺灣坊間的現象，昭和十七（1942）年十月《臺灣教育》雜誌刊載〈國語醇正の問題〉（〈國語純正的問題〉）一文，提出「純正國語」的呼籲；並從「發音」、「輕重音」、「話語聲調的標準化」、「語法」、「敬語」等各個角度，來討論什麼是「國語的純正」。繼而將

50　國府種武，〈臺灣に於ける國語普及上の諸觀點〉，《臺灣時報》（1937年2月），頁8。

51　臺南師範學校附屬國民學校，《國民科國語》，頁535-36。

「國語的純正」之境界定義成「應該要以婉曲方式說話的時候，便必須聲音婉曲說之；也就是說，在說話時必須周詳的考慮到對方的性別、身分或當時的環境氣氛並順應這些狀況來對應。這才能算是純正」[52]。在此，所謂「國語的純正」並不僅指臺灣人要說發音上或文法上正確的日本語而已，更進一步希望臺灣人在運用國語時也都須符合日本人的習慣。換言之，從說話時的習慣表情、到細微的動作口氣，全部都必須日本人化。這種不只是要求「說」國語，甚至希求「做」國語人的政策看似不可思議；但是如果我們回想到統治者所以要求臺灣人必須說國語之目的，原本就是要將臺灣人變成日本民族，這種由「說」到「做」的國語政策，應該是一種勢在必行的「同化」政策走向[53]。因此，每年伊澤財團舉辦的國語演習會，從臺灣各地選拔出來的說國語「選手」集合一堂、演說競賽時，「語言的使用方式、音調」之「純化」、「儀態動作表情」的日本化，便成為一種基本的能力要求。筆者稱這種現象為「國語純正運動」。

　　當然，「國語純正運動」不僅只針對臺灣人；事實上當局對於內地人也三令五申地禁止其使用臺灣話，並且與臺灣人接觸交談時，一定要說國語。毫無疑問地，這裏所指的國語當然是純正而標準的國語。

三、作為「一視同仁」最高境界的義務教育 ──完成「走向民族之中」

　　國語既然是日本人的精神血液，那麼在昭和時期，要達成臺灣的「同化」教育，換言之要完成「走向民族之中」的任務，除了必

---

[52] 〈國語醇正の問題〉，《臺灣教育》483號（1942年10月），頁2-3。

[53] 臺南師範學校附屬國民學校，《國民科國語》，頁231。

須強化社會教育之外，最重要的課題便是要增設公學校、提升兒童就學率，讓所有臺灣人都變成大和民族。也因此新竹州視學官鈴木利信在〈國語普及問題〉便指出，關於是否要在臺灣實施義務教育，這個問題「已無爭論的必要，只是執行時間的問題」[54]。很清楚地，實施義務教育已勢在必行。

（一）國民學校令公布——義務教育的前奏

昭和十三（1938）年十二月，文部省向內閣總理大臣提出關於國民學校、師範學校及幼稚園實施要綱之答申。文部省承認內地和臺灣的初等教育有改善的必要，因此決定從昭和十六（1941）年度開始實施國民學校制。昭和十六（1941）年三月，內地的國民學校令和臺灣的國民學校令一同公布，同年四月一日臺灣全島150所小學校、820所公學校（含分教場）一起改稱為國民學校。然而，課程第一號表適用於改稱之前的小學校；課程第二號表、課程第三號表則適用在改稱之前的公學校，更加強化國語課程。雖然同稱國民學校，但除算數外，本島人與內地人的課程內容並非完全一致。根據課程第一號表和課程第二號表，國民學校有分初等科及高等科，唯以根據課程第三號表所規畫的國民學校，並沒有初等科、高等科的區別，修業年限為六年。學校的經費原則均由市町村來負擔，但職員的俸給、旅費等則由國庫負擔[55]。

臺灣設立國民學校之際，總督長谷川清曾經發布諭告，要旨大致如下：「至始以來本島的教育方針皆遵守一視同仁的聖旨，奉體教育勅語的旨趣，以育成皇國臣民為目的」；「現今吾國國運得到未曾有的伸張，隨之對東亞以及世界之帝國的地位與使命也愈加重

---

54 鈴木利信，〈國語普及問題〉，頁7。
55 《日本近代教育百年史》第1卷，頁586-87。

大，為此，期待能純化與提升吾國民之資質。[56]」國民學校令的第一條也明言：「國民學校是遵守皇國之道，以實施初等普通教育達成國民基礎之鍛鍊為目的。」在此，與內地小學校令相同的，「皇國之道」這個文句被堂堂明示在初等普通教育之目的和精神中。國民學校的主要課程內容為國民科與數理科，國民科包含了國語、修身、國史、地理等。數理科的內容則是算數與理科。國民科規定：本學科主要以「讓學生習得我國的道德、言語、歷史、國土國勢，特別是明瞭我國國體的精華，涵養國民精神，讓學生能對皇國的使命擁有自覺為要旨」（第十二條）；國民科修身則規定「基於教育勅語的趣旨，指導國民道德之實質，養成兒童的德性，並讓學生對於皇國道義上的使命能有所自覺」、「解明祭祀天皇的意義涵養敬神之念，讓學生會得我國之政治、經濟及國防均淵源於國體之緣故」（第十三條）。又在第十四條明示國語教育的目的為：「培育學生的理會力與發表力，並透過國民的思考感動涵養國民精神」[57]。在此必須注意，從明治至大正時期，國語相關法規中必然會出現的涵養「智」、「德」等類似的文句裏，「智」的部分幾乎已不再於國民學校令中凸顯、強調；只有「德」方面的記述被殘留標榜著。

　　這種偏重「同化於民族」的現象，甚至在數理科方面的條文規定都可見到。同令第十九條規定：「數理科必須學得自然科學界的事物現象以及自然的理法」；「涵養科學處理的方法和科學精神」以「體會習得國民精神所需要的普通知識技能」。此處數理科被放置於國民精神的底部構造中[58]。第七條第二項更明確規定：必須讓學

56　佐藤源治，《臺灣皇民鍊成講話》（臺北：新高堂，1941），頁188。

57　佐藤源治、木原義行，《臺灣に於ける國民學校の經營》（臺北：新高堂，1943），頁218-19。

58　同前註，頁221-22。

生「體會習得國民生活所必須的普通知識技能，純化情操、育成強韌的身體、鍛鍊成勇敢之精神」。在此，我們可以看到國民學校令中有關身體的規定，同時也可以感覺到戰爭的氣氛。

國民學校令改定後的三個月，也就是昭和十六（1941）年六月，統治當局發表臺灣人特別志願兵制度實施計畫。國語「同化」教育逐步走向與戰爭合為一體的方向。實施計畫中將志願作為「皇軍」一事，宣揚為是身為一個「日本臣民的最高榮譽」；我國的臺灣統治與「以榨取為目的之諸外國的殖民軍完全不同趣旨，因為臺灣人有幸得以成為構成天皇所親率之皇軍的一員」。換言之，臺灣人的志願兵制度受到高度的禮讚。綜合上述兩件事，我們應該可以把國民學校令中「育成強韌的身體」之規定，視為當局準備讓本島人成為「皇軍的一員」，讓海外的被殖民者開始為戰爭的前置作業或布局做協力工作[59]。

2. 終於實現的義務教育體制

國民學校令的第四條規定：「兒童在從滿六歲之翌日開始，至滿十四歲的八年為學齡期間；兒童在適學齡日以後的最初學年之始，為開始就學的時期。[60]」唯在此處值得注意：國民學校令進入施行階段後，義務教育並未立刻付諸實行。義務教育制度正式整備完成乃是昭和十八（1943）年時候的事。

其實日治時期有關義務教育的議論，最早的可追溯到後藤新平時代。明治三十六（1903）年十一月，後藤召集了全島小、公學校校長和各廳學事主任共57名，召開第一回學事諮問會。針對出席者提出新領土教育方針到底為何這個問題，當時民政長官後藤便提

59　同前註，頁217。
60　同前註，頁252。

出了所謂「無方針主義」來作為應對，並做出了下列發言：「在徹底普及國語教育之同時，涵養國民性也是本島統治的根基所在，因故迅速實施初等教育的義務制，強制其就學，確立同化的根本方策為最緊要之事。[61]」根據森田俊介的說法，這便是臺灣統治中施政者首次在公開場合中表達有關義務教育的言論。唯後藤基於生物學原則將臺灣當作殖民地來看待、對於「同化」教育也一直態度消極，上述發言內容與其一貫的統治構想實在格格不入。為此，此次後藤新平有關義務教育的發言，我們或許應該把它當作打官腔的應付之詞，才比較符合整個歷史情境。

另一方面，與義務教育相關的爭論正式浮上臺灣論壇的時間，則在後藤針對義務教育發言之翌年，即明治三十七（1904）年。時任學務課長的木村匡將公學校教育定位成國民教育，根據明治維新之初的教育旨趣，主張應該在新領土中實施義務教育。對於這個主張，深得後藤信賴的學務部長持地六三郎，則以戶籍制度尚未確立和經濟問題為由做出反對，並提出為時尚早的結論。兩人的爭論雖以持地獲勝面落幕，但是日後木村匡一直都針對臺灣的義務教育發表論文。進入大正時期之後，主張將國語教育當成社會治安之「安全閥」的隈本繁吉，基本上也認定臺灣將來有實施義務教育之必要性。隈本認為，雖然由於稅制上等制約，立即實施義務教育會有困難；但是為了疏解和應付本島人的向學心，提出利用書房等設施作為教育場地以提升公學校就學率，作為正式實施義務教育制度之前的暫代性構想[62]。大正七（1918）年六月三日隈本被派到歐美出差考

61　森田俊介，〈臺灣に於ける義務教育制度の將來〉，《臺灣教育》245號（1940年5月），頁8。

62　隈本繁吉，〈部務ニ關スル日誌〉，《高千穗論叢》31卷3號（1996年11月），頁95；收入上沼八郎整理，《植民地教育史研究ノート・その八》。

察，當時學務課長生駒高常向民政長官下村宏提出書信，也曾仔細陳述了有關義務教育的計畫，以及配套措施。這些事實告訴我們：繼木村匡之後，統治當局對於義務教育，依然保持著某種程度的關注[63]。

　　大正八（1919）年，標榜所謂「內地延長主義」的田健治郎就任臺灣總督，此後關於實施義務教育的討論便更加具體化、熱絡化。在大正十（1921）年六月十一日第一次臺灣總督府評議會中，總督本人諮問「關於本島義務教育實施的時期以及方法如何」；翌年六月十六日，身兼評議會會長的田總督則在第三次臺灣總督府評議會答申書內正式表明義務教育實施的必要性，並提出希望盡早實現的見解。然而，對於田總督這一見解，相關經辦當局則認為實際上「因顧慮到地方團體財政狀況，在目前定期性一般實施的規畫會有困難；因此順應地方團體的負擔能力，以漸進式的實施方式較為適當」。相關經辦當局的看法，意味著必須暫緩在現實中實施義務教育。唯經此次諮問和溝通後，有關實施義務教育年限、管轄辦法、授業內容和相關經費等具體問題及事項均被提出來討論，這代表著義務教育向實現之路跨出了一大步[64]。

　　這個時期，討論義務教育問題者不再只局限於統治當局，本島人的論述場域裏也開始頻繁出現要求義務教育的聲浪。臺灣人當中正式發出第一聲要求實施義務教育者，應該是臺灣文化協會會員鄭松筠。大正十（1921）年三月，他在《臺灣青年》2卷3號中發表〈臺灣と義務教育〉（〈臺灣和義務教育〉）一文[65]；後來蔡培火、

63　生駒高常，〈書簡〉（1918年6月3日），《下村宏文書》。

64　佐藤源治、木原義行，《臺灣に於ける國民學校の經營》，頁164-65。

65　臺灣人律師先驅鄭松筠於〈臺灣と義務教育〉（《臺灣青年》2卷3號 [1921年3月]）指出，在臺灣實施義務教育的意義，是避免臺灣人在國民競爭中被淘汰，同時也可證明日本是個文明國家。

黃呈聰和林獻堂等在一連串言語改革運動過程中，經常對統治者不實施義務教育一事提出批判。這一部分在前章已有說明，此處不贅言[66]。以臺灣文化協會為前身的臺灣民眾黨，也曾經將盡早實施義務教育作為黨的要求，並向總督府施壓[67]。

　　此外，臺灣人中提倡義務教育者也不只抗日運動人士，「體制內」的本島人教育人員也有不少人持同樣意見。前述新化郡楠西公學校教師李炳楠便是一個例子。在〈國語普及問題に就いて〉（〈有關國語普及問題〉）一文裏，李炳楠認為國語教育是體現國體精神之道。為了普及國語「同化」統治，當局除了有必要設置國語演習會外，也應該為體現國體精神實施義務教育[68]。相同的論調也可見於更早的大正十一（1922）年《臺灣教育會雜誌》為了紀念臺灣教育令改正而制作的特集。該特集中刊載的「體制派」本島人的文章或祝詞，幾乎都強調實施義務教育是標榜「一視同仁」的臺灣統治必經之途徑。對抗日運動家而言，實施義務教育係臺灣人在尚未達成自己的語言近代化運動前，實現「依賴他者」式的近代化方法，

---

[66] 大正十二（1923）年十月三十日，蔡培火和黃呈聰、林獻堂等人針對臺灣統治方針，聯名向當時新任總督伊澤多喜男提出建議書。建議書中要求提升公學校教員的質與量，反對廢止公學校漢文科課程。在列舉十一個充實漢文科授業、增設中等學校和內地人的教育機會均等建議項目中，也包括初等教育之義務教育化。再者，大正十三（1924）年十一月，《臺灣民報》刊載了王敏川提倡必須要恢復漢文科教授權的文章。在題為〈公學校教育の改善論〉（〈公學校教育的改善論〉）一文中，王敏川順應著當局的說法，將計就計地以養成「完全的國民」是統治者的任務為理由，要求統治者把增加教育費以及實施義務教育當作緊急課題來處理。

[67] 昭和二（1927）年七月，臺灣民眾黨制定以蔡培火和林獻堂為中心的政黨綱領，除地方自治、結社、言論、出版、集會自由外，還設置「要求學制改革」一個項目。亦即，「甲、實施義務教育。乙、公學校教授用語併用內（日）臺語。丙、公學校必修漢文。丁、內（日）臺人教育機會均等」。

[68] 李炳楠，〈國語普及問題に就いて〉，頁73-77。

同時也是突破統治當局以文明落後為理由而實施差別統治的一種策略。換言之，對於抗日知識分子而言，實施義務教育的目的是為了提升臺灣人的文明和平等權利，以便獲得自治。體制派本島人與抗日知識分子間私底下的盤算或許有些不同，然而要求當局盡早實施義務教育，卻是眾多臺灣人的希望。隨著時代腳步的逼進，這些本島人的要求聲浪，對於施政者來說是一種愈來愈沉重的壓力。

進入昭和時期之後，臺灣的義務教育問題開始有了新的變數。昭和十四（1939）年，總督小林躋造指出：「隨著帝國新東亞建設大業逐漸有了進展，作為帝國南門的鎖鑰且是南方發展據點的本島，其使命愈加重要。伴隨之，吾人深痛的感受到以實施義務教育制度來練成本島居民的國民資質，繼而培養產業以及國防的根基之必要性。[69]」就在小林總督指出的這一時代背景下，昭和十四（1939）年八月二十三日，總督府設置了臨時教育調查委員會，經過前後八次會議，終於在同年十月十八日決定義務教育實施綱要。十月二十六日，在地方長官商討之下，教育調查委員會擬定的義務教育實施綱要獲得贊同。又在第九次評議會的諮問及答申中，當局以「擔任扶翼皇運的負荷，練成國民的基礎資質」為實施目標，決定以昭和十八（1943）年度為義務教育的正式實施時期[70]。義務教育之實施乃是為了提升本島人的體力、智力以及德性，以便形塑一個堂堂正正的皇民。從這個來觀察實施精神，其與「同化於民族」之旨趣幾乎如出一轍。

臺灣義務教育修業年限定為六年。再者，由於當局認為不夠充分普及農村公學校，因此在如果不能完善地推行理科或農業的知識基礎教育、臺灣農村便無法採用進步的農作方法提高生產力等現實

69　小林躋造，〈臺灣教育の前進〉，《臺灣教育》448號（1939年11月），頁5。

70　〈義務教育の實施に就いて〉，《臺灣教育》449號（1939年12月），頁1-3。

考量之下，統治當局於是增設理科[71]。

　　當然，實施義務教育，對於始終固守或標榜「一視同仁」德政的統治者來說，具有實現政治約定的重大意義。於是，昭和十五（1940）年五月，當時的學務課長森田俊介便對實施義務教育意義，發表下列談話[72]：

　　……兒童期是人類智能發育的最盛期，其感受性最為強烈，永續的記憶的發達也在這個時期開始。又在兒童期的初期，思想處於白紙的狀態，但也就是因為如此，在此時期我們可以在兒童心中植入吾國冠絕萬邦，擁有國體之尊嚴皇室之觀念；或以此為中心所生成發展出來的橫跨大和民族三千年的國民生活所產。以日本精神之母體的國語為工具善為指導訓練，在這個情況下讓其體得國民的感激，以及國民的信念。總之，在兒童期實施這些教育能獲得最大的效果，且也比較容易達成目的。

　　從上述言論中，我們可以得知實施義務教育的重要目的與課題是利用兒童幼年期的心智可塑性，極力以國語來實行「同化於民族」以大量養成擁護國體的臣民。換言之，是將臺灣導入「走向（大和）民族之中」。

　　由於經費和「民度」的關係，義務教育雖然經過相當長時間的討論和整備，但真正的實施卻要等到日本戰敗之前的昭和十八（1943）年。雖然如此，隨著國民學校改制，以及實施義務教育體制的整備，此時本島人兒童就學率又開始急遽上升。昭和十五（1940）年為57.44%，翌年突然增加至61.54%；昭和十七（1942）

---

[71] 〈義務教育の實施〉，《臺灣教育》449號（1939年12月），頁73-75。

[72] 森田俊介，〈臺灣に於ける義務教育制度の將來〉，頁13。

年的61.52%雖然呈現持平狀態，但是昭和十八（1943）年則提高
為65.76%，昭和十九（1944）年更突破70%大關，達至71.17%[73]。

（三）昭和時期國語教科書中的「同化於民族」

　　隨著實施義務教育構想具體化，臺灣統治也一步一步「走向民
族之中」。這樣的統治樣態當然也投射在國語教科書的內容裏。昭
和八至十一（1933-1936）年中擔任文教局編修課長的三屋靜，曾
對昭和十二（1937）年實施公學校國語科表達感想，除了強調涵養
國民精神之重要性外，還陳述了一段自己對於編纂國語教科書的談
話[74]：

> 　　廣泛地編輯修身的、國民的、歷史的、地理的、理科的、實
> 業的文學的內容之外，順從適應兒童生活以及發育階段的階
> 梯。讓學生去熟悉身為國家一員時，國民相互之間所流傳的精
> 神血液──國語；極力啟培國民的思考力和國民的感動力，留
> 意涵養國民精神。

　　在隈本繁吉主導下，統治當局曾於大正二、三（1913, 1914）
年發行國語教科書；後來又於大正十二至十五（1923-1926）年間
發行十二卷國語讀本。這些國語教材的分量大概是前期教科書的兩
倍。而公學校高等科國語讀本則在昭和七、八（1932, 1933）年間
發行，使用期間至昭和十二（1937）年。在此，我們以昭和十三至
十七（1938-1942）年間，也就是義務教育如火如荼推行時所編纂

的《國語讀本》為分析對象，探討這段期間兩個「同化」如何被投射在國語教科書中。

首先，比較特別的是增加課程分量。僅從三年級至六年級便合計有233課。其中過去被認為對臺灣兒童較神祕而難以理解、未納入課文內容的一些建國神話如〈天の岩屋〉（〈天之岩屋〉）、〈天孫〉（〈天孫〉）、〈八岐の蛇〉（〈八岐之蛇〉）、〈國引〉（〈國引〉）、〈二種の玉〉（〈二種玉〉）、〈神武天皇〉（〈神武天皇〉）、〈日本武尊〉（〈日本武尊〉）等，頻頻在此次教材中登場。這些課文基本上都是在讚揚國體論。其次，〈皇民奉公會〉（〈皇民奉公會〉）、〈皇國の姿〉（〈皇國的姿態〉）、〈國語の家〉（〈國語之家〉）、〈國語の力〉（〈國語的力量〉）等宣揚皇民化運動及附和國語普及運動的課文，以及〈大東亞共榮圈〉（〈大東亞共榮圈〉）、〈廣瀨中佐〉（〈廣瀨中校〉）、〈空中奮戰〉（〈空中奮戰〉）、〈東鄉元帥〉（〈東鄉元帥〉）、〈日本海海戰〉（〈日本海戰役〉）、〈我が海軍〉（〈我國海軍〉）等與軍國主義有密切關聯的內容，在這本教科書中也占有相當分量[75]。

上述《國語讀本》雖在三屋靜說出感想後才發行，但與皇室有關的課文，或與「身為國家一員時，國民相互之間所流傳的精神血液——國語」具有最密切關聯的部分，便有20課之多。除此之外，有關軍國主義的課也高達42課，童話、歷史故事、俳句、和歌等所謂日本文化則有27課。以上合計89課，占全部課程約38.2%。增加這些具有「同化於民族」傾向的教材，正意味著與近代化或西洋文明有關的教材之大幅減少。這種傾向從《國語讀本》中登場人物比例的變化便可窺見一二。

---

[75] 何義麟，〈皇民化期間之學校教育〉，《臺灣風物》36卷7期（1986年12月），頁80。

　　《國語讀本》中三年級至六年級合計233課裏，以兒童的品行道德、成功模範之姿態登場的日本人計有8人，分別出現在8課當中。其中野口英世以科學者、豐田佐吉則以發明家的身分被刊載介紹。至於忠君愛國的模範人物，則在此8課中分別出現了乃木希典等6人；以擴展海外的英雄身分登場的有豐臣秀吉等4人。順帶一提，233課裏，西洋人僅出現2名，分別是日俄戰爭被乃木希典打敗的俄羅斯將軍斯物塞爾（Stessel），以及發明飛機的萊特兄弟（Orville Wright and Wilbur Wright）。過去西洋人被賦予近代文明、科學之印象，在此明顯地被稀釋了[76]。因此這本教科書中，西洋人出現的次數竟然比以宣揚軍國主義之形式登場的軍犬、軍馬和軍鴿之3課還少。順帶一提，西洋人僅出現過兩名，是在臺灣發行的國語教科書中曾經出現的最低數字。

　　領臺初期，伊澤修二主導下以重視實學性——換言之注重西洋近代文明——為出發點的臺灣國語教育，經過了半世紀以後，變成以培養大和民族為主要目的。在這一波新教育方針中，我們幾乎很難再看到讚揚西洋或唯文明是從的課文內容。除此之外，以往為了授課方便及賦予學童親近感，臺灣版的教材內容雖然與內地版相當接近，但是課文中登場人物的名字則全部以「阿金」、「阿仁」等漢民族兒童來稱呼。插圖中的人物、建物和背景也都改繪成臺灣的風景、人物。唯在此時，《國語讀本》中從兒童的稱呼到插圖中的風景，幾乎全部排除臺灣的要素，被抽換成了日本式的風采。

　　另一方面，隨著戰爭的爆發，在軍國主義底下，日本政府期待和要求的理想臺灣皇國國民形象在此表露無遺。當然，理想的臺灣皇國國民不可能與國語無關。刊載於昭和十七（1942）年國語教科書的〈君が代少年〉（〈君之代少年〉），便是一個典型的例子。名

---

[76] 同前註，頁81。

為詹德坤的公學校三年級生臺灣少年，雖然在大地震中負了重傷，但他不畏傷痛，為了樹立一個常用國語的模範，縱使在臨終之前也要求自己使用國語。最後奄奄一息時，唱著〈君が代〉（〈天皇的時代〉）的國歌，迎向天國。這個愛國故事的精采片段如下[77]：

> 縱使在這痛苦的治療過程中，少年也絕對不把臺灣語掛在嘴邊。因為學校教導我們，身為日本人就只能使用國語。德坤縱然有不方便，但也一直使用國語到現在。

這個愛國故事，在少年接受治療兩天後的夜晚精采落幕。

> 沉默一陣子，少年終於說了話。
> 歐多桑（按：「父親」的日文發音），我想唱〈君が代〉。
> 少年稍微閉上了眼睛，似乎在思考什麼似的。過了一會兒，深深吸了一口氣，靜靜地唱起了國歌。
> 「君之華年
> 千代
> 八千代」
> 德坤全心詠唱的歌聲，深深扣住同一病房人們的心弦。
> 「小哉
> 石兮……」
> 雖然微弱、但卻明晰的歌聲繼續飄蕩在空中。抽泣之聲在醫院四處傳起。……
> 到了國歌的尾聲，德坤的聲音逐漸變得細微。然而最後還是整首都唱完。

77　臺灣總督府，《初等科國語》第3卷（1942年）。

　　唱完〈君が代〉的德坤，在隔天早上，便在父母親以及周遭
人們的淚光中，安靜地長眠了。

　　說國語是日本國民的主要資格條件，是身為大和民族的義務和
驕傲的表徵。由於臺灣人是天皇的赤子，堂堂正正的日本人，所以
至死也不能說臺灣話，只能講日本語，對臺灣話敬而遠之。這些都
是理想的臺灣人形象。

　　昭和時期，由於實施義務教育，「一視同仁」明顯的有被落實
的感覺，隨之「同化於民族」的志向性更深一層被強化。這樣的教
育方針如實地反映在國語教科書的內容裏。這些教材更告訴我們：
昭和時期，實施義務教育基本上還是承襲了大正時期「同化」統治
的精神和結構，乃是「以普及（『同化』）作為抑制」臺灣人的統
治方式之極致化。

四、皇民化運動中的「同化」以及臺灣人

　　昭和十一（1936）年，第十七任臺灣總督小林躋造強調臺灣統
治方針必須建立在「皇民化、工業化、南進基地化」的三大原則之
上。翌年昭和十二（1937）年七月，中、日全面開戰，九月十日總
督府成立國民精神總動員本部，所謂皇民化運動便激烈地展開。日
後「皇民化」這三個字幾乎取代了「同化」成為政策用詞，頻繁出
現在臺灣社會上。隨之，有關國民教化和認識時局的資料大量刊
行；講演會和相關戰爭的影片巡迴放映會頻繁舉行。不僅如此，為
了振作國民士氣，當局發布唱片，並舉辦強化實踐奉仕綱要的講
習會、協議會等。昭和十五（1940）年十一月發布〈改姓名促進
要綱〉，翌年昭和十六（1941）年一月，在局部長會議中奉臺灣總
督為總裁，成立皇民奉公會，標榜「基於國體的本義徹底實行皇

國精神」、「確立國防國家體制，以期建設東亞新秩序為目的」之政策[78]。同年六月，閣議決定在臺實施志願兵制度，並於昭和十七（1942）年度正式實施。

　　伴隨著激烈的戰爭，皇民化運動也一步步趨向走火入魔的激烈境界。統治當局在各街、莊設置神社、拜揖所，徹底推行常用國語和臺灣人生活樣式日本化的運動，放映關於國體觀念的電影、傀儡戲；相對地所謂支那戲劇、音樂、「講古」開始遭到查禁[79]。如上所述，皇民化運動具有多重複雜的性格，因此經常讓人混淆其原本的歷史脈絡。然而就像《保甲皇民化讀本》的編集者、曾任警察官僚的鷲巢敦哉在昭和十四（1939）年所說[80]：

　　「皇民化」這個名詞開始被人使用其實是在最近，我想應該是日支事變前後的事。詳讀歷代總督在各種場合中的訓示，我們發現從前這個詞句並未被使用。在各種訓示中所有總督所說的，都是要讓皇民們得到「同化」的成果，以體現一視同仁之聖旨；這是臺灣統治的大方針。

　　因此，如果以半世紀的歷史規模來觀察，所謂皇民化運動其實便是「同化」政策這日本治臺之基本方針的延長。更具體說，皇民化運動其實是「同化」政策極致化、激進化的表象，可說是建立在天皇制國家原理上「同化」政策現象之集大成。唯在這時代變化的潮流中，臺灣人對更加強烈的國語「同化」教育，以什麼態度對

78　佐藤源治，《臺灣皇民鍊成講話》，頁143-44。
79　國民精神總動員委員會，〈國民精神總動員新展開ノ基本方針〉（1939年4月），頁26-27。
80　鷲巢敦哉，〈臺灣皇民化の諸問題〉，《臺灣時報》240號（1939年12月），頁16。

應？皇民化運動在臺灣人的心靈中是否留下了陰影？解析上述這些課題，是研究戰後初期臺灣的社會、政治和文化問題時一項不可或缺的先行手續。

（一）持續到皇民化運動期的近代化渴望志向

前面業已說明，大部分臺灣人對交織著「同化於文明」和「同化於民族」兩條主軸的「同化」教育，並未全盤否定或拒絕，相對地以一種「過濾」的方式來接受。臺灣人所以會有這種態度，背後存在著對於近代文明的強烈關心和長期渴望。隨著時代潮流的變化，「同化」統治的形態縱使有所調整或變化，但至少在昭和初期，臺灣人關注的焦點仍鎖定在近代文明；對於淵源自神祕難解的國體之「德育」，則不太感興趣。這種接受的傾向態度，在皇民化運動前並無太大變化。

大正十二（1923）年，陳逢源在《臺灣青年》發表〈亞細亞の復興運動と日本の植民政策〉（〈亞細亞的復興運動和日本的殖民政策〉）一文，基於「正義人道」的前提條件，他迎合當時局勢，認為在混沌的亞洲局勢裏，「日本應該以泛亞細亞主義的領導者姿態突進」；但是對日本在臺實施「同化」統治的必要性和可能性，則提出強烈的質疑。他陳述道：在日本統治下，將臺灣的「所有文化都忘卻埋沒，對於同化者的文化（不問其是否具有普遍性）不加以選擇全般移植，是一件絕不可能的事」。臺灣人對日本文化不該完全否定，但應以選擇的方式接受。陳逢源這種以過濾的方式看待「同化」的主張，相當開明、前衛。他甚至明確地說：「所謂文明是具有世界性意義的東西，而文化則含有地方性色彩之物。」相對於文明有普遍性，文化則不一定。因此，他還具體舉出如榻榻米、日本木屐、和服等缺乏普遍性之事物，屬於後者；電燈、汽車等

「西洋科學的產物」因為具有普遍性，所以屬於前者[81]。

　　針對強迫他者接受缺乏普遍性的文化一事，陳逢源表明反對的態度；然而對於不具這種缺點的文化，則主張臺灣人應將之納入汲取的對象。「如果是具有普遍性的日本文化的話，我們必須立即採用；同時對於擁有普遍性的西洋文化之汲取也不能怠慢」。立足於這種文化多元主義，他在論文的末尾下了一個結論，認為臺灣人當前之急務應是盡速「建設臺灣獨特的文化，對於世界的人文的進步做出貢獻」[82]。

　　陳逢源對文明和文化的定義充滿了睿智和前瞻性，其與筆者在序論中引用為分析概念基礎的西川長夫之見解，幾乎一致。陳逢源對於「同化」教育的主張，說穿了便是批判「同化於民族」，但不反對「同化於文明」。這些主張，與第六章中筆者所分析的蔡培火、黃呈聰等提倡語言改革運動的思考策略，並無二致；甚至我們在蔡培火關於「同化」教育的論文中，都可看到類似的思考[83]。從陳逢源上述的論述裏，我們可以確定大正末期以近代文明為核心、選擇性地接受「同化」的風潮和策略，依然存在於臺灣知識分子之間。這種接受「同化」的風潮和策略在昭和初期以後，並沒有太大的變化跡象。

　　昭和二（1927）年四月二十四日，《臺灣民報》刊登唯漢的論文，將當局偏重「德育」、壓抑近代知識的教育方針，批評為「教育榨取政策」；繼而對此政策影響所及表示憂慮[84]：

---

[81]　陳逢源，〈亞細亞の復興運動と日本の植民政策〉，《臺灣》4年1號（1923年1月），頁40-45。

[82]　同前註，頁45。

[83]　蔡培火，〈吾人の同化觀〉，《臺灣青年》1卷2號（1920年8月）。

[84]　唯漢，〈教育榨取政策〉，《臺灣民報》（1927年4月24日），頁10。

> 臺灣人近來很感覺著知識的飢餓，所以求學之心，也很熱烈，殆有寧可無飯、不可無學的氣慨。在這樣臺灣人向學心切的當兒，臺灣總督府還要忠實它的教育榨取主義，這恐怕不是賢明的政策呀。

唯漢的說法並非一己之見。它如實地反映了當時臺灣的社會氣氛。昭和三（1928）年，當局針對臺北近郊的831名公學校臺灣兒童舉行了一項調查，主題為「你所認為的理想兒童是什麼」。在「長大後你想當一個什麼樣的人」問題中，回答「商人」的男女兒童共135人（16.2%），「堂堂正正的人」則有236人（28.3%）。唯相對於這兩項回答率較高的答案，回答要當一個「日本人」的兒童居然僅有兩名女子[85]。雖然實施了「同化」教育，但是對於國民認同問題，統治者與被統治者之間卻明顯地存在著相當大的差距，雙方的思考出發點甚至截然不同。

昭和三（1928）年七月十五日，臺灣中部抗日運動家洪元煌等人決議「贊同」臺灣總督府的國語普及運動，希望設立國語夜學會。洪元煌等所以「贊同」設立國語夜學會，背後暗藏著一個政治企圖，便是試圖以反向操作的方式利用「同化即平等」之統治理論。更具體的說，他們將國語教育當作爭取平等權益的一種「魚目混珠」之挾帶手段。為此，他們在構思國語夜學會的課程時，除國語外還編列漢文、法律和農業等與近代文明有關的四項科目。洪元煌等以國語夜學會之名，企圖進行當時在公學校中被輕視的課程，並傳授一些近代化、科學化的農業耕作方法，還有過著近代化生活所必須的相關法律知識。換句話說，他們試圖利用國語夜學會這較有組織的設施，以「魚目混珠」的方式，抽換掉原本以實現「同化

85　小林正一，〈公學校修身科に關する研究〉，《臺灣教育》307號（1928年3月）。

於民族」為主要目的之課程設計，達到自主性的「同化」，以便去接受近代化知識。他們這種瞞天過海的計畫最後雖未成功，但是此事讓我們明確地看到：統治者與被統治者對國語普及運動，彼此抱持的目的並不一致。相對於統治者一心想要實施具有「以普及（『同化』）作為抑制」臺灣人手段的國語教育，臺灣人卻經常試圖將此「同化」教育轉換為帶有實質意義的抵抗而接受之。對於教育普及，其實雙方各懷鬼胎，各自有符合自己利益的盤算。

再者，昭和九（1934）年十一月二十一日，《臺灣日日新報》刊載關於國語普及運動的報導，其內容讓我們可以再次印證：統治者在設計國語教育時的精神、目的，通常與被統治者抱持的期望和需求有著很大差距。據載，當時臺南州教育局視學以事前無預告的方式，在臺南市內小學校和公學校進行教學成果評量考試，其中「請寫出在內地沒有，只存在於臺灣的國定紀念日」、「請寫出國歌的歌詞」、「請寫出我國體優於其他國家之處」等問題，小學校中大多數日本人兒童都有良好成績；不過兩所公學校「除僅有的少數優秀兒童之外，就連明年春天即將畢業的兒童都不能有好成績。其中更有許多人幾乎交了白卷。這種情況令人難以想像他們明年將步入社會，也令人不得不憂慮」[86]。透過《臺灣日日新報》的報導，大概可知大正時期統治者雖強化了「同化」教育中的「同化於民族」，然而至少在昭和初期，公學校中並無出現相對顯著的成果。臺灣人不關心日本精神的傾向，不只存在於公學校，也可見於國語普及運動中。

（二）「同化於民族」的深化和臺灣人——皇民化運動的成果

日治時期臺灣人以近代知識為主、選擇性地接受「同化」的現

---

[86] 《臺灣日日新報》（1934年11月21日）。

象，也反映在臺灣話的變化裏。昭和三（1928）年和田博在〈日用臺灣語辭典編纂とその運用〉（〈日用臺灣語辭典的編纂以及運用〉）一文內曾提及：臺灣社會在「官廳以外的公司組合或大型商店裏，『出張』（按：出差）或『日當』（按：日薪）、『弁當』（按：便當）等詞句，目前已經被臺灣人當作普通用語使用。除此之外，學術上的術語、法律醫學產業交通上的專門語中，也有許多語言其實是直接挪用國語的。再者，其他伴隨著每天所發生的新奇事物和現象，一些新的名詞例如『活動寫真』、『飛行機』、『支払停止』（按：支付停止）、『國勢調查』等這些臺灣人所使用的臺灣話，其實都從國語而來。國語正在自然地被臺灣話吸收消化」。又因這種直接挪用日語的現象在教育程度愈高者身上愈容易看到，因此和田博也指出：現今「十七、十八歲的臺灣青年使用的臺灣話，一些年老者可能都聽不太懂」；「現在有非常多青年們之間的會話，年老者縱使聽了也可能不瞭解其意義」[87]。這些描述如實反映出昭和時期臺灣語大量吸收日本語後產生的混雜化現象。

　　日本統治下到底培養了多少常用國語的臺灣居民，基於資料上的限制，目前很難得到一個明確的答案。即使有具體的數字資料，但統治者的高壓統治或脅迫既然是一個歷史事實，那麼恐怕我們也無法斷定這些臺灣人說日本話的行為到底是否基於自發性意志。不過前述中將國語融入臺灣話，將其視為日常生活用語的一部分，這個行為顯然不是政策上強制的結果，應該視為臺灣人發自內心的一種現象。就像和田博舉出的例子，被臺灣話借用、成為日常生活用語的日本話，幾乎都是與近代化相關的用詞；相對地與總督府盡力推行的「同化於民族」相關詞句、用語，幾無所見。從此事實來

---

[87] 和田博，〈日用臺灣語辭典編纂とその運用〉，《臺灣教育》306號（1928年2月），頁15。

看，和田博陳述的「同化」結果，應該表示臺灣人以國語為媒介、試圖將近代文明引入日常生活時產生的現象。

　　總之，從語言之間借用、混雜的現象來觀察，可以看到一種傾向，即臺灣人取捨、選擇日、臺言語融合的基準，其實在於這些語言的近代文明要素之濃淡。借用前述陳逢源的形容用語，即是有無人類生活的普遍性。

　　當然，在皇民化運動這麼強烈且大規模的民族化運動下，臺灣人阻擋或拒絕日本文化、精神或價值觀的過濾功能，必然有逐漸衰弱的傾向。其實自發性地將國語納入臺灣話、視為日常生活用語使用的現象，某種程度上其本身便在透露臺灣人過濾日本文化功能有弱化的趨向。因為雖然被臺灣話借用的日本話大多是與近代化生活有關的語彙，但基本上還是改變不了這些語彙都是異民族文化之事實。如果我們引用上田萬年的國語觀，或沿著總督府國語政策來討論，則前述和田博描繪的現象，象徵臺灣人的身體中混入日本人的「精神血液」，是一種文化思考上的「輸血」過程。

　　進入皇民化運動時期，臺灣知識分子以近代文明為基軸甄別、攝取「同化」的心靈裏，逐漸被日本人的要素滲染了。關於此方面的實際情形，近藤正己的研究已相當詳細[88]。此處筆者希望以戰前臺灣代表性文化人吳新榮在皇民化運動時期、以日本語記述的日記為例，一窺這些人心中的苦悶和糾葛[89]：

　　　　我們每天做完了工作，就脫下西裝與皮鞋，換上和服和木屐，半天過和服生活……吃醃蘿蔔、味噌湯、生魚片、日式

88　近藤正己，《總力戰と臺灣—日本植民地崩壞の研究》（東京：刀水書房，1995）。
89　吳新榮，《吳新榮日記》（戰前）（臺北：遠景，1981），昭和十三（1938）年一月十九日，頁62-63。

火鍋。又以家中設榻榻米寢室為榮。爾後以日本話談話，用日
文寫作，最後以日本式的方法來思考。一切只為了方便。「方
便」與「必要」成為同化的不可缺條件。我們是被方便與必要
所迫、而被同化的臺灣人。任何人都認為我們是日本人。恐怕
大和民族形成以前的日本人，也是如此吧。

　　吳新榮是一名左翼色彩的醫師、抗日分子，他記述自己乃是依
據「方便」、「必要」而接受「同化」，與陳逢源主張以普遍性作
為過濾網來攝取「同化」雖然有相通之處，但原本在大正時期或昭
和初期這過濾對象是「同化於民族」；換句話說，臺灣人生活上所
謂的「方便」、「必要」，原本與日本文化較不具直接關聯性。然
而從他在日記中的告白，我們看到從語言、思考開始，吳新榮的生
活方式幾乎與日本人完全一樣。這個現象似乎告訴我們，原本具有
抵抗者身分的吳新榮，其心靈中過濾「同化於民族」的功能有了衰
退的跡象。在「同化」政策底下，特別是進入戰爭時期以後，臺灣
知識分子以國語為途徑作為一種攝取近代文明的機制——更具體
說，「以接受（『同化』）作為抵抗」的機制手段——經過統治者一
而再、再而三地調整政策，以及漫長時間的沖刷後之皇民化時期，
已開始呈現出腐蝕的現象。如同我們在吳新榮身上所見，他對文化
上的普遍性以及自主性之區別，明顯地出現曖昧、模糊的情形。
　　伴隨著「同化」腳步快速進展，進入戰爭時期後，臺灣人利
用國語教育一面過濾日本文化層次之因素、一面接受近代文明的
戰略，因為過濾機能衰退或篩選標準寬鬆，逐漸失據；「認同近代
化」與「屈從殖民地」之間的界線也越來越模糊。其實就像第六章
所述的，類似這種過濾效能遲鈍化的現象，在抗日運動領袖林獻堂
的日記中都可以看到。當然如果連政治觸覺比較敏銳的吳新榮、林
獻堂等人都發生這種現象，那麼一般民眾、知識分子或文化人對國

語的接受程度和需求，可能更超乎我們的想像。

　　進入一九二〇年代的大正時期，一群以日文作為文學書寫工具的本島人作家開始登上臺灣的媒體。進入昭和時期的一九三〇年代以後，以王白淵、張文環和吳希聖等東京臺灣留學生為核心，在當地設立臺灣藝術研究會。昭和八（1933）年，該會推出臺灣藝術研究會的機關誌——文藝雜誌《フォルモサ》（《福爾摩沙》）。《フォルモサ》之發行一方面代表國語浸透臺灣人心的程度；一方面則似乎向我們正式宣告：臺灣知識分子曾經企圖以中國白話文運動、臺灣話羅馬字運動等「自力更生」的方式嘗試另闢一條「同化」蹊徑，業已失敗。在臺灣論壇喧嚷一時的中國白話文運動、羅馬字運動等逐漸退場消聲後，國語已慢慢地侵蝕臺灣社會的各個角落。

　　在皇民文學運動鼎盛的一九四〇年代，臺灣人發表言論的自由受到若干限制，國語幾乎壟斷統治當局准許臺灣人在公開媒體上使用的書寫工具。在此情況下，以國語從事文化創作或作為表達工具的文學活動或現象，開始一般化。就如松永正義所指，昭和時期「所謂的『壓迫』開始被內化成『自然而然』的形式」[90]。由於國語教育普及，對臺灣知識分子而言，國語的能力和自己的思考習慣逐漸內化，經過這些過程後，「認同近代化」與「屈從殖民地」開始「自然而然」地融合成一體。脫逸了以往統治者強制「壓迫」之定義，臺灣人內心裏開始滲入日本人「精神血液」的因素。

　　吳新榮在日記中曾記述：我一直自問自答著，為何我們要每天打麻將，每天要喝酒。又為何經常談論著從生活問題到社會問題等種種話題？我的結論只有一句話那便是「醉生夢死」[91]。其實仔細觀

---

[90]　松永正義，〈臺灣の文學活動〉，《近代日本と植民地》第7卷（東京：岩波書店，1993），頁216-17。

[91]　吳新榮，《吳新榮日記》（戰前），昭和十三（1938）年二月二十五日，頁67。

察他的日記以後，我們發現他心裏的矛盾、憂悶和虛脫感，經常是
發自內心的矛盾和掙扎。因為我們發現，吳新榮察覺到自己身為一
名抗日分子，每天過的竟然是充滿和式味道的生活——穿著洋服、
和服，吃著たくあん（醃蘿蔔）、沙西米（生魚片）、しゃぶしゃ
ぶ（涮涮鍋），喝著味噌湯，睡著楊楊米等。不僅如此，在精神層
次上自己也經常使用國語創作，甚至思考；即使書寫日記這麼私密
的空間，都無法擺脫日本語的控制。更具體說，當他進行記載日
記這自我凝視行為之際，發現自己的身體和精神思想方面的日本色
彩日趨濃厚，不知所措，萌生了自我憎惡感和矛盾徬徨。作為一名
試圖從事抵殖民者，卻擁有了一具不論內心或外表均滋生日本人精
神血液成分的軀體，這種靈與肉的分裂，應該是他恐慌和無奈的主
因。

　　吳新榮的日記傳達了作為一個昭和時期臺灣知識分子身不由己
的掙扎、徬徨和苦惱。在近代化的過程中，他原本與生俱來的「臺
灣性」，慢慢地被時代的潮流沖刷而流動變質，過濾文化上自我
與他者的能力也「自然而然」地磨損。對這些現況，吳新榮雖非
毫無知覺，但在「方便」、「必要」的生活考量中，卻又不能從國
語「同化」的世界中自拔。他這種充滿了自我憎惡感和焦躁感的字
句，提供了我們理解這時期臺灣知識分子處境、際遇的參考，同時
也告訴我們國語「同化」政策在昭和時期以後的進展。

　　皇民化運動時期，「同化於民族」到底達成什麼程度的成效和
收穫，由於缺乏具體資料，我們很難得到一個明確的答案。然而，
從國語開始以無孔不入的方式浸透臺灣社會，以及類似吳新榮這種
徬徨在認同分裂困擾中的知識分子之出現情形來看，大概很難否認
進入皇民化運動後「同化於民族」的「成果」已經開始滲透臺灣社
會。

（三）皇民作家的一個定義和界線──自我與他者的相對化

在皇民化這強烈的民族化運動下，臺灣人過濾日本精神文化和價值觀的機能逐漸地衰退。下文筆者希望能轉換觀察分析的對象，探討若干所謂皇民作家的近代文明觀。所以要將探討的對象轉換到文學作家，原因在於昭和時期臺灣社會出現了一些現代文學作家，在這言論受到嚴格箝制的戰爭時期，這些受過「同化」教育的作家之作品成為臺灣人發聲的一個極重要且稀有的管道。文學作品於是成為我們分析或理解該時期臺灣居民或知識分子對「同化」之看法，或臺灣人精神性的重要管道。

昭和十五（1940）年十月，內地一些文壇人士組織「大政翼贊會」以後，所謂「文藝銃後運動」便開始正式運作。受其影響，臺灣也在昭和十六（1941）年二月十一日，以西川滿為核心，由文壇人士改組成「臺灣文藝協會」；發行《文藝臺灣》，以刊登呼應統治者政治意識形態的文章，被認為是皇民文學的大本營。在戰爭氣

周金波

氛濃厚的同年五月，臺灣人日本語作家張文環、黃得時等脫離《文藝臺灣》，另組「啟文社」，發行《臺灣文學》雜誌。相對於《文藝臺灣》具有濃厚的體制內色彩，《臺灣文學》的創作方針則標榜寫實主義。

　　由於具有對抗《文藝臺灣》的意念，《臺灣文學》中的作品之書寫題材大部分集中在批判本島人的陋習、大家族主義，以及腐敗的婚姻問題、不人道的養女問題等；其創作活動和精神具有反封建制度和重視人權等特色，描寫對象則經常以受到無情凌虐的臺灣農村為主[92]。也因如此，戰後《文藝臺灣》＝皇民化、《臺灣文學》＝反皇民化這種區分皇民文學的方法便開始流傳、定型；當時屬於《文藝臺灣》的本島人作家也開始遭到強烈批判。其中，昭和十六（1941）年九月在《文藝臺灣》發表短篇小說〈志願兵〉的周金波，不但被歸類為皇民作家，並在第二次世界大戰後一波波批判皇民文學的風潮中首當其衝[93]。

　　然而，近年來垂水千惠和中島利郎等研究者對活躍於《文藝臺

---

[92]　松永正義，〈臺灣の文學活動〉，頁216。

[93]　周金波，大正九（1920）年生於臺灣基隆，翌年和母親一同到東京留學中的父親跟前。大正十三（1924）年歸臺，昭和元（1926）年就學於基隆壽公學校，昭和八（1933）年再度到東京於日大附屬三中就學。此後，升大學就讀牙科，參加音樂、舞蹈、演劇研究會，度過多彩多姿的學生生活。昭和十六（1941）年，在東京動筆的小說〈水癌〉發表於《文藝臺灣》。同年，他從日本大學齒科專門部畢業後回臺，一方面從事牙科醫師，一方面於《臺灣日日新報》、《文藝臺灣》發表許多作品。昭和十七（1942）年，獲頒「文藝臺灣賞」。翌年以第二回大東亞文學者大會的臺灣代表的身分，和楊雲萍、長崎浩、齋藤勇一同到東京，在大會初日發表「皇民文學的樹立」，還被選為大會宣言的起草成員。昭和十九（1944）年，改名為宮口博。1945年，日本戰敗後任故鄉的里長，成為三民主義青年團基隆分會文化部長。1947年，因二二八事件而三度入獄。1996年去世（參閱垂水千惠，《臺灣の日本語文學》[東京：五柳書院，1995]，頁293, 298）。

灣》的周金波究竟應否歸類為皇民作家，紛紛提出新的見解和看法。理由在於周金波雖然迎合統治者的志願兵政策，但更深切地關愛臺灣這塊鄉土，對臺灣社會的近代文明化有強烈的使命感。例如垂水千惠認為，周金波在戰爭時期確有一些逸脫臺灣人應有立場的言行；但我們如再深究其「親日」動機，將會發現周金波身為醫師充滿苦澀、掙扎和焦慮的靈魂。因為在創作的歷程中「其深刻而不斷地在思索，在近代化的過程臺灣人到底應該如何讓近代文明與自己的民族認同能有一個良好的折衝」[94]。這種現象與吳新榮的焦慮、矛盾基本上有其類似之處。

　　中島利郎則指出：與其一味將周金波定位為皇民作家，不如將著眼點置於他是一名「抱著同族心之醫師」，基於臺灣知識分子之自覺，「『期待能消除迷信、打破陋習』，並強烈抱著能『教化島民』自信」的「近代主義者」較為適當[95]。星名宏修也提醒我們：強烈批判周金波之同時，應該不能遺忘他在歸臺後寫的作品中其實有對臺灣社會或本土文化非常強烈的關愛[96]。而呼應星名宏修，中島利郎更明確指出：周金波「並不是『皇民作家』，他是一位以集近代合理主義於一身的知識分子之立場，對於當時臺灣社會中『迷信』、『陋習』、『無教養』所象徵的近代化遲滯現象，抱著希望其能快速進步的強烈渴望」。從這個角度來看，他無疑是一位「愛鄉土、愛臺灣的作家」[97]。

　　的確，在周金波若干作品中經常可以看到他對因近代化落後

---

[94] 垂水千惠，《臺灣の日本語文學》，頁57-58。

[95] 中島利郎、黃英哲，《周金波日本語作品集》（東京：綠蔭書房，1998），頁61-63。

[96] 星名宏修，〈「氣候と信仰と持病と」─周金波の臺灣文化觀論〉，收入下村作次郎等編，《よみがえる臺灣文學》（東京：東方書店，1995），頁433-51。

[97] 中島利郎、黃英哲，《周金波日本語作品集》，頁305。

而殘留封建陋習，「依然舊態」的臺灣社會表達驚訝、感嘆和批判。此處，以他的文本作為分析對象，讓我們仔細咀嚼一下其處女作〈水癌〉（〈水癌〉）裏主角對臺灣社會的述懷。某日〈水癌〉主角的醫院送來一名病重少女，醫師診斷後勸告其母親，自己的醫院已無能力處理這麼嚴重的病患，所以最好盡快轉送到大醫院住院。然而少女的母親毫不在意此忠告，她終日沉迷於賭博和歌仔戲，甚至自己子女病在旦夕之際，還不將這些建言聽入耳裏。看到這幕情景，茫然不知所措的主角，對身旁的助手感嘆[98]：

> 這就是現今的臺灣。然而，也就是因為如此，我們不能被它擊敗。因為，那位少女身上所流的血，正就是我身體中所流的血，我們無法漠視這種社會狀態。我的血也必須要清理，我不只是一個救人的醫生，我必須也要是一個擁有同族心的醫生。我們不能被擊敗。

這篇作品中處處洋溢著周金波對於同族的臺灣人之關愛心情，也流露出他對臺灣社會缺乏合理性、科學性思考的焦慮和不安，更呈現出他試圖克服這些問題的強烈使命感。順帶一提，小說中的主角被認為就是周金波本人之翻版。

無庸置疑，周金波許多作品中的確有一些迎合總督府國策、禮讚日本國體精神的要素。從此事實來看，或許可以說他就是一個被「同化於民族」的典型人物。但是筆者此處希望強調：迎合國策並不是周金波作品的全部精神和行為，只是他眾多且複雜思考面向中的一部分。因為滯日多年，返臺後他的作品中包含有更多對於自己鄉土近代化的關懷和思考，例如昭和十八（1943）年四月在《文

---

98 同前註，頁12。

藝臺灣》發表的短篇小說〈鄉愁〉（〈鄉愁〉）中，他便批判臺灣傳統的「子弟戲」樂團、西皮和福祿經常在作醮等祭典中相互出列、拚陣，一而再、再而三為了稱雄爭霸而集體暴行的陋習，「真是令人難過悲哀、無法承受」。稍早他也曾在昭和十八（1943）年一月投書《臺灣時報》，發表〈氣候と信仰と持病と〉（〈氣候與信仰與持老毛病〉）一文，以近代衛生觀念、迷信和傳統信仰之間的關聯作為書寫題材；文中並嘆詠「青年盡速捨棄古陋的社會環境，讓曙光早日出現」，「富於進取的感受性這才是年輕人作為時代旗手的資格」等二首短歌，期許臺灣青年必須為社會的改革進步盡更多力量。從這兩首簡短的吟詠中，我們應該可以理解他對臺灣社會近代化的急切期待和情愫。

　　其實，皇民化運動等字眼，在戰後有被嚴重地意識形態化的傾向。認真來說，該運動之主要目的還包括了農漁村之近代化，即臺灣偏遠地區的「同化於文明」之加強[99]。綜觀許多作品後，我們或許應該說周金波成全於皇民化運動者，不盡然是愚化臺灣人

---

[99] 《於學甲莊之皇民化運動》中，學甲莊莊長陳華宗，將皇民化的定義定位於「不問都市或農村，努力於國語普及、消除生活上的弊風、堅持身為國民的道德羞恥態度，並且醞釀改良地方農事、整治衛生施設等的一大機運，以興民風，為當下之急」、「部落人民的物心兩方面，將育成、助長日本成長及向上的運動作為皇民化運動」、「消除與我國民性不相容的性情、陋習和迷信，走出保守與無生氣的生活中，果敢前進，採用正確、新的事物」。
陳華宗列舉的皇民化運動具體內容，除有關去除臺灣傳統文化，如戲劇之外，還舉出以下事項。改良堆肥豬舍的普及、燃料林的培植、土地改良、墓地整理、農道網的完成、耕地防風林、農業經營改善、產業組合的機能發揮、道路、橋梁的完成、街樹的栽植及修整、住宅的改善、改良安裝及利用窗的獎勵、廁所的設置（以前室內使用糞器）、井戶浴室的設置、生活陋習的破除。例如，有關改善婚姻習俗，避免早婚、廢止聘金制度和納妾、改善奢侈的結婚儀式、喪葬儀式莊嚴並節約等，可謂包含農村近代化的要素（引自《學甲莊に於ける皇民化運動》，昭和十四[1939]年，頁32-41）。

的「同化於民族」之思想。他作品中很多焦點都集中在打破封建思想或陋習迷信，其書寫動機都是為促進臺灣社會的進步。換言之，雖然被認為有協力國策之嫌疑，但是他在小說中協力於統治者的大部分是近代文明，書寫動機基本上立足在極度期望自己的鄉土能夠盡速達成「同化於文明」的悲願之上。這個悲願是領臺以來大部分臺灣知識分子的期待，也與明治時期為了熱愛近代化而與統治者做了一場「同床」的文明「異夢」之李春生，以及大正時期以後為了企求「自力更生」式的「同化」、以「知彼知己」的態勢與總督府展開爭奪「同化」自主性和平等化待遇攻防戰的林獻堂、黃呈聰、蔡培火和謝春木等抗日菁英在抵抗殖民統治時的主張——提倡改善風俗、打破迷信和養女買賣、反對葬禮儀式的鋪張、迷信祭祀的浪費等——一模一樣[100]。更具體說，被指責為皇民作家的周金波，在小說中極力倡導、呼籲的目標，其實與臺灣文化協會的主張幾乎相同。二者對於「同化於文明」之渴望，並無二致。

　　以上所述，皇民文學對周金波來說，便是提倡近代化時一種「方便上」的抉擇。然而，對於同樣渴望「同化於文明」的臺灣文化協會成員和周金波，後人為什麼會有趨於兩極化的評價？除了周金波對志願兵政策和宣揚國體精神的態度較為積極外，問題的徵結其實在於兩者爭取近代化的不同取徑和態度。周金波在面對「皇民化——日本化——近代化」這三個議題時，比較缺乏反省、批判和過濾的思索，乃以正面的態度試圖透過「同化」統治去接受、達成。在肯定當局「同化」統治之餘，他喪失了自主性的立場，天真無邪地標榜、鼓吹「皇民化思想」，繼而無條件傾倒於其中。在過度熱衷於社會改革之餘，他對講究達成目標的手段和選擇的思考過

---

[100] 紫髯翁，〈祝創立五周年民報週間萬部並陳管見六則〉，《臺灣民報》67號（1925年8月26日）。

於草率，欠缺慎重考慮。因此，「認同近代化」與「屈從殖民主」之間的界線對他來說，幾乎模糊難分。當然，周金波這種一廂情願地依附統治者的近代化態度，不但有別於前述試圖努力尋找一條擁有自主性近代化道路的臺灣文化協會成員，也與當時其他臺灣作家，例如楊逵、賴和、呂赫若和王昶雄等人的態度有些不同[101]。

　　根據許多研究指出，同為皇民化時期的臺灣作家，呂赫若明顯具有抵殖民色彩。其在擁有「同化於文明」志向之餘，對於近代化衝擊臺灣社會結構面，如破壞傳統文化、打擊農村經濟體制、摧殘人性等問題，經常抱有強烈的質疑和憂慮。更具體的說，在〈牛車〉這篇小說裏，呂赫若認為如果臺灣毫無反省或防備地一味接受近代化，可能使日本文化乘勢傾洩，也可能導致臺灣本土文化消失。在臺灣的傳統生活方式被近代文明強力壓縮之情形下，社會底層人物的生活將更困苦悽慘；近代化的結果並非完全甘美、也不是沒有副作用，是需要付出很大代價的。

　　很明顯的，相對於周金波一味讚美或肯定近代化，呂赫若著眼的是近代文明的冷酷、副作用甚至禍害。後者思考皇民化時期臺灣的工業化問題時，通常也都兼顧統治者在「同化」過程中帶給臺灣人的一些負面作用，包括差別待遇、環境污染和道德淪喪等問題，而不是一味的傾心於近代化。因此他的作品經常保持一條底線，線上皇民化與近代化一直都處在相對位置。不但如此，呂赫若對於這

---

[101] 王昶雄，1916年生於淡水，日本大學齒科部畢業後，以牙醫開業。呂赫若，本名呂石堆，1914年生於臺灣中部豐原，就讀於臺中師範。因二十二歲時的處女作〈牛車〉獲受好評，而在臺灣文學界出頭。二十六歲時立志當聲樂家而留學日本，進入武藏野音樂學校就讀，也表演歌劇。歸國後，呂曾在昭和十八（1943）年獲頒第一屆臺灣文學賞。呂曾以臺灣的封建農村社會為題材發表過許多作品。但1949年，在國民黨政府統治下，捲入所謂「白色恐怖」，以三十八歲終結一生（垂水千惠，《臺灣の日本語文學》，頁151）。

條底線之喪失一直抱著強烈的危機感。

　　另一位同樣也被認為是皇民作家的王昶雄，則一直思考臺灣人認同和「日本人」的認同能否有融合的空間[102]。更具體的說，他的創作主題和關心焦點，經常在探討臺灣人如何在日本文化、臺灣文化甚至世界文化的多元文化主義中求生存。不論受到後人佳評的呂赫若，或爭議性比較高的王昶雄，對於日本帶來的近代文明或日本文化之思考，均較周金波來得慎重、含蓄。

　　總而言之，從大正末期到皇民化時期，不論帶有抗日運動色彩的臺灣文化協會成員或被批判為皇民作家之協力者，基本上都有一個共同的關懷，便是到底如何達成臺灣的近代化。究竟經由皇民化這種依附統治者的寄生方式完成？還是必須在堅持維護臺灣人認同的前提下進行？對於這項課題，各方主張雖有差異，但終極關懷和目標都相當一致。如果從這個角度觀察，所謂皇民文學與非皇民文學之間的界線，似乎不應只建立在作家是否曾經禮讚或配合皇民化國策這種單一觀點上，還得包括下列重要基準：面對近代化的魅力和誘惑時，臺灣知識分子如何相對化地思考自我與他者，不被這些迷惑吸引、捲入「同化」政策的漩渦中而不能自拔。

　　只是若從此一角度來看，我們將發現：戰爭時期即使皇民化運動中被視為最右翼的殖民地「協力者」或皇民作家，就算他們已鈍化了過濾日本文化的機能，或主動地追尋日本精神，但是不可忽視其仍然執著於「同化於文明」，也從來沒有忘記為臺灣社會的近代化做一番努力和耕耘。

　　周金波作為一名皇民作家，戰後雖然受到相當批判，但是戰前他的確受到統治者某種程度的禮遇，活躍在臺灣文壇[103]。只是這名

---

102 同前註，頁113-14。

103 同前註，頁121-22。

二十一歲（1941年）以前幾乎都生活在日本、成年後才返鄉的臺灣青年，在日本統治下，看似一帆風順，卻仍然無法倖免於作為一個被殖民者的苦悶和落寞。並且非常諷刺地，這名因為以日文作為創作工具，受到統治者讚賞禮遇的作家，其苦悶和落寞的原因與一般臺灣人一樣，都是來自日本人的差別歧視。更令人難以置信的是，周金波受到差別歧視的根源，竟然是他的國語能力。且讓我們看看他的回憶[104]：

> 總之，如果不使用國語，我無法表達自己的意思。因此，經常使用國語這件事對我來說，是一個攸關生活的問題。然而可惜的是，平常我在談話時，還是不經意會將片段的臺灣話掛在嘴邊。……現在我們還是只能依賴著國語和在地的臺灣話，這兩種語言辛苦的過生活，但是統治當局卻不能體驗我們的感受。不小心漏出一句臺灣話時，便會遭受到身旁內地人的輕視，這是一件悲哀的事。不能自由自在的驅使國語，但卻又不能完全操弄自己的臺灣話。現在的我們正是深陷在這種泥沼中而不能自拔的一群人。

如果周金波這麼一個日本語作家的苦悶、煩惱之根源都還在於國語，遑論一般民眾苦悶的程度了。

當然，倘若深切思考，將會發現他的苦悶所象徵的並不單單只是一個施政上的諷刺事例而已。其凸顯出：進入昭和時期，統治當局雖然大力推展國語普及運動，卻仍以國語這「同化」的媒介作為不實現「一視同仁」的理由。從周金波的筆下裏，我們應可體會戰爭時期當局藉由國語的能力和使用國語的習慣，提高平等化的門

[104] 中島利郎、黃英哲，《周金波日本語作品集》，頁65-66。

檻、欺壓歧視臺灣人的「同化」結構，其矛盾而露骨的程度。

　　除周金波外，要理解皇民化運動時期「一視同仁」的統治原理與實際上臺灣社會的落差，最好的例子莫過於陳火泉的代表作──《道》。

五、「走向一視同仁之中」的日本民族之道

　　經過皇民化運動的洗禮，「同化於民族」開始在臺灣社會獲得若干成果。倘若事實即是如此，那麼依據「同化即平等」的支配理論，統治者便應該對臺灣人實現更完整的「一視同仁」政治，才符合其施政方針。唯在現實上，當局對臺灣人的差別歧視，直到最後一刻仍未完全撤除。

　　第二次世界大戰終結前夕，縱然因國語之普及，本島人國語熟練者急遽增加，唯臺灣人距離「一視同仁」之路仍然遙遠。在理論形式上，實施國語教育和全面普及，理應可以克服由「國體論」──擬血緣制國家原理與「一視同仁」衍生的衝突和矛盾。然而，以血脈的近親序列建構的差別待遇，即依附在血緣關係之有無而產生的國體之排他性，依然存在於臺灣[105]。即使「同化於民族」有了進展，被統治者接受日本人精神血液「輸血」之後，「臺灣性」開始有了明顯動搖的傾向；但是就像周金波的遭遇般，統治當局對這種血液的「純正性」一直抱持猜忌和質疑。在這種情況下，跳脫出血緣關係之「有無」的層次，日本人的精神血液到底要如何才能算是「純正」，便成為臺、日作家們談論和書寫的焦點。

　　既然皇民化運動是「同化」統治之極致化，而「同化」統治的起源又與國體論有關，那麼一些標榜支持國策的皇民文學必然不可

---

[105] 鈴木正幸，《近代天皇制の支配秩序》（東京：校倉書房，1986），頁86-90。

避免地要談到臺灣人與日本人之間的血液問題。事實上，皇民化運動期間坂口䙡子、庄司總一、周金波和王昶雄等人的文學作品，也曾均以「血液」為其探討的主題。其中，陳火泉的《道》更是探討血液問題的一個代表性例子。

（一）轟動一時的《道》及其日本民族觀

1. 對於「血液」概念之平等觀的批判

　　昭和十八（1943）年七月，戰時總動員和皇民化運動的呼聲響徹臺灣，陳火泉的處女作《道》在西川滿和濱田隼雄等內地人重量級作家之極力推薦下，發表於《文藝臺灣》6卷3號。雖是長篇小說，但竟然耗費該期雜誌幾近一半的頁數，一口氣刊載全文，其所受禮遇之隆，可謂當時臺灣人作家前所未有。西川滿對此作品讚不絕口，推薦為皇民文學的「結晶」、「先驅」。同年十二月，《道》更以「皇民叢書」的方式，由臺灣出版株式會社發行單行本，並由皇民奉公會中央本部宣傳部長大澤貞吉題序。

　　單行本出版同年，陳火泉改名高山凡石。《道》風風光光問世以後，陳火泉經常在《文藝臺灣》主辦的座談會中登場，一躍而為臺灣文壇的寵兒；甚至傳言其為同年下半葉內地「芥川文學賞」的熱門候選人[106]。

　　《道》敘述一名貧苦臺灣知識青年因為「血液」不同之障礙而受到日本人的各種差別待遇，卻仍在艱難環境中為了確立自我、想盡辦法試圖做一個純正皇民，他的苦惱和努力求取解脫的過程。

---

[106] 俳句源於和歌，是以五七五的三句十七個音組成，為日本傳統文學中最短的詩。由於有別於漢詩這種原生於中國的文學，俳句乃純粹日本傳統的文學。因此其經常被認為最能代表日本精神及國民性的韻文；在皇民運動期間有關俳句的研究或討論，也時常和大和民族精神、敬神、忠君愛國等國體論聯結在一起。

小說中的主角服務於專賣局樟腦課，善長俳句[107]，對於日本又盡忠誠之心，醉心於日本精神和文化。非但如此，他在研發新式樟腦提煉灶的技術領域，以及庶務和會計方面也發揮了過人的才能，於公於私均受到上司注目，是一名典型的青年才俊。然而，原本他服勤的單位在三、四年前業已留下一個技手官位空缺，各方看好非他莫屬；最終卻被同單位中的內地人所奪走。

遭遇這些挫折後，極端苦悶的主角陷入精神耗弱的狀態。某天在療養心病中，他冷靜思索觀察後突然頓悟，於是一直困惑於腦海的苦悶和心結瞬間化解。此際正值美、日之間戰況極端激烈，主角痛下決心為了「創造血的歷史」，帶著「高高興興勇於赴死」的心境，志願加入臺灣「陸軍特別志願兵」，走向皇民之道，為國犧牲。

其實，《道》在當時之所以被人津津樂道，關鍵在於字裏行間流露的「日本民族」觀。在小說中，陳火泉認為臺灣人走向皇民之路的障礙，經常在於臺灣人血緣上或神話、傳統上均與日本沒有聯繫；日本人對臺灣人的差別和歧視，也是因為彼此「血液」關係不同而產生。因此，主角認為臺灣人若要以皇民之身分生活，唯有克服「血液」問題才是因應之道，方法便是改變或調整對「血液」定義之思考。

對於這些問題，主角主張日、臺雙方都應跳脫血液是生理或先天問題的思維，將「血液」置換成後天的精神認同，也就是所謂日本精神之有無，才能排除障礙，讓臺灣人順利地通往皇民之道。在此前提下，主角繼而提出尖銳的感想[108]：

---

[107] 垂水千惠，《臺灣の日本語文學》，頁75-77。又陳火泉，1908年出生於臺灣鹿港，臺北工業專門學校畢業後進入臺灣總督府專賣局樟腦試驗所工作。1941年由於發明火旋式密受到全日本產業技術戰士顯彰大會的表揚。

[108] 同前註，頁79。

　　本島人不能不成為日本人，也不能不學習以生不具有的日本精神。而這個日本精神的神髓就是尊皇攘夷的精神。本島人、朝鮮人之中可能擁有這種尊皇攘夷精神者；反之，日本人之中也可能會有忘了這種日本精神的人。因此能不能是一個日本人，其關鍵並不是在於其是否繼承了日本人的血統，而在於其是否從小便被灌入日本精神和傳統。具有這個精神者才是好的日本人。

　　陳火泉的血液概念實際上超越了單一民族觀念，與近代日本建國之際標榜的純血緣共同體之觀念、即所謂國體原理，有一些差距。然而，這種民族觀卻是甲午戰爭後日本統治臺灣的權宜之策，也是昭和時期總督府試圖賦予「同化」的主要精神和意義。唯小說中的國體論述並非那麼簡陋，其情節發展有複雜的辯證性。誠如垂水千惠所言，《道》最特殊的地方在於作者一方面基於對日本文化和精神的高度理解強調國體精神，並深化皇民化、大和民族化的概念；另一方面卻又在此定義的框架中，提出了以下的破綻和矛盾[109]。

　　在日本歷史上，大約有三分之一的人是所謂的歸化人等之子孫，這些住民業已被「同化」。等同此理，臺灣成為日本的領土已五十年了。其間因為推行了以學校為主的皇民化教育，因此「血液」的問題理應可以「精神練成」的方式來超越之。在理論上臺灣人當中可能會出現由於後天上的努力練成，而在精神領域方面凌駕內地人的優秀人才。
　　因此一方面承認皇民化的論理，一方面卻又以血液的異同作

---

[109] 同前註，頁77-86。

為界線來歧視臺灣人，對其實施差別待遇，這種做法不得不令
人覺得卑怯。

非常明顯地，主角在這段控訴中表露出一個非常清楚的辯證
邏輯，即「日本是擁有單一民族國體的帝國——然而血液是後天
性、精神性；可經由同化，換血（純血化）而得到的——任何人同
化成為日本人後即應該獲得平等待遇；因為對於日本人是不能有歧
視的，當然如果不是日本人那就另當別論」。此一辯證邏輯的前半
部係根據上田萬年的理論，後半部則是臺灣的國語「同化」統治原
理。換言之，此段控訴並非空穴來風，而是指證歷歷，具體凸顯出
當時臺灣人受到差別待遇的不公平性、不合理性。

2. 關鍵所在的情節設計

發展至此，貫穿《道》的日本人觀便是：只擁有日本人的
血液，並不一定就是日本人；真正的日本人須理解或體驗過日本
傳統精神，在任何時間、任何地點都能發揮日本精神者，才有這
個資格。更露骨地說，所謂「皇民」不一定須是與生俱來的「日
本人」；一個與生俱來的「日本人」也不一定就可以當一個「皇
民」。既然「皇民」的定義如此根據，那麼統治當局最後以「血液」
問題來歧視臺灣人，基本上與「同化則是平等」產生衝突。此處陳
火泉的論述直搗「同化」的盲點，字裏行間充盈著抗議的精神[110]。

作者在小說中將自己化身的主角形塑為一名在工作上有高度能
力、在「同化」成果方面也不輸日本人的優秀人物。實際上，陳火
泉畢業於臺北工業專門學校，曾以樟腦提煉灶改良之業績榮獲「產
業戰士」勛章。不僅如此，他深深傾心於日本文化和精神，善長

---

[110] 同前註。

俳句創作，可謂最典型的「文武雙全」。然而最終他還是難逃「血液」的咒縛，遭到歧視，不能出人頭地。長年以來晉升為正式職員這微小的夢想，結果還是讓一個不如自己的日本同僚給破滅了。也因如此，自己被迫過著貧困的生活。

　　從上述情節設計來看，《道》似乎直接批判「同化」統治的欺瞞性，暴露其破綻，應該屬於一篇抵抗性質強烈的作品。縱使如此，垂水千惠認為陳火泉仍是一名不折不扣的皇民作家，只是他的皇民觀特殊之處便在於過度忠實於日本國策，造成「在過度激烈『信仰』之餘，告發了現實上政治矛盾的結果」[111]。相對於垂水的見解，星名宏修則認為陳火泉在作品中暴露了統治當局隱藏在「一視同仁」美名下的差別制度，充滿了臺灣人在時局的壓迫下不得不選擇「皇民化」路途的苦澀和煩惱；因此《道》雖有皇民文學的味道，不過同時也兼具「抗議文學」的色彩，是一篇擁有兩面性格的作品[112]。其實垂水千惠和星名宏修對於「道」的見解所以不同，癥結在於：針對作者暴露或告發皇民化統治矛盾之行為，是否有明顯的意圖？換句話說，陳火泉創作之際，是否預藏著暴露或告發這種統治上欺瞞性的動機？兩位日本學者對該篇作品在結局裏告發了「一視同仁」之欺瞞性這一點，並無太大的歧見；但是對告發或控訴是否為該作品的主要目的，看法卻不盡相同。

　　陳火泉是否有暴露「同化」統治矛盾的動機？由於這項問題並非本文旨趣，筆者並無深入追究的意圖。筆者比較關心的是：既然《道》有不利於統治者的因素，為什麼這篇作品還會受到總督府特別的禮遇？統治者自暴其短的理由何在？答案的癥結恐怕還是在於《道》的結局設計。

---

[111] 同前註，頁71。

[112] 星名宏修，〈『大東亞共榮圈』の臺灣作家〉，《野草》46號（1990年8月），頁52。

在此必須重複：以上洋洋灑灑的皇民觀念其實是不正確的。也就因為如此，上司對主角這些見解的反應極為冷淡，並說出一段極重要的話。小說中主角尊敬的上司認為他這種皇民觀念「太著急了。「以一個堂堂正正的皇民之身分得救」這種事還是「要假以時日，藉以時間」才能達成；並暗示主角依然「必須要考慮到血這個問題」[115]。

結果就是上司「要假以時日，藉以時間」這番話讓陷入病中、自暴自棄的主角頓然開悟，發現自己過去認為「飛躍是不需要時間」的想法是錯誤的。為此，一直盤據在心中的糾葛也就獲得瞭解放。

上司淡淡的一番話，讓主角一瞬間頓悟了，至今自己引以為傲的對日本精神之理解，以及對於天皇的信仰，其實都是因為誤解和認識不清造成的錯覺。理由非常簡單，因為上司所說的「血」，其實就是涵養日本精神唯一手段的國語。日本語既然是日本人的「血」，那麼對於母語不是日本語的臺灣人而言，如果要將日本精神這個血脈加諸己身，首先必須花費時間學習國語，提高自己的國語能力。領會了這個道理，主角終於體會自己為什麼不能享受立即平等，安分守己地接納了被歧視的事實。

2. 醇正的國語和被束之高閣的近代化優勢

在此值得注意的是，能讓主角心服口服地接受不平等待遇的理由，除了還未建立使用國語的日常習慣外，恐怕還包括其使用的國語醇正度不足。前面已經說過，進入昭和時期以後，提升臺灣人社會地位的條件受到學習國語成果的日益顯著的影響，有了若干微妙的改變。例如昭和五（1930）年，總督府在前述〈國語普及獎勵

---

[115] 同前註，頁107-10。

ニ關スル件〉（〈有關國語普及獎勵〉）中便明白指出，改善臺灣人待遇平等化必須以使用「精確的國語」作為條件。因為既然國語被認為是日本人的精神血液，那麼「這個國語就必須是純正無垢似的國語」，才能符合精醇、無雜質的日本人血液之要求。尤有甚者，《道》問世之際，臺灣社會正如火如荼地進行所謂「國語醇正」運動，其定義便是必須多方面精確使用「發音」、「輕重音」、「標準化話語聲調」、「語法」和「敬語」等[116]。更具體的說，當時總督府要求臺灣人不僅要努力學習精確的日本語，連運用國語的習慣、表情和動作等也都必須日本人化[117]。當然，對於包括陳火泉在內的臺灣人來說，習得這種高標準的醇正國語，絕非一朝一夕所能達成的。

其實，陳火泉在昭和炭礦舉辦的〈徵兵制をめぐって〉（〈談徵兵制〉《文藝臺灣》[7卷1號]）座談會中曾自白：「自己在創作之際無法以完美無缺的日語來表達，想起這些事情經常令人汗顏，戰時體制下使用正確的國語是非常重要的一件事。」根據這些告白，就算在《道》裏「操有一種獨特而奇怪的發聲音調」，說得一口不純正國語的主角也好，或經常誤用「テ、ニ、オ、ハ」等日本語助詞的陳火泉本人也好，在這種高標準之下，都不可能擁有純正的血液，不可能「飛躍式的」、「無時間性」地變成日本人[118]。當然，在

---

[116] 國府種武，〈臺灣に於ける國語普及上の諸觀點〉，《臺灣時報》（1937年2月），頁8。

[117] 〈國語醇正の問題〉，頁2-3。

[118] 昭和十八（1943）年十月在昭和炭礦舉行的「談徵兵制」座談會（《文藝臺灣》[7卷1號]）中陳火泉發言：自己創作時，無法用完美的日語書寫，之後回想，感到羞恥，強調戰時使用正確國語的重要性。

垂水千惠指出，陳火泉的日本人觀是個人性的，而且超越總督府的思想。還有「以《道》為首的陳火泉的作品中，雖然和皇民化課題糾葛不清，但也無法看見

「同化（純血化）＝平等」的原理下，他們均無資格變成純正的日本人，更不能「倨傲」地要求統治當局給予等同於日本人的待遇。

其實嚴格來說，主角重新領悟的通往皇民正確之「道」是：「臺灣人是否體會習得日本精神，要以是否使用國語來作為判斷根據，而且這個國語必須是純粹無垢的國語；如果要以純正的國語獲得純正的血液是需要時間這個因素，是不可能飛躍式的一蹴而成」。這種論述邏輯在前述大正時期隈本繁吉的演說中，便曾頻繁地被公開提起。唯《道》所以具有重大的意義，乃是這些對被統治者不利的論述邏輯，並非出自當權者的宣告，而是經由一個臺灣人作家對於日本文化和日本語造詣都相當高的自我反省；這對「同化」統治實有很大的象徵意義。因為如果連擅長俳句、對日本盡忠誠之心，又傾心於日本精神和文化的陳火泉都否定自己以「同化於民族」爭取平等之正當性，那麼對日本文學、文化沒有深入研究的一般臺灣老百姓要通往「一視同仁」之途，就更加遙遙無期了。

《道》所以能夠在政治上產生指標作用，原因乃是其內容描述了臺灣人作為一個「二等臣民」的樣板形象。對於統治者而言，這種「二等臣民」的存在意義在於，其一方面讓臺灣人能順利的被融合在大和民族的定義中，另一方面又讓其否定自己享有平等權力的資格。在一九三〇年代的昭和初期，當統治者窮於應付臺灣知識分子利用近代文明，來挑戰其「同化」政策之正當性時，陳火泉作品的出現，對於殖民政權的維護，無疑具有正面作用。特別是《道》

其背後的日本身影。陳火泉感性地理解的日本，充其量不過是在和許多專賣局的日本人同事交往時所玩玩的俳句而已，遠遠比不上長年在日本一直和日本對峙的其他作家對日本的理解」，並指出陳火泉作品所顯示的時代性意味（垂水千惠，《臺灣の日本語文學》，頁79-99）。不過基於上田萬年的國語觀而成的「同化於民族」統治理論看來，陳火泉可說是確實把握時勢，充分掌握臺灣總督府的「同化」統治思想。

的內容當中，陳火泉將臺灣人通往「一視同仁」之「道」設定在取得日本精神的前提上，漠視了對於臺灣人爭取平等較有利的近代文明。這種情節設計的邏輯基礎，不但完全符合統治者的利益，更直接呼應了皇民化運動的精神。

非常清楚地在討論什麼才是「同化（純血化）」的正確途徑之際，如果主角像第六章介紹的林獻堂與佐藤春夫對談時一樣，強調自己在近代文明方面的成就來鋪設演繹，以其在近代文明方面的成就，可以完全無礙地維持控訴和不滿。換句話說，如果主角將近代文明的程度也解釋為日本人血液的一部分，他原先對統治者的強烈批判是可以成立的。然而在《道》裏，雖然主角有高度專業能力和成就，但是從頭到尾並沒有著墨於這方面能力上的優勢，以凸顯日本政府在宣揚「一視同仁」時的欺瞞性。作者將近代化進展的優勢完全束之高閣，最終默認了在學習日本精神時國語的必要性，這種書寫設計與林獻堂逼問佐藤春夫時的策略完全背道而馳。主角改變純血化管道之認知，雖然只是個人的行為，卻有指標性作用，實質上給予統治者繼續進行或維持差別統治正當性。

綜合上述所論，或許可得出一個結論：《道》所以受到總督府的特別禮遇，理由正是《道》不但附和了統治者的差別統治理論，還補強了國語政策這條統治者實施差別政策時最後賴以延命的繩索；使這條原本可能斷裂的繩索得以繼續發揮束縛臺灣人的作用。

更具體的說，《道》一方面以上田萬年的國語觀作為基礎，彌補異民族支配與近代日本擬血緣制國家原理之間的破綻，一方面賦予統治者實行差別政策的正當性，甚至將「一視同仁」的實現期推向更遙遠的未來。質言之，該篇小說順應了天皇制國家原理，準確地描繪戰爭體制下統治者期待的臺灣人形象——既有犧牲愛國的忠誠情操，又甘於接受差別待遇的二等臣民。從這個角度來看，《道》可說是臺灣「同化」統治五十年裏集大成之作。它受到統治

者的歡迎，在於其不但封鎖了近代文明這條對臺灣人比較有利的通往平等之道，甚至也阻塞了原本對臺灣人比較不利、但依然可以通往「一視同仁」境界的日本精神之路，只留給臺灣人一條抵達大和民族的皇民之「道」。

六、小結

昭和時期透過不斷追認「一視同仁」統治邏輯之整合性，以及強調國語之純正性的方式，國語「同化」教育呈現出極端的「同化於民族」之形態。臺灣人在此統治趨勢下，雖仍保持對近代文明的關心，但直至皇民化運動時期，針對兩個「同化」的過濾機制卻逐漸出現磨損的現象。在皇民化運動的疾風裏，緊接在「同化於文明」的腳步之後，「同化於民族」的成果也慢慢地、確實地投影在臺灣社會。然而，這種「同化」成果並沒有為臺灣人帶來更多的平等和自由。截至第二次世界大戰結束前夕，在統治者並未廢除臺灣人的差別待遇，這個事實證明國語「同化」統治基本上以培養「二等臣民」為目的，帶有濃厚的殖民色彩。

從統治者身上攝取的「同化於文明」、「同化於民族」，即使在殖民統治結束之後，仍給臺灣人和臺灣社會帶來重大的影響。第二次世界大戰結束後迄今，臺灣社會依然飛騰在近代化的道路上。唯在繼續邁向近代化社會的過程中，這個島上的居民經常是拖著混亂的自我認同腳步在前進。經過了近代文明的洗禮，臺灣社會大量出現了既非「純日本人」、也非「純中國人」的臺灣人。這些人的存在，應該就是日本「同化」教育歷經半世紀後留下的遺產。

為了將這些曾經由外來政權「他者」所強加在本島人身上的「日本人」認同，紮紮實實地轉換為「臺灣人」，我們必須不斷地冷靜省思這一段「同化」教育的歷史意義。

第八章

結論

——國語「同化」教育的戰前和戰後

　　從本書的副標題裏，讀者應該可以看出筆者的學術關懷不僅在於日治時期臺灣的語言政策，更在於臺灣的近代化，以及國族主義輪廓的釐清。換言之，筆者運用、分析了大量文獻資料去解析、探討日治時期「同化」教育政策的發展和過程，重新賦予其更深一層的歷史意義，目的在於希望提供一個視野，讓讀者思考或確認日本殖民統治與臺灣近現代史的關係。本章〈結論〉裏，筆者嘗試以「近代文明」作為觀點，探討戰前和戰後國語「同化」教育帶給臺灣的影響及意義。

一、國語「同化」教育的特色和變動

（一）基督教・「國體論」・國語教育

　　想要理解臺灣的殖民統治，「國體論」是一個很重要的概念。作為一個被殖民者，臺灣的特殊性之一在於支配本島的帝國是一個非西洋國家——日本。該國的基督教信仰並不普遍，統治臺灣時期也非以基督教信仰作為教化當地居民的工具；而是以「國體論」這

一個有準宗教意味的政治文化代替基督教，作為「同化」臺灣人的手段。在此情形下，國語「同化」教育基本上是一種高度模仿日本近代國民國家統合模式運作出來的產物，不盡然等同於法國大革命時期基於自由、平等、博愛創造出來的"ssimilation"而是在天皇制國家原理的政治磁場中所運作出來的一種統治策略。

「國體論」的主要精神在於：一、將國民形成的基礎寄託在「單一民族」、「君民同祖」之擬血緣制國家原理中；二、強調日本的臣民在天皇底下不分新舊均享有「一視同仁」，也就是齊頭式平等的權利；因而「國體論」統治下的「一視同仁」與異民族統治下的「差別待遇」，對被統治者而言是迥然不同的兩種處境。因此在這種政治結構下，如何彌補兩者之間的破綻，讓「國體論」能融合臺灣統治，便成為每一名主政者治理本島時的基本課題。

從領臺初期伊澤修二形塑的國語教育雛型裏，便可得知所謂「同化」統治包括「同化於民族」和「同化於文明」兩種不同的精神和內涵；也背負著將臺灣導入日本民族之一環以及「一視同仁」之理念的志向性。伊澤主張非基督教國家的日本應該以「國體論」教化臺灣人，其積極實施國語「同化」教育的背後，隱藏著利用國語來彌補「國體論」和異民族支配之間破綻的企圖和精神。為此，伊澤大肆動員了上田萬年的國語觀，將其思想挪用到臺灣這個殖民地的政治場域。上田萬年國語觀中最著名的理念，便是將國語看待或解釋成日本人的「精神血液」。而依據「國語教育＝臺灣人之純血＝大和民族之形塑」的思考進路，實施國語教育便能調和日本支配異民族的矛盾，為臺灣統治開闢一條活路。

既然國語教育肩負著將臺灣人「同化於（日本）民族」的任務，那麼對伊澤而言，「同化」教育便須將全島居民視為一個單位對象來實施。這種教育普及的態度，也讓他的治臺方針帶有濃厚的「一視同仁」意涵。雖然伊澤在臺時間不長，但其教育臺灣人的構

想是不分受教者的種族、背景、性別、階級等差異，大開門戶的。

　　由於奉行所謂「混合主義」，伊澤擔任學務部長期間對實行「同化於民族」有自我抑制的傾向；更因他認為普及近代文明相關知識是推行「同化於民族」的基本助力，因此在近代化教育是培養日本臣民的前提條件下，其任內國語「同化」教育不但有全面普及的趨勢，教育內容也偏重於「同化於文明」。換言之，伊澤任內施行的是「普及教育」的方針（第二章）。

　　序論曾經說明，「同化」不是一個既定不變的方針，反之有兩義性、工具性和流動性等特質。伊澤任內的「同化」政策，彰顯的就是兩義性和工具性。在他辭職離臺後，隨著後藤新平就任民政長官，國語「同化」教育的流動性便開始浮現出來。

　　受到社會達爾文主義思想的影響，後藤試圖將臺灣統治從「國體論」中切割開來，而且認為「同化於民族」的目的在臺灣不可能達成。具體地說，後藤基本上將臺灣視為一個殖民地來看待。他推翻伊澤先前的統治思考，引來反對陣營的攻擊，於是為了迴避接踵而來的批判，他便賦予「同化」新的功能和意涵，提出一種將「一視同仁」政治宣揚與差別統治融為一體的改造式「同化」概念。此一新「同化」概念的主要內涵是：一旦臺灣人接受了具有「同化於文明」功能的國語教育後，近代化的知識水準隨之提升；有朝一日臺灣社會的文明程度提升到與內地同一水準，在他主政下原本因「文明程度遲滯」、「民度過低」等理由受到差別待遇的臺灣人，將可享受與內地同樣的政治體制。在平等與「同化於文明」的進展成正比例的政治邏輯下，後藤將實施「一視同仁」的政治約定推往不可知的未來，同時賦予正在進行的殖民地差別待遇正當性。

　　後藤新平所以必須處心積慮地將格格不入的兩種政治現象——殖民地統治體制和「一視同仁」的政治宣揚——融為一體，目的乃為表明自己推行的臺灣統治並未背離「國體論」政治軌道。因此，

他雖不像伊澤般地將國語教育奉為治臺的主要方針，不過為了符合「一視同仁」未來必將實現的「同化」邏輯和約定，在許可範圍內，他也設立了一定程度的公學校，並也將近代文明方面的知識灌入公學校課程裏。然而，為了維持殖民地差別政策的恆久性與正當性，統治當局仍須保持臺、日人民之間在近代文明方面的差距。在此前提下，後藤當然不可能像伊澤一樣全心全力地推行國語教育。後藤離職後，在教育場域中執行其「同化」構想的是第五任學務課長持地六三郎。兩人對國語「同化」教育的真正態度，均為「抑制教育普及」。

後藤和伊澤建構國語「同化」教育時，其實抱持著完全相反的構想和目的。但因掣肘於「國體論」，兩人卻都以重用國語教育中「同化於文明」的方式，支持自己施政的正當性。表面上這種殊途同歸的政策意圖，雖使「同化」教育有了「接續」關係；然而將臺灣人教化成擁有豐富近代文明知識的國民，卻也都不盡然是兩名主政者的終極目標。不過，也就在這種歷史的偶然與諷刺下，明治時期的公學校教育已經為臺灣的近代化奠定堅固的基礎和發展空間。

在世界殖民政策史上，臺灣統治富有其特異性，不僅在於統治者以「國體論」代替基督教來支配被統治者，更在於臺灣居民對「同化」教育的態度。十九、二十世紀歐美統治下的各殖民地因支配者與被支配者間宗教、世界觀對立，原住民對統治者賦予的教育不曾顯現出高度的關心。法國統治下的阿爾及利亞曾被認為是「同化」教育的榜樣，但初等教育的平均就學率卻經常不超過5%。然而，由於臺灣是一個相對富裕的社會，擁有重視學問的儒家傳統，且臺、日在文化上又具有近緣性，因此推行國語「同化」教育的阻力比起西方列強統治其殖民地時都來得和緩。特別是臺灣社會並不存在類似印度的印度教、或阿爾及利亞的回教般鮮明的宗教觀，因此日本在臺實施國語教育的過程中，始終未曾因宗教信仰不同而遭

遇強烈的抵抗或對立。甲午戰爭結束後，臺灣人曾質疑日本統治的
國語教育，然而過不多時，本島居民便開始接受殖民者帶來的新式
教育。

　　只是，筆者在此處希望強調：明治時期臺灣人所以會接受「同
化」教育，最主要的原因在於當時國語教科書的國語教材，大部分
都是以異民族比較容易接受，而且與「同化於文明」相關的內容作
為核心教材。雖然臺灣發行的近代化相關教材之內容和分量較之當
時日本內地明顯遜色不少，但整體上來說，公學校的教學營運重心
是傾向普遍性、啟蒙性的知識普及理念。再者，不管真正的企圖
為何，伊澤修二的「混合主義」和後藤新平的「生物學原則」均主
張適度保存臺灣社會的傳統，避免過度強制臺灣人接受日本的傳統
精神和文化，而這些措施無形中化解了臺灣人接受「同化」的阻力
（第二、三章）。

（二）「以接受（『同化』）作為抵抗」的態度和效應

　　對殖民統治之抵抗如係相對於統治方式而存在，那麼其定義便
不應是絕對性的原則，而是一種相對性的依附。後藤新平的「同化」
概念基本上是一種為了迴避政敵攻擊的統治策略，他在表面上標榜
「同化即平等」的主張，其實是要隱蔽「同化即差別」的真正意圖。
然而，倘若差別待遇的正當性建立在臺灣人民度停滯、落後，那麼
依據「同化」政策的理論邏輯，臺灣人民度提升或近代文明進步，
當局即須以緩和或撤除差別統治來作為回應。從此政策邏輯推演，
臺灣人對日本殖民統治之抵抗未必就一定是以「漢賊不兩立」的態
度拒絕「同化」教育；反之，順應「積極地接受『同化』教育→近
代文明化的進展→撤除差別統治的政治壓力→抵抗殖民地體制」的
政治流程和邏輯，便可產生掏空日本統治基礎的功用。換言之，就
是因勢利導地接受「同化」教育，逐步削弱殖民地差別統治的正當

性；對於統治者而言，過度快速普及國語教育或臺灣人熱烈的接受國語教育，都將引發殖民地統治的崩解。在此前提下，日治時期「同化」統治內部便存有兩個重要的結構：一是「以接受（『同化』）作為抵抗」；二是「由於普及（『同化』）而導致統治崩解」。在這種統治結構下，臺灣人對近代文明的反應和需求——即接受公學校的熱度，便成為維持「同化」統治穩定平衡的一項指標。

　　掣肘於「國體論」的臺灣統治，在政治結構上有其脆弱的一面。就在這種結構與矛盾逐漸浮上檯面的明治末期，對岸「祖國」政治情勢發生變化，給予這脆弱的統治結構強烈的一擊。

　　作為一個殖民地，臺灣另一項特異性就是她有一個地理上、文化上、語言上都非常接近的「祖國」——中國。由於辛亥革命成功，臺灣社會人心產生動搖，全島瀰漫著一股不安的氣息。就在這個時期，臺灣人開始明確提出增設公學校、中學校和日、臺兒童共學等訴求。其實後藤主政時期，在「抑制教育普及」的施政方針下「同化」教育設施普遍不足，向學心旺盛的臺灣人對此一直心懷不滿，隨著辛亥革命的成功這些不滿逐漸地顯露出來。再加上此時歐美傳教士開始試探在中國沿岸，甚至臺灣內部設置學校的可能性，臺灣人對他們為興學來訪，也表達了高度歡迎之意。這些動向意味著：臺灣人欲脫離「同化」教育的掌控、另覓自己的教育途徑。更具體的說，由於臺灣人並未拒絕接受國語教育，因而觸發了「以接受（『同化』）作為抵抗」這個脆弱的政治機制。為此，進入大正時期之際「同化」統治的平衡，受到接踵而來的「內憂外患」之侵擾開始面臨挑戰。背負著面對這些挑戰責任的主政者，便是繼承持地六三郎職位的隈本繁吉。

　　隈本繁吉就任學務課長後，不久便感受到既有的「同化」教育之局限。為了維持臺灣社會安定，他不得不改變原先只單純將臺灣視為殖民地的統治構想，大幅調整「同化」教育方針。上任以後，

歷經「臺灣版教育勅語」起草、芳賀矢一訪臺、臺中中學校設置問題等事件後，隈本一改後藤的「同化」構想，大量設置國語教育設施。經過臺灣教育令之制定、改正等一連串曲折的政策翻攪，隈本也明確地領悟到：臺灣社會的不安根源並不在於臺灣人反對或拒絕「同化」教育；相反地，乃在於他們要求更高水準內容的「同化」教育，以及大量設置學校。據此，隈本主張統治當局應善用臺灣人渴望教育的願望，採用「以其矛攻其盾」的策略，調整「同化」方針，將大量普及國語教育作為維持島上治安的「安全閥」。更具體的說，他認為統治者應該迅速而積極地增設公學校，以便將新附民培育成忠誠於日本的臣民。

　　就在隈本改弦易轍的政策主導下，增設公學校之政策被宣傳成「一視同仁」之具現化；為了培養忠誠的臣民，國語教育的教授內容也開始從近代文明傾向於日本精神文化、國民性養成的方向。另一方面，「同化即平等」原理中的平等化基準，也從「同化於文明」開始移向「同化於民族」。隈本的「同化」方針意味著：進入大正時期後，統治當局抑制臺灣人的方式已從壓制公學校設置的「數量」，轉移到空洞化教授內容的「質量」。在新的「同化」方針下，公學校逐漸走向所謂「人種變造所」的地步[1]。這種具有明顯文化暴力和愚民色彩的「同化」政策，成為昭和時期皇民化運動的基礎。當然，經過伊澤修二、後藤新平和隈本繁吉三種不同「同化」原理以後，臺灣人縱使民度再高，只要缺乏忠誠心和日本精神，統治者仍有充分的正當性實施差別待遇。隈本採取的「同化」政策相當巧妙，不但一反以往後藤「抑制教育普及」的趨勢，而且採取一種「以普及（『同化』）教育作為抑制」臺灣人的手段。這種「同化」教育的轉變，也反映在臺灣教育令之制定和改定內容中。

---

[1]　唯漢，〈駁臺日社說的謬論〉，《臺灣時報》（1927年4月24日）。

　　隈本在「同化」態度上的改變，代表一種被動式的反擊。換言之，促使「同化」教育方針轉換的契機，乃因他警覺到既存「同化」教育的局限，不得已才進行政策調整。更進一步的說，這是在受到臺灣人的抵抗——「以接受（『同化』）作為抵抗」的重壓下進行的一種妥協對策（第五章）。

　　進入昭和時期，統治當局對臺灣人的「同化」政策更傾向於「同化於民族」方向。此際，臺灣的名望家率先參加國語普及運動，這些行動具有平衡新的「同化」原理與政治現實趨勢不均衡的作用和意義。太平洋戰爭爆發以後，日本與西歐諸國之間的敵對關係為國語「同化」教育增添了若干新變數，為了培養更忠誠的日本臣民以符合戰爭時期體制需要，「同化於民族」的必要性實施更形迫切；這期間，國語教育中「同化於（西洋）文明」的因素也更趨稀薄。昭和十八（1943）年，也就是第二次世界大戰終結前，殖民地義務教育方針逐漸被確立。伴隨著皇民化運動，國語「同化」教育便一面倒地呈現出「走向民族之中」的樣態，直到第二次世界大戰結束（第七章）。

二、對於近代文明的渴望和影響

（一）在抵殖民過程中爭取的近代化

　　長久以來，「同化」一直只被定位在日本傳統精神文化的層次，許多研究者經常對該政策中「文明化」的要素具有否定或忽視的傾向。為此，「同化」經常被賦予負面印象，甚至更未驗先明地被描述為一個臺灣人曾經強烈排斥抗拒的對象。也因此，「同化」教育越被強化、越是普及，臺灣人文化主體性越被壓抑；於是，一部抗拒國語「同化」教育的民族運動史由此產生；而最後在皇民化

運動的淫威底下，統治者的力量終於壓過抵抗運動，臺灣只好等到「祖國」抗日戰爭勝利後，才從「同化」的困境中獲得解放。基於「漢賊不兩立」的情操，一部近代臺灣的歷史進程，便如此被公式化，甚至蓋棺論定為我們據以認識臺灣歷史的知識和記憶。

然而，「同化」具有「同化於文明」、「同化於民族」之兩義性，而且是一種會流動的統治策略，因此在「同化」底下，臺灣統治必然要通過「走向（西方）文明之中」或「走向（日本）民族之中」這兩條狹路。雖然日治時期，隨著時間遞嬗，「同化於文明」的地位漸被矮化，臺灣人的「同化」進展也未依統治者的政策約定而蛻變為平等待遇。不過縱使如此，我們仍須承認：至少在大正時期以前，「國語」教育中「文明化」的因素相當強烈、濃密。換言之，日本對臺統治除有「黑暗面」的皇民化要素外，其實也包括統治者掣肘於「國體論」和臺灣人的抵抗、不得不積極實施的一些近代文明。倘若今天我們認為戰前臺灣的近代化在歷史發展中具有重要意義，那麼套用一句話來形容，這便是殖民地統治中的「光明面」。

隨著時代變遷和政策執行者的更迭，日治時期「同化」的內容和重點經常微妙地變動。臺灣人雖有透過國語「同化」教育將臺灣社會導向近代化的契機，卻沒有迎向「光明面」的絕對保證或一貫性。在此狀況下，臺灣人對「同化」教育的應對態度便顯得非常重要。他們可以全盤認定「同化」教育，積極地接受；也可以強烈地抗拒，全面否定兩個「同化」；更可以選擇性或重點式地接受兩個「同化」的其中之一。臺灣人接受「同化」教育的態度，將決定新領土的統治到底將走向「近代文明」或「（日本）民族」──即「光明面」或「黑暗面」。經過詳細的資料爬梳與觀察，筆者認為日治時期臺灣人對兩個「同化」之應對態度，明顯地有冷熱之別。長期以來大多數臺灣人對「同化於文明」表達了強烈的關注和需求，

至於「同化於民族」則沒有明顯或持續性的偏好。日治時期臺灣人對公學校不但未曾抗拒，反而幾近貪婪地積極接受，再三地主動要求增設，更頻繁且強烈地要求提升公學校教學中的近代文明要素。

相對於對近代文明的熱烈關注，臺灣人對日本精神、文化——特別是支撐「同化」教育基本精神的「國體論」，大多數民眾通常不是毫不關心，就是錯誤理解。雖然在教育建制中，當局積極向學童灌輸相關「國體論」知識，但是對學童或位居社會中堅地位的成年人來說，神祕、艱難而複雜的天皇制國家原理，並非短期內便能吸收消化。明治時期，即使臺灣社會首屈一指的知識分子、大力協助推行國語教育者的李春生，都不瞭解或關心隱藏在「同化」背後的統治意識形態；而如果連李春生對於國體都充滿了誤解和幻想，更遑論一般民眾。然而，這些對日本政治文化認識不清的現象，反而化解了不少原本因為傳統精神、文化國家觀念之不同而可能造成的異文化衝突或阻力（第四章）。由於強烈渴望近代文明，臺灣居民於是便在同床異夢的情境下，順利地接受「同化」教育。這種選擇性積極追求近代文明的態度，對統治者帶來的實質效應便是「抵抗」；這也正是迫使隈本繁吉不得不改弦易轍、重新調整「同化」統治策略的主要原因。

時代雖在變遷，臺灣人對近代化的敏銳反應卻一直不曾衰減；於是對大正時期以後偏重「同化於民族」的教育體制，知識分子開始顯得焦慮不安，不滿情緒日益高漲。因為在最初的「同化」設計上，臺灣人接受國語教育不僅可以邁向進步之路，更可啟動「由於普及（『同化』）而統治崩壞」的機制，顛覆「同化即差別」的統治策略；這時在隈本的「同化」方針內，依附在國語教育裏的「同化於文明」卻逐漸流失而空洞，「同化於民族」反而開始被強化。隨著這種政策變化，接受國語教育也逐漸地失去「以接受（『同化』）作為抵抗」的意涵和籌碼。再者，由於統治者對本島人語

言、文化的壓制力道日漸增強，在新的統治形態下，臺灣人與當局間針對「同化」的同床異夢基礎空間也開始萎縮。在大夢初醒、彼此開始正確理解的情形下，臺灣知識分子若要抵抗「同化」統治，勢必得另起爐灶，進行另一種抵抗方式。而新的抵抗辦法便是尋找一條操之在我，且可以滿足自己熱愛近代文明的「同化」途徑。

大正時期，臺灣知識分子提倡一連串語言改革運動，包括中國白話文運動、臺灣話羅馬字運動、臺灣白話字，以及臺灣話文運動等。各種主張的內涵和盤算雖然不盡相同，但是動機均在不滿或憂慮國語教育內容之空洞化。例如，黃呈聰、蔡培火等人試圖脫離寄生式的「同化」困境，自力更生地開闢一條通往近代文明之途的意圖，其實都是相同的。對於限本繁吉的「同化」統治，臺灣知識分子其實是以創造帶有近代性格的民族語言，另行開拓一條「同化」之路，作為抵抗的主軸。在這些新的抵抗方式裏，臺灣人表達了拒絕「同化於（日本）民族」的志向，透露出形成自己民族的認同，以及希冀「同化於文明」之願望。

然而，雖然進行了一連串語言改革運動，但是臺灣人對國語教育的要求卻一直未曾停止。因為他們深刻地體認到，推行近代化必須建立在一個具有大眾性、便利性，而且經過整備的語言基礎上；日治時期，臺灣有此條件的語言僅國語而已。因此，在臺灣人成功創造出能夠取代日本語功能、即能對應近代化生活的本土語言之前，是不能貿然拒絕國語教育；理由是倘若沒有「同化」教育，臺灣人主要賴以攝取近代化的途徑便被封鎖。由此可知，臺灣人這種「一面抵抗一面接受」的形勢，基本上有一個盤算，便是站在自己的認同基礎上，盡可能地利用國語教育作為「同化於文明」的窗口。

大正時期，統治當局雖然將臺灣人的差別待遇正當性從「同化於文明」轉移到「同化於民族」，不過臺灣知識分子執著於追求近代文明的態度依然強烈（第六章）。

（二）文明／文化・光明／黑暗

　　艾瑞克・霍布斯邦（Eric J. Hobsbawm）曾在其著作《被發明
的傳統》（*The Invention of Tradition*）指出：所謂「傳統」，事實上
不少係近代才被發明出來的[2]。彷彿就在證實霍布斯邦的主張，「國
體論」這種將「萬世一系」、「君民同祖」宣揚或誇讚為自古以來
的政治傳統，本身便是日本在面臨西風東漸的亡國危機時所創造出
的虛構偽例[3]。然而，姑不論真偽，筆者要強調的是：對於一個在近
代文明發展上劣於支配者、深受其統治威脅的族群來說，所謂「傳
統文化」一直是凝聚自己族群，團結對抗強大他者的主要手段和力
量。殖民地統治史上，被支配者透過宣揚自己在傳統文化上的優越
性來對抗殖民地支配國的事例為數不少。例如，英國統治愛爾蘭時
採取禁止蓋爾語（Gaelic）、強迫學習英語的語言同化政策，對此
愛爾蘭人經常舉行祕密集會，一方面研究蓋爾語，一方面追慕或崇
拜自身的舊文化[4]。另外，宗教思想家、印度國族主義精神指導者Sri
Aurobindo Gosh為了抵抗英國殖民地統治，於1914年發行Aryan雜
誌，廣泛報導印度史上各領域的偉大傳統文化，目的在於提倡印度
數世紀以來受外國支配而失去之原有的亞利安精神；換句話說，
就是鼓勵印度文化生活之復活。類似Aryan的主張，也在同時代
Indian Mirror中頻繁地出現[5]。當然，如果沒有一再誇示「傳統」，甘
地（Mohandas Karamchand Gandhi）率領的印度抵抗運動也幾乎無

---

[2]　E・ホブズボウム、T・レンジャー編，前川啟治、梶原景昭他譯，《創られた伝
　　統》（*The Invention of Tradition*）（東京：紀伊國屋書店，1992）。

[3]　丸安良夫，《近代天皇像の形成》（東京：岩波書店，1992），頁276-92。

[4]　泉哲，《植民地統治論》（東京：有斐閣，1921），頁297-98。

[5]　吉野耕作，《文化ナショナリズムの社會學》（名古屋：名古屋大學，1997），頁
　　58-59。

法成立。

　　第二次世界大戰結束後，世界上出現許多從殖民高壓統治中解放而出的近代國家。他們在被殖民時期對抗統治者的經驗和精神，有不少是建立在自我文化之誇示和宣揚歷史傳統之基礎上，而這些以傳統文化來抵殖民的經驗，在其解放後也大都化為形構其國族主義的養分；戰前與臺灣同受日本殖民統治的韓國，應該是一個典型的例子。此處必須強調：筆者並非否認在日治時期抵殖民歷史的過程中，曾有一部分臺灣人刻意彰顯漢民族光輝燦爛的傳統、文化或歷史，甚至也曾拒絕「同化」教育；大正時期臺灣也曾出現獎勵本島居民就讀書房的「漢文復興運動」，社會中也存在著標榜昔日民間神話故事和傳說的「民間文學」，也有洪棄生等企圖回歸傳統的知識分子。不過，如果將上述現象置於整體歷史的脈絡中仔細分析，或許我們會開始質疑這些抵抗方式究竟是不是臺灣社會的主流。因為在半個世紀裏，臺灣人對國語「同化」教育的要求大概可概括成以下三點：一、平等化之實現＝催促統治者實施義務教育；二、提升課程內容＝希望當局重視近代文明，反對課程中過多日本精神文化；三、嘗試建立一個有自主性的近代化運動，以及自我民族認同之摸索。其中，保護自己的傳統文化——漢文復興運動等，不過是第三項中的一環罷了。

　　整理了明治、大正時期臺灣人對「同化」統治的態度，可以發現許多知識分子的深層心理中一直有「走向文明之中」的強烈欲望。對於不少相關近代化議題或政策，臺灣人經常與統治者站在同一立場。在追求近代化的過程中，臺灣人的動機、策略均相當複雜，無法只用排斥他者的單純框架或角度來解釋；也因此，臺灣人的抵殖民運動經常帶有燃燒不完全的色彩，對「同化」統治採取協力或抵抗的分界線就相形曖昧、模糊。對臺灣人來說，雖然國語在文化上是「政治上的敵性語言」，但在攝取近代文明方面，卻經常

被當成「工具上的友性語言」加以利用。

　　當然，這種對應「同化」的方式，也讓臺灣人陷入「認同近代化」與「屈從殖民主」之間糾葛不清的窘境。只是在以獲得近代文明為最高目標的前提下，臺灣人接受國語「同化」教育時自主性的強弱，以及有無根據近代文明的進展爭取平等待遇的意圖，似乎是我們區分抵抗／協力的一個有效觀點。透過這個觀點，我們察覺到雖然對「同化」教育的態度和算計不盡相同，但不論是蔡培火「知彼知己、以其矛攻其盾」的策略，或李春生「同床異夢」的協力姿態，他們所瞄準的目標──迅速使臺灣「走向文明之中」──卻相當一致。兩人之間的不同，只是反映他們的行為在抵抗意義成分上的純度而已。

　　臺灣知識分子這種過於務實的抵抗態度，使得一連串語言改革運動發展受到極大限制；更不得不讓人感到臺灣先祖對傳統文化的保護有趨於消極、淡泊甚或怠忽、罔顧的傾向。因此，當今日臺灣社會在發揚臺灣的傳統歌仔戲時，不要忘記日治時期主張禁演這種「淫戲」、以文明戲來取代者，不單只是統治者，同時也包括抗日組織的臺灣文化協會。書房所以會變成歷史雲煙，除了日本政府的壓制外，臺灣人憧憬近代化的熱度也是一項要因。

　　殖民地統治與近代化之間是否有密切的因果關係，許多學者持否定見解。殖民地化與文明化這項議題，本身便常被認為是一種不適當的前提設定；塞捷爾（Aimé Césaire）甚至批判這項議題是「試圖將醜惡的解決方策正當化之集團的偽善產物」[6]。因此，日本對臺

6　エメ・セゼール（Aim?C aire）著，砂野幸稔譯，《歸郷ノート・植民地主義論》（*Cahier d'm retour au pays natal: Discours sur le colonialisme*）（東京：平凡社，1997），頁122-23；同樣的意見並見法農（Frantz Fanon）著，鈴木道彦、浦野衣子譯，《地に咒われたる者》（*The Wretched of Earth*）（東京：みすず書房，1996），頁309。

統治，更具體地說即「同化即平等」、「一視同仁」等治理方針或政治宣揚，想必對塞捷爾來說，也是日本這醜惡集團試圖將殖民地差別統治「正當化」的「偽善產物」。不過至少在大正時期，並無太多證據可以說服我們──抗日菁英有陷入這「偽善產物」圈套的跡象。臺灣人雖然幾乎未曾正面抵抗過形塑出國語「同化」政策的「國體論」，但卻採取迂迴應對的策略性「再現」手段，將「一視同仁」視為文明國家的普遍價值，對執政者施加壓力。換句話說，本文希望強調：臺灣人以相當巧妙的方式應對國語「同化」教育政策──這個「偽善產物」，極力爭取自己的需要，或對自己有利的因素。更進一步觀察，倘若將視角置於「同化於文明」，臺灣殖民地統治史中應有一個始終被忽視、卻又極為重要的歷史面向，即統治者與被統治者圍繞著近代文明這項議題，彼此在賦予與接受、期待與拒絕、抑制與自立之間尋求平衡的過程。在臺灣近代史寫下重要一頁的「同化」統治，代表著統治者被動式地實施或賦予臺灣人近代文明，以及臺灣人主動向統治者爭取、尋求近代文明的過程。在此過程裏，統治者所一直試著稀釋、被統治者卻無時無刻都想增強的「同化於文明」，反而較「同化於民族」更來得輪廓鮮明。

　　基於上述觀點，我們應該可以為臺灣人在殖民統治中獲得的近代化下一個新的歷史註腳：日治時期的近代化，是臺灣人積極、過濾性和選擇性地攝取統治者為了維持國家體制平衡（「國體論」）而提出的統治策略──國語教育內的「同化於文明」之要素後，所產生的結果。易言之，也就是臺灣人在這場抵殖民戰鬥中巧妙地從統治者方面取得的戰利品。第二次世界大戰終結前夕超過70%的就學率，與其說是統治者憑藉強大的權力、以強制或勸誘手段所施予的恩惠，不如說是被統治者依臺灣社會注重學問的傳統、足以承擔龐大相關教育經費的富裕經濟實力，以及渴望文明的態度，主動積極參與所獲得的成果。

　　只是，臺灣人通往近代化的路途充滿艱澀和挫折感。在「認同近代化」與「屈從殖民主」糾葛不清的「同化」過程裏，臺灣人區隔自我與他者並將兩者相對化的權利幾乎被剝奪，或被迫自我放棄。這種從「同化」萌生的人性矛盾帶來的心靈煎熬，不僅存在於一般庶民或抗日運動菁英，也強烈地波及所謂的皇民作家。戰前曾寫過〈志願兵〉的周金波，雖然被定位為皇民作家，備受統治者禮遇；日後卻因其作品被人認為在尋求近代化的過程中缺乏作為臺灣人認同的掙扎，遭到強烈批判[7]。諷刺的是，即使是這樣的周金波，在統治者眼中也未被視為日本人來接納或看待。雖然他以日本語寫作，但是受到差別待遇的理由竟然仍是國語能力不夠完美！這充滿了嘲諷意味的事實，說明了「同化即平等」的虛妄性和欺瞞性。

　　第二次世界大戰終結以前，由於當局加速進行國語普及運動，本島人中國語熟練者急遽增加；原來「國體論」引發的支配異民族之矛盾——擬血緣制國家原理和「一視同仁」的政治宣揚，應該可以得到緩衝或克服。但是依血緣關係之有無而產生的排他性，依然潛藏在許多制度中，「一視同仁」的路途仍然遙遠；即使臺灣人達到「同化於文明」，或因接受了「同化於民族」而具有某種程度的日本人精神血液，但最終還是難逃被歧視的命運。我們可以清楚地從陳火泉的作品《道》中看到：進入皇民化運動時期臺灣人過濾「同化」機能衰退，以及「同化」統治原理與臺灣社會現實的落差。這種落差告訴我們，日本的殖民統治在統治形態、原理、歷史背景和統治成果上，雖異於西方的殖民統治，但仍然充滿了差別、壓制和榨取等事實。就此角度觀察，日本對臺殖民統治之本質和意圖，基本上與西方並無太大差別（第七章）。

7　　垂水千惠，《臺灣の日本語文學》（東京：五柳書院，1995），頁121-22。

三、投影在戰後臺灣社會的「同化」

（一）二二八事件‧國語「同化」教育‧臺灣國族主義

誠如西川長夫所說：「所謂『國民化』（文明化），便是將一些住民形塑成一群與以前完全不一樣的人，而這些人被稱為『國民』。[8]」伴隨著「同化」政策之施行，特別是「同化於文明」之完成，臺灣社會開始大量出現了既非「純支那人」、也非「純日本人」，但又具有「國民」條件的「邊緣人」。就此來看，不管是政治面、歷史面或社會面，日本的「同化」統治在戰後給臺灣的影響，遠比我們想像的要來得更深遠。

第二次世界大戰結束後，1947年，臺灣爆發所謂二二八事件。整起事件雖然在國民政府因應長官公署的請求、從大陸增援大量軍隊以武力鎮壓結束，但因事件中虐殺了許多臺灣知識分子，因而產生了本省人、外省人之間迄今難以拭去的不信任感和龜裂現象，被認為是今天臺灣政治、社會問題的基本原因。根據許多學者研究、觀察的結果，顯示造成二二八事件爆發的原因之一，其實與陳儀下令禁止日語政策有關。

1946年8月15日，臺灣省行政長官公署取代臺灣總督府，成為島上最高統治機構，並於當日發布一項緊急命令，規定為了實現臺灣居民之祖國化——更具體說，為了進行日本統治下「同化於民族」的「消毒」作業，國民政府將禁止新聞、雜誌刊登日本語；同時以北京話（黃呈聰提倡的中國白話文）取代日本語，企圖讓北京話以新的國語之姿態君臨臺灣全土。

---

8 西川長夫，〈漢字文化圈における文化研究——民族‧國民‧文明‧文化の概念をめぐって〉，《文化交流史研究》創刊號（1997年5月），頁29。

　　殖民地解放後，國民政府試圖廢除第二次世界大戰時為敵對國之國語的日本語，這看似天經地義，然而卻引起臺灣人的強烈反彈。因為日本人雖然離開臺灣，但是以前的國語、即日語對臺灣人而言，仍然是大眾傳播的用語，也是各個族群間的共通語、或攝取近代化知識、從事文明生活不可欠缺的工具。前述命令實施以前，臺灣知識分子們憂慮貿然廢除日語後將阻塞臺灣人的「耳目」，必然會造成他們生活上的障礙和不便，因此要求須有若干緩衝時間來廢止日文。然而長官公署對此請求不但不予接受，並且以臺灣人不會說北京話就斷定其不具備作為國民的能力，甚至以曾受過「同化」教育就是被敵國「日本化」為理由，在臺灣人身上貼上被「奴隸化」這種污名，試圖將其排除於政治權力中樞之外。

　　「奴隸化」的污名，引發臺灣人強烈的駁斥。不但如此，禁止日本語等措施，更使臺灣人心中的不滿達到極點，終於導致爆發了二二八事件。諷刺的是事件發生的原因之一，並非為了保護自己的臺灣話，而是因為不能繼續使用日本話。更諷刺的是，事件發生時臺灣人區別新舊住民的辦法，並非是多數人母語的臺灣話，反而是過去統治者的日本語[9]。日治時期黃呈聰等以「待機」的心情，不惜忍受「我手寫他口」之不便，堅持懷抱「祖國（漢民族）意識」而提倡中國白話文運動。然而光復以後，「祖國（漢民族）意識」竟然為了導入「祖國」的國語，被脆弱地扯裂了。

　　日本人離開臺灣以後，日本語雖然失去國語的地位，但隨著「祖國（漢民族）意識」之撕裂，卻在更多私下場合被舊住民使用；日本語不再只是攝取近代文明的工具，而且成為舊住民相互溝通感情、確認「我者」的方式，有時甚至還是誇示自己文明程度的

9　何義麟，〈「國語」の轉換をめぐる臺灣人エスニシティの政治化〉，《日本臺灣學會報》1號（1999年5月），頁96-100。

手段。第二次世界大戰前夕，日本政府用盡方法希望臺灣人將日語當作大和民族的象徵，強迫他們愛護國語；但是臺灣人經常只將它當成「工具上的友性語言」來使用，在政治上日本語依然有「敵性語言」的色彩。換句話說，日本當局的期待並未完全如願。不過意外的是，日本政府離開這塊土地後，臺灣人卻為了「愛護國語」不惜與祖國政府發生流血衝突，而且自動自發地講起日本語來了。日本統治結束後不久，日本語開始成為臺灣人集體認同意識的象徵。更具體的說，這個島上的居民雖然在戰前和戰後都使用日本語，但是以1945年為界線，說日本語的動機、目的和心境其實有著天壤之別。相對於戰前在日本支配下經常帶著幾分無奈、被動甚至虛應故事的態度使用日語，國民黨統治下臺灣人說日語反而成為一種自動自發的行為，是反抗「祖國」再殖民的手段[10]。

　　根據黃英哲的研究，陳儀貿然而積極地企圖導入北京話，背後之目的是為了進行「文化的再建構」。換言之，二二八事件乃是陳儀企圖對臺灣人從事心象、文化和精神層面的「中國化」，最終遭致挫敗的一個歷史現象。此處令我們好奇：為何同為漢民族的臺灣居民會強烈地拒絕和抵抗「同化於（中國）民族」？筆者認為，要

10　經過二二八事件以後，舊住民降低了學習北京話——這曾在日本統治下冒著被打壓的危險而堅持提倡的「祖國語」——之意願。相對地，為了凸顯自己身為舊住民的身分，開始認真、頻繁而故意地說起日本話。舊住民這種開始自願多說日本話的現象，直到一九六〇年代仍然持續著。1965年1月，推行國語運動的官員就曾指出：舊住民中部分民眾喜愛使用日本話。同年7月臺灣省政府實施「加強推行國語實施計畫」，計畫書中更明言：北京話推行成績所以不彰顯，原因乃是舊住民之間流行用臺灣話和日本話作為相互溝通的工具。戰後臺灣社會出現了一些以日本話為創作工具的私人文學團體，其中「臺北川柳會」的一篇作品非常貼切地反映了許多臺灣人的心聲，便是「開始當真說日語的戰後」（「日本話ヲ本氣デシヤベル終戰後」）。該篇以淡淡幾個字構成，濃縮了許多臺灣人的心情，也透露出歷史的諷刺。

破解這個迷思除了文化統合的概念外，近代文明也是一個相當重要且有效的觀點。如果將思考的時序拉長，一併將日本統治下的「同化」政策和臺灣人的對應也置入這項問題中來思考，我們應該可以發現造成戰後「中國化」和「同化」的主要衝突關鍵，與其說是文化，不如說是彼此之間對近代文明之體認、歷史經驗的差異。

　　二二八事件爆發前夕，1946年10月，黃得時等知識分子便曾批評國民政府：殖民地解放後因強烈的「主張民族文化」而經常忘記「世界文化（近代文明）」。黃得時等這些經歷過「同化」政策洗禮的知識分子對陳儀政府過度強調文化統合、忽視近代文明的施政態度明顯存有危機感[11]。而這些批判，不禁讓我們回想到大正時期臺灣人提倡一連串語言改革運動時對日本政府的攻擊。同一時期，以林獻堂等為創校人、以臺灣知識分子為師資的延平學院宣告成立。創校人之一的朱昭陽以自己在日治時期習得近代法治精神為榮，並明言延平學院設立的宗旨就是要改善外省人帶來臺灣的中國傳統官僚文化，要將臺灣建設為一個重視科學、有合理性思考，並且尊重民主路線的社會[12]。延平學院的創立旨趣，其實就是臺灣人繼承日治時期曾試圖突破、卻又無法完成的自主性近代化路線。對於當局廢止日文措施，臺灣文化協會成員韓石泉就曾說：「讀日文和讀其他外國文是完全一樣的，我們不應該因為是日文而特別對其敬而遠之，這與民族意識是沒有關係的。[13]」著名小說家吳濁流更直陳：日本語只不過是臺灣人與世界交流的一種「道具」而已。如果中國每年派遣許多人至日本留學是為了學習新知識，那麼接受過國

11　何義麟，〈臺灣人の政治社會と二・二八事件──脫植民地と國民統合の葛藤〉（東京：東京大學總合文化研究科博士論文，1998），頁177。

12　同前註，頁166-69。

13　何義麟，〈「國語」の轉換をめぐる臺灣人エスニシティの政治化〉，頁97。

語「同化」教育的650萬臺灣居民，不就等於赴日本留學學成後歸國的菁英分子嗎？國民政府應更加正視、重用這些人才。因此，吳濁流主張日文雜誌、新聞須永遠保存於民間，使其能在臺灣自由刊行[14]。臺灣人學習日本語主要是為了獲得世界上的情報和近代文明，不是被「奴隸化」[15]。

　　吳濁流和韓石泉的發言是傾向於把語言當成工具、手段的思考，明顯地異於國民政府強調語言和文化或民族精神之間的關聯性，前後兩者對語言的觀念、立場互為平行，並無交集；也就是因為如此，吳濁流和韓石泉才不能接受「奴隸化」的說法。

　　很明顯地，國民政府與臺灣人對戰前國語「同化」教育的社會意義和歷史評價存在著重大歧見和芥蒂。起因在於：陳儀政府貿然而激烈地強調中國優秀文化之餘，忽視了臺灣人在殖民地時期以國語教育為媒介、努力追求近代文明的精神與經驗。這些芥蒂其實暗示第二次世界大戰後臺灣社會中暗藏著一股不穩定的伏流——由不同性質國族主義交織、碰撞而成的政治結構。

　　日本研究者吉野耕作曾以形成途徑和方式不同，歸納近代國族主義的種類和特性，進一步指出歷史主義（historicism）途徑和現代主義（modernism）途徑這兩種相對性質的國族主義，經常是造成人類政治、文化衝突的原因。吉野認為，歷史主義途徑是國族主義在形成的過程中，強調悠久的歷史、優秀的文化傳統和同一血緣之結合關係。以這種類似「同化於民族」之途徑來解釋國族主義的代表性學者，除提利（C. Tilly）、波吉（D. Poggi）等人外，安東尼・史密斯（Anthony Smith）更是赫赫有名，廣為學界所知。相對於此，前述霍布斯邦、艾尼斯特・葛爾納（Ernest Gellner）、班乃

---

[14]　吳濁流，〈日文廢止に對する管見〉，《新新》第7期（1946年10月）。

[15]　吳濁流，《夜明け前の臺灣》（臺北：學友，1947），頁15-18。

迪克・安德森（Benedict Anderson）則認為國族主義之形成不一定
與歷史、文化傳統或血緣有絕對關係，乃與近代化工業化之過程，
也就是和「同化於文明」有密切關聯；亦即所謂近代主義途徑式的
國族主義[16]。藤井省三曾依安德森「想像的共同體意識」的理論，也
就是在近代主義途徑式的國族主義的基礎上，指出昭和時期隨著臺
灣國語識字率提高，讀書市場成熟、近代文學成立，繼而主張在殖
民地解放前以皇民文學為核心，臺灣人的認同意識幾乎已臻於成熟
的階段，臺灣國族主義已有成形的跡象[17]。而本文業已說明，不論
領臺初期的殖民地「協力者」李春生，還是大正時期的林獻堂、蔡
培火和陳逢源等抗日運動家，或活躍在昭和時期的吳新榮、呂赫若
和王昶雄等文化人或作家，甚至被認為是皇民作家的周金波，從他
們對應國語「同化」教育的言行來看，可以發現這些知識分子均有
一項共通點，那便是他們抵抗「同化」的方式和思維與其說傾注在
如何宣揚漢民族精神，或主張維護傳統文化的優越性，不如說在於
如何將近代文明引導到臺灣社會。他們對於統治者的抵抗論述和策
略，基本上都是立足在近代化思維的基礎上。

　　既然臺灣國族主義形構的過程比較傾向近代主義途徑；那麼傳
統文化或語言，在形構臺灣人國族主義時所扮演的角色，經常不是
本質性而是一種工具手段式的存在。事實上，日治時期有許多類似
《臺灣青年》雜誌或作家楊逵以日文來抵抗殖民統治；更有為數頗
多的文人或類似《風月報》等雜誌以漢詩文歌頌「同化」，或書寫
「皇民文學」。更具體的說，在抵殖民的過程中日本語經常是臺灣

---

[16] 葛爾納認為，工業化過程中必然會將社會中的流動人口同質化，此一過程中將切
　　斷這些流動人口原本的基礎社會單位——血緣，並出現以語言和文化為新形態的
　　社會統合之必要。此際，經過標準化的教育將從中發揮不可欠缺的功能。參照吉
　　野耕作，《文化ナショナリズムの社會學》。

[17] 藤井省三，《臺灣文學この百年》（東京：東方書店，1998），頁15-68。

人的武器，相反的臺灣傳統知識分子吟唱漢詩或以漢文作為書寫工具之目的，則有時是為了呼應日本政府，而這些人經常具有濃厚的協力者色彩。而值得注意的是，日本在統治臺灣期間，對於儒家並沒有趕盡殺絕的措施，甚至在某些地方表現出支持與保護的態度。現今臺北的孔子廟不但是臺灣總督府所重建（1927年興工）的歷史建築物，每年祭孔大典也經常都由臺灣總督擔任主祭官。而當臺灣的知識分子為了批判封建陋習表現出詆譭儒家的態度時，這個外來的執政者卻反過來維護儒家，1936年施梅樵所發行的《孔教報》如果沒有日本政府在背後支持是很難成立的。前述事實似乎在提醒我們一個歷史盲點：在日治時期的臺灣，支持本地傳統文化的臺灣人經常都是所謂的協力者，而抗日分子卻經常對於臺灣的傳統文化表現出不具關心甚至批判的態度[18]。

　　總之，在統治者與被統治者擁有許多像漢詩文、儒家等共同文化資產的特殊殖民歷史情境下，臺灣人利用這些傳統文化來凸顯「我性」，抵抗日本的空間被極端壓縮；隨之影響了臺灣人以歷史主義途徑式形構國族主義的可能。也就是說，由於統治者與被統治者在文化上有濃密的親緣、重層關係，所以語言和傳統文化思想經常不是判斷或分析戰前臺灣人認同傾向的最有效途徑。從臺灣人對應「同化」統治的策略和態度中，可知在形塑成臺灣國族主義的過程中，安德森所言的共同體「想像臍帶」主要建立在渴望近代文明的強烈意識上；換言之，在臺灣國族主義形成過程中，伴隨著臺灣居民追求近代文明的腳步，日本語曾經扮演相當重要的媒介角色。而正因為如此，所謂「漢賊不兩立」式的歷史觀點經常無法有效地作為區分抵抗、妥協，甚或認同傾向的基準。

18　劉夏如，〈日本法の繼受と近代臺灣〉，《相關社會科學》9號（東京大學總合文化研究科國際社會學專攻，1999）。

　　從上述這些跡象來看，甲午戰爭後統治者其實是以國語為工具，企圖以歷史主義的途徑，將信仰「國體」的國族主義根植於臺灣。然而非常諷刺，以國語為媒介，臺灣社會卻觸發了近代主義途徑式國族主義。這個現象也就是本書提出的「『同化』的同床異夢」之另一層意義。沿著這種發展來觀察，二二八事件便是臺灣脫離了（日本）歷史主義途徑式國族主義之桎梏後，新執政者再度以相同手法逼迫臺灣人接受（中國）歷史主義途徑式國族主義時引起的衝突。

　　順帶一提，二二八事件後，周金波受到國民黨政府迫害入獄，原因是他貫徹了嚮往「同化於文明」的初衷，以近代文明的觀點和立場批評國民黨政府而惹來禍害。既不是「純中國人」、也不是「純日本人」的典型人物周金波，後來參加臺灣獨立運動，1996年7月客死日本。同樣也在二二八事件後，林獻堂對國民政府極度失望，也以自我放逐形式離開臺灣，1956年在日本去世。他支持的延平學院於事件後只維持不到半年，被當局以學生曾參與政治反動事件為由，勒令停止經營。呂赫若則在事件後逃亡山中，死因至今依然成謎。透過「同化」教育，臺灣人獲得了近代化，也開始形成自己的國族主義；但是這場同床異夢的代價非同小可。

（二）因抗日方式不同而分裂的漢民族意識

　　清末，以梁啟超為首的洋務運動曾遭遇挫折。此事顯示，攝取西洋文明時來自近代中國民眾和施政者方面的阻力其實相當強烈。特別在建國之際，凝聚或強固中國人認同意識的要素，與其說是近代文明，不如說是八年抗戰以及所謂的「黃帝神話」。而中國政治家們「發明」的炎黃子孫之血族概念，基本上便是模仿近代日本單一民族觀，也就是「國體論」中擬血緣制國家的概念[19]。後來日本侵

---

[19] 根據坂元ひろ子的研究，「黃帝神話」主要內容是將黃帝定位為中國人的共同祖

華之際，這些形構中國國族主義的要素成為國民政府鼓舞民眾愛國情操的最佳工具，並且被極端地發揚、強調。

　　第二次世界大戰前後，普遍而均質性的近代化並未滲透廣大的中國社會。在近代中國國族主義形成過程中，傳統文化、華夷思想和五千年的歷史是不可或缺的構成要素。雖然五四運動曾帶給中國國族主義若干近代化思維的養分，但是沒有傳統文化思想、華夏歷史，以及炎黃子孫血液這些概念，我們將無法談論中國國族主義的形成及其特質[20]。也因為如此，不論清末或抗日時期，有異於傾迷於「同化於文明」的臺灣，中國國族主義高度仰賴「同化於民族」，其乃是典型的歷史主義途徑式的國族主義。

　　也因為如此，雖然同為漢民族，但因抵殖民方式或抗日歷史經驗之不同，臺灣與中國分別走向不同的國族主義途徑。為此，雖說在第二次世界大戰中戰勝，然而備受國內近代化遲滯和國共內戰困惱的國民政府，在思考如何將臺灣納入國家的一部分加以統合時，必然的選項即是以歷史、傳統文化、血緣關係，特別是極端地重用剛剛出爐不久的國語，作為統合國家的方針。換言之，國民政府基本上是複製了大正時期後日本的那一套「同化」方式，將側重文化精神和國民性的國家統合方式套用到臺灣來。

先；作為黃帝後代的漢民族在歷史上是從崑崙山脈往東經過帕米爾高原向中原前進，在黃河沿岸居住後，逐漸往四方繁殖擴散。在世界上不但擁有數千年悠久歷史，更是有輝煌名聲的優秀民族，亞洲許多文明都是黃帝子孫播種、收穫而成的。非但如此，中國國內許多少數民族都是由漢民族、也就是黃帝的子孫繁衍而成。這種強調純種血緣關係的「黃帝神話」，事實上是模仿日本建國原理——單一民族論而製成。換言之，標榜「黃帝魂」的漢民族神話，其實是中國在近代以後複製「大和魂」神話的結果。參照坂元ひろ子，〈中國民族主義の神話〉，《思想》（1995年3月）。

20　參看天兒慧，《中國》（東京：東京大學出版會，1992）。

　　因此，在二二八事件發生前夕，臺灣知識分子與國民黨之間的爭論，彷彿是大正期間臺、日雙方針對國語「同化」政策，針鋒相對之情境的重現。1946年6月，龍瑛宗這位殖民地時代曾經入選日本《改造》雜誌小說獎的臺灣人作家，極力強調確立「近代化知性統治」的重要性，並對國語轉換相關問題表示：新的統治者基於「沉浸在數千年來漫長的封建世界的迷夢中」的中國文化施政，令人感到不安；臺灣應該要樹立西洋民主主義政治[21]。相對於此，同年10月19日，擁護陳儀政府的論者公開談論〈公民訓練の意義〉（〈公民訓練的意義〉），指陳臺灣人必須接受訓練才能成為中國國民一分子，甚至振振有詞地表示[22]：

　　　　我本省人民必須明白中華民族在創造研究方面是富有才能的優秀民族；必須知道我們曾經擁有四千年光榮的歷史，對於世界文化有獨特的貢獻。特別是臺灣同胞應該要認知自己的祖先全部都是由福建廣東而來，其血液全部都是我中華民族的精華。

　　有別於陳儀政府以同一血緣關係、傳統文化或精神思想來規定身為中國人的資格或中華民族的定義概念，龍瑛宗所認知的近代國民之要件則是近代化的知性要素。在此，兩個漢民族對於近代國家的思考傾向之不同，一目瞭然。其實由於強調文化與重視文明二者造成的齟齬，在當時隨處可見。例如1946年9月11日《民報》社論〈中國化的真正精神〉指出：所有「中國化」的東西不一定全部都得移植來臺，日本統治下臺灣人習得的事物也不必都得排除。

---

[21]　龍瑛宗，〈文化を擁護せよ〉，《中華日報》（1946年6月22日）。

[22]　社論，〈公民訓練の意義〉，《臺灣新生報》（1946年10月19日）。

因為臺灣人在日治時期學習到的若是「作為一個法治國家國民所必須具備的條件，生活在文明社會中所被要求最低限度的東西，例如守法的精神、社會的公共道德等等，像這些不但都不應該消除，反而是要積極的推廣」[23]。事實上臺灣是在日本統治下的1937年，即甲午戰爭四十二年後，才將漢文從報刊雜誌排除；但長官公署卻在光復後的僅僅一年後就要完全排除日語。依此論述推演，對臺灣人而言，長官公署這項決定是比日本更不文明的政策。

　　二二八事件其實就是重視文明途徑形成的近代主義途徑式國族主義，與強調文化途徑形成的歷史主義途徑式國族主義的相尅現象。兩種國族主義對立的構圖，一直延續留存，迄至半個世紀以後的今天，甚至仍是中、臺關係或臺灣內部統獨問題的基調。當然，對於受過「同化」洗禮的臺灣人來說，為了表明自己的國族主義，很難忽視或遺忘殖民地時代培育出來的「想像上的臍帶」──「同化」統治下的歷史記憶。因為相對於近代日本以「文明開化」之名達成的國民化，臺灣的近代國民則是在「同化」政策下被碰撞出來的。

　　當然，「同化」政策實施過程中，臺灣人既然保持了某種程度的自主性，那麼將「臺灣國族主義」定位成「奴隸化」的產物或遺害，並不恰當。如果從「同化」政策的原理來思考，站在被統治者的立場，「臺灣國族主義」還是應該定位為「抗日國族主義」，才符合歷史的實際情境。因為殖民統治中所謂的抵抗是相對於統治而存在的，其並非是絕對、先驗的法則，而是相對、經驗式的現象。在殖民地「同化」統治之下，日本政府以臺灣人在近代文明方面進步遲緩作為支持自己施行差別統治的正當性，臺灣人為了廢除不平

23　轉引自黃英哲，《臺灣文化再構築：1945-1947の光と影》（東京：創土社，1999），頁183-84。

等待遇，理所當然地必須抵抗。然而受制於「同化」的統治架構，臺灣人愈要抵抗，就愈積極地攝取西方文明，或強調自己的進步性；愈是激烈抵抗，企求文明的志向也愈是鮮明。隨之，這種基於抗日的動機和目的所激發出的「想像的共同體」臍帶，其內涵和精神也就愈偏離對岸祖國。在不同的歷史脈絡和生活體驗下，兩者也就不得不漸行漸遠。

以國語教育為媒介，日治時期近代化確實於臺灣社會生根；不過與此同時，卻也意味著臺灣人與對岸同胞在國民國家想像上的臍帶之斷裂。這種因為對抗異民族統治而產生的結果，說明了歷史的殘酷和諷刺。

在殖民地統治下，以犧牲一部分自主性為代價，臺灣社會換來了具有「光明面」的近代化。唯因過度側重近代文明，在策略性接受國語「同化」教育底下，臺灣人對維護自己的傳統文化和整備自己語言近代化之工作，一直都有怠忽的傾向；為此臺灣社會延遲了透過確立自己「精神的血液」形成更加穩固的國族主義之機會，也加速地促使傳統文化走向式微。這種歷史的負債，在第二次世界大戰後不但未曾彌平，甚至有繼續擴大的趨勢。

二二八事件後，在國家權力的庇護下，北京話被制定為國語，中國文化則被奉為至高無上的精神標準。相對地，臺灣在地語言和文化以及日本語則被貶為低俗、下流，而且得不到應有的使用權。就在國民政府這種複製國語「同化」政策的行逕之下，「強制日本語＝奪取母語＝罪惡」這種固定式的批判，不僅適用於戰前，其實也符合戰後臺灣社會的狀況。因此，對於親身經歷「同化」統治的臺灣人或其後代而言，這種「強制日語＝奪取母語＝罪惡」的批判只是一種偽善的選擇性正義，並不具實質意義。不僅如此，在相互比較之下，反而觸發這些臺灣人以回憶過去的方式，開始對日本的國語「同化」教育繫起懷念之情甚至給予正面的評價，繼而形成所

謂的殖民地統治「肯定論」。

（三）提出一個新殖民地史觀──機巧式的殖民統治抵抗論

　　無論殖民地統治之動機或目的為何，既然其本質皆是以暴力榨取當地住民在資源上、經濟上的利益，則任何形式的殖民地統治和「光明顯赫」的成果，在道德上都是不被允許的行為；最後成為人類道德批判的對象，也是理所當然之事。然而，近年來顛覆這種殖民地基本觀念的現象──殖民地統治「肯定論」卻出現於臺灣，並掀起一股強大的政治風潮。

　　一九八〇年代，臺灣史研究者楊碧川與日本立教大學戴國煇教授曾對戰前臺灣社會近代化的由來進行論辯。基於本土立場，楊碧川認為後藤新平居功厥偉，是近代化建設的先驅者；戴國煇則主張早在清朝劉銘傳時代臺灣的近代化已有基礎。為此雙方激辯不已。本土意識興起後，1997年9月，《認識臺灣》以準教科書姿態被使用於學校這個場域。由於書中對於殖民地時期日本對臺近代化建設有若干肯定的陳述，因此再次引起一些反駁和批判。這類爭論一再出現，提醒我們殖民地統治「肯定論」其實並不是偶發事件，而是臺灣社會在連續性威權體制壓迫下，對統治者形塑的歷史觀所發出的質疑和挑戰。

　　戰後，在戒嚴體制和學術研究被嚴格的箝制下，國民黨政府在臺灣形塑的殖民地統治史觀便是「反抗論」。這種官方史觀主要強調日治時期臺灣人「都是抗日的」。反抗史觀的論述常常強調「反」的精神，但是卻未清楚告訴我們：臺灣人到底「反」些什麼、為何要「反」、如何「反」？更未建構一套合理的歷史架構，幫助我們理解臺灣人反抗日本後造成的結果。不僅如此，反抗史觀論述經常將洪棄生、簡大獅、林獻堂、余清芳、楊逵、莫那魯道和謝雪紅等人物置於相同歷史脈絡或情境，平面化地簡略評述；甚至

還以中華民族主義或是鄉土意識定義他們「反抗日本」的共通性或意義。不過在實際上，這些人彼此的差異性很大，其「反抗」日本的理由、動機、方法、策略、性質和對象也都各自不同，有時甚至相互矛盾。在此現實局限下，「反抗論」往往只能片段式地論述小歷史，無法提供一套具有說服力、而且足以支撐或貫穿臺灣近代歷史特質的大歷史觀點[24]。

根據岡田英弘的說法，歷史學這門學問是近代國家的產物。其被期待的任務之一，便是賦予這個國民國家存在於當下的「學術」正當性[25]。岡田對歷史學的詮釋也許過於露骨，但若以其主張來解讀《認識臺灣》的爭論，應該不難察覺：相對於殖民地「反抗論」是根源於中華民族主義的產物，殖民地統治「肯定論」其實潛藏著回歸或重構臺灣國族主義的政治意圖和色彩。

只是令人費解的是：不論《認識臺灣》編纂者或臺灣史學界，他們在「肯定」殖民地統治之餘，卻似乎始終在閃躲一項重要問題，即對於一般被認為是負面存在、以榨取當地居民的經濟利益、徵用勞動力、侵犯人權、充滿差別待遇和殺戮為本質的殖民統治，為何獨獨能令臺灣人所接受、在臺灣遺留下那麼多「光明顯赫」的近代化遺產？對於這違反、脫離，甚或顛覆世界殖民歷史常態經驗的見解，迄今仍未在學術上提出一個嚴謹合理的闡釋、說明或答案。殖民統治「肯定論」雖有打破國民黨長期獨占歷史解釋權的意義，但是《認識臺灣》這種只強調歷史的特殊結果、卻未對自己的主張提出充分交代或有效解釋的歷史闡述方式，使得臺灣社會未獲其利，先受其害。因為在缺乏穩固學術基礎作為論述後盾的情形

---

24 王昭文，〈超越「殖民地肯定論」和「反抗史的思考方向」〉，《臺灣歷史學會會信》17期（2003年12月）。

25 岡田英弘，《歴史とはなにか》（東京：文藝春秋，2001）。

下，便透過教科書作為教化管道，將臺灣近代史上最重要、最敏感、最複雜也最具爭議性的空白或盲點視為一種先驗事實來處理、看待，並加以公開化、普遍化。這種「有果而無因」的歷史態度，不但擴大了臺灣近代史的解釋空間，更無條件釋出填補這些「空白」的權利，讓凡對此議題有興趣，或有政治意圖者——不論臺灣人、中國人或日本人，也不管政治家、漫畫家、廣播界名流或販夫走卒，任何人只要胸有點墨，都可隨意進入這歷史場域，天馬行空地編撰出一套屬於自己，或有利於自己族群的殖民地統治論述。於是，一場沒有結論的殖民統治爭論，不斷地侵蝕、耗損臺灣人民互信和理性的基礎。1990年以後日本的歷史教科書問題、小林善紀《臺灣論》問題，不就是立足在殖民統治「肯定論」的歷史空白上，盡情描繪自己國家政治色彩的產物嗎[26]？

---

[26] 有關《認識臺灣》的「口水戰」，不僅衝擊臺灣社會，影響所及更遠達日本。幾乎同一時期，日本內部也引發一場歷史教科書論辯。從論戰的內容來看，這場論爭可說是統治者版的殖民地統治「肯定論」。

《認識臺灣》發行前不久，日本出現「新しい歷史教科書をつくる會」（「編制新歷史教科書之會」）組織。該帶有日本右翼色彩的團體，嘗試從「日本人的觀點」重新思考戰前日本在亞洲各地的殖民地統治，以及第二次世界大戰的功過。「編制新歷史教科書之會」認為：較之其他歐美殖民國家，日本統治臺灣的暴虐性、壓榨性不僅較不明顯，而且對於近代化的貢獻更是有目共睹。因此，以往日本一直強調自己殘暴、侵略的負面歷史，是一種「自虐性行為」。為了讓日本下一代能堂堂正正地立足於國際社會，日本應加強民族精神，修正過去錯誤的歷史論述，使用重新改寫的歷史教科書。

當然，對「編制新歷史教科書之會」試圖顛覆以往臺灣殖民地研究潮流的反動言行，日本學術界也進行批判和反擊。然而縱使如此，有了殖民地被統治者後代的官方歷史認知作為背書，「編制新歷史教科書之會」義正辭嚴洗刷日本「冤屈」的主張，幾乎立於不敗之地。就在逐漸失焦的發展情形下，這場教科書爭論問題最後被認為是一場左、右翼團體主張之衝突。《認識臺灣》雖在日本引起話題，但其引發的歷史盲點仍未在學術上獲得應有的釐清。

更諷刺的是：殖民統治「肯定論」與「反抗論」雖然是一組對立的主張，卻都有一個內部邏輯自相矛盾的論述前提——雙方都默認臺灣人在面對國語「同化」教育時並未激烈反抗。簡言之，「反抗論」者主張臺灣社會因為持守「人心在漢」或「漢賊不兩立」的原則，所以縱使在日本殘暴的殖民政權底下，仍有許多可歌可泣的抗日事蹟；最後臺灣才因抗日戰爭勝利，獲得解放。在此必須注意，「反抗論」者並不否認臺灣在戰前就有很高的教育普及率，只是他們認為既然是「同化」教育，則就學率愈高代表臺灣人被統治者「愚民化」的程度愈烈，愈是罪惡重大。因此，他們在指責臺灣人有親日、媚日情結時，都與當年陳儀政府的主張如出一轍，認為臺灣人就是受到「愚民式」的「同化」教育之影響，才會有此吝於批判日本甚至媚日的傾向；但這種論述明顯地違背自己的一貫主張——臺灣人有許多「可歌可泣的抗日事蹟」之反抗論。

另一方面，「肯定論」者大都承認「同化」有近代化要素，臺灣人便是接受了這種特殊的統治，才得以完成與對岸祖國不同水平的近代化。然而這種論述其實也默認此近代化具有濃厚的外來性。換句話說，相對於「反抗論」者的「同化→接受愚民化→產生殖民統治肯定」之論述模式，「肯定論」者則採「同化→接受近代化→產生殖民統治肯定」的見解。基本上雙方雖對普及「同化」教育這一客觀事實並沒有太大歧見，也都衍生出一套看似符合邏輯的論述；但是對於「同化」教育的精神和內涵，「肯定論」與「反抗論」卻有完全相反的認知。而對於「同化」的內涵以及所引發的現象，雙方的歧見就像一座分水嶺般，決定了彼此極端不同的政治立場和歷史觀。

然而，倘若只要有近代化的利益可圖，即使是一個外來政權的「同化」教育，臺灣人便不用加以批判甚至還應加以肯定；那麼「肯定論」者其實也否定了本土政權確立的必要性和正當性。因

為戰後被稱為外來政權的國民黨，也曾在臺灣樹立了穩固的經濟基礎，既然臺灣人可以因為近代化建設而肯定日本統治，為何不能容納中國政權[27]？再者，臺灣人這種只有接受依附「同化」、沒有抵抗的態度，與屈從妥協有何不同？而如果臺灣對日本統治沒有抵抗、只有屈從妥協，那麼臺灣史的光榮過去和偉大祖先，是否將永遠缺席？這種臺灣人「不在場」的預設態度，應該不是試圖強調本土歷史觀，或想要建立臺灣主體認同意識者所樂見的結果。

很明顯地，不論殖民統治「肯定論」或「反抗論」，這兩種既單純又兩極的歷史論述都不符合臺灣社會的客觀條件和現實，也很難為近半世紀臺灣人的國家認同意識描繪出清楚的輪廓。綜合解析戰前和戰後的國語「同化」教育以後，筆者希望提出「以接受（『同化』）作為抵抗」的觀點，重新審視臺灣近代歷史；有別於殖民地統治「反抗論」或「肯定論」，希望以「機巧式的抵抗論」來凝視我們的祖先，試圖能夠提出一套臺灣人「在場」的新歷史解釋框架——日治時期臺灣的近代化成果，正是臺灣人祖先在「同化」統治的欺壓底下，付出無數心力和血淚，以巧妙、機靈且務實的方式抵抗統治者而得到的結果。

雖然筆者無意全盤否定「同化」教育在臺灣近代化過程中的意義，但卻認為臺灣的近代化成果不應該成為日本實施殖民統治的「赦免令」。更何況，戰前世上絕無僅有的殖民地義務教育，並非日本政府基於人類愛或肯定近代化價值而從事的慈善事業；而是為了維持自身國家體制——「國體論」的平衡，以及面對臺灣人抵抗時制定的方策。充其量，這只是一種帶有非分的「善意」結果。

27　王昭文，〈超越「殖民地肯定論」和「反抗史的思考方向」〉，頁104-105。

四、今後的課題

　　本書的主旨，在於重新思考日治時期國語「同化」教育在臺灣歷史上的影響和意義。基本上，筆者立論視野置於臺灣統治的特異性，試圖強調臺灣人對日本的「同化」教育並非以拒絕的方式、而以接受的態度達到自己的抵抗目標。文中的研究對象主要是日本和臺灣，但是鋪設的時代背景卻從江戶末期直到第二次世界大戰結束，是一個跨世紀的漫長時程。由於筆者功力不足，史料方面之舉證以及立證的調整並非十分完善，希望學界先進能不吝指導，惠賜高見。

　　當然，作為研究對象之一的臺灣，還包括大約占人口2%的原住民[28]。日治時期統治者雖在臺灣各地對各族群都施行了「同化」政策，但對所謂「高砂族」，總督府卻實施了有別於漢民族系住民的教育體制。因此嚴格來說，臺灣的教育體制其實是分為內地人、本島人（閩南系、客家系居民）和原住民這三個系統進行。唯以有關原住民的「同化」教育資料龐大，筆者涉獵文獻不足；再加上，不同系統的統治形態之研究觀點可能必須調整，故本書只好暫時割愛。

　　再者，為何臺灣人對西方文明產生敏銳的反應？其強烈傾向於近代化，背後的精神性到底為何？而到底有多少臺灣人曾經自覺到傳統其實可以是一種抵殖民的動力？筆者的說明也不夠充分。關於上述不足之處，筆者希望將來有機會能夠更進一步地尋覓答案。畢竟，闡明這些問題，不僅可以讓我們更清楚地理解日本的殖民地統治；也能讓我們更深入地探究：戰後強烈左右臺灣社會動向和臺灣人民思想及認同的歷史觀、國家觀、民族觀和文明觀。

---

[28] 臺灣的原住民人口大約33萬人，占臺灣全人口的2%，請參照劉進慶、若林正丈、松永正義編，《臺灣百科》（東京：大修館書店，1990），頁27。

後記

　　我的學術志向與成長經驗有很大關係。我是臺北艋舺人,從小生活在本土意識濃厚的古老社區。由於中學聯考受挫,從小聆聽大人們批判中國、懷念日本殖民統治長大的我,小學畢業後卻就讀一間所謂「外省人」學校。入學以後,一夕間「我」必須開始堅信自己是一個炎黃子孫,身上所流的是驕傲的中華民族血液。根據師長們的說法,艋舺那些親友們都是被日本奴化的「賣國賊」,不愛國的行徑幾乎達到「匪諜」的程度。非但如此,隨著對日本與中國評價之翻轉,臺灣經常成為同學和師長們揶揄、貶損的對象。三年中學生涯裏,白天我浸染在「崇華、仇日、貶臺」的環境中,晚上又得回到完全相反的政治氛圍。在充滿了懷疑、掙扎的自我認同情境中,青少年時期的「我」出現了分裂身影,也嚐到不同歷史身分下的苦澀滋味。

　　也因如此,留學日本以後,我毫不躊躇地選擇國語「同化」教育作為自己的研究題目。基於青少年時期的體驗,我深深感到臺灣島內人民對國家認同的分歧,似乎與他們對日本殖民統治評價的好壞有關。更具體的說,以親日／反日為分水嶺,現今這塊島嶼上的居民,他們的國家認同經常被切割為既明顯、又無法妥協溝通的兩個區塊。長期以來,這種現象一直在侵蝕、扭曲著臺灣社會。因此,要釐清臺灣人的國家認同輪廓,日本的「同化」教育是關鍵性

國家圖書館出版品預行編目資料

「同化」的同床異夢：日治時期臺灣的語言政策、
近代化與認同／陳培豐著. -- 二版. -- 臺北市：麥田
出版；英屬蓋曼群島商家庭傳媒股份有限公司城邦
分公司發行, 2021.12
　　面；　公分
ISBN 978-626-310-121-0（平裝）

1.語言政策　2.教育　3.日據時期　4.臺灣
733.44　　　　　　　　　　　　　110017339

文史台灣 7

「同化」的同床異夢
日治時期臺灣的語言政策、近代化與認同
The Different Intentions behind the Semblance of Douka: The Language Policy, Modernization and Identity in Taiwan During the Japan-Ruling Period

作　　　者／陳培豐（Pei-feng Chen）
編　　　譯／王興安、鳳氣至純平
初 版 編 輯／胡金倫
二 版 編 輯／林怡君

國 際 版 權／吳玲緯
行　　　銷／何維民　吳宇軒　陳欣岑　林欣平
業　　　務／李再星　陳紫晴　陳美燕　葉晉源
編 輯 總 監／劉麗真
總 經 理／陳逸瑛
發 行 人／凃玉雲
出　　　版／麥田出版
　　　　　　10483 臺北市民生東路二段141號5樓
　　　　　　電話：(886)2-2500-7696　傳真：(886)2-2500-1967
發　　　行／英屬蓋曼群島商家庭傳媒股份有限公司城邦分公司
　　　　　　10483 臺北市民生東路二段141號11樓
　　　　　　客服服務專線：(886) 2-2500-7718、2500-7719
　　　　　　24小時傳真服務：(886) 2-2500-1990、2500-1991
　　　　　　服務時間：週一至週五09:30-12:00・13:30-17:00
　　　　　　郵撥帳號：19863813　戶名：書虫股份有限公司
　　　　　　讀者服務信箱E-mail：service@readingclub.com.tw
麥 田 網 址／https://www.facebook.com/RyeField.Cite/
香港發行所／城邦（香港）出版集團有限公司
　　　　　　香港灣仔駱克道193號東超商業中心1/F
　　　　　　電話：(852)2508-6231　傳真：(852)2578-9337
馬新發行所／城邦（馬新）出版集團Cite (M) Sdn Bhd.
　　　　　　41-3, Jalan Radin Anum, Bandar Baru Sri Petaling, 57000 Kuala Lumpur, Malaysia.
　　　　　　電話：(603)9056-3833　傳真：(603)9057-6622
　　　　　　讀者服務信箱：services@cite.my

封 面 設 計／兒日設計
印　　　刷／前進彩藝有限公司

■ 2006年11月1日　初版一刷　　　　　　　　　　Printed in Taiwan.
　 2021年12月2日　二版一刷

定價：580元
ISBN：978-626-310-121-0

讀者回函卡

□ 請勾選：本人已詳閱上述注意事項，並同意麥田出版使用所填資料於限定用途。

姓名：_____ 聯絡電話：_____

聯絡地址：□□□□□_____

電子信箱：_____

身分證字號：_____（此即您的讀者編號）

生日：_____年_____月_____日 **性別：**□男 □女 □其他_____

職業：□軍警 □公教 □學生 □傳播業 □製造業 □金融業 □資訊業 □銷售業
　　　□其他_____

教育程度：□碩士及以上 □大學 □專科 □高中 □國中及以下

購買方式：□書店 □郵購 □其他_____

喜歡閱讀的種類：（可複選）

□文學 □商業 □軍事 □歷史 □旅遊 □藝術 □科學 □推理 □傳記 □生活、勵志

□教育、心理 □其他_____

您從何處得知本書的消息？（可複選）

□書店 □報章雜誌 □網路 □廣播 □電視 □書訊 □親友 □其他_____

本書優點：（可複選）

□內容符合期待 □文筆流暢 □具實用性 □版面、圖片、字體安排適當

□其他_____

本書缺點：（可複選）

□內容不符合期待 □文筆欠佳 □內容保守 □版面、圖片、字體安排不易閱讀 □價格偏高

□其他_____

您對我們的建議：_____

_____